21 世纪法学系列教材配套辅导用书

中国法制史练习题集

（第五版）

主　编　赵晓耕
撰稿人（以姓氏拼音为序）
姜　翰　逯子新　阮致远
时　晨　赵晓耕

中国人民大学出版社
·北京·

图书在版编目（CIP）数据

中国法制史练习题集/赵晓耕主编．-- 5版．北京：中国人民大学出版社，2025.2. --（21世纪法学系列教材配套辅导用书）. -- ISBN 978-7-300-33665-7

Ⅰ.D929.04

中国国家版本馆CIP数据核字第2025P74Y73号

21世纪法学系列教材配套辅导用书

中国法制史练习题集（第五版）

主　编　赵晓耕

Zhongguo Fazhishi Lianxitiji

出版发行	中国人民大学出版社		
社　　址	北京中关村大街31号	**邮政编码**	100080
电　　话	010－62511242（总编室）		010－62511770（质管部）
	010－82501766（邮购部）		010－62514148（门市部）
	010－62515195（发行公司）		010－62515275（盗版举报）
网　　址	http://www.crup.com.cn		
经　　销	新华书店		
印　　刷	唐山玺诚印务有限公司	**版　　次**	2006年4月第1版
开　　本	890 mm×1240 mm　1/16		2025年2月第5版
印　　张	16.25	**印　　次**	2025年10月第2次印刷
字　　数	481 000	**定　　价**	49.00元

出版说明

法学练习题集系列自2006年出版以来，已经发行了15年。在这15年中，这套书受到了广大法学师生的喜爱，屡屡登上法学畅销书的排行榜。作为编者，我们备受鼓舞，为能够为中国法学教育事业的发展贡献一点微薄的力量而感到由衷的喜悦，同时也深感自己身上的担子更重了。

这套书的设计初衷是帮助学生通过做练习的方式来检测、巩固所学知识，并通过案例分析、论述等题型的设计，进一步提高解决实务问题的能力和开阔学术研究的视野，通过“应试”的方式提高学习能力。从广大读者的反馈来看，这一设计初衷较好地实现了：学生通过精心设计的同步练习，更好地掌握了本学科的知识，加深了对司法实务问题的理解，并对一些法学学术前沿问题有所涉猎。

具体来讲，这套书有如下一些特点：

第一，帮助学生系统掌握本门学科知识。这套书参照法学课程通用教材设计章节体系，每本练习题集的每章下设“知识逻辑图”栏目，提纲挈领地勾画了一章的内容中不同知识点之间的逻辑关系，能帮助学生更好地理解知识体系、结构、逻辑关系，快速记忆本章的核心知识点。其后设计了名词解释、单项选择题、多项选择题、简答题、案例分析题、论述题等常见题型的自测题，突出了本章的重点、难点知识点，并提供了详细的答案分析，从而不仅可以开阔学生的眼界，帮助学生了解不同类型考题的不同形态，掌握其解题方法，而且可以培养和增强学生的综合实战能力。除每章的自测题外，全书还专门设计了三套综合测试题，学生可以在学完本门课程后自己测验一下对这门课程总的学习效果。

第二，帮助学生通过国家统一法律职业资格考试。法学专业的学生在经过系统学习之后，通过法律职业资格考试应当是顺理成章的事情，然而，法律职业资格考试在大多数法学院校学生中的通过率并不高。这套书从历年法律职业资格考试（司法考试）的试题中精选了部分经典的试题，帮助学生在上学期间了解法律职业资格考试的难度、考查的角度和形式，并进行有针对性的学习和准备。

第三，帮助学生准备考研。一方面，这套书从一些法学名校（如中国人民大学、北京大学、中国政法大学等）的历年考研试题中精选了部分试题；另一方面，这套书专门设计了“论述题与深度思考题”栏目，以拓展学生学术视野，同时，对考研的学生掌握论述题的答题方法和技巧亦有较大帮助。

我们的思路可归纳为：通过似乎回到“应试教育”模式、进行同步练习这样一种“俗”的方式，来达到我们强化“专业教育”的大而不俗的目的。

法学教育进入了新时代，更加强调法学专业学生对国家全面依法治国方略的学习和理解，更加强调法律职业伦理的塑造，更加强调法治人才对法治理论的实际运用能力。原来的“司法考试”升级为“国家统一法律职业资格考试”，无论是客观题还是主观题，都更加强调对案例分析能力的考查。作为一门实践性、应用性很强的学科，法学案例教学的重要性日益凸显。

为了回应新时代法学教育的需求，我们对这套书进行了全新的改版升级。一方面，我们适当增大了各类案例题型（案例型选择题、案例型分析题、案例型论述题）的比例。另一方面，我们力图运用新的出版技术手段，更好地为广大读者服务。在保留原有优势和特色的基础上，我们为每本书增加了相配套的视频讲解，选择书中的重点和难点题目，由作者进行更详细的分析和讲解。每本书附数字学习卡，扫码即可观看全部视频。除此之外，为方便读者学习，在有视频解析的题目下也配有二维码，读者扫码即可观看相关的讲解视频。

此外，为了更好地为广大读者服务，我们计划建立读者答疑群。购买正版图书的读者可以凭所附的数字学习卡，一书一码，扫码进微信答疑群，我们会请相关书的作者不定期地进行集中的答疑。在这里，您既可以跟全国的读者进行交流，又可以得到专家学者的指导，从而能在学习上获得更多的帮助和支持。

最后，推荐大家关注中国人民大学出版社法律分社的微信公众号“人大社法律出版”。这里不仅有大量的出版资讯，还有不少的数字资源，是跟我们联系的另一条渠道。

您的喜爱是我们前行的动力，衷心希望这套练习题集能够做得越来越好，在您的前进道路上略尽绵薄之力。

2021 年 11 月

扫码关注“人大社法律出版”

目 录

第一章　中国法律的起源与特点 …… 1
第二章　夏商时期法律思想与制度 …… 6
第三章　西周时期法律思想与制度 …… 14
第四章　春秋战国时期法律思想与制度 …… 30
第五章　秦代法律思想与制度 …… 38
第六章　汉代法律思想与制度 …… 49
第七章　魏晋南北朝时期法律思想与制度 …… 62
第八章　隋唐时期法律思想与制度 …… 74
第九章　宋辽金元时期法律思想与制度 …… 99
第十章　明代法律思想与制度 …… 116
第十一章　清代法律思想与制度 …… 132
第十二章　清末法律思想与制度的变化 …… 147
第十三章　中华民国南京临时政府时期法律思想与制度 …… 163
第十四章　中华民国北京政府时期法律思想与制度 …… 169
第十五章　中华民国南京国民政府时期法律思想与制度 …… 178
第十六章　新民主主义革命时期民主政权的法律思想与制度 …… 189
第十七章　中华人民共和国法制的发展与挫折 …… 201
第十八章　中国特色社会主义法律体系的形成 …… 208
第十九章　香港澳门特别行政区法制 …… 214
综合测试题（一） …… 220
综合测试题（二） …… 230
综合测试题（三） …… 241

第一章 中国法律的起源与特点

知识逻辑图

- 中国法律的起源与特点
  - 中国法律的起源
    - “刑起于兵说”
    - “定分止争说”
    - “苗民制刑说”
    - “礼刑同源习惯说”
  - 中国法律起源的特点
    - 战争与法律：兵刑合一
    - 血缘与法律
    - 祭祀与法律
    - 裁判与法律
    - 民族融合与法律

名词解释

1. “刑起于兵说”

视频讲题

2. “苗民制刑说”
3. “礼刑同源习惯说”

选择题

（一）单项选择题

1. 中国历史上“罪”的最初意义是（　　）。

A. 违反法律规定的行为
B. 为“奸邪”行为构筑的罗网
C. 罪孽
D. 侵犯国王利益的行为

视频讲题

2. 关于“刑起于兵”的含义，下列说法正确的是（　　）。

A. 法律与原始习惯相关
B. 法律受到血缘、婚姻因素的影响
C. 法律与战争密切相关
D. 法律与祭祀密切相关

3. 关于中国古代早期“礼”的叙述，下列说法正确的是（　　）。

A. 礼从西周才开始出现
B. 礼渊源于“周公制礼”
C. 三代以前没有礼的存在
D. 礼在起初具有习惯法的性质

视频讲题

4. 中国古代社会早期，具有军事法律色彩的法律渊源是（　　）。

A. 刑　　B. 誓

C. 诰　　D. 命

5. 传说中国历史上第一个大法官是（　　）。

A. 共工　　B. 黄帝

C. 蚩尤　　D. 皋陶

6. 礼源于原始社会的（　　）。

A. 祭祀　　B. 战争

C. 罚则　　D. 裁判

（二）多项选择题

1. 中国早期法制的特点有（　　）。

A. 成文法　　B. 公开

C. 不成文　　D. 不公开

2. 中国法律起源的特点有（　　）。

A. 礼法结合

B. “兵刑合一”

C. 部落联盟间的交流与融合

D. 刑事法规发达而民事法规相对落后

3. 关于中国法律起源的说法有（　　）。

A. “刑起于兵说”

B. “定分止争说”

C. “苗民制刑说”

D. “礼刑同源习惯说”

4. 下列属于中国古代“法”字的含义的是（　　）。

A. 平之如水　　B. 法，刑也

C. 公平　　D. 保障权利

5. 关于中国古代社会早期的“礼”，下列说法正确的是（　　）。

A. “礼，履也。所以事神致福也”

B. 礼源于祭祀

C. 礼涵盖社会生产、生活的所有领域

D. 受到国家强制力的保护

（三）不定项选择题

1. 先秦时期，关于礼与刑的关系，说法正确的是（　　）。

A. “礼之所去，刑之所取”，即礼是刑的重要来源

B. “礼之所去，刑之所取”，即礼与刑互不相关，界限明确

C. “礼不下庶人，刑不上大夫”，即庶人无礼，大夫无刑

D. “礼不下庶人，刑不上大夫”，即礼、刑有等级差别，不同等级之间不能僭越

2. 关于中国古代社会早期的“礼”，下列说法正确的是（　　）。

A. 从礼的精神来看，其核心在于“亲亲”与“尊尊”

B. 从礼的规范或仪式来看，通常有“五礼”“六礼”“九礼”之说

C. 从礼的起源来看，起源于祭祀活动

D. 从礼的范围来看，其涵盖了社会生活的各个领域

3. 下列关于“五礼”的说法，正确的是（　　）。

A. 凶礼是指祭祀之礼

B. 嘉礼是指丧葬之礼

C. 宾礼是指迎宾之礼

D. 吉礼是指冠、婚之礼

简答题

1. 简述中国法律起源的特点。

2. 简述裁判与法律的关系。

分析题

请阅读下列文字，结合所学知识，说明“刑”字的演变与含义。

“㓝，罚罪也。”——《说文解字》

“侀，到也。”——《说文解字》

论述题与深度思考题

试述部落联盟规范向法律的演变过程。

参考答案

名词解释

1. “刑起于兵说”

“刑起于兵”是中国法律起源的说法之一。《国语·

鲁语》载："大刑用甲兵，其次用斧钺；中刑用刀锯，其次用钻笮；薄刑用鞭扑，以威民也。"它表明是战争与统领军队的需要催生了刑法制度。

2. "苗民制刑说"

"苗民制刑说"是中国法律起源的说法之一。《尚书·周书·吕刑》载："苗民弗用灵，制以刑。惟作五虐之刑，曰'法'。"传说苗民首先创造"法"，并且规定了相应的五种刑罚措施。

3. "礼刑同源习惯说"

"礼刑同源习惯说"是中国法律起源的说法之一。即认为法律是原始习惯逐渐演变形成的，也就是习惯上升为习惯法的过程。

选择题

（一）单项选择题

1. 答案：B

本题考查中国传统社会"罪"的最初含义。《说文解字》言："罪，捕鱼竹网"，即"罪"最早源于"网"，设网的目的在于防止漏鱼。舜禹时期的"制罪"，就是为"奸邪"行为构筑罗网，以便"异是非""明好恶""消佚乱"，这时的罪还不具有阶级社会中"罪"的含义。罪孽是欧洲大陆中世纪罗马教廷关于罪的含义。侵犯国王利益的行为是罗马法关于犯罪的定义。故本题选择B。

2. 答案：C

"刑起于兵"是指随着战争次数的增加、规模的扩大，为了取得战争的胜利，需要更加强有力的氏族、部落与部落联盟，于是产生了惩罚违反氏族习惯与不遵守部落首领命令行为的刑罚。故本题选择C。

3. 答案：D

中国早期的礼没有确切的文字记载可以佐证。后世记录较为详尽的礼，当为周礼。至于殷商王朝的礼，史书大都暧昧不明。夏、商、西周的礼具有历史沿袭关系，其也是因袭和改造过来的。礼源远流长，应与人类社会同其久远。三代以前的礼，虽很简略，但已初具规模，并且已经具有了习惯法的性质，这为后来礼的内容和精神方面的转化奠定了重要的历史基础。故本题选择D。

4. 答案：B

本题考查的是中国古代的军法。在古代社会早期，不成文的习惯法占有很大的比重，国王发出的"誓""诰""命"等也是当时重要的法律渊源，其中"誓"偏重于出兵打仗前的盟誓，大体相当于后世的军法。故选B。

5. 答案：D

皋陶（公元前2220年—公元前2113年），偃姓（一说为嬴姓），皋氏，名繇，字庭坚；上古时期华夏部落首领，伟大的政治家、思想家、教育家，"上古四圣"（尧、舜、禹、皋陶）之一，后世尊为"中国司法始祖"。故选D。

6. 答案：A

《说文解字》言："礼，履也，所以事神致福也。"有学者认为上古五礼之中仅有祭礼，冠礼、婚礼、丧礼全部为祭礼所包括在内。可见，人类社会最初可能仅有祭礼，随着社会的发展，其他的礼才渐次出现。故选A。

（二）多项选择题

1. 答案：CD

本题考查的是中国早期法制的特点。中国早期法制的突出特点，是以习惯法为基本形态，法律是不公开、不成文的。故本题选择CD。

2. 答案：ABCD

中国法律产生于特殊的历史环境中，以祭祀为主要内容的"礼"与法律有着密切的关系，故A选项正确。"兵刑合一"，是中国古代法律起源的特征之一，即刑法受到特别重视，故B选项正确。三大部落联盟之间的相互征战，促成了不同部落之间的相互交往。不同的生活习俗，不同的管理方法，在相互接触中交流、融合。史书记载，在不同的部落，形成了不同的刑事惩罚方式，故C选项正确。因自然经济的稳固、商品经济的不发达，加之过早确立君主专制制度以及礼的规范发展，中国法律在形成时就带有刑事法规发达而民事法规相对落后的特点。故D选项正确。

3. 答案：ABCD

"刑起于兵说"，即中国法律最早起源于战争的一种说法。"定分止争说"，由春秋战国时期的法家提出。"苗民制刑说"，传说苗民首先创造"法"，并且规定了相应的五种刑罚措施。"礼刑同源习惯说"，即认为法律为原始习惯逐渐演变最终形成的，也就是习惯上升为习惯法的过程。故本题选 ABCD。

4. 答案：ABC

《说文解字》中对“法”字的解释为：“刑也，平之如水，从水。廌，所以触不直者去之，从去。”传说廌是尧时的法官皋陶审案时蹲坐一旁的独角神兽，能辨曲直、断疑案，如果谁有罪，就会用角去触他，“獬廌断狱”的传说也寄托了中国古代对于法公平、公正的追求和向往。在夏、商、周的文献中，“刑”就是法，春秋时期的一些成文法也称《刑书》《竹刑》。战国时“法”才有了法律的含义，“律”也同时作为成文法的主要形式出现，如商鞅的“改法为律”，表示法要有稳定性。中国古代的法没有保障权利的含义，故本题选择 ABC。

5. 答案：ABCD

“礼，履也。所以事神致福也”是许慎对礼的解释，充分反映了礼源于祭祀这一历史事实。依赖血缘纽带这一社会关系，华夏先民视祖先为英雄，其死后也就成为具有超人力量的神灵。现世子孙通过定期对祖先的祭祀活动，与祖先沟通情感，并祈求祖先对自己的佑护。这种祭祀活动从家庭起步，不断上升、扩展到整个氏族、部落、部落联盟。在这一上升、扩展过程中，典礼与仪式不断为部落、部落联盟的公共权力所改写，日益成为严格的礼仪和程序规则。长期发展下来，礼不仅涵盖了社会生产、生活的所有领域，而且受到国家强制力的保护，成为中国法律文明的重要渊源。故选 ABCD。

（三）不定项选择题

1. 答案：AD

在先秦时期，礼的内容不断成为刑的重要组成部分，很多关于各种罪行的规定，主要是依据礼的精神和规范加以制定的。在这个意义上，被并列使用的礼与刑，相辅相成，互为表里，但又有各自的性质与功能。首先，礼是刑的重要来源，“礼之所去，刑之所取”，“出礼则入刑”，故 A 项说法正确，B 项说法错误。其次，礼是积极、主动的事先预防，而刑则是消极、被动的事后制裁，“礼禁未然之前，法施已然之后”；礼的功能重在教化，而刑的功能重在惩罚。最后，礼与刑都强调等级与差别，维护不平等的社会关系与秩序，即“礼不下庶人，刑不上大夫”。这并不是说庶人无礼，大夫无刑，而是说礼、刑都有等级差别，不同等级之间不能僭越。故 D 项的说法正确，C 项的说法错误。

2. 答案：ABCD

从礼的精神来看，其核心在于“亲亲”与“尊尊”，强调等级名分与差别。从礼的规范或仪式来看，礼形形色色、纷繁复杂，通常有“五礼”“六礼”“九礼”之说。譬如“五礼”，包括吉、嘉、宾、军、凶五个方面的礼仪。其中，吉礼是指祭祀之礼，嘉礼是指冠、婚之礼，宾礼是指迎宾之礼，军礼是指行军作战之礼，凶礼是指丧葬之礼。可以说，礼在先秦时期尤其是西周时期实际上对全社会起着一种法律调节的作用，完全具备了法的性质与要素。从礼的起源来看，《说文解字》谓：“礼，履也，所以事神致福也”，也即早期的礼，可能起源于祭祀活动。经过长期的发展，礼不仅涵盖了社会生产、生活的所有领域，而且受到国家强制力的保护，成为中国法律文明的重要渊源。故本题答案为 ABCD。

3. 答案：C

“五礼”，包括吉、嘉、宾、军、凶五个方面的礼仪。吉礼是指祭祀之礼，嘉礼是指冠、婚之礼，宾礼是指迎宾之礼，军礼是指行军作战之礼，凶礼是指丧葬之礼。故本题 C 选项正确。

简答题

1. 中国法律起源的特点主要有：（1）“兵刑合一”，即刑法受到特别重视。（2）法律的起源受到血缘、婚姻因素的影响。（3）以祭祀为主要内容的“礼”与法律有着密切的关系。（4）体现出“由裁判到立法”的特点。（5）表现为部落联盟间的交流与融合。

2. 法律起源于裁判，是关于法律起源的说法之一。初民社会，人们并未意识到需要一个统一的、具有强制约束力的行为规范体系来维系社会的存在和发展。随着社会实践的发展，不断积累了各种争议的处理结果：从因财产交易的争执而作出的判决中，逐渐抽象出一系列带有普遍性的标准或原则，进而固化为民事法律；从对严重破坏社会秩序、侵害统治阶级利益者给以惩罚的判决中，逐渐产生了刑事法律规范；从有关公共职能机构的设置及运作方式的决定中，在有关民众及社会共同体应向中央机构交纳贡赋的决定中，分别产生出具有行政法、经济法性质的法律规范。中国法律的产生，与其他文明中法律的起源一样，也体现了“由裁判到立法”的特点。

分析题

从字形来看，“刑”字上古时有两种写法，即“荆”与“井”。《说文解字》载：“侀，刭也”，即单纯的杀戮。《说文解字》解释“荆，罚罪也”，即带有惩罚犯罪的含义。诸如“刭”一类的杀戮，在原始社会后期是司空见惯的现象。《舜典》说虞舜时代有“刑”的出现，是可信的。至于带有“罚罪”性质的“荆”，显然是奴隶制国家为区别原始时代的“刑”而另行别设的。虽后人将二者通用了，但当初确有质的差别。

中国古代早期“刑”的产生与演变，可能与战争密切联系。无论是外部讨伐之“兵”，还是内部处罚之“刑”，其主要目的都是维护部落联盟首领以及管理集团的特殊地位与特殊利益；其手段也在一定程度上吻合：剥夺生命，残害肢体。二者的主要区别在于被处罚对象、处罚规模。前者受处罚的是部落或氏族整体，因此是“大刑”；后者受处罚的对象是个体，因而是“中刑”或“薄刑”。《国语·鲁语》载：“大刑用甲兵，其次用斧钺；中刑用刀锯，其次用钻笮；薄刑用鞭扑，以威民也。故大者陈之原野，小者致之市朝”。《商君书·画策》称：黄帝之治，“内行刀锯，外用甲兵”，对内以刀锯施刑，对外以甲兵讨伐，目标的一致性，方法上的相互参照，体现了兵刑合一、刑起于兵的刑法起源特点。

论述题与深度思考题

部落联盟早期，无论是内部秩序的维护，还是外部关系的处理，主要依靠部落成员对群体的依赖，依靠自发形成的习俗。但到部落联盟晚期，内部关系复杂化，私有观念形成，依靠个体信念、群体舆论来维持秩序的方式已难以继续奏效。某些成员的行为对部落内部既定的社会秩序造成了严重的损害。为了维持部落内部正常的社会秩序，处理那些严重侵害他人或部落群体的行为，以部落机构的名义，对于行为人施以某种报应性惩罚的做法逐渐固定化。惩罚的目的在于使行为人遭受切实的痛苦，从而不敢再次实施侵害行为；同时，也让部落其他成员了解实施侵害行为的后果，进而起到一般性威慑作用。

固化已有的习俗，特别是将有利于部落首领和管理集团的习俗稳定化、系统化，并以部落强制力确保其效力。伴随着部落联盟机构向国家机器的转化，逐渐形成了强制性规则体系，法律登上了历史舞台。

第二章　夏商时期法律思想与制度

知识逻辑图

- 夏商时期法律思想与制度
  - 夏代的法律制度
    - 主要立法
      - 禹刑及其性质、内容
      - 最早的军法："甘誓"
      - 夏代的监狱：夏台、钧台
    - "天讨""天罚"的神权法思想
  - 商代的法律制度
    - 商代法律思想的发展
    - 商代的主要立法
      - 汤刑
      - 汤之官刑
      - "弃灰之法"
    - 商代的主要法律形式：刑、王命和单行法规
    - 商代主要的罪名及刑名
      - "颠越不恭""不吉不迪""暂遇奸宄"
      - "不孝""巫风""弃灰于公道"
      - "炮格""醢""脯""五刑"
    - 商代的民事、婚姻、继承制度
      - 民事法律制度：所有权
      - 婚姻制度：一夫一妻制
      - 继承制度：父死子继、兄终弟及
    - 商代的司法制度：监狱和审判活动

名词解释

1. "天讨""天罚"（考研）
2. "五刑"（考研）
3. "汤刑"（考研）
4. 炮格（考研）
5. 颠越不恭
6. 罪
7. 法
8. "兄终弟及"（考研）

选择题

（一）单项选择题

1. 夏启夺取政权后将所征服的地域划分为九州是为了（　　）。

A. 消除以血缘为纽带的氏族势力，建立统一国家

B. 确认部落联盟酋长的权威

C. 便于部落联盟

D. 实现军事民主制

2. 在夏、商两朝，具有现代意义上的军事法律文件的法律渊源是（　　）。

A. 刑　　B. 誓

C. 诰　　D. 命

3. 据文献记载，"禹刑"是（　　）。

A. 关于夏王朝法律的总称

B. 禹制定的刑罚

C. 夏王朝刑事法律的总称

D. 禹以自身典范垂范后世

4. 我国奴隶制五刑为（　　）。（2014 法硕 非 32）

A. 笞、杖、徒、流、死

B. 昏、墨、贼、赎、鞭

C. 墨、劓、剕（刖）、宫、大辟

D. 折杖、充军、刺配、迁徙、凌迟

5. 夏朝法律的主要表现形式有（　　）。

A. 律　　B. 格

C. 令　　D. 王命

6.《禹刑》的内容包括（　　）。

A. 传袭已久的部落习惯

B.《甘誓》等制定法

C. 包括习惯法、制定法在内的所有法律以及刑罚

D. 五刑、肉刑等刑罚

视频讲题

7. “威侮五行，怠弃三正”是夏启讨伐有扈氏时发布的（　　）。

A. 习惯　　B. 战争动员令

C. 祭祀　　D. 礼仪

8. 夏启夺取政权后将所征服的地域划分为九州是为了（　　）。

A. 消除以血缘为纽带的氏族势力，建立统一国家

B. 确认部落联盟酋长的权威

C. 便于部落联盟统治

D. 实现军事民主制

9. 夏朝的中央最高司法官叫（　　）。

A. 司寇　　B. 大理

C. 廷尉　　D. 蒙士

10. 商朝的最高司法裁决者是（　　）。

A. 司法官　　B. 商王

C. 大贵族　　D. 小贵族

11. 商朝前期实行父死子继制和（　　）。

A. 指定继承制　　B. 夫死妻继制

C. 兄终弟及制　　D. 任意继承制

12. 嫡长子继承制确立于（　　）。

A. 商朝中期　　B. 商朝晚期

C. 西周早期　　D. 西周中期

13. 商朝的法律总称为（　　）。

A. 禹刑　　B. 汤刑

C. 吕刑　　D. 九刑

14. 炮格之刑出现于（　　）。

A. 夏　　B. 商

C. 西周　　D. 春秋

15. 在商朝，参与司法伪托神意断罪的是（　　）。

A. 商王　　B. 卜者

C. 司寇　　D. 贵族

16. “五刑之疑有赦，五罚之疑有赦”原则发端甚早，可追溯到（　　）。

A. 舜帝时皋陶执法　　B. 夏代中期

C. 商代早期　　D. 商代中期

17. 夏朝时监狱称为（　　）。

A. 王畿　　B. 圜丘

C. 内服　　D. 钧台

18. 商代的中央最高审判机构称为（　　）。

A. 司寇　　B. 大理

C. 廷尉　　D. 蒙士

19. 商代重要案件的审理一般要经过几级审理（　　）。

A. 一级　　B. 二级

C. 三级　　D. 四级

20. 宋代文学家苏轼曾感叹“三风十愆古所戒，不必骊山可亡国”。其中，“三风十愆”指的是官吏中盛行的“巫风”、“淫风”和“乱风”三类恶劣风气以及与之相关的十种不良行为。我国古代已有针对“三风十愆”处墨刑的惩罚性规定，作出该规定的朝代是（　　）。（2016 法硕 非 30）

A. 商朝

B. 西周

C. 秦朝

D. 唐朝

21. 《左传》载，“昏、墨、贼、杀，皋陶之刑也”。其中“贼”指的是（　　）。（2017 法硕 非 31）

A. 掠人之美

B. 杀人无忌

C. 贪以败官

D. 寇攘奸宄

（二）多项选择题

1. 商朝案件的审理奉行的司法原则有（　　）。

A. 对疑难案件审理由三公听审评议

B. 公认案件有疑点即采取赦免的方针

C. 审理案件必须与同类典型案例相比较

D. 审判依据事实，有犯意无实据不认为是犯罪

2. 中国早期法制的特点有（　　）。

A. 成文法　　B. 公开

C. 不成文　　D. 不公开

3.《左传》引《夏书》皋陶之刑的“昏、墨、贼、杀”，分别指哪三种犯罪行为？（　　）

A. 自己做坏事而窃取他人美名

B. 贪赃

C. 杀人不忌

D. 佚乱

4. 夏商时期的法律思想是（　　）。

A. 天讨　　B. 明德

C. 神判　　D. 慎刑

5.《尚书·舜典》载：“眚灾肆赦，怙终贼刑。”其中包含了哪几种犯罪主观形态？（　　）

A. 过失

B. 完全无过失的意外事件

C. 紧急避险下的主观心态

D. 故意

6. 中国法律起源的特点有（　　）。

A. 礼法结合

B. 早熟

C. 维护专制王权

D. 刑事法规发达而民事法规相对落后

7. 商代的罪名涉及国家管理的哪些方面（　　）。

A. 军事　　B. 国家统治

C. 社会秩序　　D. 吏治

8. 根据《礼记·王制》的记载，商朝对“乱政”和“疑众”均处以“杀”。下列行为中，属于“疑众”的是（　　）。(2019 年法硕真题改编)

A. 析言破律

B. 行伪而坚

C. 作淫声、异服

D. 假于鬼神、时日、卜筮

视频讲题

（三）不定项选择题

1. 下列哪些是夏朝司法官的名称？（　　）

A. 大理　　B. 理

C. 小司寇　　D. 士

2. 商朝前期实行什么继承制度？（　　）

A. 指定继承制　　B. 父死子继制

C. 兄终弟及制　　D. 任意继承制

3. 商代对疑案的量刑原则是（　　）。

A. 附从轻　　B. 赦从重

C. 重刑轻罪　　D. 刑罚世轻世重

4. 商朝时期的法律又被称为（　　）。(考研)

A. 殷彝　　B. 汤诰

C. 九刑　　D. 禹刑

简答题

1. 简述夏代“天讨”“天罚”的神权政治法律观。

2. 简述商代的罪名与刑罚。

3. 简述奴隶制“五刑”。

4. 简述中国早期法律的起源。

分析题

1. 请说明下面这句话的基本含义，并从法律的角度加以评析。

“昏、墨、贼、杀，皋陶之刑也。”

——《左传·昭公十四年》

2. 请说明下面这句话的基本含义，并从法律的角度加以评析。

“眚灾肆赦，怙终贼刑。”

——《尚书·舜典》

论述题与深度思考题

试述商代的神权政治法律思想。

参考答案

名词解释

1．“天讨”“天罚”是夏代的神权政治法律观，以“天道”观解释行使政权、适用法律的最终依据，声称自己是奉“上天”之意来治理天下，适用法律、实施刑罚也是奉行“天意”。

2．“五刑”指长期存在于中国奴隶制时代的墨、劓、剕、宫、大辟五种常用刑。这五种刑罚由轻至重，构成了中国早期法律中完备的刑罚体系。

3．汤刑是商代法律的总称，泛指商王朝的法律、法令和制度。

4．炮格是商朝的刑罚之一，在铜柱上涂油，下加炭火烤热，令有罪者行其上，最终堕入炭火中烧死。

5．颠越不恭是商朝时期的罪名之一。颠为狂，越为逾越，指不法行为；不恭即不从王命。也就是说，如果狂妄放肆，违法乱纪，不服从国王的命令，就要处以死刑。

6．罪最初是指捕鱼竹网，设网的目的在于防止漏鱼，“制罪”，就是为“奸邪”行为构筑罗网，以便“异是非”“明好恶”“消佚乱”，所以罪就是为“奸邪”行为构筑的罗网。

7．法，“常”也，即制定常行的处罚规范。

8．“兄终弟及”是商王朝前期实行的继承制度，即兄死以后弟继兄位，无弟然后子继。

选择题

（一）单项选择题

1．答案：A

本题考查的是中国奴隶制社会地域划分的意义。夏朝时期已经开始按照地域来划分统治区域，使原来以血缘为纽带的氏族势力趋于消解。夏启夺取政权之后，把被征服的地域划分为“九州”，设立“九牧”作为地方长官来管理，开始形成了新的国家行政区划。

2．答案：B

本题考查的是中国古代的军法。在夏、商两朝，不成文的习惯法仍占有很大的比重，国王发出的“誓”“诰”“命”等也是当时重要的法律渊源，其中“誓”偏重于出兵打仗前的盟誓，大体相当于后世的军法。

3．答案：A

本题考查的是夏朝时期的法制。所谓“禹刑”是夏王朝法律的总称，因《左传·昭公六年》记载“夏有乱政，而作禹刑”得名，并非仅仅指现代意义上的刑法。

4．答案：C

中国的奴隶制五刑体系包括“墨、劓、剕（刖）、宫、大辟”。

5．答案：D

本题考查的是中国古代的法律形式。在夏朝，不成文的习惯法占有很大的比重，国王发出的“誓”“诰”“王命”也是当时重要的法律形式，因此本题的正确答案为D。

6．答案：C

本题考查的是夏朝时期的法制。《禹刑》，是夏朝法律的总称或代称。《左传·昭公六年》记载：“夏有乱政，而作禹刑。”从现有史料来看，这里所说的《禹刑》，并不是指一部成文法典，而是泛指夏朝的法律和刑罚。对此，应该理解为在夏王朝建立以后为适应当时需要而制定了法律，适用了刑罚。后人曾说“夏后氏正刑有五，科条三千”，又说夏有“大辟二百，膑辟三百，宫辟五百，劓、墨各千”。从一个侧面说明夏朝法律已有较大的规模，并在长期实践中积累了不少的判案成例。以《禹刑》来统称夏朝的法律，一方面是为了表示对祖先大禹的尊崇与怀念，另一方面也是为了借着禹在人们心目中的威望，加强法律的威慑力。从整体上看，夏朝的法律除大量属于代代相传的习惯法以外，夏王针对各种具体情况发布的“王命”，也是重要的法律渊源之一。

7．答案：B

“威侮五刑，怠弃三正”记载于《尚书·甘誓》中，是夏启在攻打反对他的氏族部落首领有扈氏前发布的一段战争动员令。故选B。

8．答案：A

本题考查的是中国奴隶制社会地域划分的意义。

夏代已经开始按照地域来划分统治区域，使原来以血缘为纽带的氏族势力趋于消解。夏启夺取政权之后，把被征服的地域划分为“九州”，设立“九牧”作为地方长官来管理，开始形成了新的国家行政区划。故选A。

9. 答案：B

本题考查的是中国奴隶制时期的司法制度。在夏朝，专门的司法官吏称为“士”和“理”，中央的最高司法官叫“大理”，是国王的司法助手。

10. 答案：B

本题考查的是中国奴隶制时期的司法制度。在商朝，中央最高审判机构改称“大司寇”（或称“司寇”），和其他五个中央机关并称为六卿（中国古代的官名与机关名常常合一）。大司寇有权审理重大案件，但必须奏请商王批准才能执行。

11. 答案：C

本题考查的是中国奴隶制时期的继承制度。商朝前期实行父死子继与兄终弟及二者并存的继承制度。

12. 答案：B

本题考查的是中国奴隶制时期的继承制度。商朝前期实行父死子继与兄终弟及二者并存的继承制度，武乙以后，由于争夺王位的内讧不断发生，商朝开始实行以父死子继为主的继承制度。到商朝晚期，嫡长子继承制度最终确立。

13. 答案：B

本题考查的是商代的法制，《左传·昭公六年》载：“商有乱政，而作汤刑。”从狭义上讲，《汤刑》是商继夏代制《禹刑》后制定的一部不予公布的刑书；从广义上讲，《汤刑》又是商代奴隶制法的泛称。《竹书纪年》载：商代后期祖甲二十四年又“重作汤刑”，对商代成文刑书作了进一步修订。所以，《汤刑》为商代成文刑书，也是商代法律的泛称。

14. 答案：B

本题考查的是中国奴隶制时期的刑罚制度。在商朝末期的纣王时，除常见的斩、戮等死刑方法外，还出现了炮格、醢、脯等酷刑。其中，炮格是在铜柱上涂油，下加炭火烤热，令有罪者行其上，最终堕入炭火中烧死的一种刑罚。

15. 答案：B

本题考查的是中国奴隶制时期法制的特点。商朝时期，卜者利用社会上普遍存在的迷信心理，假托神意参与司法，伪托神意断罪进行审判，实行所谓神判。

16. 答案：A

本题考查的是中国奴隶制时期的司法制度。“五刑之疑有赦，五罚之疑有赦”，是其“明德慎罚”主张在定罪量刑问题上的体现。不过，从其历史渊源来说，该项原则发端很早，据《尚书·大禹谟》记载，相传舜帝的刑官皋陶执法时奉行这样一条原则：“与其杀不辜，宁失不经。”即处理两可的疑难案件，宁可偏宽不依常法，也不能错杀无辜。

17. 答案：D

本题考查的是夏朝的司法制度。监狱在中国由来已久，据传，早在舜帝时期，刑官皋陶就曾建造监狱。《急就章》说：“皋陶造狱。”《广韵》云：“狱，皋陶所造。”这种传说在历史上广为流传，以至于从西汉到明清时期的监狱都将皋陶奉为狱神，并在狱中设像祭祀。

据文献记载，夏代的监狱称为“夏台”或“钧台”。《史记·夏本纪》记载，夏桀将商族首领商汤“囚之夏台”，《索隐》云：“狱名。夏曰夏台。”该监狱就在今河南省禹县境内。

18. 答案：A

本题考查的是商代的司法机构。在商朝，中央最高审判机构改称“大司寇”（或称“司寇”），和其他五个中央机关并称为六卿（中国古代的官名与机关名常常合一）。大司寇有权审理重大案件，但必须奏请商王批准才能执行。

19. 答案：C

本题考查的是商代重要案件的审理程序。商代重要案件一般要经过三级审理，即史与正的审理，大司寇的复审，以及三公参听的再审，最后报请商王批准。正如《礼记·王制》所载：“成狱辞，史以狱成告于正，正听之；正以狱成告于大司寇，大司寇听之棘木之下；大司寇以狱之成告于王，王命三公参听之；三公以狱之成告于王，王三又（宥），然后制刑。”

20. 答案：A

公元前16世纪，商王朝确立，为儆戒百官而制定了“官刑”，严禁官吏中盛行的“巫风”、“淫风”和“乱风”三类恶劣风气以及与之相关的十种不良行为，谓之“三风十愆”。

21. 答案：B

《左传》载，“昏、墨、贼、杀，皋陶之刑也”。据春秋后期晋国大夫叔向的解释：“已恶而掠美为昏，贪以败官为墨，杀人不忌为贼。”

（二）多项选择题

1. 答案：ABCD

本题考查的是商代的司法制度。《礼记·王制》载：“成狱辞，史以狱成告于正，正听之；正以狱成告于大司寇，大司寇听之棘木之下；大司寇以狱之成告于王，王命三公参听之；三公以狱之成告于王，王三又（宥），然后制刑。”商代对疑难案件的审理持慎重的态度，主张广泛征求意见，然后定案。如公认案件有疑点，就采取赦免的方针，但必须和同类典型案例相比较，然后才能作出终审判决。即《礼记·王制》载：“疑狱，泛与众共之；众疑，赦之。必察小大之比以成之。”此外，主张审判依据事实，有犯意无实据不认为是犯罪，即“有旨无简不听”。

2. 答案：CD

本题考查的是中国古代早期法制的特点。中国早期法制的突出特点，是以习惯法为基本形态，法律是不公开、不成文的。

3. 答案：ABC

本题考查的是中国最早的国家法着重处罚的犯罪行为。原始社会的舜禹统治时期，氏族公社制度已经走到了尽头，出现了最初的国家形态，国家法的雏形也随之产生，《竹书纪年》载“帝舜命皋陶作刑”，即命令皋陶在原有各部落习惯法的基础上制定普遍适用于各个部落的国家法。《左传·昭公十四年》引《夏书》说：“昏、墨、贼、杀，皋陶之刑也。”将贪赃行为（墨）与自己做坏事而窃取他人美名（昏）、杀人行为（贼）并列，一并处罚，说明其已经意识到约束国家内担任公职的职事人员的重要性，严厉制裁渎职、贪污行为。

4. 答案：AC

本题考查的是夏商时期的法律思想。从文献记载来看，夏代的立法指导思想是“恭行天罚”的神权法思想。夏代的统治者利用宗教鬼神进行统治，将其掌握的国家政权及权力说成是神授的；把法律说成是神意的体现，而法律的实施则是“恭行天罚”。“天讨”“神判”的神权法思想在商代发展到了高峰，商代统治者以迷信鬼神而著称。《礼记·表记》载：“殷人尊神，率民以事神。”商王几乎无事不卜，无日不卜，甚至定罪量刑也要诉诸鬼神。正如《礼记·曲礼》所载：“敬鬼神，畏法令也。”将实施刑罚说成是上帝的意志，是秉承神的旨意，代天行罚。“敬鬼神”的目的是使人民“畏法令”。

5. 答案：ABCD

本题考查的是中国最早的国家法关注的犯罪主观形态。《尚书·舜典》载“眚灾肆赦，怙终贼刑”。“眚”，指过失；“灾”，指不可抗御的自然灾害，对这些行为，可以实行减免处罚的原则。“怙”指故意，“终”是一贯，对此类杀人行为，适用严厉处罚的原则。这段文字反映了舜统治前后，氏族习惯法已经总结出的犯罪主观形态，并意识到根据不同的犯罪主观形态给予不同的处罚。

6. 答案：ABCD

中国法律产生于古代中国的特殊历史环境中，不仅改造和吸收了父权制时代的某些习惯，也改造和吸收了原始社会沿用已久的“礼”传统，从而实现了中国奴隶制最初的礼法结合。同东方早期文明国家一样，夏王朝提前跨入文明社会的门槛形成了最初的国家与法，从而具有了法律的早熟性。自夏奴隶制国家产生以来，就实行“以农为本”“重农抑商”的政策，从而形成以农业为基础的自给自足的自然经济的稳步发展，以及商品经济发展的相对落后，因此，在夏代不可能产生与王权相抗衡的工商业奴隶主阶层以及相对独立的市民阶层，只能产生君主专制制度与维护专制王权的奴隶制法律。因自然经济的稳固，商品经济的不发达，加之过早确立君主专制制度以及礼的规范发展，中国法律在形成时就带有刑事法规发达而民事法规相对落后的特点。

7. 答案：ABCD

本题考查的是商代罪名涉及的社会治理领域。商代军事方面的罪名有“矫诬天命”罪，如称夏桀是假托“天命”，为非作恶；严格军法，惩治“不从誓言”罪。商代将“不吉不迪”“颠越不恭”“暂遇奸宄”作为反抗国家统治的重罪，严厉镇压。扰乱社会秩序的罪名有“析言破律”“乱名改作”“作淫声、异服”等。管理吏治的罪名有“三风十愆”罪等。

8. 答案：BCD

商朝的“疑众”罪包括：“作淫声、异服、奇技、奇器以疑众，杀。行伪而坚，言伪而辩，学非而博，顺非而泽以疑众，杀。假于鬼神、时日、卜筮以疑众，杀。”（《礼记·王制》）故本题选 BCD 正确。

（三）不定项选择题

1. 答案：ABD

本题考查的是夏朝时期的司法制度。在夏朝，专门的司法官吏称为“士”和“理”，中央的最高司法官叫“大理”，是国王的司法助手。

2. 答案：BC

本题考查的是商朝时期的继承制度。商朝前期实行父死子继与兄终弟及二者并存的继承制度。即兄死以后弟继兄位，无弟然后子继，以前者为主。但是，当最后一个弟弟死后，叔伯兄弟间时常因争王位发生火并。《史记·殷本纪》说：“自中丁以来，废嫡而更立诸弟子，弟子或争相代立，比九世乱，于是诸侯莫朝。”由此“嫡子”继承制逐渐取代了“兄终弟及”制。自商王武丁时起，确立太子承袭王位，因为嫡子也非一个人，而在王位继承上仍有争夺，后期逐渐实行嫡长子继承制，从而稳定了王朝权位的继承，并使之成为一项固定制度。

3. 答案：AB

本题考查的是商代的量刑原则。商代对疑案的审理持慎重的态度，主张广泛征求意见，然后定案。如公认案件有疑点，就采取赦免的方针。在量刑时，可重可轻者，主张从轻；可宽可严时，主张从宽，即“附从轻”“赦从重”。

4. 答案：A

本题考查的是商朝时期的立法。“殷彝”指的是商朝的法律，是商朝法律的别称。

简答题

1. 在中国文明史的初期，“天”的观念在人们思维中占有重要位置。“天”被视作万物的最高主宰和本源。这种“天道”观被统治者用来作为解释行使政权、适用法律的最终依据。他们声称自己是奉“上天”之意来治理天下；适用法律、实施刑罚也是奉行“天意”；即所谓“天讨有罪”，“天命殛（音吉，意为杀死）之”，“恭行天罚”等，以此来加强其政权和法律制度的威慑力量。在夏及以后的商周时期，“天讨”“天罚”的观点是当时最为流行的官方政治法律观，直接影响到当时的法律理论和法律实践。

2. 商代甲骨文以及其他文献资料证明，其时刑法已在夏代的基础上有了进一步发展，所以荀子曾说“刑名从商”。商代的罪名已明显多于夏代，涉及社会生活中的许多方面。除沿用已有的罪名外，还有如“颠越不恭”“不吉不迪”“巫风”等罪名。对于犯罪的处罚，相应地也更加具体和详细。商代的刑罚，主要还是沿用夏代以来的墨、劓、剕（刖）、宫、大辟五刑。在甲骨文中，已有关于墨、劓、剕（刖）、宫、大辟等刑罚的记载，说明“五刑”在商代应用更为广泛。五刑中的大辟即死刑的方法多种多样，而且日趋残酷。特别是在末期纣王时，除常见的斩、戮等死刑方法外，还出现了炮格、醢、脯等酷刑。

3. “五刑”指长期存在于中国奴隶制时代的墨、劓、剕（刖）、宫、大辟五种常用刑。这五种刑罚由轻至重，构成了中国早期法律中完备的刑罚体系。

墨刑，又称黥刑，是在罪人面上或额头刻刺并涂上墨，作为受刑人的标志。这种墨刑既是刻人肌肤的身体刑，又是使受刑人区别于常人的一种耻辱刑。墨刑是五刑中最轻的一种刑罚。

劓刑，即割去受刑人的鼻子。鼻子是人的重要器官，与人的尊严密切相关，因此劓刑较墨刑为重。在早期古代民族中，毁掉人体重要器官是使用最为经常的一种处罚方法，后来逐渐演变成一种固定的刑罚方法。

剕刑，也作刖刑，指砍去受刑人足的重刑。另外，还有与砍足相类似的去掉膝盖骨的膑刑。砍去受刑人的足也是早期各古代民族中经常使用的处罚方法。在夏代，此类刑罚也成为最主要的常用刑之一。

宫刑，是破坏受刑人生殖器官的残酷刑罚。对男性为去势，对女性是破坏其生殖机能，通常叫作“幽闭”。宫刑是五刑中除死刑以外最为残酷的刑罚，一般适用于罪行较重的犯罪人。

大辟，是死刑的总称。在夏商周之际，死刑方法多种多样，统称为大辟。

4. 关于中国早期法律的起源，主要有起源于黄帝时代说、起源于尧舜时代说、起源于夏代说、“刑起于兵”“兵刑合一”说，等等。其中，“刑起于兵”“兵刑合一”说多见于先秦时期的文献记载之中，较有影响力。“刑起于兵”，即法律起源于古代的氏族战争；“兵刑合一”，即战争和刑法、刑罚是一回事，二者在本质上是一致的。先秦时期主掌司法审判的职官，被称为“士”“士师”“司寇”“廷尉”等，其本身就是源于军职。秦汉以后，《汉书·刑法志》等史书均先记载兵事，再记载刑事，这些均能说明“兵刑合一”说的影响力。

分析题

1. (1) 这句话的基本含义是指自己有恶行还要劫掠别人的美名，贪污腐败以败坏官纪，肆无忌惮地杀人，这三种行为均要处以死刑。

(2) 这句话说明原始社会的舜禹统治时期，氏族公社制度已经走到了尽头，出现了最初的国家形态，国家法的雏形也随之产生，《竹书纪年》载“帝舜命皋陶作刑”，即是命令皋陶在原有各部落习惯法的基础上制定普遍适用于各个部落的国家法。皋陶所作的“昏、墨、贼、杀”的规定，着重体现了国家法规制的两方面重要内容：社会秩序与官吏管理，将贪赃行为（墨）与自己做坏事而窃取他人美名（昏）、杀人行为（贼）并列，一并处罚，说明其已经有了约束国家担任公职的职事人员，严厉制裁渎职、贪污行为的意图。

2. (1) 这句话的基本含义是指对于过失犯罪、因不可抗力、紧急避险等导致的犯罪，可以减免处罚；而惯犯、故意犯罪要从重处罚。

(2) “眚”，指过失；“灾”，指不可抗御的自然灾害，对这些行为，可以实行减免处罚的原则。“怙”指故意，“终”是一贯，此类杀人行为，则适用严厉处罚的原则。这段文字反映了舜统治前后，氏族习惯法已经总结出不同的犯罪主观形态，并意识到根据不同的犯罪主观形态给予不同的处罚。

论述题与深度思考题

从文献记载来看，夏代的立法指导思想是“恭行天罚”的神权法思想。夏代的统治者利用宗教鬼神进行统治，将其掌握的国家政权及权力说成是神授的；把法律说成是神意的体现，而法律的实施则是“恭行天罚”。“天讨”“神判”的神权法思想在商代发展到了高峰，商代统治者以迷信鬼神而著称。《礼记·表记》说：“殷人尊神，率民以事神。”商王几乎无事不卜，无日不卜，甚至定罪量刑也要诉诸鬼神。正如《礼记·曲礼》所说：“敬鬼神，畏法令也。”将实施刑罚说成是上帝的意志，是秉承神的旨意，代天行罚。“敬鬼神”的目的是使人民“畏法令”。与夏代稍有不同的是，商代统治者开始把祖宗崇拜与上天崇拜结合起来，将自己的祖先与自然的神灵、万物的统治者——上帝合二为一，因而进一步丰富和发展了中国古代的神权政治学说。商代统治者把自己的统治说成是“天”的意志，而“天”又是与自己的祖先联系在一起，因此违背王命、反抗现行统治秩序，不仅冒犯天颜，也为列祖列宗所不容。刑罚、法律所代表的既是天意，也是列祖列宗的意志。使法律、刑罚又多了一重宗族意义上的根据。这种把祖先神与上帝神合二为一的观念，对后世传统社会家天下的政治理论和社会格局影响深远。

第三章　西周时期法律思想与制度

知识逻辑图

西周时期法律思想与制度
- 法律思想的发展
  - “以德配天”“明德慎罚”思想的产生及影响
  - “礼治”的基本原则与基本特征
- 立法概况
  - 主要立法
    - 《九刑》
    - 《吕刑》
    - 周公制“礼”
  - 法律形式：礼、刑、誓、诰、命
- 礼的渊源、性质与作用
  - 礼的渊源
  - 礼的性质与作用
  - 礼与刑的关系
    - 两者为西周法的基本组成部分
    - 礼之所去、刑之所取
    - 出礼入刑
- 刑事法律制度
  - 西周时期刑罚制度的发展
  - 主要罪名
  - 主要刑法原则和刑事政策
- 民事法律制度
  - 所有权
  - 婚姻、继承制度
    - 婚姻的缔结与目的：“上以事宗庙，下以利后嗣”
    - “六礼”“七出”“三不去”
    - 继承制度：嫡长子继承制
  - 契约
- 司法制度
  - 司法机关
  - 诉讼制度：起诉、审理、判决
  - 监狱制度：“圜土”之制

名词解释

1. “五听”（考研）
2. “五过”（考研）
3. “三刺”
4. “七出三不去”
5. “六礼”（考研）
6. 《吕刑》（考研）
7. “刑罚世轻世重”
8. “九刑”（考研）
9. “五礼”
10. “乞鞫”（考研）
11. “质剂”“傅别”（考研）

选择题

（一）单项选择题

1. 西周时，通过察言观色判断当事人陈述真伪的审判方式称为（　　）。（2014 法硕 非 33）

A. 三刺　　B. 三赦
C. 五过　　D. 五听

2. “观其眸子，视不直则眊然”，即观察当事人的眼睛与视觉，无理则双目失神，这就是“五听”制度中的（　　）。(考研)

A. “色听”　　B. “目听”
C. “辞听”　　D. “气听”

3. 在中国早期原始部落时代，由于生产力水平低下，生存条件又比较恶劣，被人们当作生活中头等重要大事的是（　　）。

A. 结婚　　B. 生子
C. 祭祀　　D. 治丧

4. 西周法官在审判中判断当事人陈述真伪的方式叫作（　　）。(考研)

A. “五刑”　　B. “五听”
C. “五行”　　D. “九刑”

5. “观其出言，不直则烦”，即观察当事人的言语表达，理屈者则言语错乱。这就是“五听”制度中的（　　）。

A. “色听”　　B. “目听”
C. “辞听”　　D. “耳听”

6. “礼不下庶人，刑不上大夫”原文出自（　　）。(考研)

A.《周礼》　　B.《吕刑》
C.《礼记・曲礼》　　D.《仪礼》

7. “三不去”的离婚限制确立于（　　）。

A. 夏　　B. 商
C. 西周　　D. 汉朝

8. 西周时女子若犯“七出”之条，不能提出休弃的是（　　）。

A. 丈夫　　B. 公公
C. 婆婆　　D. 姑嫂

9. 婚期之日男方迎娶女子至家的过程被称为（　　）。

A. “纳吉”　　B. “纳征”
C. “取亲”　　D. “亲迎”

10. 西周法制的基本特点是在“明德慎罚”的前提下，将下面的哪一项原则制度化、法律化？（　　）(考研)

A. “亲亲、尊尊”　　B. “亲亲得相首匿”
C. “五复奏”　　D. “秋审”

11. 在女方答应议婚后，由男方请媒人问女子名字、生辰等，并卜于宗庙以定吉凶的过程被称为（　　）。

A. “纳吉”　　B. “纳征”
C. “问名”　　D. “请期”

12. “六礼”作为法定的婚姻成立条件确定于（　　）。(考研)

A. 西周　　B. 商朝
C. 汉朝　　D. 夏朝

13. 西周以来，一直被视为古代法律适用重要原则的是（　　）。

A. 同姓不婚
B. 敬天保民
C. 礼不下庶人，刑不上大夫
D. 十恶不赦

14. 西周初期统治者总结了历史经验教训，对夏商的“天罚”思想进行了修正，在此基础上提出的立法思想是（　　）。(2015 法硕 非 30)

A. 天命天罚　　B. 明刑弼教
C. 明德慎罚　　D. 德主刑辅

15. “明德慎罚”的具体要求中，作为前提的是（　　）。

A. 以德配天　　B. 实施德教
C. 用刑宽缓　　D. 德主刑辅

16. 关于西周法制的表述，下列选项正确是（　　）。(司考)

A. 周初统治者提出“德主刑辅，明德慎罚”的政治法律主张
B.《后汉书・陈宠传》称西周时期的礼刑关系为“礼之所去，刑之所取，失礼则入刑”
C. 西周借贷契约称为“书约”，法律规定重要的借贷行为都须订立书面契约
D. 西周宗法制度下形成子女平均继承制

17. 据《周礼》载，西周“掌建邦之三典，以佐王刑邦国”的司法官是（　　）。(2020 年法硕)

A. 大司寇　　B. 小司寇
C. 太宰　　D. 司刑

视频讲题

18. 西周婚姻实际上实行的是（　　）。
A. 一夫多妻制　　B. 一夫两妻制
C. 一妻多夫制　　D. 一夫一妻制

19. 中国早期法制的鼎盛时期是（　　）。
A. 夏　　B. 商
C. 西周　　D. 春秋

20. 西周时期父母对子女的婚姻有（　　）。
A. 主婚权　　B. 选择权
C. 准婚权　　D. 建议权

21. 西周社会制度、国家制度，包括人们的日常行为的准则是（　　）。
A. 礼　　B. 刑
C. 君主意志　　D. 神意

22. 西周时行兵打仗之礼称为（　　）。
A. 凶礼　　B. 嘉礼
C. 军礼　　D. 吉礼

23. 冠婚之礼在西周被称为（　　）。
A. 吉礼　　B. 嘉礼
C. 宾礼　　D. 凶礼

24. 下列哪一选项不属于我国西周婚姻制度中婚姻缔结的原则？（　　）（司考）
A. 一夫一妻制
B. 同姓不婚
C. “父母之命，媒妁之言”
D. “七出”“三不去”

25. 下列内容中，不属于周礼特征的是（　　）。
A. 规范性　　B. 国家意志性
C. 平等性　　D. 强制性

26. 西周在身份继承方面实行（　　）。
A. 兄终弟及制　　B. 父死子继制
C. 嫡庶继承制　　D. 嫡长子继承制

27. 关于中国古代婚姻家庭与继承法律制度，下列哪一选项是错误的？（　　）（司考）
A. 西周时期“七出”“三不去”的婚姻解除制度为宗法制度下夫权专制的典型反映，然而“三不去”制度更着眼于保护妻子权益
B. 西周的身份继承实行嫡长子继承制，而财产继承则实行诸子平分制
C. 宋承唐律，但也有变通，如《宋刑统》规定，夫外出三年不归、六年不通问，准妻改嫁或离婚
D. 宋代法律规定遗产除由兄弟均分外，允许在室女享有部分的财产继承权

28. 西周穆王统治时期制定的具有代表性的法典是（　　）。（2012 法硕 非 32）
A.《九刑》　　B.《汤刑》
C.《吕刑》　　D.《禹刑》

29. 吕侯制作《吕刑》的内容是关于（　　）。
A. 赎刑
B. 刑罚
C. 军法
D. 重申在司法工作中贯彻“明德慎罚”的法制指导思想

30. 周公所制之礼是（　　）。
A. 仅对周族适用的礼制
B. 对夏、商族适用其原有的礼制
C. 通行全国的系统的礼制
D. 仅适用于其封邑内的礼制

31. “与其杀不辜，宁失不经”体现的刑罚适用原则是（　　）。
A. 重刑轻罪　　B. 罪疑从轻
C. 中罚　　D. 刑罚世轻世重

32. 根据《周礼·秋官·司寇》的记载，西周法律规定，定罪量刑时需考虑行为人的主观动机。该规定是（　　）。（2017 法硕 非 32）
A. 三赦之法　　B. 三刺之法
C. 三宥之法　　D. 五过之疵

33. 西周时期“明德慎罚”思想以及“亲亲”“尊尊”的礼治原则在定罪量刑方面直接体现为（　　）。
A. 三宥
B. 三刺
C. 三赦
D. “中道”“中正”“中罚”

34. 西周时期在定罪量刑上强调“中道”“中正”“中罚”体现了刑法上的哪种价值理念？（　　）
A. 罪刑均衡　　B. 刑罚明确性
C. 刑罚人道　　D. 刑罚宽和

35. 郑国执政子产于公元前 536 年“铸刑书”，对此，晋国大夫叔向写信斥子产：“昔先王议事以制，不为刑辟，惧民之有争心也。”关于“不为刑辟”的含意，下列选项正确是（　　）。（司考）
A. 不制定法律　　B. 不规定刑罚种类
C. 不需要判例法　　D. 不公布成文法

36.《尚书·吕刑》载：“轻重诸罚有权，刑罚世轻世重”，其中的“权”是指（　　）。

A. 权力　　B. 权衡

C. 权　　D. 权势

37.“五过”中受私人请托而枉法的称为（　　）。（考研）

A. 惟反　　B. 惟内

C. 惟货　　D. 惟来

38. 西周分封制下，土地和臣民的最终所有权掌握在（　　）手中。

A. 各诸侯王

B. 周王

C. 各实际占有使用土地、臣民的封建领主

D. 陪臣

39. 西周时期的契约制度比较发达，其中买卖奴隶、牛马等大宗交易使用的契券称为（　　）。（2015法硕 法15）

A. 傅别　　B. 白契

C. 质　　D. 剂

40. 西周商品经济发展促进了民事契约关系的发展。《周礼》载：“听卖买以质剂。”汉代学者郑玄解读西周买卖契约形式：“大市，人民、牛马之属，用长券；小市，兵器、珍异之物，用短券。”对此，下列哪一说法是正确的？（　　）（2016司考 卷一/15）

A. 长券为“质”，短券为“剂”

B.“质”由买卖双方自制，“剂”由官府制作

C. 契约达成后，交“质人”专门管理

D. 买卖契约也可采用“傅别”形式

41. 西周时期在定罪量刑时区分“眚”和“非眚”，二者是指（　　）。（考研）

A. 过失和故意　　B. 主犯和从犯

C. 自首和告发　　D. 主犯和从犯

42. 西周时将偶然犯罪称为（　　）。

A. 眚　　B. 惟终

C. 非眚　　D. 非终

43.《尚书·康诰》中说：“人有小罪，非眚，乃惟终……有厥罪小，乃不可不杀。”这里的“惟终”是指（　　）。（2014法硕 法30）

A. 惯犯　　B. 偶犯

C. 故意　　D. 过失

44. 西周时期司法官的渎职犯罪通称为“五过之疵”。其中，接受请托而徇私枉法的行为属于（　　）。（2022年法硕）

A. 惟来　　B. 惟反

C. 惟货　　D. 惟官

视频讲题

45. 西周时期实行“以五声听狱讼求民情”的审判方式，其中“观其出言，不直则烦”指的是（　　）。（2021年法硕）

A. 耳听　　B. 目听

C. 辞听　　D. 气听

视频讲题

46.《尚书·康诰》载：“人有小罪，非眚，乃惟终，自作不典，式尔，有厥罪小，乃不可不杀。”这里的“非眚”是指（　　）。（2018年法硕）

A. 故意　　B. 过失

C. 惯犯　　D. 偶犯

视频讲题

（二）多项选择题

1. 西周统治者为维系以血缘关系为纽带的政权组织制度，在实践中逐渐形成的原则有（　　）。（2017法硕 非59）

A. 嫡长子继承

B. 小宗服从大宗

C. 亲贵合一

D. 选官时“任人唯贤”

2. 西周有关婚姻解除的规定有（　　）。
A. 七出　　B. 三不去
C. 义绝　　D. 六礼

3. 按照周代礼制，已婚妇女不被夫家休弃的情形包括（　　）。(2014 法硕 非 60)
A. 有恶疾　　B. 有所娶无所归
C. 与更三年丧　　D. 前贫贱后富贵

4. 西周时期的刑罚适用原则不包括（　　）。
A. 一人犯罪，罪及亲属
B. 重刑主义
C. 疑案从轻，疑案从赦
D. 法律面前人人平等

5. 以下属于西周时期婚姻“六礼”内容的有（　　）。(考研)
A. 纳征　　B. 请期
C. 亲迎　　D. 拜堂

6. 西周时期将审理案件称为（　　）。
A. 断狱　　B. 听讼
C. 定分　　D. 止争

7. 西周时女子不能被夫家休弃的原因是（　　）。
A. 有所取无所归　　B. 前贫贱后富贵
C. 与更三年丧　　D. 生了嫡长子

8. 以下属于“五过”内容的有（　　）。
A. 惟反　　B. 惟内
C. 惟货　　D. 惟来

9. 以下属于西周时期刑罚适用原则的内容有（　　）。
A. 眚　　B. 惟终
C. 非眚　　D. 非终

10. 西周在审讯中要求法官察言观色的“五听”是（　　）。(考研)
A. 辞听　　B. 色听
C. 气听　　D. 目听

（三）不定项选择题

1. 西周时期的犯罪涉及（　　）。
A. 违背伦常的犯罪
B. 政治性犯罪
C. 贼盗等刑事犯罪
D. 破坏农业生产、扰乱社会秩序的犯罪

2. 《左传》载“周有乱政，而作九刑”，中的“九刑”是指（　　）。
A. 刑书九篇　　B. 刑名九种
C. 周法九篇　　D. 周代法律的总称

3. 西周时期，周天子与各级封建领主之间，以及各级封建领主相互之间的政治隶属关系，以及相互之间的权利义务，是通过（　　）形式来确定的。
A. 行政命令　　B. 盟誓
C. 礼　　D. 刑

4. 下面关于西周时期“礼”与“刑”关系的表述正确的有（　　）。(考研)
A. “礼”正面、积极规范人们的言行
B. “刑”是对一切违背礼的行为进行处罚
C. 两者在运用上为“出礼入刑”
D. “礼之所去，刑之所取”

5. 《左传》云“礼，经国家，定社稷，序民人，利后嗣者也”，系对周礼的一种评价。关于周礼，下列哪一表述是正确的？（　　）(2015 司考 卷一/16)
A. 周礼是早期先民祭祀风俗自然流传到西周的产物
B. 周礼仅属于宗教、伦理道德性质的规范
C. “礼不下庶人”强调“礼”有等级差别
D. 西周时期“礼”与“刑”是相互对立的两个范畴

6. 《吕刑》是西周中期的刑书，其确立的基本原则是（　　）。(2023 年法硕)
A. 五刑之疑有赦
B. 重刑轻罪
C. 同居相为隐
D. 刑罚世轻世重

视频讲题

简答题

1. 简述西周时期实行的同姓不婚原则。
2. 简述西周时期的宗法制度。
3. 简述西周时期的法律形式。
4. 简述西周时期的法制指导思想。

分析题

1. 请说明下面这句话的基本含义，并从中国传统法律文化的角度加以评析。

"殷因于夏礼，所损益，可知也；周因于殷礼，所损益，可知也。"

——《论语》

2. 请说明下面这句话的基本含义，并从中国传统法律文化的角度加以评析。

"五罚不服，正于五过。"

3. 请说明下面这句话的基本含义，并从中国传统法律文化的角度加以评析。

"道德仁义，非礼不成；教训正俗，非礼不备；分争辨讼，非礼不决；君臣上下，父子兄弟，非礼不定；宦学事师，非礼不亲；班朝治军，莅官行法，非礼威严不行；祷祠祭祀，供给鬼神，非礼不诚不庄。"

——《礼记·曲礼》

4. 请说明下面这句话的基本含义，并从中国传统法律文化的角度加以评析。

"悼与耄，虽有罪，不加刑焉。"

——《礼记》

5. 请说明下面这句话的基本含义，并从中国传统法律文化的角度加以评析。

"人有小罪，非眚，乃惟终……有厥罪小，乃不可不杀。乃有大罪，非终，乃惟眚……时乃不可杀。"

——《尚书·康诰》

6. 请说明下面这句话的基本含义，并从中国传统法律文化的角度加以评析。

"五刑之疑有赦，五罚之疑有赦。"

7. 材料一：

取妻如之何？必告父母。(《诗·齐风·南山》)

取妻如之何？匪媒不得。(《诗·豳风·伐柯》)

昏（婚）礼者，将合二姓之好，上以事宗庙，而下以继后世也，故君子重之，是以昏礼纳采、问名、纳吉、纳征、请期，皆主人筵几于庙，而拜迎于门外，入揖让而升，听命于庙，所以敬慎重正昏礼也。(《仪礼·昏义》)

取妻不取同姓，故买妾不知其姓，则卜之。(《礼记·曲礼》)

材料二：

妇有七去：不顺父母去，无子去，淫去，妒去，有恶疾去，多言去，窃盗去……妇有三不去：有所取无所归，不去；与更三年丧，不去；前贫贱后富贵，不去。(《大戴礼记·本命》)

请运用中国法制史的知识和理论，分析上述材料并回答下列问题：

(1) 根据材料一，概括西周婚姻成立的条件。

(2) 材料二中"七去三不去"的离婚原则是如何体现宗法伦理精神的？

(3) 西周婚姻制度对于后世婚姻立法有什么影响？(2016 法硕 法 38)

8. 请说明下面这句话的基本含义，并从中国传统法律文化的角度加以评析。

"礼不下庶人，刑不上大夫。"

——《礼记·曲礼》

9. 请说明下面这两句话的基本含义，并从中国传统法律文化的角度加以评析。

"天视，自我民视；天听，自我民听。""民之所欲，天必从之。"

论述题与深度思考题

1. 试述西周时期的"礼"。(考研)
2. 试述西周时期的婚姻制度。

参考答案

名词解释

1. "五听"制度是西周判案时判断当事人陈述真伪的五种方式，具体内容是：辞听、色听、气听、耳听、目听，即通过观察当事人的言语表达、面部表情、呼吸、听觉、眼睛与视觉确定其陈述真假，说明西周时已注意到司法心理问题并将其运用到实践中。

2. 西周时期对司法官违法规定了明确的刑事责任——"五罚不服，正于五过"，即凡属司法官罚不当罪、徇私枉法者，均分别按"五过"之罪加以处罚。所谓"五过"，其具体内容是："惟官"，指畏权势而枉法；"惟反"，指借审判之权而报恩报怨；"惟内"，指为亲属裙带而徇私；"惟货"，指贪赃受贿而枉法；"惟来”，指受私人请托而枉法。凡以此五者出入人罪，皆以其罪罪之。

3. “三刺”制度是指西周时凡遇重大疑难案件，应先交群臣讨论，群臣不能决时，再交官吏们讨论，还不能决的，交给所有国人商讨决定的三个程序。“三刺”制度说明西周对司法判案的慎重，是“明德慎罚”思想在司法实践中的体现。

4. “七出三不去”是西周时期解除婚姻的原则。“七出”又称“七去”，指女子若有下列七项情形之一的，丈夫或公婆可休弃之，即不顺父母去、无子去、淫去、妒去、有恶疾去、口多言去、盗窃去。同时按周代礼制，女子若有“三不去”的理由，夫家则不能离异休弃。“三不去”即是：有所取无所归，不去；与更三年丧，不去；前贫贱后富贵，不去。“七出三不去”是宗法制度下夫权专制的典型反映。后世几千年传统法律中关于解除婚姻的规定大体上都没有超出西周“七出三不去”的范围。

5. “六礼”是婚姻成立的必要条件。合礼合法的婚姻，必须通过“六礼”程序完成，即纳采、问名、纳吉、纳征、请期、亲迎。“六礼”作为古代礼制的一部分被后世所继承。

6.《吕刑》是周穆王时令吕侯所作，其基本精神在于贯彻“明德慎罚”的指导思想，强调国家司法各个环节都必须慎重、崇德。它是周朝两次比较大的法律活动之一。

7. “刑罚世轻世重”是西周时期一项重要的刑事政策，即应根据时世变化确定用刑的宽与严、轻与重，具体内容是：“刑新国用轻典，刑平国用中典，刑乱国用重典。”

8. “九刑”是指西周时期制定的一部法律，春秋时期就失传了，今人只在《左传》中见其名称的文字记载。

9. 西周时期的礼仪，主要有五个方面，通称为“五礼”，即吉礼、凶礼、军礼、宾礼、嘉礼。吉礼是祭祀之礼，古人认为祭祀鬼神、祭祀祖先能给自己带来福祉，故把祭祀之礼称为吉礼；凶礼是丧葬之礼；军礼是行兵打仗之礼；宾礼是迎宾待客之礼；嘉礼是冠婚之礼。

10. “乞鞫”和“读鞫”是西周时期诉讼制度中的两个程序。“读鞫”即向当事人宣读判决书。读鞫后，犯人要求上诉再审，称为“乞鞫”。

11. “质剂”与“傅别”均为西周时期的契约形式，“质剂”适用于买卖关系，“傅别”适用于借贷关系。

选择题

（一）单项选择题

1. 答案：D

西周时，通过察言观色判断当事人陈述真伪的审判方式称为五听，即辞听、色听、气听、耳听、目听。“三刺”是西周从赦原则在司法审判中要经过的程序。“三赦”之法是西周对老幼犯罪要减免刑罚。“五过”是西周针对渎职方面的罪名。

2. 答案：B

本题考查的是中国早期的审判制度。“五听”是西周时期审理案件时判断当事人陈述真伪的五种方式。其中“目听”要求“观其眸子，视不直则眊然”，即观察当事人眼睛与视觉，无理则双目失神。

3. 答案：C

本题考查的是古代“礼”的内容。在中国早期社会中，“礼”最早是氏族社会时期人们祭祀鬼神的仪式，所谓“奉神人之事通谓之礼”，由于当时的生产力低下，生存条件恶劣，人们把祭祀当作生活中头等重要的大事，这就是古人所说的“国之大事，唯祀与戎”。

4. 答案：B

本题考查的是中国早期的审判制度。西周时期审理案件时判断当事人陈述真伪的“辞听”“色听”“气听”“耳听”“目听”五种方式被称为“五听”。

5. 答案：C

本题考查的是中国奴隶制时期的审判制度。“五听”是西周时期审理案件时判断当事人陈述真伪的五种方式。其中“辞听”要求“观其出言，不直则烦”，即观察当事人的言语表达，理屈者则言语错乱。

6. 答案：C

本题考查的是西周时期的礼制。“礼不下庶人，刑不上大夫”是中国古代法律中一项重要的法律原则，源于《礼记·曲礼》，始于西周。作为一项法律原则，“礼不下庶人，刑不上大夫”所强调的是平民百姓与贵族官僚之间的不平等，强调官僚贵族的法律特权。

7. 答案：C

本题考查的是西周时期的婚姻家庭法律制度。西周时期关于婚姻的解除也有若干制度，被称为“七出三不去”。“三不去”是指“有所取无所归，不去；与更三年丧，不去；前贫贱后富贵，不去”。

8. 答案：D

本题考查的是西周时期的婚姻家庭法律制度。西周时期关于婚姻的解除也有若干制度，被称为“七出三不去”。所谓“七出”，又称“七去”，是指女子若有所列七项情形之一者，丈夫或公婆即可休弃之。

9. 答案：D

本题考查的是周礼的内容。西周时期，婚姻“六礼”也是婚姻成立的必要条件。合礼合法的婚姻必须通过“六礼”来完成。其中“亲迎”即婚期之日男方迎娶女子至家。至此，婚礼始告完成，婚姻也最终成立。

10. 答案：A

本题考查的是西周时期的礼制内容。西周礼制之中，抽象的精神原则可归纳为“亲亲”与“尊尊”两个大的方面。所谓“亲亲”，即是要求在家族范围内，人人皆要亲其亲，长其长，做到父慈、子孝、兄友、弟恭、夫义、妇听，人人都应按自己的身份行事，不能以下凌上，以疏压亲。因此，西周时期的法制将“亲亲”与“尊尊”予以制度化、法律化。

11. 答案：C

本题考查的是中国奴隶制时期的婚姻家庭法律制度。西周时期，合礼合法的婚姻必须通过“六礼”来完成。其中“问名”是指在女方答应议婚后，由男方请媒人问女子名字、生辰等，并卜于宗庙以定吉凶。

12. 答案：A

解析见上题。纳吉，即男方家于祖庙卜问吉凶，并将卜到的吉兆随礼物告知女方家。

13. 答案：C

本题考查的是西周时期的法律适用原则。“礼不下庶人，刑不上大夫”是中国古代法律中一项重要的法律原则，始于西周。

14. 答案：C

周初统治者注重从商朝败亡的历史经验中汲取前车之鉴，认为天命是会改变的，天命总是归于有德者，天意总是通过民意表达出来的，故从夏商时代的神权法思想，发展到对人的关注，提出“以德配天”的民本思想，并将“德”这一抽象的伦理道德准则落实到现实统治之中，形成了“敬天保民”的政治思想和“明德慎罚”的法律思想，故C项正确。A项“天命天罚”是夏商的指导思想，B项“明刑弼教”是明朝的指导思想，D项“德主刑辅”是汉朝的指导思想。

15. 答案：B

本题考查的是中国古代法制的指导思想。“明德慎罚”的具体要求可以归纳为“实施德教，用刑宽缓”。其中“实施德教”是前提，是第一位的。

16. 答案：B

本题综合考查西周时期的法制思想和法律制度。

A项考查西周法律思想。西周提出“以德配天，明德慎罚”的政治法律思想。汉代中期以后，“以德配天，明德慎罚”的主张被儒家发挥成“德主刑辅，礼刑并用”，从而为中国传统法制奠定了理论基础。A项错误，混淆了西周的法律思想和汉代的法律思想。

B项考查礼刑关系。要点如下：(1) 西周时期的礼已具备法的性质。首先，周礼完全具有法的三个基本特性，即规范性、国家意志性和强制性。其次，周礼在当时对社会生活各个方面都有着实际的调整作用。(2) 礼刑关系概括为“出礼入刑”和“礼不下庶人，刑不上大夫”两个方面。正如《后汉书·陈宠传》所说的“礼之所去，刑之所取，失礼则入刑”。B项正确。

C项考查西周契约制度。西周买卖契约称为“质剂”，借贷契约称为“傅别”。C项错误。

D项考查西周的继承制度。西周时期已经形成嫡长子继承制，这种继承主要是政治身份的继承，也包括土地、财产的继承。D项错误。一般认为，诸子均分制出现于秦汉时期；宋代时有限度承认“女子”财产继承权，但也没有“平均继承”。

17. 答案：A

西周的中央最高司法机关为司寇，其长官也称为司寇，有大、小司寇之别。大司寇为六卿之一，其职责在于“掌建邦之三典，以佐王刑邦国，诘四方”，主管刑事政策。小司寇的职责在于“以五刑听万民之狱讼”，协助大司寇审理案件，处理狱讼，故A选项正确。

18. 答案：D

本题考查的是西周时期的婚姻家庭法律制度。西周时期，婚姻的缔结有三大原则，即一夫一妻制、同姓不婚、父母之命。凡婚姻不合此三者即属非礼非法。

19. 答案：C

本题考查的是中国古代法制的发展。西周时期法律规范的表现形式已呈现出多样化的特色。除传统的“誓”“诰”“命”等王命以外，不公开的刑书和以“礼”为具体表现形式的周族习惯法等也占有相当的比重。因此，和夏商王朝相比较，西周时期属于中国早期法制的鼎盛时期。

20. 答案：A

本题考查的是中国奴隶制时期的婚姻家庭法律制度。西周宗法制度要求，婚姻关系的缔结必须服从“父母之命”，经过“媒妁之言”，才合法有效。父母有主婚权，婚姻当事人不得自行交往，须得媒人撮合，这是西周礼制的基本要求。

21. 答案：A

本题考查的是西周时期的礼制。西周时期，礼作为一种积极的规范，已具备法的性质和作用。当时上至国家根本方针、组织制度，下至社会成员的衣食住行、车马宫室，都与礼密切相关，都受礼的制约。正因为如此，礼被认为是“经国家，定社稷，序民人，利后嗣”的头等大事。

22. 答案：C

本题考查的是西周时期的礼制。西周时期的礼仪，主要有五个方面，通称为“五礼”，即吉礼、凶礼、军礼、宾礼、嘉礼。吉礼是祭祀之礼，古人认为祭祀鬼神、祭祀祖先能给自己带来福祉，故把祭祀之礼称为吉礼；凶礼是丧葬之礼；军礼是行兵打仗之礼；宾礼是迎宾待客之礼；嘉礼是冠婚之礼。

23. 答案：B

解析见上题。

24. 答案：D

本题考查的是西周时期的婚姻家庭法律制度。西周时期，婚姻的缔结有三大原则，即一夫一妻制、同姓不婚、父母之命。凡婚姻不合此三者即属非礼非法。

“七出”“三不去”是西周时期解除婚姻的原则。“七出”又称“七去”，指女子若有下列七项情形之一的，丈夫或公婆可休弃之，即不顺父母去、无子去、淫去、妒去、有恶疾去、口多言去、盗窃去。同时按周代礼制，女子若有“三不去”的理由，夫家则不能离异休弃。“三不去”，即有所取而无所归，不去；与更三年丧，不去；前贫贱后富贵，不去。“七出三不去”是宗法制度下夫权专制的典型反映。后世几千年传统法律中关于解除婚姻的规定大体上没有超出西周“七出三不出”的范围。因此，D为正确答案。

25. 答案：C

本题考查的是西周礼制的特征。周礼完全具有法的三个基本特性，即规范性、国家意志性和强制性。平等性在中国古代等级社会中是基本不存在的。因此，本题的选项C是错误的，为应选项。

26. 答案：D

本题考查的是西周的继承法律制度。西周的宗法制有三个基本原则，其中第一个就是从周天子到卿大夫、士，都实行嫡长子继承制。

27. 答案：B

西周时期“七出”“三不去”的婚姻解除制度为宗法制度下夫权专制的典型反映，A项中“三不去”制度“更着眼于保护妻子权益”的说法并不妥当，但是此题为单选，根据比较的结果，不宜选此项。

宋承唐律，但也有变通，如《宋刑统》规定，夫外出三年不归、六年不通问，准妻改嫁或离婚；宋代法律规定遗产除由兄弟均分外，允许在室女享有部分的财产继承权。

西周的身份继承实行嫡长子继承制，B项问题在于“而财产继承则实行诸子平分制”一句不正确。故为当选项。

28. 答案：C

周穆王为革新政治，命司寇吕侯做《吕刑》，《吕刑》是西周穆王统治时期制定的具有代表性的法典。

29. 答案：D

本题考查的是《吕刑》的基本内容。吕侯所作《吕刑》的具体内容已无法考证，但在记述中国上古时期历史的重要著作《尚书》中，有《吕刑》一篇，记载了穆王命吕侯进行法律改革的大致情况。从《尚书·吕刑》反映的情况看，此次法律改革的基本精神在于贯彻西周初年提出的“明德慎罚”的法制指导思想，强调在国家司法工作中，从司法官吏的选择到具体执法的各个环节，都必须慎重、崇德。

30. 答案：C

本题考查的是“周公制礼”。据《礼记》等早期文献记载，周公在摄政期间，曾将夏、商两代的礼制加以折中损益，加上周族原有的礼制，制定了一套通行全国的系统的礼制。从而使周礼成为调整西周社会各方面社会关系的基本规范，具备了国家法的性质，有助于消解各地方习惯法，及加强国家的统一。

31. 答案：B

本题考查的是西周时期的刑罚适用原则。该句出自《尚书·大禹谟》。辜，就是有罪。不辜，就是无辜者。经，是指法律规定。“与其杀不辜，宁失不经”的基本含义是，在处理两可的疑难案件时，宁可偏宽不依常法，也不能错杀无辜。西周继承和发扬了前人的这一传统。西周时期为保证适用法律的谨慎，防止错杀无辜，凡是疑难案件，都采取了从轻处断或赦免的办法。

32. 答案：C

三宥之法是指“一宥曰不识，再宥曰过失，三宥曰遗忘”。表明西周在定罪量刑时考虑行为人的主观动机，即后世所谓原心定罪。三赦之法是指“一赦曰幼弱，再赦曰老耄，三赦曰蠢愚”，此三者除犯故意杀人罪外，一般皆赦免其罪，这是西周“明德慎罚”思想的体现。三刺之法是指司法审判中要经过“三刺”的程序，“一刺曰讯群臣，再刺曰讯群吏，三刺曰讯万民”。五过之疵则是指司法官渎职犯罪。

33. 答案：C

本题考查的是西周时期的老幼犯罪减免刑罚原则。《周礼》记载：对于幼弱、老耄、蠢愚三种人，如果触犯法律，应当减轻、赦免其刑罚。《礼记》也记载：“八十、九十曰耄，七年曰悼。悼与耄，虽有罪，不加刑焉。”这一原则正是西周时期“明德慎罚”的法律思想以及“亲亲”“尊尊”礼治原则在刑法定罪量刑方面的具体体现。A项的“三宥”之法，即“一宥曰过失，再宥曰弗知，三宥曰遗忘”，对此三者犯法皆可宽宥原谅；B项的三刺之法，“一刺曰讯群臣，再刺曰讯群吏，三刺曰讯万民”，强调监督；D项的“中道”“中罚”“中正”，要求的是刑对于罪来说要宽严适中，不偏不倚。三者均不能直接体现“明德慎罚”及“亲亲”“尊尊”原则。故本题应选C项。

34. 答案：A

本题考查的是西周定罪量刑所贯彻的价值理念。西周时期在定罪量刑上强调“中道”“中正”“中罚”，要求刑对于罪来说要宽严适中、不偏不倚。关于“中”的含义，《尚书·吕刑》载“士制百姓于刑之中”东汉梁统解释说：“衷（中）之为言，不轻不重之谓也。”即强调在定罪量刑时做到刑与罪相适应、不轻不重、不偏不倚的均衡原则。

35. 答案：D

公元前536年，郑国子产将郑国的法律条文铸在象征诸侯权位的金属鼎上，向社会公布，史称“铸刑书”。晋国叔向主张礼治国家，反对公布成文法，强调刑罚在治理国家中的作用，主张“刑不可知，则威不可测”。题干中“不为刑辟”指的是“不公布成文法”，D项正确。

36. 答案：B

本题考查的是西周的刑罚世轻世重的刑事政策。权是指权衡、度量。该句话是主张根据时势的变化、根据国家的具体政治情况、社会环境因素来决定用刑的宽与严、轻与重。

37. 答案：D

本题考查的是西周时期的罪名。西周时期对司法官违法规定了明确的刑事责任。“五罚不服，正于五过”，即凡属司法官罚不当罪、徇私枉法者，均分别按“五过”之罪加以处罚。所谓“五过”，其具体内容是：“惟官”，指畏权势而枉法；“惟反”，指借审判之权而报恩报怨；“惟内”，指为亲属裙带而徇私；“惟货”，指贪赃受贿而枉法；“惟来”，指受私人请托而枉法。凡以此五者出入人罪，皆以其罪罪之。

38. 答案：B

本题考查的是西周的土地分封制度。西周时期，周天子通过“授民授疆土”的形式，将天下的土地和臣民封赐给各诸侯王，由各诸侯王实际占用、使用，享受收益。诸侯王可以进行再次封赐，形成各级更小的封建领主。但是，周王可以赏赐，也可以收回，甚至可以动用武力，进行征伐，“削之”“眚之”，再转赠他人。所以，土地和臣民的最终所有权仍掌握在周王手中。

39. 答案：C

西周时期质剂是买卖契约，“大市以质，小市以剂”。买卖奴隶、牛马等大宗交易使用的契券为质。

40. 答案：A

本题考查的是西周的契约关系。西周的买卖契约称为“质剂”，“质”是用来买卖奴隶、牛马所使用的较长的契券；“剂”是用来买卖兵器、珍异之物所使用的较短的契券。“质”“剂”由官府制作，并由“质人”专门管理。西周的借贷契约称为“傅别”，《周礼》载：“听称责以傅别。”为了保证债的履行，要求当事人订立契约“傅别”。

41. 答案：A

本题考查的是西周时期的司法审判原则。在西周时期，故意犯罪与过失犯罪在观念上已有所区别。据

《周礼》记载，西周有“三宥”之法，即“一宥曰不识，再宥曰过失，三宥曰遗忘”，对此三者皆可宽宥原谅。这说明当时对过失犯罪已有了很深的认识。其时过失被称为“眚”，故意即是“非眚”。

42. 答案：D

本题考查的是西周时期的司法审判原则。在西周时期，惯犯与偶犯在观念上已有所区别。惯犯被称为“惟终”，偶犯被称为“非终”。

43. 答案：A

过失被称为“眚”，故意是“非眚”，惯犯被称为“惟终”，偶犯被称为“非终”。

44. 答案：A

本题考查的是西周时期司法官的渎职犯罪。西周时期对司法官违法规定了明确的刑事责任。所谓“五过”，其具体内容是：“惟官”，指畏权势而枉法；“惟反”，指借审判之权而报恩报怨；“惟内”，指为亲属裙带而徇私；“惟货”，指贪赃受贿而枉法；“惟来”，指受私人请托而枉法。凡以此五者出入人罪，皆以其罪罪之。故本题答案为A。

45. 答案：C

本题考查的是西周时期司法官的“五听”。“五听”是西周时期审理案件时判断当事人陈述真伪的五种方式。其中“辞听”要求“观其出言，不直则烦”，即观察当事人的言语表达，理屈者则言语错乱。故本题选C。

46. 答案：A

西周在“明德慎罚”思想的指导下，制定了一系列较为明确的刑罚适用原则。《尚书·康诰》曾记载周公教谕即将统治殷商遗民的康叔说：“人有小罪，非眚，乃惟终，自作不典，式尔，有厥罪小，乃不可不杀。乃有大罪，非终，乃惟眚灾；适尔，既道极厥辜，时乃不可杀。”这里的“眚”是指过失，“非眚”是指故意，“惟终”是指惯犯，“非终”是指偶犯，这里是说故意犯罪与惯犯虽犯小罪，亦不可不杀，而过失行为与偶然犯罪虽犯大罪，亦不能杀。这说明，西周时期对故意犯罪、惯犯从重处罚，对过失犯罪与偶犯从轻处断，已经有了相当高的认识水平。所以本题选A。

（二）多项选择题

1. 答案：ABC

西周宗法制度中，实行嫡长子继承制，小宗要服从大宗。西周时期家国一体，家族组织与国家制度合二为一，亲贵合一。西周在选官时不是“任人唯贤”，而是考虑血缘关系，“任人唯亲”。

2. 答案：AB

本题考查的是西周时期的婚姻家庭法律制度。西周关于解除婚姻关系的规定主要有两个方面：第一个方面是七出，第二个方面是三不去。

3. 答案：BCD

西周关于婚姻的解除，有“三不去”之规定。“三不去”是指：“有所取无所归，不去；与更三年丧，不去；前贫贱后富贵，不去。”

4. 答案：ABD

本题考查的是西周时期的刑罚适用。西周时期有以下刑罚适用原则：（1）老幼犯罪减免原则。（2）区别故意与过失、惯犯与偶犯原则。西周时有“三宥”之法，即“一宥曰不识，再宥曰过失，三宥曰遗忘”，对此三者皆可宽宥原谅。史籍中把过失称为“眚”，故意即是“非眚”；惯犯被称为“惟终”，偶犯被称为“非终”。西周时故意犯罪和惯犯要从重处罚，过失犯罪和偶犯则可减轻处罚。（3）罪疑从轻、罪疑从赦原则。凡疑难案件，都采取从轻处断或赦免的办法。（4）宽严适中原则。定罪量刑上要求宽严适中，符合正道。（5）“刑罚世轻世重”的刑事政策。即应根据时世变化确定用刑的宽与严，轻与重。具体内容是：“刑新国用轻典，刑平国用中典，刑乱国用重典。”

5. 答案：ABC

本题考查的是西周时期的婚姻家庭法律制度。西周的婚姻成立主要有六个条件，即所谓“六礼”，具体是指：纳采，即男方请媒人向女方送礼品求婚；问名，即男方请媒人问女方名字、生辰，卜于宗庙，请示吉凶；纳吉，卜得吉兆后随礼告知女方；纳征，又称纳币，即男方使人送聘礼给女方正式缔结婚姻；请期，即请媒人与女方商定婚期；亲迎，即男子亲去女家迎接。

6. 答案：AB

本题考查的是西周时期的诉讼制度。西周时期，随着奴隶制诉讼制度的发展，民事案件和刑事案件已有明确的区分。凡民事案件，一般称为“讼”，刑事案件则称为“狱”。“狱”与“讼”，因为性质不同，所以处理的方式也有差别。审理民事案件，称为“听讼”；审理刑事案件，叫作“断狱”。

7. 答案：ABC

本题考查的是西周时期的婚姻家庭法律制度。西周时期解除婚姻的大权掌握在男子手中，称为“出妻”“休妻”。周礼规定，丈夫可以以七种理由休弃妻子，称为“七出”。但有以下三种情况之一，丈夫不得休弃妻子：有所取无所归（无娘家可归的），不去；与更三年丧（曾为公婆守孝三年的），不去；前贫贱后富贵的，不去。这三项内容主要是出于维护礼制的需要，但对稳定婚姻关系有一定的积极意义。

8. 答案：ABCD

本题考查的是西周时期的司法制度。西周时期还对司法官违法规定了明确的刑事责任。“五罚不服，正于五过”，即凡属司法官罚不当罪、徇私枉法者，均分别按“五过”之罪加以处罚。所谓“五过”，其具体内容是：“惟官”，指畏权势而枉法；“惟反”，指借审判之权而报恩报怨；“惟内”，指为亲属裙带而徇私；“惟货”，指贪赃受贿而枉法；“惟来”，指受私人请托而枉法。凡以此五者出入人罪，皆以其罪罪之。

9. 答案：ABCD

本题考查的是西周时期的刑罚适用原则。在西周时期，故意犯罪与过失犯罪在观念上已有所区别。据史籍记载，西周有“三宥”之法，即“一宥曰不识，二宥曰过失，三宥曰遗忘”，对此三者皆可宽宥原谅。这说明当时对过失犯罪已有了很深的认识。其时过失被称为“眚”，故意即“非眚”。故意犯罪从重，过失犯罪从轻。在西周时期，惯犯与偶犯在观念上已有所区别。惯犯被称为“惟终”，偶犯被称为“非终”。惯犯从重，偶犯从轻。

10. 答案：ABCD

本题考查的是西周时期的司法审判制度。西周时期审理案件时判断当事人陈述真伪的“辞听”“色听”“气听”“耳听”“目听”五种方式被称为“五听”。

（三）不定项选择题

1. 答案：ABCD

本题考查的是西周时期的犯罪。西周时期主要有“不孝不友”等违背伦常的犯罪，“犯王命”“放弑其君”等政治性犯罪，“杀越人于货”等抢掠财物、劫杀人命的刑事犯罪，“群饮”“失农时”等扰乱社会秩序的犯罪，以及“违背盟誓”的背信犯罪。

2. 答案：ABCD

本题考查的是西周时期的法律形式。在《周礼》《逸周书》《汉书·艺文志》等著作中，就有“刑书九篇”“周法九篇”的记载。《左传》记：“夏有乱政，而作禹刑；商有乱政，而作汤刑；周有乱政，而作九刑。”因此，“九刑”可以视为西周承夏、商之制，而制定的“刑书”，是五刑制度的进一步发展。沈家本《历代刑法考》以《逸周书·尝麦解》为依据，认为“九刑”是以刑名为篇名的刑书，即在以墨、劓、剕、宫、大辟外，加鞭、扑、流、赎之刑，合为九篇。故也可以说是刑名九种。因其承夏商之制，“禹刑”“汤刑”分别是夏商法律的总称，所以“九刑”也是周代法律的总称。

3. 答案：B

本题考查的是西周时期的盟誓。在先秦时代，“盟誓”是一种特殊的、具有很强约束力的规范形式。在当时的社会条件下，国王与各级封建领主之间，以及各级封建领主相互之间的政治隶属关系，以及相互之间的权利义务，大多是通过“盟誓”的形式来确定的。盟誓是一种具有极高强制性的习惯法规则。违背盟誓，也就是违背自己的庄严承诺，违背自己应履行的义务。所以，违背盟誓是一项严重的罪行。对此类行为，多是“告而诛之”，即将其背誓的行为公告于天下，再行诛灭。

4. 答案：ABCD

本题考查的是西周时期“礼”与“刑”的关系。西周时期“刑”多指刑法和刑罚。“礼”正面、积极规范人们的言行，而“刑”则对一切违背礼的行为进行处罚，即所谓“出礼入刑”“礼之所去，刑之所取”，二者共同构成西周法律的完整体系。

5. 答案：C

本题考查的是周礼的概念理解。周礼起源于原始社会祭祀鬼神时候所举行的仪式，周公将夏礼、商礼发展成一整套以维护宗法等级制为核心的行为规范，以及相应的典章制度、礼节仪式。西周时期的礼已经具备法的性质，对社会生活各个方面都有实际的调整作用，不仅仅属于宗教、伦理道德性质的规范。“礼不下庶人，刑不上大夫”是中国古代法律中一项重要的法律原则，强调平民百姓与贵族官僚之间的不平等，强调贵族官僚的法律特权。“礼不下庶人”强调礼有等差，禁止任何越礼的行为。西周时期有关“礼”与“刑”的关系可以表述为“出礼入刑”，“礼”正面、积极规范人们的言行，而“刑”则对一切违背礼的行为进行处罚，正如《后汉书·陈宠传》所言，“礼之所去，刑之所取，失礼则入刑，相为表里者也”。

6. 答案：AD

西周中期制定《吕刑》。据《尚书·吕刑》记载，司寇吕侯奉穆王之命，制定新的刑法，名之为《吕刑》(又称《甫刑》)。吕刑的主要内容包括：第一，针对不同的犯罪行为，将刑罚由重及轻分为五刑、五罚、五过三类。第二，提出审判官谨慎用刑的原则。审判过程中，要区分犯罪者的主观动机，不能过分依赖供词，务使刑罚适中。第三，提出疑罪从赎的主张。第四，《尚书·吕刑》云：“刑罚世轻世重，惟齐非齐，有伦有要。”也就是说，刑罚的宽严与轻重必须根据时势的发展变化，也就是根据国家的具体政治情况、社会环境等因素予以确定。故AD选项正确。

简答题

1. 西周统治者实行同姓不婚的原则，主要是基于如下考虑：

(1)“男女同姓，其生不蕃”，即血缘关系近不利于后代的繁衍。

(2)“取于异姓，所以附远厚别”，即通过婚姻加强与异姓贵族联姻联系，以固结权势，并维护宗族内的伦常关系。

2. 宗法制度是由氏族社会父系家长制的传统演变而来，由周初统治者系统确立，并影响其后各朝代按血缘关系分配国家权力，以便建立世袭统治的一种制度。其特点是宗族组织与国家组织合二为一，宗法等级与政治等级一致。宗族中分为大宗和小宗，周王自称天子，称为天下大宗。天子由嫡长子继承王位，其余庶子分封为诸侯，诸侯对天子而言是小宗，在其封国内是大宗；诸侯也采嫡长子继位，其他儿子被分封为卿大夫，卿大夫对诸侯而言是小宗，在其采邑内是大宗。从卿大夫到士也是如此。世袭的嫡长子总是不同等级的大宗（宗子），大宗不仅享有对宗族成员的统治权，而且享有政治上的特权。异姓贵族也通过联姻纳入宗法关系，形成以周王为核心的等级森严的宗法体制。

3. 西周时期法律规范的表现形式，已呈现出多样化的特点。除传统的“誓”“诰”“命”等王命以外，以“礼”为具体表现的周族习惯法也占有相当的比重。

(1) 周公制礼。相传周公摄政时，对夏商两代礼制加以折中损益，加上周族自己的礼制而成“周礼”。“周礼”是西周法律规范的重要形式，它调整着西周社会生活的各个方面。

(2)《吕刑》。周穆王时令吕侯作《吕刑》，内容今已不可考。其基本精神在于贯彻“明德慎罚”的指导思想，强调国家司法从选择司法官到具体执法各个环节都必须慎重、崇德。

(3) 遗训，即先王留下的遗制。

(4) 殷彝，即被允许继续适用的一些商朝法律。

(5) 九刑。“九刑”有两种含义：一指西周刑书，二指墨、劓、刵、宫、大辟及流、扑、鞭、赎共九种刑罚。

4. 西周统治者继承了夏商以来的神权政治学说，同时为了弥补这一学说的不足，周初统治者又进一步提出了“以德配天，明德慎罚”的政治法律主张。在以“德”配“上天”，做到敬天、敬宗、保民的政治观下，统治者具体提出了“明德慎罚”的法律主张，强调用“德教”治理国家，使人民臣服。适用法律和刑罚应该宽缓谨慎。概括而言，即“实施德教，用刑宽缓”。

“以德配天，明德慎罚”的主张代表了西周初期统治者的基本政治观和治国方针。这种思想的形成，说明当时的统治者在政治上已趋成熟。“以德配天，明德慎罚”法律观的影响极为深远，它不仅对西周各种具体法律制度及宏观法制特色的形成与发展起了决定性的作用，而且深深扎根于中国传统政治理论中，被后世奉为政治法律制度的理想的原则与标本。汉中期以后，这一思想被儒家发挥成“德主刑辅，礼刑并用”的基本策略，从而为以“礼法结合”为特征的中国封建法制奠定了理论基础。

分析题

1. (1) 这句话的基本含义是殷朝（商朝）的礼是源于夏朝的，所作的增加和削减是可以知道的，而西周的礼又是源于商朝的，所作的增加和削减也是可以知道的。

(2) 这句话说明阶级社会的“礼”在夏朝即已存在，商、周两朝在前代礼制的基础上都有所补充和发展。所谓“礼”是中国古代社会中长期存在的、维护血缘宗法关系和宗法等级制度的一系列精神原则以及言行规范的总称。

（3）西周时期，经周公制礼之后，周代礼制的内容和规模都有了空前发展，对当时社会生活的各个方面都起着重要的调整作用。虽然到春秋，特别是战国时期，周礼逐渐丧失了其规范社会的作用，但西周礼制的许多内容仍为后世儒家所继承和发扬，成为中国传统文化的核心内容，并深刻地影响着整个东方世界。

2.（1）这句话的基本含义是指凡属司法官罚不当罪、徇私枉法者，均分别按“五过”之罪加以处罚。所谓“五过”，其具体内容是：“惟官”，指畏权势而枉法；“惟反”，指报私怨而枉法；“惟内”，指为亲属裙带而徇私；“惟货”，指贪赃受贿而枉法；“惟来”，指受私人请托而枉法。凡以此五者出入人罪，皆以其罪罪之。

（2）这句话说明在西周时期对司法官的违法情形和所负刑事责任作了明确的规定，其目的在于防止司法官滥用职权、草菅人命，也是周王加强对司法官员控制的一种表现。

（3）这一制度的确立，客观上维护了普通平民的合法权利，有着一定的积极意义。

3.（1）这句话的基本含义是指道德仁义，没有礼就难以成就；教训正俗，没有礼就难以完备；分争辨讼的案件，没有礼就不能解决；君臣上下、父子兄弟，没有礼的话，次序就不能安定；做官学习、侍奉老师，没有礼就显得不够亲近；班朝、治军、任官、行法，没有礼则威严就得不到遵行；祷祠祭祀、供给鬼神，没有礼就显得不虔诚、不庄重。

（2）这句话表明西周时期周礼已经渗透到各个社会领域，起着广泛的调整作用。其中的“礼”就是中国古代社会中长期存在的、维护血缘宗法关系和宗法等级制度的一系列精神原则以及言行规范的总称。

（3）这句话同时说明礼在西周时期作为一种积极的规范，已具备法的性质和作用。首先，周礼完全具有法的三个基本特性，即规范性、国家意志性和强制性。无论是抽象的精神原则还是具体的礼仪形式，都对社会成员作出了明确的要求，很明显地具有规范性。周礼经过西周初年掌握实际政权的周公制定，而且为后世各代君主所认可与遵循，毫无疑问具有国家意志性。同时，西周时期一切对礼的违反，都会导致国家强制力的制裁，强制性也很明显地体现在西周礼制之中。其次，周礼在当时对社会生活各个方面都起着实际的调整作用。当时上自国家根本方针、组织制度，下至社会成员的衣食住行、车马宫室，都与礼密切相关，都受礼的制约。

4.（1）古代人年龄 80 岁、90 岁被称为“耄”，7 岁被称为“悼”，所以这段话的基本含义是指 80 岁、90 岁以上的老人及 7 岁以下的年幼者犯罪，即使是死罪也都可减免刑罚。

（2）这句话说明了西周时期对老幼犯罪减免刑罚的原则。西周时期有“三赦”之法，三赦是“一赦曰幼弱，再赦曰老耄，三赦曰蠢愚”，凡此三者皆赦免其罪。这一原则正是西周时期“明德慎罚”思想以及“亲亲”“尊尊”的礼的原则在刑法中的具体体现。作为矜老恤幼的一种标志，后世各朝法律都沿袭和发展了这一制度。

5.（1）这句话的基本含义是指虽犯小罪，却不是由于过失，而是惯犯，就不可不杀；反之，罪虽大，但不是惯犯，又出于过失，就不可处死。

（2）这句话说明西周时期，凡故意犯罪及惯犯都要从重处罚，过失犯罪及偶犯则可减轻处罚；说明其刑法理论已经达到了相当的水平。

（3）这也是西周时期“明德慎罚”法律思想的体现。

6.（1）西周时期为保证适用法律的谨慎，防止错杀无辜，凡是疑案难案，都采取从轻处断或加以赦免的办法，即所谓“五刑之疑有赦，五罚之疑有赦”。

（2）这也是“明德慎罚”主张在定罪量刑问题上的体现。不过，从其历史渊源来说，该项原则发端很早，据《尚书·大禹谟》记载，相传舜帝的刑官皋陶执法时奉行这样一条原则：“与其杀不辜，宁失不经。”即处理两可的疑难案件，宁可偏宽不依常法，也不能错杀无辜。

（3）商汤和周初发布的文告中均有揭批桀、纣滥杀无辜的记载。可见在夏、商王朝上升时期都曾要求实行严禁错杀无辜的原则，西周重提，其主旨则是对“明德慎罚”的进一步强调。

7.（1）材料一反映出西周婚姻成立的条件有：父母之命，媒妁之言；符合“六礼”，即纳采、问名、纳吉、纳征、请期、亲迎；同姓不婚。

（2）西周婚姻关系的解除遵循“七去”原则，其内容的设置和权利的行使都以男方家族利益的保护为中心，旨在保障家族的稳定和延续，也体现出明显的男尊女卑观念。“三不去”对男方单意休妻有一定的限制，但实质并非维护女子权益，出发点仍然是维护礼治和倡导宗法伦理道德。

（3）西周婚姻制度对后世的婚姻立法产生了深远影响。汉唐乃至明清，各朝法律中关于婚姻成立和解除的规定，大体没有超出西周婚姻制度的内容。后世婚姻立法均是在西周婚姻制度的基础上损益而成的。

8.（1）“礼不下庶人，刑不上大夫”是中国古代法律中一项重要的法律原则，它强调的是平民百姓与贵族官僚之间的不平等，强调官僚贵族的法律特权。所谓“礼不下庶人”，说的是庶人以下“遽于事而不能备物”，即忙于生产劳动，又不具备贵族的身份和礼所要求的物质条件，因而不可能按各级贵族的各种礼仪行事，这些礼也不是为他们设立的。但这绝不意味着庶人可以不受礼的约束，因为礼所强调的是等级差别，天子有天子的礼，诸侯有诸侯的礼，不能僭越，任何越礼的行为都要受到惩罚，对庶人更是如此。

（2）所谓“刑不上大夫”，原指大夫以上贵族犯罪，在一定条件下可以获得某些宽宥，在适用刑罚时享有某些特权，比如，对贵族一般不处以残损体肤的肉刑（肉刑不上大夫）；必须处死者在郊外秘密执行；命夫命妇不躬坐狱讼；等等。之所以如此，主要是因为要在广大被统治者面前保持贵族作为一个整体的尊严。但这些礼遇绝不等于大夫以上贵族可以不受刑罚制裁。在实际生活中，官僚贵族犯重罪同样要加以惩罚，特别是对那些“犯上作乱”的贵族，更是严加惩处。史籍上关于官僚贵族因犯罪被杀、被刑的记载不胜枚举。

9.（1）这两句话的核心含义都是说明民心民意是不可违的天道，统治者要体察民情，达民所欲。

（2）这两句话说明了西周统治者已经认识到民心向背决定着王朝的盛衰、兴亡，而统治者能否行“德政”又关系到民心的向背，所以西周统治者提出了“以德配天”的主张。其“德”的要求主要包括三个基本方面：敬天、法祖、保民。这也就是要求统治者恭行天命，尊崇上天和祖宗的教诲，爱护天下的百姓，做有德有道之君。

（3）西周统治者的这种以“德”为核心的天命观高度重视“民”的重要性，为以后历朝历代的贤明统治者所接受，在一定程度上减轻了王对民的残酷剥削。

论述题与深度思考题

1.（1）礼的概念与渊源。礼是中国古代社会长期存在的、维护血缘宗法关系和宗法等级制度的一系列精神原则以及言行规范的总称。礼起源于原始社会祭祀鬼神时所举行的仪式。进入奴隶制社会，礼则被赋予阶级意志。商、周两朝在前代礼制的基础上，都有所补充和发展。尤其周朝，礼制的内容和规模都有了空前的发展，调整着社会生活的各个方面。

（2）礼的内容。中国古代的礼有两层含义。一是抽象的精神原则。可归纳为“亲亲”与“尊尊”两个方面。“亲亲”，即要求在家族范围内，人人都要亲其亲，长其长，按自己身份行事，不能以下凌上，以疏压亲。而且“亲亲父为首”，全体亲族成员都应以父家长为中心。“尊尊”，即要在社会范围内，尊敬一切应该尊敬的人，君臣、上下、贵贱都应恪守名分。而且“尊尊君为首”，一切臣民都应以君主为中心。在“亲亲”“尊尊”两大原则下，又形成了“忠”“孝”“义”等具体精神。

二是具体的礼仪形式。西周时期主要有五个方面，通称“五礼”：吉礼（祭祀之礼）、凶礼（丧葬之礼）、军礼（行兵仗之礼）、宾礼（迎宾待客之礼）、嘉礼（冠婚之礼）。

（3）周礼的性质与作用。西周时期的礼已具备法的性质。首先，周礼完全具有法的三个基本特性，即规范性、国家意志性和强制性。其次，周礼在当时对社会生活各个方面都有着实际的调整作用。

西周时期“刑”多指刑法和刑罚。“礼”正面、积极规范人们的言行，而“刑”则对一切违背礼的行为进行处罚，所谓“出礼入刑”“礼之所去，刑之所取”，二者共同构成西周法律的完整体系。

“礼不下庶人，刑不上大夫。”这是中国古代法律中的一项重要法律原则，它强调平民百姓与贵族官僚之间的不平等，强调官僚贵族的法律特权。“礼不下庶人”强调礼有等级差别，禁止任何越礼的行为；“刑不上大夫”强调贵族官僚在适用刑罚上的特权。

2. 西周时期的婚姻制度由婚姻成立、解除的条件和需要遵循的基本原则等内容构成。

（1）缔结婚姻的三大原则，即一夫一妻制、同姓不婚、父母之命。凡不合此三者的婚姻则属非礼非法。

一夫一妻制是说法定的妻子只能是一个。实行同姓不婚原则，基于两点考虑：首先，“男女同姓，其生不蕃”，影响家族的发展；其次，禁止同姓为婚，多与异姓通婚，是为了通过联姻加强与异姓贵族的联系，巩固家天下与宗法制度。“父母之命”是指子女的婚姻大事应由父母家长决定。

（2）婚姻“六礼”。“六礼”是婚姻成立的必要条件。合礼合法的婚姻，必须通过“六礼”程序完成，即纳采、问名、纳吉、纳征、请期、亲迎。“六礼”作为古代礼制的一部分为后世所继承。

（3）“七出三不去”是西周时期解除婚姻的原则。“七出”又称“七去”，指女子有下列七项情形之一的，丈夫或公婆可休弃之，即不顺父母去、无子去、淫去、妒去、有恶疾去、口多言去、盗窃去。同时按周代礼制，女子若有“三不去”的理由，夫家则不能离异休弃。“三不去”即是：有所取而无所归，不去；与更三年丧，不去；前贫贱后富贵，不去。“七出三不去”是宗法制度下夫权专制的典型反映。后世几千年传统法律中关于解除婚姻的规定大体上没有超出西周“七出三不去”的范围。

第四章　春秋战国时期法律思想与制度

知识逻辑图

- 春秋战国时期法律思想与制度
  - 主要法律思想
    - 春秋以后的社会变迁及影响
    - 儒家学派及其主要法律思想
    - 法家学派及其主要法律思想
  - 春秋末年的“铸刑鼎”事件
    - 郑国、晋国的“铸刑鼎”公布法律
    - 郑国、晋国的“铸刑鼎”公布法律所引起的社会争论
    - 春秋时期“铸刑鼎”公布法律的历史意义
  - 战国时期封建法律制度的发展及《法经》
    - 战国时期的成文法运动
    - 法律制度的转型
    - 《法经》的主要内容及历史地位
      - 内容：六篇
      - 历史地位
  - 商鞅变法与秦国法制的发展
    - 商鞅变法的主要过程和主要内容
    - 商鞅变法对秦国法制的影响
    - 商鞅变法在中国法制史上的地位

名词解释

1. “铸刑书”
2. “竹刑”（考研）
3. “铸刑鼎”
4. 《法经》（考研）
5. “六禁”
6. 商鞅变法（考研）

选择题

（一）单项选择题

1. 在我国古代第一次公布成文法的人是（　　）。（考研）

A. 子产　　B. 邓析

C. 孔子　　D. 叔向

2. 成文法的公布，否定了“刑不可知，则威不可测”的（　　）。

A. 秘密法　　B. 神判法

C. 习惯法　　D. 贵族法

3. 春秋时期最早公布成文法的诸侯国是（　　）。

A. 晋国　　B. 鲁国

C. 郑国　　D. 韩国

4. 春秋时期，私人编修法律的事件是（　　）。（2017 法硕 非 33）

A. 子产“铸刑书于鼎”

B. 赵鞅“铸刑鼎”

C. 邓析造“竹刑”

D. 屈原制“宪令”

5. 晋国“铸刑鼎”的内容是（　　）。

A. “竹刑”　　B. 郑国的刑书

C. 范宣子的刑书　　D. 《法经》

6. 公布成文法的活动出现在（　　）。

A. 夏商　　B. 西周

C. 春秋　　D. 战国

7. 春秋时期，针对以往传统法律体制的不合理性，出现了诸如晋国赵鞅“铸刑鼎”，郑国执政子产

“铸刑书”等变革活动。对此，下列哪一说法是正确的？（　　）（2016 司考 卷一/16）

A. 晋国赵鞅“铸刑鼎”为中国历史上首次公布成文法

B. 奴隶主贵族对公布法律并不反对，认为利于其统治

C. 打破了“刑不可知，则威不可测”的壁垒

D. 孔子作为春秋时期思想家，肯定赵鞅“铸刑鼎”的举措

8. 下列关于《法经》的表述正确的是（　　）。（2014 法硕 非 34）

A.《法经》的作者是商鞅

B.《法经》将“名例”列为首篇

C.《法经》确立的九篇体例为后世法典所继承和发展

D.《法经》是我国历史上第一部比较系统、完整的成文法典

9. 战国时期《法经》的制定者是（　　）。（考研）

A. 李悝　　B. 吴起

C. 商鞅　　D. 管仲

10.《法经》六篇中相当于近代法典中总则篇的是（　　）。

A.《囚法》　　B.《贼法》

C.《杂法》　　D.《具法》

11. 支持李悝进行社会改革的是（　　）。

A. 魏孝公　　B. 魏孝侯

C. 魏文侯　　D. 魏文公

12.《法经》载：“王者之政，莫急于盗贼”。下列犯罪中，属于“贼”的是（　　）。（2022 年法硕）

A. 杀人　　B. 犯奸

C. 窃盗　　D. 僭越

视频讲题

13. 在中国法制史上，提出“王者之政，莫急于盗贼”的立法思想的是（　　）。（2018 年法硕）

A. 商鞅　　B. 子产

C. 李悝　　D. 李斯

视频讲题

14. 后期法家指战国后期的法家，即新兴地主阶级通过兼并战争追求统一时期的法家，主要代表人物是（　　）。

A. 荀寅和李悝　　B. 商鞅和李斯

C. 韩非和李斯　　D. 子产和李悝

15. 李悝作《法经》之事，战国时期的法家著作中没有提起，现有文献中最早提到《法经》的是（　　）。

A.《汉书・刑法志》

B.《史记・刑法志》

C.《晋书・刑法志》

D.《魏书・刑法志》

16.《法经》是中国历史上第一部比较系统的成文法典，该法典中具有诉讼法性质的篇目是（　　）。（2016 法硕 非 31）

A.《网法》和《捕法》

B.《网法》和《杂法》

C.《杂法》和《具法》

D.《捕法》和《具法》

17. 战国时期李悝作《法经》六篇，其内容属于诉讼法制度的篇章是（　　）。（2015 法硕 非 31）

A. 盗法　　B. 杂法

C. 网法　　D. 具法

18.《法经》中关于“盗贼”以外的其他犯罪与刑罚的规定被称为（　　）。

A.《盗法》　　B.《网法》

C.《捕法》　　D.《杂法》

19.《法经》中规定对博戏行为进行处罚的篇目是（　　）。（2017 法硕 非 34）

A.《杂法》　　B.《网法》

C.《盗法》　　D.《具法》

20. 关于公元前 359 年商鞅在秦国变法，下列哪一选项是正确的？（　　）（司考）

A. 商鞅取消郡县制，实行分封制，剥夺了旧贵族对地方政权的垄断权

B. 商鞅“改法为律”，突出了法律规范的伦理基础

C. 商鞅推行“连坐”制度，鼓励臣民相互告发奸谋

D. 商鞅提出“轻罪重刑”，反对赦免罪犯，认为凡有罪者皆应受罚

21. 春秋时期晋文公制定的有关选贤任官的法律是（　　）。（2019 年法硕）

A. 竹刑　　B. 茆门法

C. 被庐之法　　D. 仆区法

视频讲题

（二）多项选择题

1. 下列选项中，属于春秋时期公布成文法活动的有（　　）。（2014 法硕 非 61）

A. 子产“铸刑书”

B. 邓析“竹刑”

C. 赵鞅、荀寅“铸刑鼎”

D. 商鞅“分户令”

2. 以下属于战国时期法制指导思想和原则的有（　　）。

A. “不别亲疏，不殊贵贱，一断于法”

B. “行刑，重其轻者”

C. “明刑弼教”

D. “刑过不避大臣，赏善不遗匹夫”

3. 以下哪几项属于商鞅颁布“分户令”的目的？（　　）

A. 鼓励发展小农经济

B. “富国强兵”

C. 扩大国家户赋的来源

D. 维护诸侯之间的势力均衡

4. 以下属于《法经》篇目的是（　　）。（考研）

A.《囚法》　　B.《户法》

C.《盗法》　　D.《具法》

5. 以下属于春秋战国时期法律内容变化的是（　　）。

A. 法律调整的范围扩大

B. 刑罚从野蛮走向文明，出现了新的刑种

C. 赎刑在春秋末期被广泛适用

D. 春秋末期出现了徒刑

6. 下列关于春秋时期公布成文法历史意义的表述，正确的有（　　）。（2016 法硕 非 59）

A. 打破了“刑不可知，则威不可测”的传统

B. 开辟了一种全新的以法治世的统治模式

C. 为封建法律制度的确立奠定了基础

D. 为成文法典的出现提供了条件

（三）不定项选择题

1. 中国历史上第一部较系统、较完整的封建法典是（　　）。（考研）

A.《常法》　　B. 竹刑

C.《法经》　　D.《茆门法》

2. 下列选项中，不属于“六禁”内容的是（　　）。

A. 金禁　　B. 嬉禁

C. 徒禁　　D. 徙禁

3. 在中国历史上“改法为律”的是（　　）。

A. 吴起　　B. 商鞅

C. 韩非　　D. 李悝

4. 商鞅为打击旧贵族的特权，实行奖励军功，命令废除了下面的哪一项制度？（　　）

A. 井田制　　B. 分封制

C. 世卿世禄制　　D. 荐举制

5. 以下属于战国时期法律制度性质发生变化的有（　　）。

A. 维护土地私人财产所有权

B. 是以封建等级制代替奴隶制等级制

C. 建立并巩固专制主义中央集权制

D. 法律儒家化逐步占据主流

简答题

1. 简述春秋时期公布成文法的历史意义。（考研）

2. 简述战国时期新兴地主阶级的主要法律观点。

分析题

请说明下面这句话的基本含义，并从中国传统法律文化的角度加以评析。

“自卿相将军以至大夫庶人……有功于前，有败于

后，不为损刑；有善于前，有过于后，不为亏法。忠臣孝子，有过必以其数断。”——《商君书》

论述题与深度思考题

1. 试述《法经》的时代、作者、篇目及历史地位。(考研)

2. 试述商鞅变法的主要内容及意义。(考研)

参考答案

名词解释

1. 公元前 536 年，郑国执政子产将郑国的法律条文铸在象征国家权力的金属鼎上，向全社会公布，史称“铸刑书”。

2. 公元前 501 年，邓析综合当时郑国内外的法律规范，编成刑书，刻在竹简上，称为“竹刑”。

3. “铸刑鼎”指公元前 513 年，晋国赵鞅把前任执政范宣子所编刑书正式铸于鼎之上，公之于众。

4. 《法经》是战国时期魏国李悝在总结春秋以来各国公布成文法经验的基础上制定的，是中国历史上第一部比较系统的成文法典，共有六篇，即盗法、贼法、网法、捕法、杂法、具法。

5. “六禁”是《法经》中《杂法》篇关于“盗贼”以外的其他犯罪与刑罚的主要规定，即淫禁、狡禁、城禁、嬉禁、徙禁、金禁。

6. 公元前 359 年秦孝公时，法家著名代表人物商鞅在秦国实施了变法改革，这是战国时期封建法制发展的过程中一次意义重大的法制改革。此次变法以其更为广泛的内容和更为重大的历史影响而在中国封建法律发展史上写上了重要的一笔，史称“商鞅变法”。

选择题

(一) 单项选择题

1. 答案：A

本题考查的是中国古代成文法运动的内容。公元前 536 年，郑国执政子产将郑国的法律条文铸在金属鼎上，向全社会公布，史称“铸刑书”，这是中国历史上第一次公布成文法的活动。

2. 答案：A

本题考查的是春秋时期成文法运动的意义。成文法的公布，把原来只掌握在统治阶级手中的法律公之于众，变秘密法为公布法，令社会大众所知晓。

3. 答案：C

本题考查的是中国古代成文法运动的内容。公元前 536 年，郑国执政子产将郑国的法律条文铸在金属鼎上，向全社会公布，史称“铸刑书”，这是中国历史上第一次公布成文法的活动。

4. 答案：C

郑国子产“铸刑书”、晋国赵鞅“铸刑鼎”均属于国家行为，代表国家将法律公之于众。郑国大夫邓析私自修订郑国法律并书之于竹简，是个人行为而非国家行为。

5. 答案：C

本题考查的是中国古代公布成文法活动的内容。公元前 513 年，晋国赵鞅把前任执政范宣子所编刑书正式铸于鼎之上，公之于众，这是中国历史上第二次公布成文法活动。

6. 答案：C

本题考查的是中国古代公布成文法的意义。在夏、商两代，奴隶制国家主要是依靠习惯法来调整各种社会关系。在传统的宗法体制之下，各种社会关系已有礼制作出明确规范，对于各种违法犯罪的处罚，也是由少数上层贵族依据不公开、不成文的各种规则来秘密处断。进入春秋时期以后，随着社会关系的变迁，这种传统的法律体制越来越暴露出其不合理性。因此，在春秋中期以后，打破旧的法律传统、公布成文法的活动便在一些诸侯国中出现。

7. 答案：C

本题考查的是中国古代成文法运动的内容。公元前 536 年，郑国执政子产将郑国的法律条文铸在鼎上，公布于众，史称“铸刑书”事件，这是中国古代第一次公布法律。春秋时期成文法的公布，对旧贵族操纵和适用法律的特权是一种严重冲击，是新兴地主阶级的重大胜利，否定了“刑不可知，则威不可测”的旧传统，但遭到了孔子的反对。

8. 答案：D

《法经》的编纂者是李悝。《法经》共分为六篇，即《盗法》《贼法》《网法》《捕法》《杂法》《具法》。李悝认为“王者之政，莫急于盗贼”，所以将《盗法》和《贼法》列在法典之首。《法经》是我国历史上第一部比较系统、完整的封建成文法典，在中国立法史上具有重要的历史地位。

9. 答案：A

本题考查的是春秋时期的立法。《法经》是战国初期魏国的李悝在总结春秋以来各国公布成文法的经验的基础上制定的。

10. 答案：D

本题考查的是春秋时期的立法。《法经》原文早已失传，对其的认识皆来自《晋书·刑法志》中的记载。从篇目结构上来看，《法经》共分为六篇：一为《盗法》，二为《贼法》，三为《网法》，四为《捕法》，五为《杂法》，六为《具法》。第六篇《具法》是关于定罪量刑从轻从重等法律原则的规定，起着“具其加减”的作用，相当于近代法典中的总则部分。

11. 答案：C

本题考查的是春秋时期的立法。李悝是战国初期著名的政治家和前期法家的主要代表人物之一。其在任魏国相期间，在魏文侯的支持下，进行了一系列的重大社会改革。

12. 答案：A

《法经》是我国历史上第一部比较系统、完整的成文法典，在中国立法史上具有重要的历史地位。《荀子·修身》解释“盗”和“贼”两种犯罪：“窃货曰盗”，“害良曰贼”，即《盗法》是打击侵犯财产权犯罪的法律规定，《贼法》是打击侵犯人身权犯罪的法律规定。故本题答案为A。

13. 答案：C

战国时期法律制度的性质发生了根本性的转变，法律的首要任务是保护地主阶级的财产所有权。魏文侯相李悝所作的《法经》，将《盗法》列于篇首，主张“王者之政莫急于盗贼”。所以本题选择C项。

14. 答案：C

本题考查的是战国后期的法家，即新兴地主阶级通过兼并战争追求统一时期的法家。其主要代表人物是韩非和李斯。战国后期法家已经具备较丰富的政治经验，在前期法家法律思想的基础上，提出较为完备、系统的“法治”理论，以作为新兴地主阶级的统治理论。

15. 答案：C

李悝作《法经》之事，战国时期的法家著作中没有提起，《史记》《汉书》也只字未提。现有文献中，最早提到《法经》的是保存在《晋书·刑法志》中的三国时期曹魏陈群、刘劭等作的《魏律·序》。

16. 答案：A

《法经》六篇中《囚法》《捕法》两篇多属于诉讼法的范围。《囚法》也称《网法》，是关于囚禁和审判罪犯的法律规定。《捕法》是关于追捕盗、贼及其他犯罪者的法律规定。

17. 答案：C

如上题解析，《囚法》与《捕法》属于诉讼法的范围。

18. 答案：D

本题考查的是《法经》的内容。《法经》中除《盗法》《贼法》两篇以外还对其他的犯罪与刑罚进行规定的是其第五篇《杂法》。《晋书·刑法志》记载：“其轻狡、越城、博戏、借假不廉、淫侈、逾制，以为杂律一篇。”《杂法》主要是规定了六种禁止性的犯罪行为：轻狡是盗窃兵符、玺印或议论国家法令等政治狡诡行为，越城是翻越城池或偷渡关津行为，博戏是赌博欺诈行为，借假不廉是贪污贿赂等腐败行为，淫侈是奢侈淫靡行为，逾制是越级享用不该享有的特权或器物服饰的行为。

19. 答案：A

《杂法》是关于“盗贼”以外的其他犯罪与刑罚的规定，主要规定了“六禁”，即淫禁、狡禁、城禁、嬉禁、徙禁、金禁等。博戏行为属于嬉戏，被规定在《杂法》内。

20. 答案：D

公元前359年商鞅在秦国变法。商鞅把法家学派的思想主张与秦国“富国强兵”的目标结合起来，以法律法令作为基本手段，把各项改革措施贯彻到政治、经济、文化等各个社会领域。从法律的角度看，商鞅变法主要包括以下几个方面：一是改法为律，扩充法律内容，而不是“突出了法律规范的伦理基础”。二是运用法律手段推行“富国强兵”的措施。三是用法律手段剥夺旧贵族的特权，实行郡县制，取消分封制，而不是相反。四是全面贯彻法家学派“以法治国”“明法重刑”等主张，提出“轻罪重刑”，反对赦免罪犯，认为凡有罪者皆应受罚。其一，强调“以法治国”，重视法律的制定和宣传，同时要求全体臣民学法、明法；其二，实行“轻罪重刑”，反对赦免罪犯，认为凡有罪者皆应受罚；其三，不赦不宥，为了贯彻重刑原则，保证国家法律的严肃性，反对对各种犯罪者进行赦宥，主张凡有罪者均应受罚；其四，鼓励告奸，实行连坐。但“告奸”不是“连坐”制度的内容。故选项D正确。

21. 答案：C

春秋时期晋国三次制定新法，实施法律变革。第一次是公元前633年，晋文公制定了“被庐之法”，用以选贤任官，建立官僚制度。第二次是公元前621年，晋襄公命赵宣子制定“常法”，它的调整范围比较广泛，覆盖了不同法律关系。第三次是公元前554年至公元前542年，执政的范宣子修订“常法”，颁布新刑书。故本题答案为C。

（二）多项选择题

1. 答案：ABC

春秋时期公布成文法的活动包括郑国子产“铸刑书于鼎”，邓析“造竹刑”，晋国赵鞅、荀寅“铸刑鼎”。商鞅属于战国时期，而非春秋时期。

2. 答案：ABD

本题考查的是战国时期的法制指导思想。战国时期，群雄并起，各诸侯国都实行国内改革，意图称霸。在这些国家中，法家的思想成为当时的主流，主要有“不别亲疏，不殊贵贱，一断于法”“行刑，重其轻者”“刑过不避大臣，赏善不遗匹夫”等。

3. 答案：ABC

本题考查的是春秋战国时期的变法运动。商鞅在秦国主持变法，为了鼓励发展小农经济，扩大国家户赋的来源，实现“富国强兵”的目的，颁行了“分户令”。

4. 答案：ACD

《法经》原文早已失传，对其的认识皆来自《晋书·刑法志》中的记载。从篇目结构来看，《法经》共分为六篇：一为《盗法》，二为《贼法》，三为《囚法》，四为《捕法》，五为《杂法》，六为《具法》。

5. 答案：ABCD

春秋战国时期法律制度的性质和内容都发生了转变，法律制度的性质更是发生了根本性的转变，从奴隶制法律转变为封建制法律。法律内容的变化主要有：一是法律调整的范围扩大，规定得更为具体；二是刑罚从野蛮走向文明，出现了新的刑种。在各国继承奴隶制刑罚、大量使用肉刑和死刑的同时，赎刑和徒刑也开始得到广泛使用。

6. 答案：ABCD

春秋时期公布成文法是中国法律史上一次划时代的变革，其意义在于：(1) 打破了“刑不可知，则威不可测”的信条，结束了法律的秘密状态，使法律制度逐步走向公开化，开创了古代法制建设的新纪元。(2) 公布成文法在客观上为法律制度的进一步发展，为罪和刑对应的成文法典的出现提供了条件，也为各种新型社会关系的产生和发展提供了可靠保证。(3) 春秋时期的公布成文法，开辟了一种全新的以法治世的统治模式，为“法治”取代“礼治”拉开序幕，也为战国及其后法律制度的发展与完善积累了经验。(4) 公布成文法的活动在客观上为封建制度的进一步发展提供了条件。成文法的公布，有利于新兴的地主阶级将改革的成果用法律形式表现出来，并固定下来，为各种新型的社会关系的产生和发展提供了可靠的保证。

（三）不定项选择题

1. 答案：C

本题考查的是春秋时期的立法。《法经》是中国历史上第一部比较系统、比较完整的封建成文法典，是战国初期魏国的李悝在总结春秋以来各国公布成文法经验的基础上制定的，是战国时期政治变革的重要成果，也是战国时期封建立法的典型代表和全面总结，《法经》的体例和内容，为后世封建成文法典的进一步完善奠定了重要基础，是中国法制史上一部极为重要的法典。

2. 答案：C

本题考查的是《法经》的内容。《法经·杂法》中规定了除盗贼以外的其他六种犯罪行为，这六种犯罪也被称为“六禁”，即淫禁、狡禁、城禁、嬉禁、徙禁和金禁。

3. 答案：B

本题考查的是春秋战国时期的变法运动。秦国的商鞅在秦孝公的支持下进行了改革，其内容之一便是“改法为律”。

4. 答案：C

本题考查的是春秋战国时期的变法运动。秦国的商鞅在秦孝公的支持下进行了改革，商鞅为打击旧贵族的特权，实行奖励军功，命令废除了“世卿世禄”制度。

5. 答案：ABC

战国时期法律制度的性质和内容都发生了转变，法律制度的性质更是发生了根本性的转变，从奴隶制法律转变为封建制法律。法律体现新型地主阶级的意志和利益，维护封建地主阶级的统治。法律制度性质的转变具体表现为：一是维护封建财产所有权，二是以封建等级制代替奴隶制等级制，三是建立并巩固封建专制主义中央集权制。

简答题

1. 春秋时期公布成文法是中国法律史上一次划时代的变革，标志着奴隶制的法律体系正在走向瓦解，封建制法律体系逐步形成。

第一，它是对传统的法律观念、法律制度以及传统社会秩序的一种否定。成文法的公布，说明法律制度已不再是少数人的私产，而应成为全社会的一种公开的调节器，传统的社会结构也随之发生重大变化。

第二，客观上为封建制度的进一步发展提供了条件。在旧有的法律体制之下，各种社会关系都限制在狭小的宗法体制范围之中。成文法的公布，有利于新兴的地主阶级把改革的成果用法律形式表现出来，并固定下来，为各种新型的社会关系的产生与发展提供了可靠的保证。

第三，标志着法律观念和法律技术的发展与进步。它将零散不系统的法律规范变成相对系统、严密的法律条文，对于中国古代法律制度和文化的发展有着重要意义。

第四，为战国时期及战国以后封建法律的发展与完善积累了经验。

2. 战国时期新兴地主阶级的主要法律观点有：

第一，在治理国家的方针策略上，主张用法律作为基本的手段。“以法治国”是法家的基本理论，也是新兴地主阶级的基本法制原则。它具体有三个方面的要求。其一，国家应以统一的法律、法令对社会生活各个方面作出相应的规定。其二，国家应该依照所制定的法律、法令来处理各种事务，即所谓“缘法而治”。其三，以法律、法令作为划一的标准，要求全社会都在法律范围内活动，强调“事断于法”。

第二，在法律的适用上，他们反对宗法时代的“礼有差等”，主张“刑无等级”。在法律适用上强调平等与公正，使全社会都在法律、法令的约束下生活，即所谓“刑过不避大臣，赏善不遗匹夫”。

第三，在法律的内容上，他们主张“行刑重轻”，即用严刑重罚的手段来达到以法治国的目的。他们要求“轻罪重判”，提高量刑幅度，最终达到“以刑去刑”的目的。

第四，与“以法治国”等原则的要求相适应，他们主张“法布于众”，即向全社会公布国家的法律法令，使全社会更好地知法、守法，在法律范围内活动。

分析题

（1）这句话的基本含义是从卿相将军至大夫庶民百姓，以前有过战功，后来战败了，无论身份怎样，都不能因此而不执行刑罚；以前做过善事，后来有了过错，也不因此而不受处罚。即使是忠臣孝子，也必须按其所犯之罪进行处断。

（2）这是商鞅在变法的过程中反对赦宥，强调国家法律的严肃性，主张凡有罪者皆应受罚，贯彻重刑原则的体现。

（3）“不赦不宥”正是法家“以法治国”原则及“重刑”主张的具体要求之一。

论述题与深度思考题

1. 《法经》是中国历史上第一部比较系统的封建成文法典。它是战国初期魏国李悝在总结春秋以来各国公布成文法的经验的基础上制定的，在中国封建立法史上具有重要的历史地位。

关于《法经》的主要内容，从篇目结构上来看，《法经》共有六篇：一为《盗法》，二为《贼法》，三为《囚法》，四为《捕法》，五为《杂法》，六为《具法》。其中，《盗法》《贼法》是关于惩罚危害国家安全、危害他人及侵犯财产的法律规定。《囚法》也称《网法》，是关于囚禁和审判罪犯的法律规定，《捕法》是关于追捕盗、贼及其他犯罪者的法律规定，《囚法》《捕法》两篇多属于诉讼法的范围。第五篇《杂法》是关于“盗贼”以外的其他犯罪与刑罚的规定，主要规定了

“六禁”，即淫禁、狡禁、城禁、嬉禁、徙禁、金禁等。第六篇《具法》是关于定罪量刑中从轻从重等法律原则的规定，起着“具其加减”的作用，相当于近代法典中的总则部分。

《法经》作为中国历史上第一部比较系统、比较完整的封建成文法典，在中国封建立法史上具有重要的历史地位。首先，《法经》是战国时期政治变革的重要成果，也是战国时期封建立法的典型代表和全面总结。《法经》作为李悝变法的重要内容之一，也是对这一时期社会变革的一种肯定。其次，《法经》的体例和内容，为后世封建成文法典的进一步完善奠定了重要基础。从体例上看，《法经》六篇为秦、汉所直接继承，成为秦律、汉律的主要篇目，魏、晋以后在此基础上进一步发展，最终形成了以《名例》为统率，以各篇为分则的完善的法典体例。在内容上，《法经》中“盗”“贼”“囚”“捕”“杂”“具”各篇的主要内容大都为后世封建法典所继承与发展。因此，无论从其历史作用还是从对后世的影响来看，《法经》都是中国法律史上一部极为重要的法典。

2. 公元前359年秦孝公时，法家著名代表人物商鞅携《法经》入秦，在秦国实施了变法改革，这是战国时期封建法制发展的过程中又一次意义重大的法制改革。此次变法以其更为广泛的内容和更为重大的历史影响而在中国封建法律发展史上写上了重要的一笔，史称“商鞅变法”。

第一次变法开始于公元前359年（一说公元前356年），主要内容包括：

以《法经》为蓝本，结合秦国的具体情况加以修订、扩充，制定了秦律，并制定了“连坐法”，即《史记·商君列传》中载“令民为什伍，而相牧司连坐，不告奸者腰斩，告奸者与斩敌首同赏”，颁行秦国，厉行法治。从此以后，中国古代法典都以“律”为名。

奖励军功，禁止私斗，取消世卿世禄制和一切特权。《史记·商君列传》载“宗室非有军功论，不得为属籍”；《韩非子·定法》载“斩一首者爵一级，欲为官者为五十石之官”，“官爵之迁与斩首之功相称也”；《史记·商君列传》载“为私斗者各以轻重被刑”，使人民“勇于公战，怯于私斗”。太子犯法，“刑其傅公子虔，黥其师公孙贾”。

奖励耕织，重农抑商。《史记·商君列传》载：“耕织致粟帛多者复其身，事末利及怠而贫者，举以为收孥。”

第二次变法开始于公元前350年，主要内容是：

废除井田制，“开阡陌封疆”，确立封建土地私有制。《汉书·食货志》载：“改帝王之制，除井田，民得卖买。”

普遍推行县制。《史记·商君列传》载：“而集小（都）乡邑聚为县，置令、丞，凡三十一县（一说四十一县或三十县）。”县令、县丞等地方官由国君直接任免，集权中央，并统一度量衡制度。

按户口征收军赋。《通典·食货·赋税上》说“舍地而税人”，以利开垦荒地和增加赋税收入，明令“民有二男以上，不分异者，倍其赋”，并禁止父子无别、同室而居的旧俗。

商鞅变法是一次极为深刻的社会变革，在深度和广度上都超过了这一时期其他诸侯国的改革。这次变法不仅给秦国守旧势力以沉重打击，而且为秦国政治、经济的发展提供了强有力的法律保障，秦国的封建法制也在变法过程中迅速发展与完善。秦国在商鞅变法之后迅速强盛起来，最终一举吞并其余六国，建立了中国历史上第一个中央集权的封建王朝。商鞅变法对于中国封建法制建设所作的贡献是不可磨灭的。

第五章　秦代法律思想与制度

知识逻辑图

- 秦代法律思想与制度
  - 法制发展概况
    - 指导思想：重刑主义、统一法律
    - 主要法律形式：律、令、式、廷行事、法律答问
    - 基本特色：轻罪重罚、法网严密
  - 行政法律
    - 主要行政法律规范
    - 主要内容
  - 刑事法律
    - 主要罪名
    - 刑罚体系
    - 刑法原则
  - 民事、经济法律
    - 民事法律规范
    - 经济法律规范
  - 司法诉讼制度
    - 司法机关：最高司法审判机关——廷尉
    - 诉讼制度：公室告、非公室告
    - 监察制度：秦开中国监察制度之先河

名词解释

1. 封诊式（考研）
2. 廷行事（考研）
3. 爰书（考研）
4. 公室告（考研）
5. 法律答问
6. 非公室告

选择题

（一）单项选择题

1. 在秦朝，“子盗父母”“父母擅刑”等属于（　　）。（考研）

A. 公罪　　B. 私罪

C. 公室告　　D. 非公室告

2. 依秦律，下列案件中，属于官府应当受理的“公室告”的是（　　）。（2016 法硕 法 16）

A. 甲告邻人窃其财产

B. 乙告父殴伤自己

C. 丙告子窃其财物

D. 丁告主擅用私刑

3. 秦朝中央最高司法机关长官是（　　）。（考研）

A. 太尉　　B. 廷尉

C. 御史大夫　　D. 大理卿

4. 秦律对官吏应遵循的为官准则和具体要求规定在（　　）。

A.《法律答问》　　B.《尉杂律》

C.《除吏律》　　D.《为吏之道》

5. 秦代郡的专职司法官是（　　）。

A. 郡守

B. 郡守副

C. 决曹掾

D. 啬夫

6.《法律答问》中有这样两段记载：“甲盗，赃值千钱，乙知其盗，受分赃不盈一钱，问乙何论？同论。”“甲盗钱以买丝寄乙，乙受，弗知盗，乙论何也？

毋论。”这两段区分的是（　　）。

A. 故意和过失　　B. 有无犯意

C. 自首和告发　　D. 主犯和从犯

7. 秦律中规定的徒刑是指（　　）。

A. 剥夺犯罪人人身自由，强制其服劳役的刑罚

B. 将犯罪人迁往边远地区的刑罚

C. 以竹、木板责打犯人背部的刑罚

D. 剃光犯人的头发和胡须、鬓毛的刑罚

8. 秦简《法律答问》记载：“甲小未盈六尺，有马一匹自牧之，今马为人败，食人稼一石，问当论不当？不当论及偿稼。”依照该解答，秦律判断责任能力的标准是（　　）。(2017 法硕 非 35)

A. 智识　　B. 身高

C. 年龄　　D. 财产

9. 秦简《法律答问》记载的“五人盗，赃一钱以上，斩左趾，又黥以为城旦；不盈五人，盗过六百六十钱，黥劓以为城旦”，规制的是下列哪种犯罪行为？（　　）

A. 教唆行为　　B. 包庇行为

C. 共同犯罪行为　　D. 累犯行为

10. 秦律规定：“盗封啬夫可（何）论？廷行事以伪写印。”这里的“廷行事”是指（　　）。(2016 法硕 非 33)

A. 制定法　　B. 司法成例

C. 立法解释　　D. 司法解释

11.《法律答问》是一部（　　）。

A. 法律条款　　B. 私家法律

C. 官方法律解释　　D. 判例

12. 秦朝的法律形式中，对法律条文、术语作出具有法律效力解释的是（　　）。(2015 法硕 法 16)

A. 令　　B. 法律答问

C. 廷行事　　D. 封诊式

13. 秦朝法律中责令犯罪人交纳一定金钱的“赀甲”“赀盾”的刑罚，是一种（　　）。

A. 财产刑　　B. 身体刑

C. 资格刑　　D. 自由刑

14. 下列选项中，属于耻辱刑的刑罚是（　　）。(2015 法硕 非 32)

A. 髡刑　　B. 隶臣妾

C. 赀刑　　D. 城旦舂

15. 秦律在定罪量刑时有区分故意与过失的规定，故意犯罪被称为（　　）。

A. 眚　　B. 不眚

C. 端　　D. 不端

16. 发端于秦朝的监察御史是一种（　　）。

A. 从中央到地方的规范管理制度

B. 制定律令的制度

C. 从中央到地方颁行律令的制度

D. 从中央到地方的监督制度

17. 秦朝的法律形式中没有（　　）。

A. 律　　B. 诏令

C. 格　　D. 式

18. 秦朝法律中有关审判原则以及对案件进行调查、勘验、审讯、查封、治狱程式等方面的规定和文书程式是（　　）。

A.《秦律杂抄》　　B.《封诊式》

C.《法律答问》　　D.《秦律十八种》

19. 秦律中规定夫殴妻、夫通奸、妻私逃、擅杀子、子不孝、乱伦等行为，反映了（　　）。

A. 秦律将婚姻家庭关系纳入国家法规制的范畴

B. 秦律特重伦常

C. 秦律是关于婚姻家庭关系的法律

D. 秦律奉行“亲亲”“尊尊”原则

20. “甲谋遣乙盗，一日，乙且往盗，未到，得，皆赎黥”规定的是（　　）。

A. 包庇行为　　B. 教唆行为

C. 帮助行为　　D. 自首行为

21. 秦朝把杀伤人、盗窃等危害封建统治的犯罪称为（　　）。

A. 家罪　　B. 公罪

C. 公室告　　D. 非公室告

22. 秦简《法律答问》载：“把其假以亡，得及自出，当为盗不当？自出，以亡论。”这规定的是（　　）。

A. 包庇行为　　B. 教唆行为

C. 帮助行为　　D. 自首行为

23.《睡虎地秦墓竹简·法律答问》载：“伍人相告，且以辟罪，不审，以所辟罪罪之。”这一规定所反映的秦朝定罪量刑的原则是（　　）。(2021 年法硕)

A. 奖励告奸

B. 诬告反坐

C. 邻伍连坐

D. 共犯加重

视频讲题

24. 云梦秦简中的《置吏律》《除吏律》《军爵律》《尉杂律》可被纳入（　　）。

A. 刑事法规　　B. 民事法规
C. 经济法规　　D. 行政法规

25. “式”作为一种法律形式始于（　　）。

A. 西周　　B. 秦朝
C. 南北朝　　D. 春秋时期

26. 在秦朝，司法审判过程结束后，宣读判决书被称为（　　）。

A. 读鞫　　B. 爰书
C. 乞鞫　　D. 封守

27. 秦简载“伍人相告，且以辟罪。不审，以所辟罪罪之”“完城旦，以黥城旦诬人，何论？当黥”，规定的是（　　）。

A. 教唆行为　　B. 帮助行为
C. 诬告行为　　D. 自首行为

28. 秦简《法律答问》载“当耐为隶臣，以司寇诬人，何论？当耐为隶臣，又系城旦六岁”，规定的是（　　）。

A. 教唆行为　　B. 包庇行为
C. 共同犯罪行为　　D. 累犯行为

29. 秦律明确规定了司法官渎职犯罪的内容。关于秦朝司法官渎职的说法，下列哪一选项是不正确的？（　　）（2014 司考 卷一/16）

A. 故意使罪犯未受到惩罚，属于“纵囚”
B. 对已经发生的犯罪，由于过失未能揭发、检举，属于“见知不举”
C. 对犯罪行为由于过失而轻判者，属于“失刑”
D. 对犯罪行为故意重判者，属于“不直”

30.《秦简》中的《田律》《仓律》《均工律》《金布律》可被纳入（　　）。

A. 刑事法规　　B. 行政法规
C. 经济法规　　D. 国际法规

31. 秦朝司法审判的成例被称为（　　）。

A. 法律答问　　B. 令
C. 廷行事　　D. 律

32. 秦律明确规定了法官的责任，凡故意加重或减轻判刑，被称为（　　）。

A. 不直　　B. 不正
C. 不公　　D. 纵囚

33. 秦简《法律答问》载：“甲小未盈六尺，有马一匹自牧之，今马为人败，食人稼一石，问当论不当？不当论及偿稼。”“甲盗牛，盗牛时高六尺，系一岁，复丈，高六尺七寸，问甲何论？当完城旦。”这规定的是（　　）。

A. 确定刑事责任能力的标准
B. 确定罪过等犯罪主观要素的标准
C. 确定犯罪侵害客体的标准
D. 确定犯罪事实的标准

34. 秦统一天下后，继续推行法家思想。对秦始皇政权和法制活动影响极大并成为其指导思想的是（　　）。

A. 孔子的思想　　B. 墨子的思想
C. 韩非的思想　　D. 老子的思想

35. 下列关于秦朝立法指导思想的表述，正确的是（　　）。（2014 法硕 非 35）

A. 秦朝的立法强调“兼爱”“非攻”
B. 秦朝的立法主张“缘法而治”和“法令由一统”
C. 秦朝的立法体现“无为而治”的老庄核心思想
D. 秦朝的立法提倡“德治”“礼治”与“人治”

36. 下列选项中，不属于秦朝法制的指导思想的是（　　）。（2016 法硕 非 32）

A. 缘法而治　　B. 法令由一统
C. 严刑重罚　　D. 明刑弼教

37. 秦始皇时期，某地甲乙两家相邻而居，积怨甚深。有一天，该地发生抢劫杀人案件，乙遂向官府告发系甲所为。甲遭逮捕并被定为死罪。不久案犯被捕获，始知甲无辜系被乙诬告。依据秦律，诬告者乙应获的刑罚是（　　）。（司考）

A. 死刑　　B. 迁刑
C. 城旦舂　　D. 笞一百

38. 据史书载，以下均为秦代刑事罪名。下列选项最不具有秦代法律文化专制特色的是（　　）。（司考）

A. “偶语诗书”
B. “以古非今”

C. “非所宜言”

D. “失刑”

39. 秦朝南郡民人文某犯盗徙封罪，被官府判处赎耐。根据秦律，盗徙封罪是指（　　）。(2022 年法硕)

A. 擅自移动田界标志

B. 盗大祀神物

C. 盗官府符印

D. 占田过限

视频讲题

40. 秦朝法律规定对轻微犯罪者适用赀甲、赀盾、赀徭等，这些刑罚属于（　　）。

A. 身体刑　　B. 财产刑

C. 生命刑　　D. 耻辱刑

视频讲题

41. 韩非提出：“明主之国，无书简之文，以法为教；无先王之语，以吏为师。”中国古代以此为治国指导思想的朝代是（　　）。(2023 年法硕)

A. 宋朝　　B. 隋朝

C. 元朝　　D. 秦朝

视频讲题

42. 秦始皇年间，咸阳发生一起杀人案，甲向官府告发该案系乙所为，乙遂被官府捕获。被判死罪，后官府抓获真凶丙，经查，甲、乙素有结怨，甲为报私仇而进行诬告。根据秦律，甲可能被判处的刑罚是（　　）。(2018 年法硕)

A. 腰斩　　B. 鬼薪

C. 斩左趾　　D. 髡钳城旦

视频讲题

(二) 多项选择题

1. 秦朝主要的法律形式有（　　）。(2014 法硕法 29)

A. 格　　B. 律

C. 封诊式　　D. 法律答问

2. 秦代的诉讼原则有（　　）。

A. 有罪推定原则

B. 依法律和事实判决的原则

C. 有条件的刑讯原则

D. 证据原则

3. 秦汉时期的刑罚主要包括笞刑、徒刑、流放刑、肉刑、死刑、羞辱刑等，下列选项属于徒刑的是（　　）。(司考)

A. 候　　B. 隶臣妾

C. 弃市　　D. 鬼薪白粲

4. 秦代行政法规的内容涉及（　　）。

A. 行政机构设置　　B. 官吏任用

C. 官吏职责　　D. 官吏奖惩

5. 秦代的刑罚适用原则包括（　　）。

A. 区分故意与过失

B. 区分有无犯罪意识

C. 自首从轻

D. 规定刑罚时效

6. 秦朝的法制指导思想包括（　　）。

A. 法令由一统　　B. 重刑主义

C. “专任刑罚”　　D. 德主刑辅

7. 为了维护封建尊卑、主奴关系，秦律将诉讼分为（　　）。

A. 非公室告　　B. 自告

C. 公室告　　D. 官告

8. 云梦秦简的法律文书包括（　　）。

A.《秦律十八种》　　B.《秦律杂抄》

C.《法律答问》　　D.《封诊式》

9．秦代案件的审理包括下列哪些程序？（　　）

A．原、被告双方到庭　　B．讯问

C．调查　　D．作审讯记录

10．在1975年12月出土的湖北云梦睡虎地秦墓竹简中，有大量关于律的内容。下列选项中，属于秦律篇名的有（　　）。(2020年法硕)

A．金布律　　B．关市律

C．户婚律　　D．均工律

视频讲题

简答题

1．简述秦代的主要法律形式。(考研)

2．简述秦朝的劳役刑。

3．简述秦朝的审判制度。

4．简述我国古代监察制度的渊源及在秦朝的发展。

分析题

请分析下面这句话的含义："有敢偶语《诗》《书》者弃市，以古非今者族。"

论述题与深度思考题

1．思考对秦代法律如何进行历史评价。

2．试述秦朝定罪量刑的主要原则。

参考答案

名词解释

1．封诊式是秦朝法律中有关对案件进行调查、勘验、审讯、查封、治狱程式等方面的规定和文书程式。

2．廷行事是秦代的主要法律形式之一。"廷行事"即判案成例，在秦朝时已把司法机关的判例作为司法实践中除律文之外可资援引的审判依据了。

3．爰书是秦代司法机构的审讯记录和在此基础上整理出来的关于调查或勘验笔录案情报告。

4．公室告是指在秦朝，控告主体对其家庭以外的人所犯的杀伤人、偷窃财物之类的行为所提出的控告。

5．法律答问是1975年湖北省云梦睡虎地秦墓发掘的竹简中记载的法律形式，是朝廷和地方主管法律的官员对律令所作的权威性解释，多采用问答的形式，对秦律的某些条文、术语以及律文的意图作出了明确解释，是对秦代律令条文的重要补充，与律文一样具有普遍的约束力。

6．非公室告是指在秦朝，控告主体对其家庭内部的犯罪行为向官府提出的控告。对此种控告，官府不予受理。

选择题

(一) 单项选择题

1．答案：D

秦律把"子盗父母，父母擅刑、髡子及奴妾"等引起的诉讼，称为非公室告，对非公室告，官府不予受理。子女强行告诉的，还要给予处罚。

2．答案：A

公室告是指控告主体对其家庭以外的人所犯的杀伤人、偷窃财物之类行为所提出的控告；非公室告是指控告主体对其家庭内部的犯罪行为向官府提出的控告，如果官府不予受理，坚持告发的要受到处罚。A项属于偷盗邻人，属于公室告。B、C、D项属于家庭内部成员案件，属于非公室告。

3．答案：B

在秦朝中央，廷尉是皇帝之下的最高司法官，为中央九卿之一，负责全国法律、法令及司法事务，直接向皇帝负责。

4．答案：D

1975年，在湖北省云梦县睡虎地秦墓发掘中，出土了大量的秦代竹简，有《秦律杂抄》《封诊式》《法律答问》《秦律十八种》《为吏之道》等丰富的法律内容。其中《为吏之道》是对官吏应遵循的为官准则和具体要求所作的专门规定。

5．答案：C

在秦朝，廷尉是皇帝之下的中央最高司法官，在地方郡守为一郡行政长官，下设“决曹掾”，协助郡守审理具体案件。

6．答案：B

区分有无犯罪意识是秦律的刑法原则之一。从本题题干的两段记载中我们可以看出，知赃而分赃、用赃，即被认为有犯罪意识，从而构成了犯罪，其犯罪性质与盗窃一样；而不了解盗窃之事，则不应论罪。

7．答案：A

秦律中的徒刑是剥夺犯罪人人身自由，强制其服劳役的刑罚。将犯罪人迁往边远地区的刑罚是迁刑和谪刑；以竹、木板责打犯罪人背部的刑罚是笞刑；剃光犯人的头发和鬓毛的刑罚是髡刑。

8．答案：B

秦律规定，未成年者犯罪，不负刑事责任或减轻刑事处罚。秦朝确立以身高为承担刑事责任的标准，即男六尺五寸、女六尺二寸以上才需要负刑事责任，“未盈六尺”表明该人身高不足六尺，按照规定不负刑事责任。

9．答案：C

共同犯罪与集团犯罪加重处罚是秦朝的刑罚适用原则之一。本题题干中的记载，规制的正是共同犯罪这种行为。

10．答案：B

廷行事，是司法机关判案的成例（判例），在律文无相关规定时，可作为同类案件判决的依据。

11．答案：C

《法律答问》是秦代的主要法律形式之一，是朝廷和地方主管法律的官员对律令所作的权威性解释，是一种官方解释，它们与法律条文一样具有普遍约束力。

12．答案：B

法律答问是对法律条文、术语、律义作出具有法律效力的解释，因采取答问的形式，故称为“法律答问”。

13．答案：A

秦朝法律中强制犯人缴纳一定财物的赀刑，是指对轻微犯罪者，实行赀甲、赀盾，即罚一甲或一盾的金钱的刑罚，属于财产刑的一种。自由刑是剥夺人身自由的刑罚；身体刑是对人身肉体造成伤害的刑罚；资格刑是剥夺人的某种身份的刑罚，因此均不符合赀刑的特征。

14．答案：A

秦汉时期的耻辱刑包括三类：髡刑、耐刑和完刑。其中，剃去犯人头发为髡，剃去犯人胡须为耐，不加肉刑、髡剃（免肉刑、髡剃并保留发肤）为完。

15．答案：C

秦律重视故意犯罪与过失犯罪的区别。《法律答问》载：“甲告乙盗牛贼伤人，今乙不盗牛，不伤人，问甲可（何）论？端（故意）为，为诬人；不端，为告不审。”这段解释意在区分主观上有无故意，故意诬告者，实行反坐；主观上没有故意的，按告不审从轻处理。

16．答案：D

监察制度是中国传统政治体制中的一个重要环节。御史源于周时的史官，是为天子掌管文书档案的官员。从渊源关系上可以说，古代监察制度发端于秦代。统一六国后，秦在中央设立御史府，以御史大夫为该府长官，掌监察，其位略次于丞相。其有权监视百官，并随时向皇帝禀奏、进谏，参与机要。随着中央集权政治体制在全国的建立，为加强中央对地方的全面控制，秦对全国实行自上而下的监督考察，并向地方派出监御史，对地方实行监督。到汉代，该制度发展成为古代中国特有的监督制度。

17．答案：C

在秦朝，诏令是皇帝临时发布的命令，具有最高的法律效力。律是国家大法，带有普遍、经常与刑事性特点。“式”作为一种法律形式始于秦，秦朝时期已有《封诊式》。而格是在北魏“以格代科”后，成为一种独立的法律形式。

18．答案：B

《封诊式》是关于审判原则以及调查勘验案情、审讯、查封等方面的规定和一些案例。其中，以《治狱》《讯狱》两节最重要。

19．答案：A

秦律规定夫殴妻、夫通奸、妻私逃、擅杀子、子不孝、乱伦等行为，体现了秦律对婚姻家庭关系的规制，目的在于维持既有的婚姻家庭秩序，进而维护社会的稳定和秦王朝的统治。秦朝奉行的是商鞅的君臣上下“一断于法”“事皆有法式”的治国思想，并没有重伦常、尊尊亲亲的特征。

20．答案：B

秦律规定了教唆同罪，题干中所引记载的正是这种行为，意思是甲教唆乙去盗窃，乙去盗窃，甲未去，但分得赃物，甲、乙皆处赎黥的刑罚。

21. 答案：C

秦律把杀伤人、偷盗等危害封建统治的犯罪列为严惩对象，这类犯罪称为“公室告”，官府对此必须受理。

22. 答案：D

秦律规定了自首减免刑罚。题干所引记载意指携带所借官家物品逃亡的，如自首，只以逃亡罪论处，免其盗窃罪。

23. 答案：B

秦律规定了对诬告行为的处罚，即对于诬告他人者，以所告之罪处罚。按秦律，在一般情况下，只有故意陷害他人，才构成诬告罪，若是出于过失则不算诬告；但若诬告他人杀人，即使是由于过失，也要以诬告罪论处。故本题答案选择B。

24. 答案：D

秦代虽然没有成文的行政法典，却制定了一系列单行的行政法规，如《置吏律》《除吏律》《军爵律》《尉杂律》等。其中，《置吏律》《除吏律》对任用官吏的时间、原则，特别是违法任用官吏的责任作了规定。

25. 答案：B

“式”作为一种法律形式始于秦，秦朝时期已有《封诊式》，规定审判原则以及调查勘验案情、审讯、查封等方面的情况。

26. 答案：A

在秦朝，司法审判过程结束后，宣读判决书被称为读鞫，若被告对判决不服，请求复审，则被称为乞鞫。

27. 答案：C

题干所引两段记载规定的是诬告行为，即对于诬告他人者，以所告之罪罪之。按秦律，在一般情况下，只有故意陷害他人才构成诬告罪，若是出于过失则不算诬告；但若诬告他人杀人，即使是由于过失，也要以诬告罪论处。

28. 答案：D

题干所引记载意思是说，该犯罪人犯了应处耐为隶臣之刑的犯罪，另依秦律，诬告反坐，该犯罪人以司寇诬人，又犯了应处司寇刑之罪，所以累犯加重处罚，应处城旦六岁之刑。

29. 答案：B

秦朝关于司法官渎职犯罪主要包括：纵囚罪，即应当论罪而故意不论罪，以及设法减轻案情，故意使案犯达不到定罪标准，从而判其无罪。见知不举罪，即明知有犯罪，但不揭发、检举。失刑罪，指因过失而量刑不当，若系故意，则构成不直罪，包括罪重而故意轻判、罪轻而故意重判两种情形。

30. 答案：C

秦律注重农牧业管理与自然资源保护、官营手工业管理以及市场与货币管理，《田律》《仓律》《均工律》《金布律》等就属于经济法律的内容。

31. 答案：C

廷行事是司法机关判案的成例，可以作为同类案件判决的依据。这种法律形式在当时被广泛采用，用以弥补法律条文的疏漏与不足，有利于进一步完善秦王朝的严密法网，加强对社会的控制。

32. 答案：A

秦简云：“罪当重而端轻之，当轻而端重之，是谓‘不直’。”不直的意思就是故意重罪轻判或轻罪重判。所以凡故意加重或减轻判刑，要承担“不直”的责任。

33. 答案：A

秦律规定了确定刑事责任能力的标准，未达到该标准的，不负刑事责任或减轻刑事处罚。由题干所引记载可见，秦律以身高为确定刑事责任能力的标准。男六尺五寸、女六尺二寸以上的有刑事责任能力，低于上述标准的，则没有刑事责任能力。

34. 答案：C

法家的重刑主义理论是秦代的法制指导思想，A、B、C、D四个选项中只有C是法家代表人物。对秦始皇政权和法制活动影响极大并成为其指导思想的是韩非子。

35. 答案：B

秦朝的立法指导思想主要包括：其一，“缘法而治”，即强调法律作为判断是非曲直、决定赏罚的唯一标准，主张依法治国，反对礼治。其二，“法令由一统”，即全国实行统一的法令。其三，“严刑重罚”，通过轻罪重罚等手段，使民不敢犯。

36. 答案：D

秦朝的立法指导思想包括缘法而治、法令由一统、严刑重罚。明刑弼教是明朝的立法指导思想。

37. 答案：A

秦律重视故意犯罪与过失犯罪的区别。按《秦律》规定，故意捏造事实与罪名，诬告他人，即构成诬告罪。诬告罪实行反坐原则，即以被诬告人所应受到的处罚，反过来制裁诬告者。《法律答问》载："甲告乙盗牛贼伤人，今乙不盗牛，不伤人，问甲可（何）论？端（故意）为，为诬人；不端，为告不审。"这段解释意在区分原告主观上有无故意，故意诬告者，实行反坐。故选项 A 正确。

38. 答案：D

秦代罪名主要有：(1) 危害皇权罪，包括谋反，泄露机密，偶语诗书、以古非今，诽谤、妖言，诅咒、妄言，非所宜言，投书，不行君令等。A 项"偶语诗书"、B 项"以古非今"、C 项"非所宜言"均体现秦律的文化专制特色。(2) 侵犯财产和人身罪。(3) 渎职罪，主要有"见知不举"罪、"不直"罪和"纵囚"罪、"失刑"罪（指因过失而量刑不当，若系故意，则构成"不直"罪）。可见，"失刑"罪属于渎职罪的一种，与文化专制没有直接关系。D 项符合题意。

39. 答案：A

本题考查的是秦代的罪名，主要包括危害统治秩序、社会秩序等犯罪。盗徙封罪，即擅自移动田界标志，企图侵占他人田产的犯罪。故 A 选项正确。

40. 答案：B

本题考查的是秦代的刑种，主要有生命刑、耻辱刑、徒刑、流刑、财产刑等。财产刑主要是赀，即罚交财物或罚徭戍。除个别赀徭、赀戍及赀布外，赀甲、赀盾最为常见。睡虎地秦简有赀一盾、赀一甲、赀二甲的记载。故本题正确答案为 B。

41. 答案：D

秦王朝自商鞅变法后，崇尚以法家思想治国，韩非为法家代表人物，其思想也成为秦的治国思想。汉代自董仲舒"独尊儒术"后，儒家成为此后各代的治国思想，故 A、B、C 项不正确。故本题正确答案为 D 项。

42. 答案：A

本题考查的是秦代"诬告反坐"原则，即对于诬告他人者，以所告之罪处罚。乙原被官府"判死罪"，依据"诬告反坐"原则，甲也应当被处死刑。秦代的死刑执行方法很多，主要有弃市、戮、磔、腰斩、车裂、定杀、族刑、具五刑等，选项中只有腰斩是死刑，故本题正确答案为 A 选项。

（二）多项选择题

1. 答案：BCD

秦朝主要的法律形式有律、令、法律答问、封诊式、廷行事。

2. 答案：ABCD

从秦简《法律答问》《封诊式》所记载的诉讼资料看，秦代贯彻的基本诉讼原则包括有罪推定、依法律和事实判决的原则、有条件的刑讯原则和证据原则。

3. 答案：ABD

秦代徒刑具体有城旦舂、鬼薪白粲、隶臣妾、司寇、候。秦代死刑具体有：戮，后改用斩刑；磔，即碎尸刑；腰斩；车裂，即五马分尸；枭首；弃市；夷三族；具五刑。本题正确答案为 A、B、D 项。C 项"弃市"属于秦代死刑，C 项错误。

4. 答案：ABCD

秦代的行政法规内容全面，类型完整，结构严密，确定性程度高，为各个行政机关提供了具体的行为准则。其规定了中央机构、地方机构和基层组织的机构设置；《为吏之道》《置吏律》《除吏律》规定了官吏的任用资格、任用时间、任用原则及违法任用官吏的责任等；秦的各类经济法规和行政法规都是以确定各专职官吏之职责的形式出现的；秦代依据法家重赏重罚、罚重于赏的思想，非常重视对官吏的考核和奖惩。

5. 答案：ABCD

秦朝的刑罚适用原则包括有关刑事责任年龄的原则、区分故意与过失的原则、规定刑罚时效的原则、共同犯罪与集团犯罪加重处罚的原则、累犯加重的原则、教唆犯罪加重处罚的原则、自首减轻处罚的原则和诬告反坐原则等。

6. 答案：ABC

法家的重刑主义理论是秦代的法制指导思想。商鞅的重刑主义理论无论是对统一前的秦国还是统一后的秦朝，都有深刻的影响。所谓秦统治者"专任刑罚""乐以刑杀为威"正是对此问题的说明。秦始皇称帝后，采取了在全国统一法律的措施，取消六国法律，改行秦国法律。秦朝法制并没有体现儒家德主刑辅的特点。

7. 答案：AC

秦律把杀伤人、偷盗等危害封建统治的犯罪，列为严惩对象。这类犯罪被称为"公室告"，官府对此必须受理。但是，秦律把"子盗父母，父母擅刑、髡子及奴妾"等引起的诉讼，称为"非公室告"，对"非公室告"，官府不予受理。子女强行告诉的，还要给予处罚。

8. 答案：ABCD

云梦秦简中的法律条文，尽管不全是秦统一后适用的法律条文，却是秦律的重要渊源，包括《秦律十八种》《效律》《法律答问》《封诊式》《秦律杂抄》《为吏之道》等丰富的内容，其中，《秦律十八种》和《秦律杂抄》均是对秦律条文的摘抄。

9. 答案：ABCD

在秦代，当司法机关决定受理案件时，对案件的审理就已经开始，从秦简看这一阶段主要包括原、被告双方到庭，讯问，调查，作审讯记录等内容。

10. 答案：ABD

自云梦睡虎地秦墓竹简出土以后，许多以前鲜为人知的秦代法制得以重现于世。云梦睡虎地秦简中有包括《关市律》《金布律》《均工律》《田律》《仓律》《徭律》等在内的《秦律十八种》，还记载了《法律答问》《封诊式》等秦代法制内容。其中并无《户婚律》的内容，C选项错误，故本题答案为ABD。

简答题

1.（1）律。它是国家大法，带有普遍、经常与刑事性特点。

（2）诏令。它是皇帝临时发布的命令，具有最高的法律效力。

（3）“廷行事”。秦中央政府汇编典型案例，形成固定判例，用以比附解决同类的案件，称为“廷行事”。

（4）法律答问。睡虎地秦墓竹简中的《法律答问》，是秦朝中央政府对国家法律作出的带有法律效力的司法解释。其因采用答问形式，故被称《法律答问》。它既可对现行法律作出补充，同时也可被援引作为判案依据。

（5）式。《封诊式》是关于审判原则以及调查勘验案情、审讯、查封等方面的规定和一些案例。

2. 秦朝出现了不少限制犯人人身自由强制劳役的徒刑制度，从重到轻主要有：

城旦舂。男犯城旦，罚役修筑长城或戍边；女犯舂刑，罚为舂米。

鬼薪白粲。一般男为鬼薪，罚给神庙砍柴；女为白粲，罚给宗庙择米。

隶臣妾，即将罪犯及其家属罚为官奴婢，男为隶臣，女为隶妾。

司寇。男犯罚为守备，伺察寇贼，从事这种工作往往去边疆，边服劳役，边防外寇。作如司寇是指根据女犯的生理特点，不宜让其到边疆服役，允许其在内地从事相当于司寇的劳役。

候，即发往边地充当斥候。

3. 在秦朝，讯问被告被称为“讯狱”，庭审案件被称为“治狱”，以此强调犯人口供对于定案的重要性，为取得口供，允许司法官动用刑讯手段。但是也强调根据证据核查口供，使犯人供出真情。

秦律明确规定了法官的责任。凡故意加重或减轻判刑，承担“不直”的责任；凡故意有罪不判，或通过篡改案情，使罪犯达不到判刑标准的，承担“纵囚”的责任。

4. 监察制度是中国传统政治体制中的一个重要环节。御史源于周时的史官，是为天子掌管文书档案的官员，由春秋、战国时期的“掌赞书而授法令”，进而负有某种非专任和经常的监察责任，并渐渐形成机构和一套制度。到汉代发展成古代中国特有的监察制度。从渊源关系上可以说，古代监察制度发端于秦代。原秦国时已有御史之职，行使监察职能发端于战国末期。

据《史记》，统一六国后秦代在中央设立御史府，以御史大夫为该府长官，掌监察，其位略次于丞相，有权监视百官，并随时向皇帝禀奏、进谏，参与机要。下设御史中丞两人，负责执掌图籍兼纠察，并受命巡视政事和司法审判。时人谓：秦始皇“专任狱吏，狱吏得亲幸”，专事告密的御史大夫当然最受皇帝宠信。

随着中央集权政治体制在全国的建立，为加强中央对地方、皇帝对百官的全面控制，皇帝给御史大夫以三公之位，加重其职权，对全国实行自上而下的监督考察，并向地方派出监御史，对地方实行监察。秦代监察制度虽属初创，尚不完善，但为汉代以后监察制度的进一步发展奠定了重要基础。

有秦一代，从始皇二十六年（公元前221年）建立，到二世三年（公元前207年）败亡，共历14年。在这短短的14年里，统治者任法专刑，以为天下统一，可以“意得欲从”而“臣畜天下”了，始皇末年（公元前210年）更是“重以贪暴之吏，刑戮妄加”。加之征伐徭役，赋敛无度，使百姓发出“阿房、阿房，亡始皇”的怨怒之声。《史记·李斯列传》载，及至二世，“行督责益严，税民深者为明吏……杀人众者为忠臣”，致使“刑者相半于道，而死人日成积于市”，终于导致《汉书·刑法志》所说的“天下愁怨，溃而叛之”。这种任法专刑的统治，加快了秦朝的灭亡。

分析题

（1）这句话的基本含义是指凡是敢谈及《诗经》《尚书》等著作的，都要被判处以弃市之刑，凡是借用前代实事讽喻非议当朝统治的行为，都要被判处以族刑。

（2）这句话表明秦朝统治者奉行法家学说，以法家思想为指导，严厉打击儒家思想，用焚书坑儒等方法强行推行法治。

（3）这句话还表明了秦朝统治者推行“专任刑罚、躬操文墨”的政策，使“法令诛罚，日益深刻”，通过“深督轻罪”使“民不敢犯（罪）”，达到巩固专制统治的目的。

论述题与深度思考题

1. 如何对秦朝法律进行正确的定位以及评价一直是中国法律史研究中须认真思考的问题之一。

（1）秦代法律在中国法律史上占有重要地位。

其一，它是中国古代法制史上的一个重要里程碑。秦代是中国历史上第一个创立全国统一的君主专制的中央集权法律制度的王朝，制定并执行了全国统一的法律、法令、规章、制度。

其二，它对于全国统一局面的形成和巩固、社会秩序的建立与稳定、经济基础的巩固与发展、生产的发展与社会的进步，都起到了积极的作用。它承前启后，对以后法制的发展影响深远。

（2）秦代法律集中反映了新兴地主阶级专政初建时期法律的特点。

秦王朝专任刑法，把专制的政治、经济、文化统治推向了极端。《汉书·食货志》载：秦代各种赋税超过古代二十倍，人民负担的力役超过古代三十倍。秦代统治者“繁法酷刑”，造成“劓鼻盈累，断足盈车”“赭衣塞路，囹圄成市”，使商鞅变法以来所形成的法律秩序遭到严重破坏，从而激化了矛盾，加速了秦王朝的崩溃，造成二世而亡的结局。

（3）秦代法律制度盛衰成败的历史具有研究思考、批判借鉴的价值。

对有秦一代的法律特点或可归纳为如下几点：一是秦律以法家思想理论为指导，但并不是和礼格格不入的；二是秦律条文繁杂，不系统，有些界限不清、重复甚至彼此矛盾；三是秦律要求各级官吏严格执法，如果说周代的“临事议制”，造就了一批善于思考和立法的司法官，秦的“事断于法”“皆有法式”则培养了一批博闻强记、长于操作的执法工匠；四是秦律中的刑罚以残酷、繁苛而著称。

2.（1）有关刑事责任年龄的原则。

秦律规定，凡属未成年犯罪，不负刑事责任或减轻刑事处罚。《法律答问》说：“甲小未盈六尺，有马一匹自牧之，今马为人败，食人稼一石，问当论不当？不当论及偿稼。”另一条解释说：“甲盗牛，盗牛时高六尺，系一岁，复丈，高六尺七寸，问甲何论？当完城旦。”可见，秦律以身高判定是否成年，男六尺五寸、女六尺二寸为成年身高标准，低于六尺五寸的为未成年人，不负刑事责任或减轻刑事处罚。

（2）区分故意与过失的原则。

秦律重视故意犯罪与过失犯罪的区别。《法律答问》说：“甲告乙盗牛贼伤人，今乙不盗牛，不伤人，问甲可（何）论？端（故意）为，为诬人；不端，为告不审。”这段解释意在区分主观上有无故意，对故意诬告者，实行反坐；对主观上没有故意的，按告不审从轻处理。

（3）盗窃按赃值定罪的原则。

秦律习惯上把赃值划分为三等，即一百一十钱、二百二十钱与六百六十钱。对于侵犯财产的盗窃罪，则依据以上不同等级的赃值，分别定罪。一般赃值低的定罪轻，赃值高的定罪重。

（4）共同犯罪与集团犯罪加重处罚的原则。

秦律规定：一人盗窃赃值过六百六十钱，给予“黥为城旦”的处罚；不满五人盗窃赃值过六百六十钱，判处“黥劓以为城旦”；如五人盗窃赃值虽一钱以上，则加重判处“斩左趾，又黥以为城旦”。可见，秦律处罚侵犯财产罪上集团犯罪（五人以上）较一般共同犯罪处罚从重。

（5）累犯加重的原则。

《法律答问》载：“当耐为隶臣，以司寇诬人，何论？当耐为隶臣，又系城旦六岁。”意即本身已犯罪，再犯诬告他人罪，应加重处罚。除耐为隶臣外，还要处城旦苦役六年。

（6）教唆犯罪加重处罚的原则。

按秦律规定，教唆未成年人犯罪者加重处罚。如“甲谋遣乙盗，一日，乙且往盗，未到，得，皆赎黥”，即甲未到场分得赃物，甲也与之同罪。若教唆未满十五岁的人抢劫杀人，虽分赃仅为十文钱，教唆者也要处以碎尸刑。

（7）自首减轻处罚的原则。

秦简记载：凡携带所借公物外逃，主动自首者，不以盗窃而以逃亡论处。再如隶臣妾在服刑期间逃亡后又自首，只笞五十，补足期限。若犯罪后能主动消除犯罪后果可以减免处罚。

（8）诬告反坐原则。

按秦简记载，故意捏造事实与罪名，诬告他人，即构成诬告罪。诬告罪实行反坐原则，即以被诬告人所应受到的处罚反过来制裁诬告者。

第六章　汉代法律思想与制度

知识逻辑图

汉代法律思想与制度
- 法律指导思想
  - 无为而治（汉高祖至汉武帝前）
  - 独尊儒术（自汉武帝始）
  - 法律的“儒家化”：春秋决狱
- 立法概况
  - 汉初主要立法
    - “约法三章”
    - 《九章律》
    - 汉律六十篇
  - 法律形式：律、令、比、法律注释著作、《春秋》经
- 刑法制度与刑罚改革
  - 汉代的罪名
  - 文帝、景帝刑罚改革及其影响
  - 法律原则的发展
    - 尊老怜幼的恤刑原则
    - “亲属相隐”原则
    - 贵族官僚有罪先请
- 行政、民事、经济法律制度
  - 行政法律制度
  - 民事法律制度
  - 经济法律制度：盐铁酒专卖、币制改革、调整赋税
- 司法制度
  - 司法机关（中央和地方）
  - 具体诉讼制度（告劾、逮捕、鞫狱、覆案）
  - 春秋决狱，原心定罪
  - 秋冬行刑
  - 录囚制度（复核审录在押囚犯）
  - 监察制度的发展

名词解释

1. 录囚（考研）
2.《九章律》（考研）
3. 秋冬行刑（考研）
4. 春秋决狱（考研）
5. 诣阙上书
6. 鞫狱与覆案（人大考研 2016）
7. 先请
8. 亲属相隐
9. 汉代读鞫（人大考研 2014）

选择题

（一）单项选择题

1. 西汉末年，某地一男子偷盗他人一头牛并贩卖到外乡，回家后将此事告诉了妻子。其妻隐瞒未向官府举报。案发后，该男子受到惩处。依照汉代法律，其妻的行为应如何处理？（　　）（司考）

A. 完全不负刑事责任

B. 按包庇罪论处

C. 与其丈夫同罪

D. 按其丈夫之罪减一等处罚

2. 汉成帝时，甲杀人，告之其养子乙，乙藏匿甲。问乙何论？（　　）（2016 法硕 非 34）

A. 坐杀人共犯　　B. 坐窝藏

C. 上请　　D. 不当坐

3. 汉代曾发生这样一件事情：齐太仓令获罪当处肉刑，其女缇萦上书请求将自己没为官奴，替父赎罪。这一事件导致了下列哪一项法律制度改革？（　　）（司考）

A. 汉高祖规定“上请”制度

B. 汉文帝废除肉刑

C. 汉文帝确立“官当”制度

D. 汉景帝规定“八议”制度

4. 西汉文帝刑制改革中，取代斩左趾的刑罚是（　　）。（2017 法硕 非 36）

A. 劓　　B. 弃市

C. 城旦舂　　D. 笞五百

5. “亲亲相隐”原则是在哪朝法律上确立下来的？（　　）（考研）

A. 春秋时期　　B. 汉朝

C. 唐朝　　D. 明朝

6. 下列法律中不属于汉律六十篇的是（　　）。（考研）

A.《九章律》　　B.《傍章律》

C.《金布律》　　D.《朝律》

7. 汉宣帝地节四年（公元前 66 年）下诏：“自今子首匿父母，妻匿夫，孙匿大父母，皆勿坐。其父母匿子，夫匿妻，大父母匿孙，罪殊死，皆上请廷尉以闻”。“亲亲得相首匿”成为中国传统法律原则和制度。对此，下列选项错误的是（　　）。（司考）

A. 近亲属之间相互首谋隐匿一般犯罪行为，不负刑事责任

B. 近亲属之间相互首谋隐匿所有犯罪行为，不负刑事责任

C. “亲亲得相首匿”的本意在于尊崇伦理亲情

D. “亲亲得相首匿”的法旨在于宽宥缘自亲情发生的隐匿犯罪亲属的行为

8. 汉朝时为了适应武帝以后法律儒家化的需要，在审判制度中首创了“春秋决狱”的是（　　）。

A. 董仲舒　　B. 桑弘羊

C. 萧何　　D. 赵禹

9. 汉朝以典型案例作为判案依据的法律形式是（　　）。

A. 故事　　B. 科条

C. 廷行事　　D. 决事比

10. 西汉时期，“德主刑辅”的思想约确立于（　　）。

A. 汉文帝时　　B. 汉武帝时

C. 汉昭帝时　　D. 汉景帝时

11. 从汉高祖至汉景帝时期，西汉的法律指导思想主要是（　　）。

A. 黄老思想　　B. 儒家思想

C. 墨家思想　　D. 法家思想

12. “录囚”制度始于（　　）。

A. 汉朝　　B. 南北朝

C. 西晋　　D. 隋朝

13. 汉朝的“鞫狱”是指（　　）。

A. 宣读判决　　B. 审讯案件

C. 要求复审　　D. 监督审判

14. 汉代法律规定，被告人及其亲属不服官府判决的，可申请重审。这一诉讼程序称为（　　）。（2015 法硕 非 35）

A. 录囚　　B. 乞鞫

C. 举劾　　D. 读鞫

15. 与《法经》相比，《九章律》没有增加的篇目有（　　）。

A. 户律　　B. 兴律

C. 厩律　　D. 具律

16. 汉律“年未满八岁，八十以上，非手杀人，他皆不坐”，规定的是（　　）。

A. 确定刑事责任能力的标准

B. 确定罪过等犯罪主观要素的标准

C. 确定犯罪侵害客体的标准

D. 确定犯罪事实的标准

17. 汉律规定了“先自告除其罪”，其中，“自告”是一种（　　）。

A. 立功　　B. 累犯

C. 共同犯罪　　D. 自首

18. 汉代从中央到地方建立了一套完备的监察制度是为了（　　）。

A. 监督百姓言论　　B. 监督诸侯国行为

C. 监督官吏执法　　D. 镇压百姓谋反行为

19. 在身份继承方面，汉代实行（　　）。

A. 嫡长子继承制　　B. 遗嘱继承制

C. 诸子继承制　　D. 幼子继承制

20.《周礼·秋官·士师》东汉郑玄注云：“今时（指汉代）市买，为券书以别之，各得其一，讼则案券以正之。”其中的券书是（　　）。

A. 买卖契约　　B. 借贷契约

C. 租佃契约　　D. 担保契约

21. 汉律的罪名除沿袭秦制外又增设了一些新罪名。“左官”便是其中危害中央集权的犯罪之一，具体是指（　　）。(2016 法硕 非 35)

A. 诸侯国官吏与诸侯王结党，知其犯罪而不举奏

B. 朝廷大臣交通诸侯，助其获得非法利益

C. 朝廷官员“舍天子而仕诸侯”

D. 泄露朝廷机密事宜

22. 在汉武帝时，规定了诸侯私自选任官吏的左官罪，实际是将（　　）收归中央。

A. 财政权　　B. 官吏任免权

C. 军权　　D. 司法权

23.《通典·礼二十九》载：“时有疑狱曰：‘甲无子，拾道旁弃儿乙，养之以为子。及乙长，有罪杀人，以状语甲，甲藏匿乙。甲当何论?’仲舒断曰：‘甲无子，振活养乙，虽非所生，谁与易之。《诗》云：螟蛉有子，蜾蠃负之。春秋之义，父为子隐，甲宜匿乙。’诏：不当坐。”这一记载体现的审判方式是（　　）。

A. 上请　　B. 亲亲得相首匿

C. 春秋决狱　　D. 录囚

24.《晋书·刑法志》引魏《新律序略》云：汉代“囚律有告核、传覆……有系囚、鞫（审讯）狱、断狱之法”。此外还有《狱令》《箠令》，这些均是有关（　　）的法令。

A. 行政执法　　B. 监察监督

C. 诉讼与审判　　D. 经济管理

25. 汉文帝前元四年（公元前 176 年），“(嗣) 侯信坐不偿人责（债）过六月，夺侯，国除”。这规定的是（　　）。

A. 国家对借贷契约的规制

B. 国家对买卖契约的规则

C. 国家对私人垄断的规制

D. 国家对租佃契约的规制

26. 汉景帝时规定：“年八十以上，八岁以下，及孕者未乳、师、侏儒，当鞫系者，颂系之。”这是什么原则的体现？（　　）

A. 恤刑原则　　B. 特权原则

C. 自首原则　　D. 比附原则

27. 汉武帝时，有甲、乙二人争言相斗，乙以佩刀刺甲，甲之子丙慌忙以杖击乙，却误伤甲。有人认为丙“殴父也，当枭首”。董仲舒引用《春秋》事例，主张“论心定罪”，认为丙“非律所谓殴父，不当坐”。关于此案的下列评论错误的是（　　）。(司考)

A. “论心定罪”是儒家思想在刑事司法领域的运用

B. 以《春秋》经义决狱的主张旨在建立一种司法原则

C. “论心定罪”仅为一家之言，历史上不曾被采用

D. “论心定罪”有可能导致官吏审判案件的随意性

28. 下列关于察举制度的表述，不正确的是（　　）。(2014 法硕 法 16)

A. 察举制度首创于魏晋时期

B. 察举是中国古代的一种官员选拔制度

C. 察举在科举制度产生以后，退居次要地位

D. 察举的科目包括贤良方正、孝廉、明经、明法等

29. 汉代的“三互法”规定的主要制度是（　　）。(2020 年法硕)

A. 司法管辖　　B. 任官回避

C. 犯罪株连　　D. 外贸管理

视频讲题

30. 据《汉书·严助传》载，汉朝廷中大夫严助接受淮南王“厚赂”，与其“交私论议”。后淮南王谋反事发，严助受到牵连，被处弃市。严助所涉的罪名是（　　）。(2021 年法硕)

A. 见知故纵　　B. 通行饮食

C. 阿党附益　　D. 怨望诽谤

视频讲题

31. 汉《上计律》是关于哪方面的规定？（　　）。（2023 年法硕）

A. 地方官吏考核

B. 田租赋税征收

C. 盗贼缉捕审判

D. 强宗豪右监察

视频讲题

32. 在刑制改革方面，汉代增设“女徒顾山”，这种刑罚属于（　　）。（2018 年法硕）

A. 死刑　　B. 赎刑

C. 徒刑　　D. 耻辱刑

视频讲题

（二）多项选择题

1. 汉代的诉讼程序包括（　　）。

A. 告劾　　B. 逮捕

C. 鞫狱　　D. 覆案或执行

2. 属于汉朝法律形式的有（　　）。

A. 法律答问　　B. 律

C. 决事比　　D. 廷行事

3. 汉朝定罪量刑的原则是（　　）。

A. 亲亲得相首匿　　B. 贵族官僚有罪先请

C. 尊老怜幼　　D. 恤刑

4. 汉代律无正条时，可以援引典型判例作为裁断案件的依据，由此形成的法律形式称为（　　）。（2014 法硕 非 36）

A. 律　　B. 令

C. 科　　D. 比

5. 下列选项中，属于汉代选拔和任用官吏方法的有（　　）。（2015 法硕 非 59）

A. 征召　　B. 察举

C. 辟举　　D. 科举

6. 下列关于春秋决狱的表述，正确的有（　　）。（2016 法硕 法 29）

A. 春秋决狱是贾谊倡导的

B. 春秋决狱的实质是原心定罪

C. 春秋决狱盛行于秦汉，直到隋唐时期才退出历史舞台

D. 春秋决狱是将儒家经典的原则适用于案件审理的特殊审判方式

7. 历史上，以廷尉为中央最高司法审判机关的朝代有（　　）。（2019 年法硕）

A. 秦朝　　B. 汉朝

C. 唐朝　　D. 宋朝

视频讲题

简答题

1. 汉代恤刑原则的内容与实质是什么？（考研）

2. 简述汉代的监察制度。（考研）

3. 简述亲亲得相首匿原则。

4. 简述汉代法律指导思想的变化。

分析题

1. “春秋之治狱，论心定罪，志善而违于法者免，志恶而合于法者诛。”（考研）

——《盐铁论·刑德》

2. “博（朱博）迁廷尉，职典决疑，当谳平天下狱。”“廷尉梁相与丞相长史、御史中丞及五二千石杂治东平王云狱。”

——《汉书》

3. “父子之亲，夫妇之道，天性也……自今子首匿父母，妻匿夫，孙匿大父母，皆勿坐。其父母匿子，夫匿妻，大父母匿孙，罪殊死，皆上请廷尉以闻。”（考研）

——《汉书·宣帝纪》

4. 请说明下面这几句话的基本含义，并从中国传统法律文化的角度加以评析。

景帝时期著令："年八十以上，八岁以下，及孕者未乳、师、侏儒，当鞠系者，颂系之。"宣帝时期也下诏："自今以来，诸年八十以上，非诬告、杀伤人，它皆勿坐。"东汉光武帝时期再下诏令："男子八十以上、十岁以上，及妇女从坐，自非不道，诏所名捕，皆不得系。"汉平帝时期还规定："天下女徒已论，归家，顾山钱月三百。"

5. 请说明下面两句话的基本含义，并从中国传统法律文化的角度加以评析。

"令郎中有罪耐以上，请之"。

《汉书·平帝纪》记载："公、列侯嗣子有罪，耐以上先请。"

6. 汉文帝诏书云："今法有肉刑三，而奸不止，其咎安在？非乃朕德之薄，而教不明与！吾甚自愧……夫刑至断支体，刻肌肤，终身不息，何其刑之痛而不德也！"试简要分析这段话的含义并结合时代背景说明其产生的重大影响。

论述题与深度思考题

1. 试述文景时期刑罚改革的内容和历史意义。(考研)

2. 试述春秋决狱。

参考答案

名词解释

1. 所谓"录囚"，是指上级司法机关对在押囚犯的复核审录，以检查下级司法机关对案件的审理是否有失公正，并纠正冤假错案。汉代录囚有皇帝录囚、刺史录囚及郡守录囚。两汉时期，通过皇帝、刺史及郡守的录囚活动，一些冤假错案得到了平反。录囚活动有利于提高地方司法官明法慎刑的自觉性，从而使当时的司法状况得到一定程度的改良，并对后世司法实践产生了积极的影响。

2. 《九章律》是汉高祖刘邦命萧何在《法经》和秦律基础上制定而成，因有九篇而得名，是汉朝最主要的法典。《九章律》的九篇依次是盗、贼、囚、捕、杂、具、户、兴、厩，前六篇是在秦六律基础上制定而成，增加三篇的主要内容是：《户律》，主要规定户籍、赋税和婚姻之事；《兴律》，主要规定征发徭役、城防守备之事；《厩律》，主要规定牛马畜牧和驿传之事。通常所说的汉律主要是指《九章律》。

3. 汉代对死刑的执行，实行"秋冬行刑"的制度。汉代统治者根据"天人感应"理论，规定春夏不执行死刑。除谋反大逆"决不待时"以外，一般死刑犯须在秋天霜降以后、冬天以前执行。因为这时"天地始肃"，杀气已至，便可以"申严百刑"，以示所谓"顺天行诛"。秋冬行刑制度，对后世有着深远的影响，唐律规定"立春后不决死刑"。明清律中的"朝审""秋审"制度亦渊源于此。

4. "春秋决狱"是指在审判案件时，如果法律无明文规定，则以儒家经义作为定罪量刑的依据，其首创者为董仲舒，其原则是，根据案情事实，考虑行为人的动机；动机邪恶者即便犯罪未遂也不免刑责；首恶者从重惩治；主观上无恶念者从轻处理。

5. 在汉代，一般应按照司法管辖逐级告劾，但蒙受冤狱，也可越级上书中央司法机关申冤，这叫"诣阙上书"。诣阙上书这一制度的确立，对于纠正地方司法不公，减少冤假错案，缓和社会矛盾等是有一定的积极意义的。

6. 鞫狱与覆案都是汉代的司法制度。"鞫狱"即进行审讯和判决。汉代司法官在审理案件时注重收集证据，除收集书证、物证、证人证言以外，还重视收集被告人的口供。汉代司法官经审讯获取口供后，三日后再次审讯，目的是看此次供词与上次是否有出入，从而使受审者有更正供词的机会；然后，对被告作出宣判。

"覆案"又称"覆治""覆考"，或单称"覆"，均指复审案件而言。覆案乃秦制，汉代承袭了这一制度。汉代的中央机关在接到不服判决的上书后，往往成立专案组对该案进行复审。秦汉推行此种制度的目的，在于改正已判决的冤假错案，防止徇私枉法、司法专横等腐败现象的出现。"覆案"对于当时的司法秩序还是能够起到一定的积极作用的。

7. 先请制度确立于西汉，又称“上请”，并为后世王朝所沿袭。即对犯了法的贵族官僚，必须首先向皇帝报告，“请”其作出减免的决定，以保护贵族官僚的特权。它体现了儒家所提倡的对宗法道德的法律维护。

8. 指在直系三代血亲和夫妻之间，除谋反、大逆外，均可隐匿犯罪行为，而且减免刑罚。最早提出这一原则的是孔子。他主张“父为子隐，子为父隐”。汉代儒家思想定为一尊后，由汉宣帝“亲亲得相首匿”诏书始，亲属相隐便成为汉律中定罪量刑的一项原则。根据这一原则，卑幼首匿尊长，不负刑事责任；尊长首匿卑幼，除对死罪应上请减免外，对其他犯罪均不负刑事责任。这一原则为此后中国传统法典所继承。

9. 汉代审讯被告，被称为“鞫狱”，经过各项审判程序，法官依据律令条文规定作出判决并对被告宣判。法官对被告及其亲属宣读判词，称为“读鞫”。宣读判决后，如被告及其亲属不服判决，可以申请上诉复审，称为“乞鞫”。

选择题

（一）单项选择题

1. 答案：A

亲亲得相首匿原则，是汉宣帝时期确立的，它主张亲属间首谋藏匿罪犯可以不负刑事责任。它来源于儒家“父为子隐，子为父隐，直在其中”的理论。宣帝地节四年（公元前 66 年）诏令说：“父子之亲，夫妇之道，天性也……自今子首匿父母，妻匿夫，孙匿大父母，皆勿坐。其父母匿子，夫匿妻，大父母匿孙，罪殊死，皆上请廷尉以闻。”即是说，对卑幼亲属首匿尊长亲属（其中包括妻匿夫）的犯罪行为，不再追究刑事责任。如尊长亲属首匿卑幼亲属，罪应处死者，也可以通过上请皇帝求得宽贷。自此，亲亲得相首匿原则确立下来。它反映汉朝法律开始儒家化，并且一直影响着后世各王朝立法。

2. 答案：D

汉代“亲亲得相首匿”是指亲属之间可以相互首谋隐匿犯罪行为，不予告发和作证。汉宣帝时明确规定：子女隐匿父母，妻子隐匿丈夫，孙子隐匿祖父母的罪行，皆不追究刑事责任；父母隐匿子女，丈夫隐匿妻子，祖父母隐匿孙子的罪行，如果所隐匿罪为死罪，则上请廷尉，由其决定是否追究首匿者的罪责。

3. 答案：B

文帝十三年（公元前 167 年），齐太仓令淳于意获罪当施肉刑，其小女缇萦上书文帝，请求将自己没为官奴，替父赎罪，并指出肉刑制度断绝犯人自新之路的严重问题。汉文帝为之所动，下令废除肉刑。这就是历史上有名的“缇萦上书”。

4. 答案：D

汉文帝时期进行刑罚改革，将斩左趾改为笞五百。

5. 答案：B

汉代儒家思想定为一尊后，亲属相隐便成为汉律中定罪量刑的一项原则。根据这一原则，卑幼首匿尊长，不负刑事责任；尊亲长首匿卑幼，除死罪上请减免外，其他也不负刑事责任。这一原则为此后传统法典所继承。

6. 答案：C

西汉立法活动频繁，除制《九章律》外，还有《傍章律》《越宫律》《朝律》等，共计六十篇，构成汉朝法律的主体部分。

7. 答案：B

“亲亲得相首匿”原则主张亲属间首谋隐匿犯罪可以不负刑事责任，但对于谋反、谋叛等重罪，仍要负刑事责任。另外，对于卑幼亲属首匿尊长亲属的犯罪行为，更加宽宥，一般不追究刑事责任；而对于尊长亲属首匿卑幼亲属的犯罪行为，如果该尊长亲属罪应处死，也可上请皇帝求得宽贷。可见，亲属间首匿犯罪的，一般情况下不负刑事责任，但特定情况下需要承担刑事责任。A 项说法正确，B 项错误。

“亲亲得相首匿”是法律儒家化的具体体现，其目的是支持礼的“亲亲”，尊崇伦理。对于有亲属关系的隐匿犯罪亲属的行为，可以宽宥。故 C、D 项正确。

8. 答案：A

所谓“春秋决狱”制度，是指以《春秋》的“微言大义”作为司法审判的依据，特别是作为决断疑难案件的重要依据。它为汉代统治者所提倡，是汉武帝确立“罢黜百家，独尊儒术”后法律儒家化的必然产物，为董仲舒在审判实践中首创。

9. 答案：D

两汉时期，以律、令、科、比为基本的法律形式。其中比又称决事比，是指在律无正文规定时，比照最接近的律令条文或同类典型案例进行处断。

10. 答案：B

汉初的统治者亲历了强盛秦王朝的暴兴暴亡，对法家思想进行反思，汉前期的法律指导思想是对黄老学派“无为而治”思想的借鉴。经过了七十多年的“休养生息”，到了汉武帝时，国家已经具备雄厚的物质基础，汉武帝决心改“无为而治”为“有为而治”，儒学思想家董仲舒适时提出了“罢黜百家，独尊儒术”的主张，系统地阐述了“礼法并用”“德主刑辅”的法律指导思想。这种思想主张得到了当时的最高统治者汉武帝的肯定，上升为占统治地位的指导思想。因此，“德主刑辅”的法律指导思想确立于汉武帝时期。

11. 答案：A

汉初统治者在当时的政治、经济条件下，在思想上接受了黄老思想，在客观上采取“与民休息”的政策，如减轻徭役租赋、兴修水利、减缓刑罚等，相对减轻了农民的负担，以便尽快修复战争创伤。这种“无为而治”的主张自高祖至文帝，直到景帝时一直是上层统治者的指导性思想。

12. 答案：A

所谓“录囚”，是指上级司法机关对在押囚犯的复核审录，以检查下级司法机关对案件的审理是否有失公正，并纠正冤假错案。汉代录囚有皇帝录囚、刺史录囚及郡守录囚。录囚制度始于汉。

13. 答案：B

汉朝审讯被告，被称为“鞫狱”。而经过审判的各项程序，事无可疑，法官即可依据律令条文规定作出判决，并向被告及其亲属宣读，称为“读鞫”。宣读判决后，如被告及亲属表示不服判，可以申请上诉复审，称为“乞鞫”。

14. 答案：B

汉代把对被告人进行审讯称为“鞫狱”，宣读判决称为“读鞫”，如果被告及其亲属不服，允许其申请重审，称为“乞鞫”。

15. 答案：D

《九章律》是汉高祖刘邦命萧何在《法经》和秦律基础上制定而成，因有九篇而得名，是汉朝最主要的法典。《九章律》共有九篇，依次是盗、贼、网、捕、杂、具、户、兴、厩，增加三篇的主要内容是：《户律》，主要规定户籍、赋税和婚姻之事；《兴律》，主要规定征发徭役、城防守备之事；《厩律》，主要规定牛马畜牧和驿传之事。

16. 答案：A

汉律按年龄确定刑事责任的有无，并有最低年龄和最高年龄的区别。这一方法为后世传统法典所沿袭。汉律“年未满八岁，八十以上，非手杀人，他皆不坐”，规定的正是刑事责任年龄的问题。两汉时期，刑事处罚年龄大体被分为八岁以下八十岁以上，七岁以下七十岁以上；或者七岁以下八十岁以上，十岁以下八十岁以上。在此年龄之内，根据犯罪情节确定科刑轻重，但一般都处以轻刑或者免刑。

17. 答案：D

汉律中的“先自告除其罪”是指犯罪者在罪行被发觉以前，自己到官府报告其犯罪事实，可以免除其罪的制度。所以，“自告”即自首的意思，也被称为“自出”。数罪并发，即一人犯两个以上罪的情况下，只免除其自首之罪，对其未自首之罪，仍予追究。而对于犯罪集团中的出谋划策者，自首也不免除其罪。

18. 答案：C

汉朝沿袭秦“明主治吏不治民”的思想，从中央到地方建立了完备的监察制度。在中央设御史大夫掌管监察百官纠举非法，地方设司隶校尉负责“督大奸猾”“掌察举百官以下，及京师近郡犯法者”。各地由丞相府派遣“丞相史”监察郡县，汉武帝时废丞相史，将全国分为十三州部，除京师所在州的州长官称司隶校尉外，余十二州，每个州部设部刺史一人，“掌奉诏条察州”，省察治状。汉武帝还亲自手订“六条”，确定州部刺史的监察范围与职责。《汉书・百官公卿表》载官员依武帝手订“六条问事”行使职权，其中：“一条”规定监察强宗豪右，“五条”规定监察郡国守相。

19. 答案：A

汉朝受儒家“三纲”思想的影响，在继承制度上，王位、爵位等身份实行嫡长子继承制，所谓“父子相传，汉之约也”。汉律有关于“非子”和“非正”的规定，所谓“非子”是指非亲生子，所谓“非正”是指非嫡妻之子。史书上记载，汉律不承认非亲生子、非嫡妻之子有爵位的继承权。这一规定旨在保障贵族的权位传给真正的后代，不致紊乱“纪纲”。

20. 答案：A

汉代的买卖契约叫“券书”。《周礼・秋官・士师》东汉郑玄注云：“今时（指汉代）市买，为券书以别之，各得其一，讼则案券以正之。”说明，买卖关系的建立，要订立契约，一式两份，买卖双方各执其一，日后发生纠纷，则以契约为证。“券书”在当时对买卖关系起着重要的法律调节作用。

21. 答案：C

“左官”罪，指朝廷官员“舍天子而仕诸侯”，即违犯法令私自到诸侯国接受任命者，构成“左官”罪，以《左官律》给予刑事处罚。

22. 答案：B

汉武帝时规定不准诸侯私自选任官吏，凡官吏违犯法令私自到诸侯国任官的，就构成“左官”罪，并依《左官律》给予刑事处罚。当时以“右”为上，“仕于诸侯为左官”，即“舍天子而仕诸侯”，便称为“左官”。汉廷将舍弃朝廷的官职而奉事诸侯的行为规定为对抗中央的犯罪行为，从而将诸侯国的官吏任免权收归中央，也严重打击了诸侯国任官的行为，进一步加强了中央集权。

23. 答案：C

春秋决狱在司法实践中即根据案情事实，用儒家经典《春秋》所体现的道德精神指导司法审判，它反映了儒家伦理思想对汉代司法领域的渗透。在本案中，董仲舒明确地提出“原心定罪”的主张，他认为甲的行为动机在于包庇犯罪的儿子，属“父为子隐”，故结果不应成为追究刑事责任的依据。那么“原心定罪”究竟指什么呢？董仲舒解释道：“春秋之听狱也，必本其事而原其志。志邪者不待成，首恶者罪特重，本直者其论轻。”这就是说，审理案件要考察犯罪事实（“本其事”）和犯罪动机（“原其志”），如果行为动机不合乎儒家道德（“志邪”），对这种犯罪应当予以严惩；如果动机合乎儒家道德（“本直”），那么即使犯法也可从轻论处。

24. 答案：C

《晋书·刑法志》引魏《新律序略》云：汉代“囚律有告劾、传覆……有系囚、鞫（审讯）狱、断狱之法”，此外还有《狱令》《箠令》等有关诉讼的法令。具体包括有关起诉的告劾，对犯罪人的逮捕和羁押，“鞫狱”和“断狱”，即对被告人进行的审讯和判决，当事人对原司法机关判决不服向上级司法机关请求复审的“有故乞鞫”，及对案件的执行程序等。

25. 答案：A

随着商品经济的发展，汉代借贷关系活跃，特别是一些官僚贵族巨商富贾参与其间。汉代关于借贷方面的法律，主要是保护债权人的利益不受损失，对债务人违期不还规定了相应的法律责任。本题题干中所载，“（嗣）侯信坐不偿人责（债）过六月，夺侯，国除”，即功臣嗣侯负债违期不还，处以夺侯除国的惩罚，体现了汉律对于借贷契约的规制。

26. 答案：A

汉朝统治者以“为政以仁”相标榜，强调贯彻儒家矜老恤幼的恤刑思想。景帝后元三年（公元前141年）著令：对年80岁以上的老人、8岁以下的幼童，以及怀孕未产的妇女、老师、侏儒等，在有罪监禁期间，给予不戴刑具的优待。

27. 答案：C

所谓春秋决狱制度，是指以《春秋》的“微言大义”作为司法审判的依据，特别是作为决断疑难案件的重要依据。它为汉代统治者所提倡，是汉武帝确立“罢黜百家，独尊儒术”后法律儒家化的必然产物，为董仲舒在审判实践中首创。

《春秋》经义决狱，是指在审判案件时，如果法律无明文规定，则以儒家经义作为定罪量刑的依据，根据案情事实，考虑行为人的动机；动机邪恶者即使犯罪未遂也不免刑责；首恶者从重惩治；主观上无恶念者从轻处理。在法律烦琐而又不完备的当时及此后相当长的时间里，以《春秋》经义决狱不失为司法原则的发展和审判上的一种积极的补充。但是，以主观动机的“心”“志”的善恶，判断有罪无罪或罪轻罪重，也往往成为司法官吏主观臆断和陷害无辜的口实，所谓“论心定罪，志善而违于法者免，志恶而合于法者诛”。可见，春秋决狱在运作中容易产生流弊，在某种程度上为“擅断论”提供了不实的依据。故选项C正确。

28. 答案：A

察举制是中国古代选拔官吏的一种制度，它始于西汉，而盛于东汉。察举制不同于以前先秦时期的世袭制和在隋唐时建立的科举制，它的主要特征是由地方长官在辖区内随时考察、选取人才并推荐给上级或中央，人才经过试用考核再被任命官职。

29. 答案：B

本题考察的是汉代职官管理制度。为避免官员因婚姻关系、两地交互为官而结党营私，汉代法律规定了“三互法”，在任命官吏时，实行回避制度。故本题正确答案为B选项。

30. 答案：C

所谓“阿党”是指“诸侯有罪傅相不举奏为阿党”，所谓“附益”是指中央朝臣外附诸侯。阿党附益诸侯王，就是与诸侯王结党，是对中央集权制最大的威胁，犯此罪者皆处重罚。本题中，严助接受淮南王“厚赂”，与其“交私论议”，即符合“阿党附益”的罪名，故本题正确答案为C。

31. 答案：A

本题考查的是汉代行政法律制度。汉代的《上计律》是对官吏考核的专门法律。“上计”，即郡守在年终时派上计掾和上计吏各一人，把本郡的农业生产、户口增减及社会治安等方面的情况写在计簿上，向中央（西汉为丞相，东汉为司徒）汇报。对考核后认定确有政绩者，予以升迁，对没有什么成绩者，或斥责，或罢免。故本题正确答案为A。

32. 答案：B

本题考查的是汉代的赎刑。“女徒顾山”是指对已判了刑的女犯，只要能每月出钱三百雇人上山伐木，就可返家而不服苦役。这被认为是“施惠政于妇女”的表现。故本题正确答案为B。

（二）多项选择题

1. 答案：ABCD

汉代的诉讼程序包括：（1）告劾，即起诉。它包括两种情况：其一为当事人直接到官府起诉，称为“告”，相当于今天的“自诉”；其二为有关官员（主要是监察御史和司隶校尉等）代表国家纠举犯罪启动诉讼，称为“劾”，相当于今天的“公诉”。（2）逮捕，司法机关在受理告劾之后，就必须立即依法逮捕嫌疑人。（3）鞫狱，即审讯和判决。（4）覆案，又称“覆治”“覆考”，或单称“覆”，指对案件的复审。覆案是秦制，而为汉代所承袭。秦汉推行此制度之目的在于纠正已判决的冤假错案，防止徇私枉法、司法专横等腐败现象的出现。关于判决的执行，值得注意的是汉代死刑的执行情况。对死刑的执行，除谋反、大逆等“决不待时”的案件之外，一般案件实行“秋冬行刑”制度。

2. 答案：BC

两汉时期，以律、令、科、比为基本的法律形式。其中比又称决事比，与近代类推相似。当发生法律无明文规定的案件时，或比照最接近的律令条文，或比照同类典型判例处理。而廷行事和法律答问是秦朝的法律形式。

3. 答案：ABCD

汉朝定罪量刑的原则有：体现儒家思想的亲亲得相首匿原则，体现对贵族官僚保护的贵族官僚有罪先请原则，体现儒家思想的尊老怜幼和恤刑原则。

4. 答案：D

汉代的法律形式主要包括律、令、科、比。律是汉代的基本法律形式；令是皇帝随时发布的诏令或由臣下提出经皇帝批准的立法建议；科是律以外规定犯罪与刑罚以及行政管理方面的单行法规；比又称决事比，是指在律无正条时比照援引典型判例作为裁判案件的依据。

5. 答案：ABC

汉代选拔和任用官吏以荐举和考试为主要方法，包括察举、征召、辟举、任子、太学补官。

6. 答案：BD

春秋决狱是董仲舒倡导的，而不是贾谊。春秋决狱始于西汉中期，秦朝时没有春秋决狱，其实质是原心定罪。

7. 答案：AB

廷尉在秦汉时期是中央的最高司法审判机关，其主要职责是审理刑狱，一方面要审理皇帝制诏移送的案子，另一方面要审理地方送审的疑难案件。魏晋南北朝时期，中央审判机关廷尉改称大理寺，三国时吴称审判机关为大理，北周称审判机关为秋官大司寇，北齐改廷尉为大理，并扩建其机构为大理寺，其后廷尉不再是中央最高司法审判机关。故本题正确答案为AB。

简答题

1. 景帝后元三年（公元前141年）著令：对年80岁以上的老人、8岁以下的幼童，及怀孕未产的妇女、老师、侏儒等，在有罪监禁期间，给予不戴刑具的优待。宣帝元康也下诏说，除诬告与杀伤人罪外，80岁以上老人犯罪都享受免于刑事处分的优待。东汉光武帝再下诏令，凡老人、幼童及连坐妇女，除犯大逆不道、诏书指明追捕的犯罪外，一律不再拘捕监禁。

汉朝统治者以“为政以仁”“以仁孝治天下”相标榜，强调贯彻儒家矜老恤幼的恤刑思想。汉律之所以给老幼以优待，是因为他们的犯罪行为较少构成严重危害。如构成严重危害，如犯“大逆不道”等罪时，同样严惩不贷。

2. 随着汉朝中央集权专制制度的逐渐强化，汉朝的监察制度在承袭秦制的基础上也有了进一步的发展。在汉朝，监察制度逐渐形成中央与地方两大监察体系。汉代，御史台的机构名称也开始出现，成为历史上第一个专门监察机构。

在中央，以御史大夫及御史中丞主管的御史台为最高监察机关，“内承本朝之风化，外佐丞相统理天下”，总领百官，上下为监，并可奉诏参与审判。

在地方，为强化对地方官吏的监察，秦时各郡常设的“监御史”改由丞相随时派出的“丞相史”行监察数郡之责。武帝时把全国分为十三个监察区，称州部，设刺史一名专事监察。刺史在御史中丞的领导下按武帝规定的“六条问事”行使监察权。至此，萌芽于秦朝的监察体制至汉朝最终建立。在完善监察机构的同时，汉朝还明确规定了监察官员的职责。汉武帝时，还亲自手订“六条”，确定州部刺史的监察范围与职责。

汉代监察机关的发展及对司法活动的参与和监督，强化了皇帝对司法大权的控制。这一制度的形成与完善有着积极意义：一方面，由于监察机关的监督形成了对司法官吏的制约，有益于审判制度的完善；另一方面，监察官吏参与审判，可以在一定程度上纠正错案，保证审判质量。自汉朝以后，监察制度不断发展与完善，成为中国传统政治体制中不可分割的一部分。

3. 亲亲得相首匿原则，是汉宣帝时期确立的，它主张亲属间首谋藏匿罪犯可以不负刑事责任。它来源于儒家“父为子隐，子为父隐，直在其中”的理论。宣帝地节四年（公元前66年）诏令说：“父子之亲，夫妇之道，天性也……自今子首匿父母，妻匿夫，孙匿大父母，皆勿坐。其父母匿子，夫匿妻，大父母匿孙，罪殊死，皆上请廷尉以闻。”即是说，对卑幼亲属首匿尊长亲属的犯罪行为，不再追究刑事责任。如尊长亲属首匿卑幼亲属，罪应处死者，也可以通过上请皇帝求得宽贷。自此，亲亲得相首匿原则确立下来。它反映汉朝法律的开始儒家化，并且一直影响着后世立法。

4. (1)“与民休息”“宽省刑罚”的指导思想。

秦朝二世而亡的历史教训，使汉初统治者开始改变统治方针，以求长治久安。自刘邦起，直至文帝、景帝，一直奉行“清静无为”的道家黄老学派的主张，确立“与民休息”“宽省刑罚”的政策思想。高祖刘邦规定田赋十五而税一，汉景帝时改为三十而税一。吕后宣布废除夷三族之法，文帝时下令废除“诽谤罪”。汉初经过连续七十余年的休养生息，取得了显著的成效，稳定了汉王朝的统治地位。

(2)“礼法并用”“德主刑辅”的指导思想。

西汉武帝时期，朝廷的物质基础日渐雄厚。经学大儒董仲舒适应统治需要，提出“罢黜百家，独尊儒术”的主张，系统阐述了“礼法并用”“德主刑辅”的治国指导思想。这种思想得到统治者的肯定，遂上升为占据统治地位的指导思想。这一思想承袭了孟子、荀子的思想，吸收了法家与阴阳等家学说，从而丰富了儒家的思想体系，对两汉统治发挥了重要作用。

分析题

1. (1) 这段文字反映的是汉朝特有的审判原则——春秋决狱。春秋决狱是指以《春秋》的“微言大义”作为司法审判的根据，特别是作为决断疑难案件的重要依据。

(2) 春秋决狱的要旨是必须根据案件事实，考虑行为人的动机，犯罪人主观动机严重违反儒家倡导的精神的，即使没有造成严重危害后果，也要认定为犯罪，并予以惩罚；相反，如果若符合，即使其行为构成社会危害，也可以减免刑罚。

(3)“志善”“志恶”是以儒家经义所称的纲纪伦常为准，它是春秋决狱的判断标准，是汉武帝“罢黜百家，独尊儒术”后法律儒家化的必然产物。

2. (1) 这两句话说的是汉朝的司法制度。

(2) 汉承秦制，皇帝掌握最高司法权力，凡重大疑难案件必须奏皇帝，由其作出最终裁决，同时，皇帝还经常直接审理案件。廷尉作为中央司法长官，一方面审理皇帝交办的刑事案件——“诏狱”，另一方面审判各地上报的重大疑难案件。另外，在发生重大案件时，还实行由丞相、御史大夫、廷尉等官吏组成的共同审理制度，时称“杂治”。

(3) 汉朝中央负责法律监督的长官，西汉为御史大夫，东汉为御史中丞。东汉以后御史中丞权力进一步加强，除负责察举不法官吏、举劾公卿违法外，还负责典法度、掌律令、理大狱、治疑狱等，具有法律监督与司法审判的双重职能。

(4) 西汉武帝以后，在京师设置司隶校尉，对凡京师与中央机关有关滞狱、冤狱，以及司法官执法违法行为，都有权力加以监督。轻者有权处罚，重大案件直接奏报皇帝裁决。

3. (1) 这句话的基本含义是：父子亲情，夫妻道义，这些都是人之天性……自今以后子隐匿父母，妻隐匿丈夫，孙隐匿祖父母，都不追究刑事责任。但父母隐匿子，夫隐匿妻，祖父母隐匿孙，其所犯之罪是殊死之类的，都要上请中央最高司法官廷尉裁决。此即所谓的"亲亲得相首匿"。

(2) 这也就是说对亲属中的卑幼首匿尊长的犯罪行为，不追究刑事责任；对亲属中尊长首匿卑幼的犯罪，一般犯罪不负刑事责任，死刑案件则上请廷尉，由其决定是否追究首匿者的罪责。

(3) 自汉始，"亲亲得相首匿"一直被后世王朝所沿用。该原则具有一定合理性：一则亲属间相互作证、相互检举犯罪行为违背人类的基本道德、严重破坏婚姻家庭秩序；二则亲属间相互作证失于客观，亲属作证的证据效力很低。

4. (1) 这是汉律中的恤刑原则。

(2) 汉朝统治者为了标榜"为政以仁"，强调贯彻儒家矜老恤幼的恤刑思想。景帝时期著令："年八十以上，八岁以下，及孕者未乳、师、侏儒，当鞠系者，颂系之。"即监禁期间对老、幼、孕妇等给予免戴刑具的优待。宣帝时期也下诏："自今以来，诸年八十以上，非诬告、杀伤人，它皆勿坐。"东汉光武帝时期再下诏令："男子八十以上、十岁以上，及妇女从坐，自非不道，诏所名捕，皆不得系。"即老人、幼童和连坐妇女，除犯大逆不道、诏书指明追捕的犯罪外，一概不得拘捕监禁。汉平帝时期还规定："天下女徒已论，归家，顾山钱月三百。"这就是指妇女论罪已定，并放归家，可以一月出钱三百，以使人代役。

(3) 汉代之所以给老幼妇女以优待，原因是他们的犯罪行为不会构成对社会的严重危害，又能体现统治阶级的宽仁思想。

5. (1) 这两句话说的是汉律的上请原则。

(2) 随着汉朝儒家思想的影响、传统特权意识的发展，当时规定了上请制度。所谓上请，即当官贵犯罪后，可以通过请示皇帝给有罪者某些优待。高祖刘邦时期规定："郎中有罪耐以上，请之。"汉宣帝、平帝时期规定：凡六百石以上官吏、公侯及子孙犯罪，均可以享受"上请"的特权。东汉时期规定：凡六百石以上官吏、公侯及子孙犯罪，均可以享受"上请"的特权。东汉时期上请的范围继续扩大，以至于不满六百石的官吏都可以享受这种特权。

(3) 汉代官贵享有的这项特权，从徒刑二年到死刑都可以适用，这就为官贵犯罪后逃避法律惩处提供了法律上的保障。

6. 这句话说明的是汉代的刑制改革。

(1) 秦朝灭亡后，汉代统治阶级和思想家深刻反思和总结秦二世而亡的历史教训，认识到传统的肉刑不利于政权的稳固，也由于汉文帝继位以后，经济发展，人民生活比较稳定，社会上出现了"吏安其官，民乐其业，畜积岁增，户口浸息"的繁荣景象。于是，汉初主客观条件决定了汉文帝、景帝时期得以实行具有历史意义的刑制改革。

(2) 汉文帝十三年（公元前 167 年），齐太仓令淳于意获罪当施肉刑，其小女缇萦上书文帝："妾伤夫死者不可复生，刑者不可复属。虽后欲改过自新，其道亡繇也。"并请求将自己没为官奴，以替父赎罪。缇萦之举引起了汉文帝的思考，诏书云："今法有肉刑三，而奸不止，其咎安在？非乃朕德之薄，而教不明与！吾甚自愧。"又说："……终身不息，何其刑之痛而不德也！"汉文帝遂下令废肉刑。这次改革从法律上废除了肉刑，具有重大意义，但也不尽理想，改革中有由轻改重者，如斩右趾改为弃市死刑，劓刑、斩左趾虽改为笞刑，但因笞刑笞数太多，使受刑者难保性命，即存在"外有轻刑之名，内实杀人"的问题，故改革有待进一步完善。

(3) 汉景帝时期，在文帝改革基础上进一步深化刑制改革，下令将文帝时劓刑笞三百改为笞二百；斩左趾笞五百，改为笞三百。景帝又颁布诏令，改革刑具，规定笞杖长五尺，面宽一寸，末端厚半寸，以竹板制成，削下竹节，以及行刑时不得换人等。这使刑制改革又向前迈进了一大步。

(4) 汉文帝、汉景帝时期的刑制改革，顺应了历史发展的趋势，为结束残酷肉刑制度，建立新型刑罚制度奠定了重要基础。尽管这次改革还有缺陷，但无疑是中国古代法制发展史上一次极其重要的刑制改革，具有重要的意义。

论述题与深度思考题

1. （1）文帝时期的刑制改革。

西汉建立后，非常重视总结秦朝灭亡的教训。汉文帝鉴于当时继续沿用秦朝黥、劓、斩左右趾等肉刑，不利于政权的稳固，开始考虑改革肉刑问题。当时经济发展，社会稳定，出现了前所未有的盛世，也为改革刑制提供了良好的社会条件。文帝开始刑罚改革的直接起因是文帝十三年（公元前167年），齐太仓令淳于意获罪当施黥刑，其小女缇萦上书文帝，请求将自己没为官奴，替父赎罪。并指出肉刑制度断绝犯人自新之路的严重问题。汉文帝为之所动，下令废除肉刑，把黥刑（墨刑）改为髡钳城旦舂（去发后颈部系铁圈服苦役五年）；劓刑改为笞三百；斩左趾（砍左脚）改为笞五百；斩右趾改为弃市死刑。汉文帝的改革，从法律上宣布了废除传统伤残人肢体的肉刑，具有重要意义。但改革中也有由轻改重的现象，如斩右趾改为弃市死刑。虽然劓刑改为笞三百，斩左趾改为笞五百，不再用肉刑处罚，但因笞刑数太多，使受刑之人难保活命，因而班固称其为“外有轻刑之名，内实杀人”。显然改革还存在不少缺陷，有待完善。

（2）景帝时期的刑制改革。

汉景帝继位后，在文帝基础上对刑罚制度作了进一步改革。景帝元年（公元前156年）下诏说：“加笞与重罪无异。幸而不死，不可为人。”为此，他主持重定律令，将文帝时劓刑的笞三百，改为笞二百；斩左趾的笞五百，改为笞三百。景帝中元六年（公元前144年），又降诏：“减笞三百为二百，笞二百为一百。”同年，景帝又颁布《箠令》，规定笞杖长五尺，面宽一寸，末端厚半寸，以竹板制成，削平竹节，以及行刑不得换人等。这使得刑制改革向前迈进了一大步。

（3）文帝、景帝时期的刑制改革，顺应了历史发展，为结束上古时期遗留的伤残人肢体的肉刑制度，建立新型刑罚制度奠定了重要基础。尽管这次改革还有缺陷，但同周秦时期广泛使用肉刑相比，无疑是历史性的进步。它在中国古代法制发展史上具有重要的意义。

西汉中期的刑罚改革的局限性在于并没有完全彻底地废除残酷的肉刑。如作为肉刑重要刑种之一的宫刑在此次改革中并未见到被明确废除或予以取代的措施。同时，此次改革以后不久，斩右趾又复施行。但是，尽管此次刑罚改革有其局限性，其在中国刑罚发展史上所作的贡献依然是巨大的和明显的。自此次刑罚改革以后，作为早期刑罚体系主要特征的肉刑已不复作为刑罚的主体，残酷的肉刑方法在观念上也已不为人所接受。经过此次刑罚改革，刑罚体系中的徒刑、笞杖刑已成为刑罚的主体，并不断走向完善，不断系统化。毫无疑问，在中国古代刑罚发展史上，西汉文帝、景帝时期所进行的刑罚改革是一个极为重要的转折过渡。这次刑罚改革的完成，标志着早期刑罚体系向新的刑罚体系的重要转变。该体系经过魏晋南北朝时期的发展与完善，为隋唐之际新五刑的最终确立奠定了重要的基础。

2. 所谓春秋决狱，是指汉代中期以后在司法实践中开始的、以儒家经典《春秋》中的原则与精神作为判案根据的司法活动，其时《诗》《书》《易》《礼》也被用于司法，又称“经义决狱”。

《春秋》原是孔子编纂的鲁国编年史，记述了自周平王东迁以后鲁国以及其他周边诸侯国的史实。在这本史书中，孔子借叙述历史之机阐发了自己的各种政治、伦理及哲学观点。因此《春秋》遂被后世儒生奉为经典著作，书中的许多观点也被当作不可怀疑的教条而被代代遵循。

春秋决狱之风始于西汉中期以后，盛于武帝一朝，始作俑者为当时的经学大儒董仲舒等人，董仲舒还撰写了《春秋决事比》，即以《春秋》决狱的案例。春秋决狱是汉代司法制度中一个极为显著的特点。西汉中期，社会的发展给儒学的传播提供了良好的条件。但此时在立法领域儒家学说尚未占主导地位，主要是因为汉朝主要法典集中制定于汉初和武帝独尊儒术之前，其中秦朝法家的痕迹非常明显。而这些基本法典作为祖宗成法又不可一日改变。因此以董仲舒为代表的汉代儒生们便开始以《春秋》中的“微言大义”作为判断罪之有无、罪之轻重的依据，由此开启了对中国传统法律影响极深的春秋决狱之风。后世的引经注律即肇端于此。

春秋决狱的核心在于“论心定罪”，即根据人的主观动机、意图、愿望来确定其是否有罪，具体标准在《盐铁论·刑德》中表述的是“志善而违于法者免，志恶而合于法者诛”。“论心定罪”原则所强调的是主观“心”的好坏，而“心”好坏的标准又是儒家的伦理规则。春秋决狱作为汉朝中期以后盛行的一种特殊的审判方法，其基本特点在于以主观因素来确定罪之有无、刑之轻重。因此，在司法实践中很容易把主观归罪推向极端。但实行春秋决狱在客观上折中了立法和社会现实需要的冲突，促进了儒家伦理道德观念与法律制度的进一步融为一体。经过长时期的春秋决狱活动，许多儒家的道德观念被直接赋予法律的含义，使中国传统法律的儒家化越来越深。

可以看出，儒学对汉代法律的影响，最初便是从司法开始的。春秋决狱所以兴盛于汉代，有如下因素：一是春秋决狱所宣扬的"罪止其身""以功覆过"原则，利于缓和矛盾稳定统治秩序。汉代族刑限于谋反等少数重罪，与此不无关系。二是"论心定罪"，从中可随心所欲地解释文义深奥的经书，以便更好地为统治者服务。春秋决狱的主观随意特性，使本来就庞杂的汉律更为紊乱。而同时，这也是对法制上的不完备的一种弥补。春秋决狱自汉中叶风靡一时，绵延七百余年，则是因为汉末至隋统一前，对软弱无力的君主来说，春秋决狱的儒学色彩不像法家一断于法那样强调"君权"实力。随着儒法（指法律）合流和君权的强大，至隋唐，其影响便日渐式微了。

第七章　魏晋南北朝时期法律思想与制度

知识逻辑图

- 魏晋南北朝时期法律思想与制度
  - 法制概况
    - 主要立法活动
      - 曹魏“新律”
      - 晋律
      - 北魏律、北齐律
    - 法律形式的发展
  - 法律制度的变化
    - 律学的发展及立法技术的提高
    - 世族门阀特权的法律化：八议、官当
    - “重罪十条”的确立及其影响
    - “五服制罪”原则的形成
    - 刑罚制度的发展
  - 司法制度
    - 司法机关
      - 中共：廷尉改称大理寺，刑部前身
      - 地方：基本沿汉制
    - 诉讼制度的发展
      - 死刑奏报制度的建立
      - 刑讯制度的发展
      - “登闻鼓”直诉制度的建立

名词解释

1. 八议（考研）
2. 官当（考研）
3. 重罪十条（考研）
4. 北齐律（考研）
5. 准五服以制罪
6. 存留养亲
7. 张杜律
8. 登闻鼓

选择题

（一）单项选择题

1. 中国历史上最早以“式”为法律形式的法典是（　　）

A. 武德式
B. 贞观式
C. 永徽式
D. 大统式

视频讲题

2. 南北朝时期东魏政权制定的法典是（　　）

A. 武德律　　B. 麟趾格
C. 大统式　　D. 武德式

3. 南北朝时期西魏政权制定的法典是（　　）

A. 武德律　　B. 麟趾格
C. 大统式　　D. 武德式

4. 《晋书·刑法志》记载，律学家张斐对20个法律概念作了精确解释，其中，他将“戏”解释为（　　）

A. “两讼相趣”

B. “两和相害”
C. “不意误犯”
D. “知而犯之”

视频讲题

5. 下列关于《北齐律》的表述，不正确的是（　　）。
A. 形成十二篇的法典体例
B. 首创《名例律》的法典篇目
C. 创设“重罪十条”
D. 确立笞、杖、徒、流、死五刑制度

6. 关于三国两晋南北朝时期的法律，下列表述正确的是（　　）。
A.《曹魏律》将《刑名》篇置于律首，突出了律典总则的地位
B.《北魏律》经律学家张斐、杜预作注，故又称“张杜律”
C.《北齐律》首立“十恶重罪”，促进了礼法的结合
D.《梁律》正式创立官当制度，允许官员以官爵抵罪

视频讲题

7. 中国古代首次设置律博士的政权是（　　）。
A. 北魏　　B. 曹魏
C. 西晋　　D. 北齐

视频讲题

8. 首创《名例律》并形成十二篇体例的古代法典是（　　）。
A.《开皇律》　　B.《贞观律》
C.《北齐律》　　D.《永徽律》

9. “重罪十条”首次规定于（　　）。（考研）
A.《晋律》　　B.《开皇律》
C.《唐律》　　D.《北齐律》

10. “八议”首次规定于（　　）。（考研）
A.《晋律》　　B.《曹魏律》
C.《北齐律》　　D.《唐律》

11. “八议”是中国古代优遇官僚贵族的法律制度，指八种人犯罪可经议罪减免刑罚。“八议”中“议宾”的对象是指（　　）。（2015 法硕 非 39）
A. 皇亲国戚　　B. 贤人能臣
C. 前朝皇室宗亲　　D. 三品以上职事官

12. “名例律”首次规定于（　　）。（考研）
A.《晋律》　　B.《北魏律》
C.《北齐律》　　D.《唐律》

13. 中国古代最早将法典的篇数简化为十二篇的是（　　）。（2016 法硕 非 36）
A.《魏律》　　B.《晋律》
C.《大业律》　　D.《北齐律》

14. 北齐时期，由廷尉扩建而成的大理寺是（　　）。
A. 中央最高司法官　　B. 中央审判机关
C. 地方审判机关　　D. 中央监察机关

15.《晋律》首创“准五服以制罪”确立了亲属间（　　）。
A. 相互犯罪定罪量刑的标准
B. 相互告发认定犯罪的标准
C. 相互隐匿减免刑罚的标准
D. 共同犯罪确定刑罚的标准

16. 三国两晋南北朝时期确立的“死刑复奏制度”（　　）。
A. 将死刑最终决定权收归皇帝
B. 将死刑最终决定权交予大理寺
C. 将死刑最终决定权下放各州
D. 将死刑最终决定权交予中央监察机关

17. 晋武帝设登闻鼓，悬于朝堂外或都城内，百姓可击鼓鸣冤，有司闻声录状上奏。这是一种（　　）。
A. 不依诉讼等级直接诉于皇帝或钦差大臣的直诉制度
B. 死刑案件直接复奏于皇帝的死刑复奏制度
C. 皇帝直接干预和参与司法审判的录囚制度
D. 罪囚称冤枉允许向上级控诉的上诉制度

18. 北周将流刑列为法定刑，并划分等级为（　　）。

A. 一等　　B. 三等

C. 五等　　D. 六等

19. 晋代私人间订立的“文券”是一种（　　）。

A. 借贷契约　　B. 买卖契约

C. 租赁契约　　D. 担保契约

20. 西魏时编定的《大统式》开创了（　　）的法律形式。

A. 律　　B. 令

C. 格　　D. 式

21. 南北朝时期以“法令明审，科条简要”而著称的律典是（　　）。

A.《新律》　　B.《泰始律》

C.《北齐律》　　D.《大律》

22. 将《新律》之《刑名》篇分为《刑名》与《法例》两篇的律典是（　　）。

A.《九章律》　　B.《晋律》

C.《北魏律》　　D.《北齐律》

23. 中国刑律中最早规定“准五服以制罪”，使法律成为“峻礼教之防”的法典是（　　）。（2015 法硕 非 36）

A. 北齐律　　B. 开皇律

C. 贞观律　　D. 泰始律

24. 将《九章律》中的“具律”改为“刑名”的律典是（　　）。

A.《梁律》　　B.《新律》

C.《大律》　　D.《蜀科》

25. 魏明帝时期制定的《魏律》的显著特点不包括（　　）。

A. 将《刑名》篇列于篇首

B. 八议入律

C. 首创“重罪十条”

D. 调整法典的结构与内容

26. 北魏时新确立的法律形式是（　　）。

A. 律　　B. 令

C. 格　　D. 式

27. 东魏时的《麟趾格》是一种（　　）。

A. 各地习惯法

B. 正刑定罪的普遍性规范

C. 补律令的副法

D. 规定国家制度的暂时性法令

28. “占田令”“均田令”是为了（　　）。

A. 规范土地所有权关系

B. 规范土地分封制

C. 规范租税徭役制度

D. 规范婚姻家庭制度

29. “律以正罪名，令以存事制”，开始区分律和令的是在（　　）。

A. 西晋　　B. 曹魏

C. 北齐　　D. 隋朝

30. 根据现有史料考证，将廷尉改为大理寺，以大理寺卿为官名的朝代是（　　）。（2017 法硕 非 37）

A. 西晋　　B. 北齐

C. 隋朝　　D. 唐朝

31. 西晋颁布的“户调之式”，北魏颁布的“租调法”是为了（　　）。

A. 规范土地所有权关系

B. 规范土地分封制

C. 规范租税徭役制度

D. 规范婚姻家庭制度

32. 南梁创立了一种名为“测罚”的刑讯方式。下列关于该刑讯方式的描述，正确的是（　　）。（2014 法硕 非 37）

A. 墨面文身，挑筋去指

B. 以利刃零割碎剐肌肤，残损肢体

C. 对拒不招供者断绝饮食，三日后才许进食少量粥

D. 对受审者先鞭笞，再令其负枷械刑具站立于顶部尖圆且仅容两足的一尺高的土垛上

33. 三国两晋南北朝时期的刑讯野蛮残酷。南陈创立了一种名为“测立”的刑讯方式。下列对于该刑讯方式的描述，正确的是（　　）。（2016 法硕 非 37）

A. 用车辐粗杖夹压受审者的脚踝

B. 将铁犁烧红，令受审者立其上

C. 对受审者断绝饮食，三日后才许进食少量粥，循环使用

D. 对受审者先鞭笞，再令其负枷械刑具站立于顶部尖圆且仅容两足的一尺高的土垛上

（二）多项选择题

1. 下列哪几位律学家为《晋律》作注，经晋武帝

批准，“诏颁天下”，与《晋律》具有同等效力？（ ）（考研）

A. 张斐　　B. 王植

C. 杜预　　D. 董仲舒

2. 魏晋南北朝时期法律发生了许多发展变化，对后世法律具有重要影响。下列哪些表述正确揭示了这些发展变化？（ ）（司考）

A.《北齐律》共十二篇，首先将刑名与法例律合为名例律一篇

B.《魏律》以《周礼》“八辟”为依据，正式规定了“八议”制度

C.《北周律》首次规定了“重罪十条”

D.《北魏律》与《陈律》正式确立了“官当”制度

3. 魏晋南北朝时期，司法制度的变化包括（ ）。

A. 北齐时期正式设置大理寺

B. 登闻鼓直诉制度建立

C. 死刑复奏制度确立

D. 法律上禁止刑讯逼供

4. 服制是中国封建社会以丧服为标志，区分亲属的范围和等级的制度。属于服制制度亲等的是（ ）。

A.“齐衰”　　B.“大功”

C.“斩衰”　　D.“小功”

5. 西晋《泰始律》确立了“准五服以制罪”原则。根据该原则，下列行为中应予以从轻处罚的有（ ）。

A. 子盗父母　　B. 兄殴伤弟

C. 子骂詈父母　　D. 叔殴杀侄

视频讲题

6. 三国两晋南北朝时期确立的法律形式是（ ）。

A. 律　　B. 令

C. 格　　D. 式

7. 以下哪些属于三国两晋南北朝时期司法机构发生的变化？（ ）

A. 北齐时期正式设置大理寺

B. 尚书台地位提高

C. 御史台权力增强

D. 建立三省六部制

8. 三国两晋南北朝时期的法律制度较秦汉时期有了重大发展，其中确立于这一时期并对后世影响较大的制度包括（ ）。

A. 春秋决狱　　B.“官当”

C.“准五服以制罪”　　D. 定流刑为减死之刑

9. 正式规定“官当”制度的律典有（ ）。（2017 法硕 非 60）

A.《九章律》　　B.《新律》

C.《北魏律》　　D.《陈律》

（三）不定项选择题

1. 篇目为十二篇的封建成文法典包括（ ）。

A.《北齐律》　　B.《开皇律》

C.《大明律》　　D.《大清律例》

2. 魏律对两汉相沿的旧律进行的改革有（ ）。

A. 篇条由九章增加到十八章

B. 改具律为刑名，冠于律首

C. 正式规定了“八议”条款

D. 规定了“重罪十条”

3. 晋律较魏律的重大发展是（ ）。

A. 严格区别律、令的界限

B. 法律概念进一步规范化

C.“礼律并重”，如第一次将“服制”列入律典

D. 体例更加严谨

简答题

1. 简述服制定罪。（考研）

2.《开皇律》的“十恶”制度与《北齐律》中的“重罪十条”有何不同？（考研）

3. 简述三国两晋南北朝时期门阀士族特权的法律化。

4. 简述三国两晋南北朝时期诉讼制度的发展。

5. 简述三国两晋南北朝时期法典体例的革新。

分析题

1. 请说明下面这句话的基本含义，并从中国传统法律文化的角度加以评析。

“南北朝诸律，北优于南，而北朝尤以齐律为最。”

——程树德：《九朝律考·北齐律考序》

2.《北魏律·法例》规定：“五等列爵及在官品令从第五，以阶当刑二岁；免官者，三载之后听仕，降先阶一等。”试说明这段话的含义并作简要分析。

3. 北魏孝文帝诏令：“皇族贵戚及士民之家，不惟氏族，下与非类婚偶……犯者以违制论。”简要分析这句话的含义并说明其中所包含的制度。

论述题与深度思考题

1. 论述魏晋律学的发展及对后世传统法律发展的影响。

2. 论述魏晋南北朝时期“礼律融合”的主要表现及影响。

参考答案

名词解释

1. 所谓“八议”，是指法律规定的以下八种人犯罪，一般司法机关无权审判，必须奏请皇帝裁决，由皇帝根据其身份及具体情况减免刑罚的制度。这八种人是：议亲，指皇亲国戚；议故，指皇帝的故旧；议贤，指依封建标准德高望重的人；议能，指统治才能出众的人；议功，指对封建国家有大功勋者；议贵，指上层贵族官僚；议勤，指为国家服务勤劳有大贡献的人；议宾，指前朝贵族及其后代。魏明帝制定《新律》时，首次正式把“八议”写入法典之中，使封建贵族官僚的司法特权得到公开的、明确的、严格的保护。从此时起至明清，“八议”成为后世历代法典中的一项重要制度，历经一千六百余年而相沿不改。

2. 所谓“官当”，是法律允许贵族官僚用官品和爵位抵挡徒流罪的一项法律制度，是封建等级特权原则在法律中的又一具体体现。“官当”作为一项制度正式形成于南北朝时期的北魏和南陈。“官当”成为保护犯罪的贵族官僚地主逃脱刑罚制裁的手段。“官当”制度确立以后，隋唐宋的封建法典均予以沿用。明清法律中虽未明确规定“官当”之制，却代之以罚俸、革职等一系列制度，以继续维护封建官僚的等级特权。

3. “重罪十条”是《北齐律》中规定的对十种最严重的犯罪予以严厉制裁的制度。北齐统治者在总结历代封建立法经验的基础上，将统治阶级认为危害国家根本利益和统治秩序最严重的犯罪集中概括为十种，称为“重罪十条”，置于法典的首篇《名例律》中，作为封建法律重点打击的对象。这十种犯罪是：“一曰反逆，二曰大逆，三曰叛，四曰降，五曰恶逆，六曰不道，七曰不敬，八曰不孝，九曰不义，十曰内乱。”“重罪十条”自北齐确立以后，对后世封建立法影响极其深远。隋唐律在此基础上发展为“十恶”定制，并为宋元明清历代所承袭。

4.《北齐律》是北齐武成帝时完成的一部当时具有很高水准的封建法典，共有十二篇，将刑名与法例律合为名例律一篇，充实了刑律总则，提高了它的地位。在《北齐律》中首次规定“重罪十条”，后来的隋唐律在此基础上发展为“十恶”制度。《北齐律》基本确定了封建刑罚体系，在中国封建刑律发展史上起到承先启后的重要作用，对隋唐两朝的立法和法典结构产生了重要影响。

5. “准五服以制罪”原则为《晋律》首立，目的在于“峻礼教之防”。它是指亲属间的犯罪，据五等丧服所规定的亲等来定罪量刑。“五服”本是古代的一种丧服制度，以丧服为标志确定亲属之间的亲疏远近关系，共分五等，由近及远依次为：斩衰、齐衰、大功、小功、缌麻。在定罪量刑上体现为尊长杀伤卑幼，关系愈近则定罪愈轻，反之加重。但有些犯罪，如卑幼盗窃尊长财物，则恰恰相反。这是自汉以来礼法合流的又一体现，是法律儒家化的重要标志之一。以后历代律典均相沿用，明代更将丧服图列于律首。

6. 亦称留养，指犯人直系尊亲属年老应侍而家无成丁，死罪非十恶的，允许上请，流刑可免发遣，徒刑可缓期，将人犯留下以照料老人，老人去世后再实际执行。《北魏律·名例》规定：“诸犯死罪，若祖父母、父母年七十以上，无成人子孙，旁无期亲者，具状上请，流者鞭笞，留养其亲，终则从流，不在原赦之例。”这是中国古代法律家族化、伦常化的具体体现。

7. 晋武帝泰始三年（公元 267 年），晋律完成，次年颁行全国，史称《泰始律》。律学家张斐、杜预为律作注，经武帝批准，与律文共同颁行，释文与律文具有同等法律效力，因此晋律又称“张杜律”。其制定也体现了魏晋时期律学发展的水平。张斐、杜预所作律注对后世法典影响深远，《唐律疏议》中的律疏便是参照了“张杜律”修定的。

8. 登闻鼓是确立于西晋的一种直诉制度，是诉讼中的特别上诉程序。晋武帝设登闻鼓，悬于朝堂外或都城内，百姓可击鼓鸣冤，有司闻声录状上奏。该制度相沿于后世。

选择题

（一）单项选择题

1. 答案：D

西魏编定《大统式》，成为历史上最早以“式”为形式的法典。因此答案为D。

2. 答案：B

东魏政权制定的法典为《麟趾格》，因其议定于麟趾殿而得名。

3. 答案：C

西魏编定《大统式》，成为历史上最早以“式”为形式的法典。因此答案为C。

4. 答案：B

张斐对20种主要罪名作如下解释：“其知而犯之谓之故，意以为然谓之失，违忠欺上谓之谩，背信藏巧谓之诈，亏礼废节谓之不敬，两讼相趣谓之斗，两和相害谓之戏……凡二十者，律义之较名也。”因此答案为B。

5. 答案：D

《开皇律》首次确立笞、杖、徒、流、死新五刑制度。《北齐律》确立的五刑为死、流、徒、杖、鞭。

6. 答案：A

《曹魏律》将《法经》中的《具法》改为《刑名》，置于律首，突出了法典总则的性质和地位。B项《晋律》经律学家张斐、杜预作注，又称《张杜律》。C项《北齐律》首立“重罪十条”，《开皇律》发展为“十恶”制度。D项官当的规定渊源于《晋律》，南北朝的《陈律》正式使用了“官当”一词。因此答案为A。

7. 答案：B

曹魏在廷尉之下设律博士，负责教授法律、培养司法官吏。

8. 答案：C

《北齐律》首创《名例律》，并确定十二篇的法典体例。

9. 答案：D

北齐为维护封建国家根本利益，在《北齐律》中首次规定“重罪十条”，是对危害地主阶级根本利益的十种重罪的总称。北齐把“重罪十条”置于律首，作为严厉打击的对象，增加了法律的威慑力量。

10. 答案：B

建立在士族大地主经济基础上的三国两晋南北朝法律制度，以维护贵族官僚地主阶级的利益为目的，表现出封建特权法的鲜明特征。其中，曹魏统治时期，“八议”入律就是突出表现。魏明帝在制定《魏律》时，以《周礼》“八辟”为依据，正式规定了“八议”制度。

11. 答案：C

议宾是指前朝皇室宗亲。

12. 答案：C

《北齐律》共有十二篇，将刑名与法例律合为名例律一篇，充实了刑律总则，提高了它的地位；精炼了刑律分则，使其变为十一篇，即禁卫、婚户、擅兴、违制、诈伪、斗讼、贼盗、捕断、毁损、厩牧、杂律。《北齐律》在中国封建刑律发展史上起到承先启后的重要作用，对隋唐两朝的立法和法典结构产生了重要影响。

13. 答案：D

《魏律》又称《曹魏律》，十八篇；《晋律》二十篇；《大业律》十八篇；《北齐律》十二篇。

14. 答案：B

北齐时期改廷尉为大理，并扩建其机构为大理寺，以大理寺卿和少卿为正副长官。大理寺为中央审判机关，增强了其审判职能，为后世王朝健全这一机构奠定了重要基础，也改变了以往历代王朝职官名称与机构同名的局面。

15. 答案：A

《泰始律》首立“准五服以制罪”的制度，“服制”本是中国古代以丧服为标志，规定亲属之间亲疏远近的一种制度。服制不仅确定继承与赡养等权利和义务关系，而且确定了亲属相犯时刑罚轻重适用的原则。在刑罚适用上，凡服制越近，以尊犯卑，处罚越轻；以卑犯尊，处罚越重。凡服制越远，以尊犯卑，处罚变重；以卑犯尊，处罚变轻。“准五服以制罪”制度的确立，是封建法律儒家化的重要标志之一，其影响广远，直至明清。

16. 答案：A

“死刑复奏制度”体现恤刑及加强皇帝对司法审判的控制。为了减少错杀无辜，在三国两晋南北朝时期开始将死刑最终决定权收归中央。三国时期魏明帝曾规定：除谋反、杀人罪外，其余死刑案件必须上奏皇帝。这是最早关于“死刑复奏制度”的规定。

17. 答案：A

三国两晋南北朝时在起诉制度上已有所变化，主要是上诉直诉制度的改进。西晋时期在朝堂外悬设“登闻鼓”，允许有重大冤情者击鼓鸣冤，直诉于中央甚至皇帝，是一种不依诉讼等级直诉于皇帝或钦差大臣的直诉制度。

18. 答案：C

北魏、北齐均据“降死从流”的原则，将流刑列为法定刑，作为死刑与徒刑的中间刑，从而填补了自汉文帝改革刑罚以来死、徒二刑间的空白，为隋唐时期刑罚制度的完善奠定了基础。北周律又分流刑为五等，计二千五百里、三千里、三千五百里、四千里、四千五百里。隋唐因之。如沈家本在《历代刑法考·刑法分考》中言：“开皇元年定律，流为五刑之一，实因于魏周，自唐以下，历代相沿，莫之改也。”

19. 答案：B

晋代，规定买卖田宅牛马，必须订立“文券”，写明买卖成交的价值，官府按成交总额百分之四收取“契税”，卖方付三分，买方付一分。买卖他物可不立文券，但依上例交纳“契税”，叫作“散估”。所以，“文券”是一种买卖契约。

20. 答案：D

式的名称源于汉代的品章程式，具有行政法规的性质。西魏编定的《大统式》，是我国历史上第一部式的汇编。这一法律形式为唐、宋王朝所沿用。

21. 答案：C

《北齐律》在中国法制史上以“法令明审，科条简要”而著称，体现了较高的立法水平。《北齐律》在中国封建刑律发展史上起到承先启后的重要作用，对隋唐两朝的立法和法典结构产生了重要影响。

22. 答案：B

西晋泰始三年（公元 267 年），晋武帝诏颁《晋律》，又称《泰始律》。《晋律》对汉、魏法律继续进行改革，形成二十篇的格局，精简了法律条文。与魏律相比，在刑名律后增加法例律，丰富了刑律总则的内容。

23. 答案：D

《晋律》首创准五服以制罪的制度，《晋律》又名《泰始律》。

24. 答案：B

魏明帝即位以后，鉴于汉代律令繁杂，于太和三年（公元 229 年）下诏改定刑制，作新律十八篇，后人称之为《魏律》或曹魏“新律”。在此部法律中，将《法经》中的“具律”改为“刑名”，置于律首。

25. 答案：C

《魏律》对秦汉相沿的旧律进行了较大的改革。首先，将《法经》中的“具律”改为“刑名”，置于律首；其次，将“八议”制度正式列入法典；最后，进一步调整法典的结构与内容，使中国传统法典结构在系统和科学的道路上前进了一大步，可以说魏律的修订是三国两晋南北朝以后传统法典完备化的第一阶段。而“重罪十条”则是在《北齐律》中首次规定。

26. 答案：C

格源于汉代的科，北魏“以格代科”后，将律无正条者编为格，与律并行，格便成为一种独立的法律形式。

27. 答案：B

格这种法律形式在三国两晋南北朝时期得到了很大的发展，北魏中期，格刚从科演变而来，在内容上与汉晋之科无大区别，作为补律令的副法行用。北魏后期至北齐初，格逐渐取代律文成为主要法律形式。东魏时颁布《麟趾格》，后北齐文宣帝时，又重新刊定《麟趾格》，作为正刑定罪的规范，这一阶段格成为当时的“通制”。

28. 答案：A

三国两晋南北朝时，法律在确认豪门士族土地等级占有制的同时，通过“占田令”“均田令”不断调整着各阶层的土地所有权关系。曹魏时，曾颁布“给公卿以下租、牛、客户数各有差”的法令。西晋进一步制定了按官品占田、占客、荫亲属的法规——“占田令”，规定：男子占田七十亩，女子三十亩；丁男课田五十亩，丁女二十亩；次丁男课田二十五亩。“占田”是农民可占土地数的额定指标，而“课田”则是应负田租的土地数。北魏以降，因长期战乱，人口逃亡，土地荒芜，留居农民多荫附士族豪门。针对这一状况，北魏孝文帝太和九年（公元 485 年）颁《均田令》：十五岁以上男子受露田（植谷物）四十亩，女二十亩；男授桑田（植树）二十亩，女五亩，产麻区男授麻田十亩。桑田“皆为世业，身终不还”；露田所有权归官府，授者年老免役或死时，归还朝廷，并规定奴婢与良人一样授田；四岁以上耕牛每头授露田三十亩，以四头牛为限。

29. 答案：A

三国两晋南北朝时期，除律以外，令也是一种常用的法律形式。至西晋修律时，开始区分律与令的界限，《晋书·刑法志》就记载：“律以正罪名，令以存事制。”

30. 答案：B

北齐时期将廷尉改为大理寺，以大理寺卿和少卿为正副长官。

31. 答案：C

颁布“均田令”的目的在于保护门阀士族经济特权，把农民束缚于土地，强制其垦荒，以保障国家财政收入和徭役来源。所以在颁布“均田令”同时还要推行租调法令。租调法亦始于曹魏，公元 204 年颁“户调制”，规定：计亩征租，按户收调，每亩粟四升，户纳绢两匹、绵两斤。西晋太康元年（公元 280 年）颁“户调之式”。据《初学记·宝器部》引《晋故事》：五十亩收租四斛，即每亩八升。除田租外，还规定农户交纳户调，丁男为户主的每年交绢三匹，绵三斤；户主是妇女或次丁男，则折半交纳。北魏颁“均田令”次年颁“租调法”，规定一对夫妇年纳租粟二石，调帛一匹。北齐、北周也大致如此。

32. 答案：C

南朝梁有“测罚”之法，对不招供者强行断食三日，以饥饿来逼迫囚犯招供，之后才给少许粥，直至十日。

33. 答案：D

南陈设“测立”之法，先对受审者鞭打二十，笞捶三十，再迫其负枷械刑具，站立于顶部尖圆、仅容两足的一尺高的土垛上，折磨逼供。

（二）多项选择题

1. 答案：AC

《晋律》是泰始三年（公元 267 年）晋武帝下诏颁行的一部法典，又称《泰始律》。在《晋律》颁布的同时，律学家张斐和杜预为律作注，“兼采汉世律家诸说之长”，总结了历代刑法理论与刑事立法的经验，经晋武帝批准，“诏颁天下”，与《晋律》具有同等法律效力。经张斐和杜预注解后的《晋律》也称为“张杜律”。

2. 答案：ABD

《北齐律》共有十二篇，首先将刑名与法例律合为名例律一篇，充实了刑律总则，提高了它的地位，所以 A 项正确。魏明帝在制定《魏律》时，以《周礼》“八辟”为依据，正式规定了“八议”制度。“八议”制度是对封建特权人物犯罪后实行减免处罚的法律规定，所以 B 项正确。北齐为维护封建国家根本利益，在《北齐律》中首次规定“重罪十条”，是对危害地主阶级根本利益的十种重罪的总称。北齐把“重罪十条”置于律首，作为严厉打击的对象，增加了法律的威慑力量。所以 C 项错误。“官当”是封建社会允许官吏以官职爵位折抵徒刑的一种特权制度，它正式出现在《北魏律》与《陈律》中。所以 D 项正确。

3. 答案：ABC

北齐时期正式设置大理寺，以大理寺卿和少卿为正副长官。大理寺的建立增强了中央司法机关的审判职能，也为后世王朝健全这一机构奠定了重要基础。直诉作为制度成于西晋。直诉，即不依诉讼等级直接诉于皇帝或钦差大臣，是诉讼中的特别上诉程序。《晋书·武帝纪》载，晋武帝设登闻鼓，悬于朝堂外或都城内，百姓可击鼓鸣冤，有司闻声录状上奏。此后历代相承。为减少错杀无辜，三国两晋南北朝开始将死刑复核权收归中央。三国两晋南北朝时期死刑复奏制度已初具规模，为后世王朝提供了重要基础。南朝时刑讯有测罚、测立之法，所以法律上禁止刑讯逼供的说法是错误的。

4. 答案：ABCD

“服制”本是中国古代以丧服为标志，规定亲属之间亲疏远近的一种制度。封建服制把亲属分为五等：斩衰亲、齐衰亲、大功亲、小功亲和缌麻亲。服制不仅确定继承与赡养等权利和义务关系，而且确定了亲属相犯时刑罚轻重适用的原则。

5. 答案：ABD

《晋律》首立“准五服以制罪”的制度，在刑法适用上，凡服制愈近，以尊犯卑，处罚愈轻；以卑犯尊，处罚愈重。凡服制愈远，以尊犯卑，处罚变重；以卑犯尊，处罚变轻。“准五服以制罪”制度的确立，是封建法律儒家化的重要标志之一，其影响广远，直至明清。对于家族内的财产侵犯，则服制愈近，处罚愈轻，服制愈远，处罚愈重。

6. 答案：ABCD

秦汉以来法律形式繁杂，彼此区别亦不严谨，法典体例也不尽科学。这些在魏晋南北朝时期先后都有所改进。其时律、令已有别，科为格所取代，式的出现，比的沿用等成为变化的主要内容。

7. 答案：ABC

三国两晋南北朝时期，司法机构发生了较大的变化，主要表现在三个方面：(1) 北齐时正式设置大理寺，以大理寺卿和少卿为正副长官。大理寺由廷尉扩大改称而成，增强了中央司法机构的审判职能，为后世王朝健全这一机构奠定了重要基础。(2) 御史台权力增强，晋以御史中丞为御史台主，权能极广，受命于皇帝，有权纠举一切不法案件。晋又设黄沙狱治书侍御史，纠举审判官吏的不法行为。(3) 尚书台地位提高，其中的“三公曹”与“二千石曹”执掌司法审判，同时掌管囚账，这为隋唐时期刑部尚书执掌审判复核提供了前提。

8. 答案：BCD

春秋决狱为汉朝司法实践中所采用。“官当”正式出现在三国两晋南北朝时期的《北魏律》与《陈律》中。《晋律》首立“准五服以制罪”的制度。北魏、北齐均据“降死从流”的原则，将流刑列为法定刑，作为死刑与徒刑的中间刑，从而填补了自汉文帝改革刑罚以来死、徒二刑间的空白，为隋唐时期刑罚制度的完善奠定了基础。

9. 答案：CD

“官当”是指官员犯罪后，允许以官爵抵罪的制度。正式规定在《北魏律》与《陈律》中。《北魏律》规定五等列爵及在官品令从第五，以阶当刑二岁；免官者，三载之后听仕，降先阶一等。南朝《陈律》的规定更为系统，如官吏犯罪应判四年至五年徒刑，准许当徒二年，余刑居作，公罪过误可处罚金；若判三年徒刑，亦许以官当徒二年，剩余一年可用赎刑。其对官员犯罪区分公罪、私罪，并规定不同的处罚原则。

（三）不定项选择题

1. 答案：AB

《北齐律》为三国两晋南北朝时期立法成就最高、对后代封建法典影响最直接、最深远的一部法典，体例上为十二篇的结构。《开皇律》继承了《北齐律》“法令明审，科条简要”的传统，体例上仍为十二篇。《大明律》和《大清律例》的篇目结构相同，分为名例、吏律、户律、礼律、兵律、刑律、工律七篇。

2. 答案：ABC

魏明帝即位以后，鉴于汉代律令繁杂，于太和三年（公元 229 年）下诏改定刑制，作新律十八篇，后人称之为《魏律》或“曹魏律”。此次修订魏律，对秦汉相沿的旧律进行了较大的改革。首先，将《法经》中的“具律”改为刑名，置于律首；其次，将“八议”制度正式列入法典；最后，进一步调整法典的结构与内容，使中国传统法典结构在系统和科学的道路上前进了一大步。可以说魏律的修订是三国两晋南北朝以后传统法典完备化的第一阶段。北齐为维护封建国家根本利益，在《北齐律》中首次规定“重罪十条”。

3. 答案：ABCD

西晋晋武帝泰始三年（公元 267 年）《晋律》修定完成，并于次年颁行。《晋律》又称《泰始律》。其对汉、魏法律继续进行改革，形成 20 篇的格局，精简了法律条文。至西晋修律时，开始区分律与令的界限。同时，依服制定罪是《晋律》首创，目的在于“峻礼教之防”。晋代张斐、杜预对《泰始律》的解释，对法律概念的科学化与规范化作出了较大贡献，使得法律概念进一步规范化。《晋律》将《魏律》的“刑名”分为“刑名”和“法例”两篇，结构更加合理。

简答题

1. 服制定罪是《晋律》首创，目的在“峻礼教之防”。它是指亲属间的犯罪，据五等丧服所规定的亲等来定罪量刑。《晋律》与《北齐律》中相继确立了“准五服制罪”的制度。服制是中国封建社会以丧服为标志，区分亲属的范围和等级的制度。其按服制依亲属远近关系将亲属分为五等：斩衰亲、齐衰亲、大功亲、小功亲、缌麻亲。服制不但确定继承与赡养等权利和义务关系，同时也是亲属相犯时确定刑罚轻重的依据。尊长杀伤卑幼，关系愈近则定罪愈轻，反之加重。如斩衰亲服制最高，尊长犯卑幼减免处罚，卑幼犯尊长加重处罚。袒免亲为服外远亲，尊长犯卑幼处罚相对从重，卑幼犯尊长处罚相对从轻。但有些犯罪，如卑幼盗窃尊长财物，则恰恰相反。这是自汉以来礼法合流的又一体现。以后历代律典均相沿用，明代更将丧服图列于律首。依五服制罪作为封建制度的重要内容，影响及至清末。

2. 北齐为维护封建国家根本利益，在《北齐律》中首次规定“重罪十条”，是对危害地主阶级根本利益的十种重罪的总称。北齐把“重罪十条”置于律首，作为严厉打击的对象，增加了法律的威慑力量。“重罪十条”分别为：反逆（造反），大逆（毁坏皇帝宗庙、山陵与宫殿），叛（叛变），降（投降），恶逆（殴打谋杀尊亲属），不道（凶残杀人），不敬（盗用皇室器物及对皇帝不尊重），不孝（不侍奉父母，不按礼制服丧），不义（杀本府长官与授业老师），内乱（亲属间的乱伦行为）。《北齐律》规定：“其犯此十者，不在八议论赎之限。”

《开皇律》在《北齐律》“重罪十条”的基础上加以删增，创设了“十恶”条款，把谋反、谋大逆、谋叛、恶逆、不道、大不敬、不孝、不睦、不义、内乱十种严重危害封建统治及悖逆封建纲常名教的犯罪归纳起来，称为“十恶”，置于律之首篇，予以特别规定，作为刑事镇压的重点。

两者的不同在于具体罪名方面：“十恶”将“重罪十条”中的“反逆”改为“谋反”；“大逆”改为“谋大逆”；“叛”改为“谋叛”；将“降”去掉，加入了“不睦”；将“不敬”改为“大不敬”。

这种变化体现出两方面的思想：第一，说明对反逆、大逆、叛的镇压加强了，加上一个“谋”字，说明只要处于准备阶段就要予以惩罚；第二，“不睦”的加入说明对封建家庭伦理关系的保护加强了，统治者开始对家庭内部进行规范，来维护家庭的团结，从而有利于国家的安定。

3. 建立在士族大地主经济基础上的三国两晋南北朝法律制度，以维护贵族官僚地主阶级的利益为目的，表现出封建特权法的鲜明特征。曹魏统治时期的“八议”入律就是其突出表现。魏明帝在制定《魏律》时，以《周礼》“八辟”为依据，正式规定了“八议”制度。“八议”制度是对封建特权人物犯罪后实行减免处罚的法律规定。它包括议亲（皇帝亲戚）、议故（皇帝故旧）、议贤（有封建德行与影响的人）、议能（有大才能）、议功（有大功勋）、议贵（贵族官僚）、议勤（为封建国家勤劳服务）、议宾（前代皇室宗亲）。自此以后，“八议”成为各代刑律的重要内容。

“官当”是封建社会允许官吏以官职爵位折抵徒刑的一种特权制度。它正式出现在《北魏律》与《陈律》中。《北魏律·法例篇》规定：每一爵级抵当徒罪二年。南朝《陈律》规定更细，凡以官抵折徒刑，同赎刑结合使用。如官吏犯罪应判四年至五年徒刑，准许以官当徒二年，其余年限居作之外，公作过误可处罚金。若判处三年徒刑，准许以官当徒两年，剩余一年可用赎刑。这表明当时封建特权法有进一步发展。

4. (1) 死刑复奏制度的形成。

为减少错杀无辜，三国两晋南北朝开始将死刑复核权收归中央。《宋书·孝武帝本纪》载南朝曾规定：“其罪甚重辟者，皆如旧先上须报有司，严加听察。”《魏书·刑罚志》载北魏律规定：“诸州国之大辟，皆先谳报乃施行”，“当死者，部案奏闻”。又：“狱成皆呈，帝亲临问，无异辞怨言乃绝之。”从而使死刑决定权归皇帝，一方面是慎刑，另一方面也是控制。三国两晋南北朝时期死刑复奏制度已初具规模，为后世王朝提供了重要基础。

(2) 限制诉讼权利。

《晋书·刑法志》载晋代律定：“囚徒诬告人反，罪及亲属。”《魏书·韩子熙列传》载北魏律规定：“诸告事不实，以其罪罪之。”《隋书·刑法志》载北齐文宣帝时禁囚犯告诉，制定《案劾格》，规定：“负罪不得告人事。”唐律亦承之。

(3) 皇帝频繁直接干预和参与司法审判。

如魏明帝太和三年（公元 224 年）改“平望观”为“听讼观”，《三国志·魏书·明帝纪》载：“每断大狱，常幸观临听之。”《太平御览·后周书》讲南朝宋武帝也常“折疑狱”“录囚徒”，仅永初二年（公元 421 年）即有五次之多。北周武帝常“听讼于正武殿，自旦及夜，继之以烛”。

(4) 直诉制的形成。

直诉作为制度成于西晋。直诉，即不依诉讼等级直接诉于皇帝或钦差大臣，是诉讼中的特别上诉程序。传说的周代路鼓、肺石之制，汉代有缇萦上书文帝，以己身赎父罪，但均非一种定制。《晋书·武帝纪》记载晋武帝设登闻鼓，悬于朝堂外或都城内，百姓可击鼓鸣冤，有司闻声录状上奏。此后历代相承。

(5) 刑讯用测立法。

《梁律》首定测罚之制。凡在押人犯，不招供者均施以“测罚”之刑。具体做法是：“断食三日，听家人进粥二升，女及老小，一百五十刻乃与粥，满千刻止。”《陈律》在此基础上创立“测立”之制，对证据确凿而不招供的囚犯，戴刑具，鞭二十笞三十后，站在高一尺，上尖圆，仅容两足的土堆上。首次为七刻；再次分两回，朝三刻，夕七刻。七日一行鞭，至鞭杖数满一百五十仍不招供，可免死。此方法入隋而止。

（6）上诉制度的变化。

《晋书·刑法志》载曹魏时为简化诉讼，防止讼事拖延，改汉代上诉之制，特别规定："二岁刑以上，除以家人乞鞫之制。"晋代又允许上诉，规定："狱结竟，呼囚鞫语罪状，囚若称枉，欲乞鞫者，许之也。"《魏书·刑罚志》载北魏律则规定："狱已成及决竟，经所绾，而疑有奸欺，不直于法，及诉冤枉者，得摄讯复治之。"

（7）妇女犯罪行刑上享有特殊规定。

魏明帝时，为免对女犯用刑使身体裸露，改妇人加笞还从鞭督之例，以罚金代之。《晋律》规定："女人当罚金杖罚者，皆令半之。"《梁律》加以沿用，且扩大对女子的照顾，规定："女人当鞭杖罚者，皆半之""女子怀孕者，勿得决罚"。《北魏律》则进一步明确："妇人当刑而孕，产后百日乃决。"其中有礼教因素，但也是社会文明程度提高的结果。

5. 曹魏《新律》首先从汉《九章律》的《具律》一篇中创立《刑名》，冠于法典之首，《晋律》复增设《法例》一篇；至北魏、北齐修律，始将两篇合为《名例律》一篇置于法典之首。这一变革历隋唐至明清，为后世历朝法典体例所遵从，直至清末变法修律始告终结。

分析题

1.（1）这句话是对南朝与北朝立法，以及北齐制定并颁布的《北齐律》的评价。

（2）《晋律》是三国两晋南北朝时期唯一颁行全国的法典，东晋以及宋、齐、梁、陈各朝，前后270多年的时间，基本上沿用《晋律》，在法制史上少有建树，而北朝则出现了《北魏律》和《北齐律》等优秀的法典。所以"晋以后律分南北二支，北优于南"。

（3）《北齐律》是北朝北齐政权制定的一部成文法典，它集北朝立法经验之大成，并多有创新：《北齐律》共十二篇，合理地处理了法典篇目繁简关系；将《刑名》《法例》合而为一，改称《名例》，仍置篇首；确立"重罪十条"为后世"十恶"之本；确立了死、流、徒、杖、鞭五刑，为封建五刑奠定了基础。

（4）在中国法制史上，《北齐律》以"法令明审，科条简要"著称，是一部承上启下的重要法典。

2. 这段话是对封建官僚的"官当"制度的规定。"官当"是指封建社会允许官吏以官爵折抵徒罪的一种特权制度。题中所引规定大意为：公、侯、伯、子、男五等爵，每等抵三年徒刑。官品从第五品起一阶当刑二年；免官者，三年后照原官阶降一级叙用。"官当"制度的形成，表明封建特权法的进一步发展。

3.（1）这是三国两晋南北朝时期严禁士庶贵贱通婚的规定。

（2）三国两晋南北朝时期士族豪门操纵国家政权，封建尊卑良贱等级森严，反映在婚姻关系上，则是所谓士庶、良贱不婚。在婚姻方面特别重视门第家世，为不使家族系统被外族冒认，续有家谱，由官府掌握。士庶良贱通婚被视为"失类"，受讥评或弹劾和法律制裁。

论述题与深度思考题

1. 两汉引经注律，律学与政治伦理结合而日兴。但经学的发展，导致其专门索隐发微的章句之学，流于烦琐迂腐，日近绝路。同时，东汉以来的阴阳谶纬等神学思想，经桓谭、王充等人从哲学上的批判已无甚作用。"名教"出于"自然"说（非董仲舒的"天意"说）的"玄学"抬头，并对法学理论有一定影响。加之汉初尚黄老之术，道学在思想意识领域的潜在影响，导致这一时期名辩之术和《易》学的盛行。多种因素使律学在魏晋之时，开始从伦理政治的束缚中解脱出来，研究的对象也不再仅仅是对古代法律的起源、本质与作用的一般论述，而是侧重于对律典的体例、篇章逻辑结构和概念，以及定罪量刑等具体问题的研究。如改汉《九章律》第六篇"具"律为"刑名"，"冠于律首"。又如张斐在《律注要略》一书中对《晋律》二十个名词的解释。特别是他对确定犯罪性质，区分犯罪情节的十五个名词的解释（他所解释的二十个名词中，罪名有五：谩、诈、不敬、不道、恶逆。其余是：戏、斗、贼、盗、强、略、故、失、过失等）。多为后世法律所遵奉。其中对"故""失""过失"的解释，与今天刑法典对故意和两种过失的说明，大同小异。这一时期的律学成果逐渐为传统律法所吸收，《北魏律》的“累犯加重”“共犯以造意为首”就是例证。

杜预在《律解》的上奏中说：“法者，盖绳墨之断例，非穷理尽性之书也。”这使律学亦成为注释之学，加之东晋以降官方注释的确立，私家言论大受限制，从而使律学研究走向衰微，法理学意义上的探讨大大落后于对律文的注释，结果是律学也回到了训诂之类的老路，像张斐这样的律学家也渐次消失了。除注释章句的律学内容得以发展外，律学中“学”的内容已近衰竭。然而律学仍不失其在中国法律史上的重要地位。《唐律疏议》这部集古代中国传统法典之大成的法典，对东南亚各国均有影响，无论就刑名概念的解释，还是法律适用原则的确定，无论是其语言特色及注释风格，还是其内容的周密与完整等，都很难说未曾受到律学的浸润。不妨这样讲，没有汉魏律学的发展，唐律及其疏议有如此卓著之成就是不可能的。

2. 礼是中国文化中含义极为广泛的一个概念，它是中国古代维持社会政治等级秩序、调整人与人之间各种社会关系和权利义务的规范和准则。礼既是中国传统法律的渊源之一，也是传统法律的重要组成部分。礼与法相辅相成、相互融合，最终礼法合流，经历了一个相当长的历史阶段。魏晋南北朝时期则是礼法合流的关键时期。这一时期法律制度与思想皆有比较大的发展，礼与法律进一步融合，礼对法制的影响不仅体现在司法过程中的决狱，而且进一步扩展至立法过程中的解律。汉武帝“罢黜百家，独尊儒术”之后，儒家思想对法制的影响不断深入，汉代儒家之“礼”对法制的影响仍以司法为主，如“引经决狱”。魏晋以来，这一影响则由浅入深地逐渐渗入立法。三国两晋南北朝时期，“礼律融合”成为这一时期法律发展的内在逻辑，礼的精神自司法而全面进入立法，在法律中得到了充分的表达。其主要表现在：

（1）以伦理为中心，强化法律对儒家正统伦理的保护。沿袭中国传统法律“出礼入刑”“礼之所去，刑之所取”的传统，魏晋南北朝时期首创的“重罪十条”就是对儒家“三纲五常”伦理加以特别法律保护的制度，其规定的需要严加惩治的犯罪主要就是侵犯皇权与特权的犯罪以及违反伦理纲常的犯罪。其发展到唐代定型为“十恶”制度，成为唐律及以后的各代律典中名例律的重要组成部分。

（2）以血缘和官阶等为基础，强化对伦理等级的维护。中国传统法所体现的伦理是一种等级伦理，它不仅以血缘关系为基础，而且以统治位阶为基础，处于不同地位的人所享受的法律权利及承担的法律义务均不相同。其最典型的是“准五服以制罪”制度、“八议”和“官当”制度，以及亲属相隐制度和族诛连坐制度等。这些制度均在魏晋南北朝时期创立或得到充分完善，到唐代定型后一直为以后各朝代所保存。

（3）以家族为本位，维护家长特权。父权制家族本位的伦理法在中国传统法中占有重要地位，秦汉以来的法律都以严刑峻法来调整家族成员间的权利义务关系。“不孝”罪的历史悠久，是传统法律重点打击的犯罪之一。魏晋南北朝时期，“不孝”成为“重罪十条”之一，列入“不孝”的犯罪行为也在逐步细化。那些严重侵犯家族亲伦关系的行为，例如：殴打及谋杀祖父母、父母及伯叔父母等尊长的行为，构成了较“不孝”更为严重的“恶逆”之罪；强奸、通奸小功以上亲、父祖妾构成“内乱”罪，都分别轻重，与“不孝”一起，构成对家族伦理的破坏，均被列为“重罪十条”，受到法律的严惩。

中国法律的儒家化是中国传统法律发展的显著特色，而魏晋南北朝时期是中国法律儒家化的最重要阶段。陈顾远先生曾在《中国法制史》一书中把“中国法制与儒家思想”作为“中国法制之质的问题”之一进行了专门探讨，认为自汉以来，儒家思想支配中国历史数千年，其间固有盛衰，但君主为政之道，终皆未能有逃于儒，而中国法制之经其化成，更系当然。中国法系之所以独异于人者，谓为因儒家思想在世界学术上别具丰采所致。

第八章　隋唐时期法律思想与制度

知识逻辑图

- 隋唐时期法律思想与制度
  - 隋代法制概况
    - 隋代立法活动及司法状况
    - 《开皇律》的内容及历史地位
  - 唐代立法及法律形式
    - 立法指导思想
    - 主要立法活动及成果
    - 唐代主要法律形式及相互关系
  - 《唐律疏议》
    - 《唐律疏议》的体例结构
    - 《名例律》的主要内容
    - 《唐律疏议》分则各篇的主要内容
  - 唐律的主要内容和基本精神
    - 维护皇权、特权及等级秩序
    - 维护宗法伦理道德
    - 维护小农经济
    - 维持国家机器正常运转
  - 唐律的特点与历史地位
    - 主要特点
      - 以刑为主，诸法合体
      - 科条简要，刑罚适中
      - 依礼制律，礼法合一
      - 立法技术空前完善
    - 历史地位
  - 唐代的主要司法制度
    - 司法机关
    - 主要审判机构
    - 监察制度

名词解释

1. 六赃（考研）
2. 《唐六典》（考研）
3. 三司推事（考研）
4. 《永徽律疏》（考研）
5. 恶逆（考研）
6. 换推
7. 加役流
8. 唐律赎刑（人大考研 2015）
9. 谋杀与故杀（人大考研 2016）
10. 不义与不道（人大考研 2016）
11. 保辜
12. 六杀
13. 谋大逆
14. 化外人

选择题

（一）单项选择题

1. 历史上明确提出“德礼为政教之本，刑罚为政教之用”立法指导思想的法典是（　　）。

A. 泰始律　　　　B. 开皇律

C. 唐律疏议　　D. 大清律例

2. 下列国家或地区中，属于中华法系的是（　　）。

A. 朝鲜　　B. 暹罗

C. 印度　　D. 波斯

3. 关于唐律中五刑，下列哪一选项是正确的？（　　）（司考）

A. 笞刑、羞辱刑、流放刑、经济刑、死刑

B. 笞刑、徒刑、流放刑、株连刑、死刑

C. 笞刑、杖刑、徒刑、流刑、死刑

D. 杖刑、徒刑、流刑、肉刑、死刑

4. 唐律规定，如果“嫁娶违律”，（　　）。（考研）

A. 独坐结婚者　　B. 独坐主婚者

C. 结婚、主婚皆坐　　D. 结婚、主婚皆不坐

5. 唐朝中央最高审判机关是（　　）。（考研）

A. 刑部　　B. 御史台

C. 大理寺　　D. 中书省

6. 下列有关唐代御史台的表述，正确的是（　　）。（2014 法硕 非 42）

A. 御史台下设台院、殿院、察院

B. 御史台是三省的重要组成部分

C. 御史台的职能仅限于监察中央官吏

D. 御史台负责传承皇帝的命令，草拟诏书

7.《大中刑律统类》编纂于（　　）。（考研）

A. 宋朝　　B. 唐朝

C. 五代　　D. 元朝

8. 唐律中有关赋税征收和徭役摊派的内容被规定在（　　）。（考研）

A. 职制律　　B. 徭役律

C. 户婚律　　D. 职田律

9. 唐律中包括的篇目没有以下哪一项？（　　）

A.《户婚》　　B.《贼盗》

C.《斗讼》　　D.《刑名》

10. 配有律疏的法律有（　　）。

A.《大中刑律统类》　　B.《贞观律》

C.《唐六典》　　D.《永徽律》

11.《唐六典》系统记载了唐朝的（　　）。

A. 刑事法律制度　　B. 民事法律制度

C. 行政法律制度　　D. 经济法律制度

12. 下列关于“十恶”的表述，正确的是（　　）。（2014 法硕 非 38）

A.“十恶”制度首立于唐朝

B.“十恶”是由“重罪十条”发展而来的

C. 官僚贵族犯“十恶”者可以官品抵折刑罚

D.“十恶”中的“谋大逆”是指图谋反对皇帝，推翻君主政权

13.“十恶”中“内乱”直接危害的是（　　）。

A. 家庭伦常关系　　B. 国家政治统治关系

C. 社会秩序关系　　D. 民事交易关系

14.《唐律疏议·贼盗》规定：“诸杀一家非死罪三人，及支解人者，皆斩；妻、子流二千里。”此罪属于“十恶”之一，即（　　）。

A. 不睦　　B. 不道

C. 不义　　D. 恶逆

视频讲题

15. 依照唐律的规定，殴打或者谋杀祖父母的行为属于“十恶”罪中的（　　）。（2014 法硕 法 17）

A. 恶逆　　B. 不孝

C. 大不敬　　D. 谋大逆

16.《唐律疏议·名例》规定，“断罪而无正条，其应出罪者”，则（　　）。

A. 举轻以明重　　B. 举轻以明轻

C. 举重以明轻　　D. 举重以明重

17. 在唐朝的各种法律形式中，“式”属于（　　）。

A.“正刑定罪”的普遍性规范

B. 皇帝针对特定事项临时颁布的各项命令

C. 皇帝发布的国家机关必须遵行的各类单行敕令与指示的汇编

D. 国家机关广泛和经常使用的办事细则和公文程式

18.《唐律疏议·名例》规定：“诸犯罪已发及已配而更为罪者，各重其事。”“已发者，谓已被告言。”“及已配者，谓犯徒已配，而更为笞罪以上者，各重其后犯之事而累科之。”其规定的是（　　）。

A. 累犯　　B. 共同犯罪

C. 自首　　D. 立功

19. 下列选项中，依唐律可以适用自首减免刑罚原则的犯罪行为是（　　）。（2016 法硕 非 38）

A. 私习天文　　B. 偷渡关卡
C. 侵害人身　　D. 脱漏户籍

20. 唐玄宗开元年间，河南道徐州村民张某外出打猎，发现丛林中有一只山鸡，遂引弓射箭，不幸射中采药的郎中李某，致其头部中箭而亡。依照唐代法律，张某的行为构成的罪名是（　　）。
A. 故杀　　B. 误杀
C. 谋杀　　D. 过失杀

视频讲题

21. 唐代天宝年间，长安城商贩张三、李四因争抢生意殴斗，李四持刀将张三刺伤，在辜限内张三因伤死亡。依唐律，李四应论处的罪名是（　　）。
A. 斗殴　　B. 伤害
C. 杀人　　D. 强盗

视频讲题

22. 唐开元年间，某县令收受在押人亲属绢二十匹，为该在押人开脱罪责。依照唐律规定. 该县令的行为构成（　　）。
A. 坐赃罪
B. 受财枉法罪
C. 受所监临财物罪
D. 受财不枉法罪

视频讲题

23. 唐代永徽年间，曾任广州都督的萧龄之，受赇当死。高宗召群臣集议，萧龄之终因系齐高帝五世孙得免死，流于岭外。其免死所依据的法律制度是（　　）。
A. 上请　　B. 八议
C. 例减　　D. 官当

24. 唐代开元年间，洛阳民人甲、乙共谋盗窃。两人被抓获后，经官府审理认定，甲为“造意者”，属首犯，乙为从犯。依唐律，甲应处徒二年，对乙应处的刑罚是（　　）。
A. 徒二年　　B. 徒一年半
C. 徒一年　　D. 杖二百

25. 依照唐律规定，对家长参与的家庭成员共同犯罪的处理原则是（　　）。
A. 以造意者为首犯，随从者减一等
B. 以尊长为首犯，他人减一等
C. 只坐尊长，卑幼无罪
D. 不分首从，一体论罪

26. 京兆府民人张三与邻人李四因琐事发生口角，进而发展成为殴斗，张三被李四打伤。当夜，张三持利刃潜入李四家，将李四及其家人共五口全部杀死。三天后，张三被官府缉捕归案。若此案发生于唐玄宗天宝年间，依照唐律关于“十恶”的规定，张三的行为构成的罪名是（　　）。(2015 法硕 非 34)
A. 恶逆　　B. 不道
C. 不义　　D. 谋大逆

27.《贞观律》创设“加役流”作为（　　）。
A. 五刑之一的独立刑种
B. 流刑的三等之一
C. 死刑之一种
D. 死刑的减刑措施

28. 古代法律中的“三覆奏”指的是下列哪项制度？（　　）
A. 死刑复核
B. 古代立法程序
C. 皇帝处理政务
D. 地方向中央汇报工作

29. 唐朝州县只能决断（　　）。
A. 笞杖刑　　B. 徒刑
C. 流刑　　D. 死刑

30. 唐律中死刑判决的最终核准权在（　　）。
A. 州县　　B. 道
C. 刑部　　D. 皇帝

31. 唐律中规定官吏的设置、任选、失职、渎职、贪赃枉法以及交通驿传等方面的篇目是（　　）。
A.《卫禁》　　B.《职制》

C.《厩库》　　　　D.《擅兴》

32. 根据《唐律·杂律》的规定，监临主司以外的其他官员"因事受财"构成的犯罪是（　　）。(2017 法硕 非 38)

A. 坐赃　　　　B. 受财枉法
C. 受财不枉法　　　　D. 受所监临财物

33.《唐律》中的名例律被称为唐律的总则是因为（　　）。

A. 它规定了五刑之罪名
B. 它规定了五刑之体例
C. 它规定了各篇通用的刑名，以及刑罚适用的共同原则
D. 它规定了各种犯罪的种类及其相应的处罚

34.《唐律》中的户婚律规定的是（　　）。

A. 经济性质的法律规范
B. 民事性质的法律规范
C. 行政法性质的法律规范
D. 刑事法性质的法律规范

35. 唐朝的诉讼制度，主要规定于（　　）。

A.《斗讼》篇　　　　B.《断狱》篇
C.《名例》篇　　　　D.《杂律》篇

36.《唐律》中规定监狱管理制度的篇章是（　　）。

A.《斗讼》　　　　B.《名例》
C.《断狱》　　　　D.《杂律》

37. 唐代中央和地方发生重大案件时，由大理寺、刑部和御史台的长官会同审判，称为（　　）。

A. 三司推事　　　　B. 联合办案
C. 三司会审　　　　D. 圆审

38. 唐代"掌持邦国刑宪典章，以肃正朝廷""纠正百官之罪恶"的国家机构是（　　）。

A. 刑部　　　　B. 御史台
C. 大理寺　　　　D. 中书省

39. 在唐律中，规定"负债违契不偿"的篇目是（　　）。

A. 名例律　　　　B. 户婚律
C. 斗讼律　　　　D. 杂律

40. 唐天宝年间，有民甲盗布二十匹，后畏罪自首，供述并交出赃物十五匹，匿赃五匹。根据唐律规定，甲应承担的法律责任是（　　）。

A. 因自首不论罪
B. 以盗五匹论罪
C. 以盗十五匹论罪
D. 以盗二十匹论罪

41. 唐开元年间，一高丽人与一百济人因琐事在京畿地区发生殴斗，两人被官府羁押审理。依照唐律，该案应适用的法律是（　　）。

A. 唐代法律　　　　B. 朝鲜法律
C. 高丽法律　　　　D. 百济法律

42. 下列关于唐代借贷契约的表述，不正确的是（　　）。

A. 负债违契不偿者应承担法律责任
B. 法律对借贷利率任依私契，官不为理
C. 债权人在债务人不能清偿债务时，可扣押债务人的财产
D. 债权人可令无偿还能力的债务人及其家属以劳役抵偿债务

43. 唐高宗永徽年间，某地有婢女不堪主人欺凌，将主人毒杀。后该婢女被官府缉捕归案，判处斩刑。根据唐律关于死刑覆奏制度的规定，该案应覆奏的次数是（　　）。(2015 法硕 法 17)

A. 无须覆奏　　　　B. 一覆奏
C. 三覆奏　　　　D. 五覆奏

44.《唐律·名例》规定："诸犯罪未发而自首者，原其罪。"这规定的是（　　）。

A. 累犯　　　　B. 共同犯罪
C. 自首　　　　D. 立功

45.《唐律·名例律》规定："其本应重而犯时不知者，依凡论；本应轻者，听从本。"该规定意在区分（　　）。

A. 惯犯与偶犯　　　　B. 自首与自新
C. 故意与过失　　　　D. 初犯与累犯

46.《唐律·名例律》规定："诸断罪而无正条，其应出罪者，则举重以明轻；其应入罪者，则举轻以明重。"关于唐代类推原则，下列哪一说法是正确的？（　　）(2014 司考 卷一/17)

A. 类推是适用法律的一般形式，有明文规定也可"比附援引"
B. 被类推定罪的行为，处罚应重于同类案件
C. 被类推定罪的行为，处罚应轻于同类案件
D. 唐代类推原则反映了当时立法技术的发达

47. 唐永徽年间，甲由祖父乙抚养成人。甲好赌欠债，多次索要乙一祖传玉坠未果，起意杀乙。某日，

甲趁乙熟睡，以木棒狠击乙头部，以为致死（后被救活），遂夺玉坠逃走。唐律规定，谋杀尊亲处斩，但无致伤如何处理的规定。对甲应当实行下列哪一处罚？（　　）（2015 司考 卷一/17）

A. 按“诸断罪而无正条……其应入罪者，则举轻以明重”，应处斩刑

B. 按“诸断罪而无正条，其应出罪者，则举重以明轻”，应处绞刑

C. 致伤未死，应处流三千里

D. 属于“十恶”犯罪中的“不孝”行为，应处极刑

48.《唐律疏议·名例》规定：“诸共犯罪者，以造意为首，随从者减一等。”“若家人共犯，止坐尊长。”“即共监临主守为犯，虽造意，仍以监主为首，凡人以常从论。”由此确立了（　　）。

A. 思想论罪的原则

B. 共同犯罪分首从的原则

C. 共同犯罪一律重处原则

D. 累犯加重处罚原则

49.《唐律疏议·名例》规定：“诸二罪以上俱发，以重者论。等者，从一。”这规定的是（　　）。

A. 共同犯罪　　B. 数罪并罚

C. 累犯　　D. 惯犯

50. 唐律区分公罪和私罪，处理上（　　）。

A. 私罪从重　　B. 公罪从重

C. 酌情处理　　D. 量刑相同

51. 在唐代中央三大法司中，刑部主掌复核，凡州县审理的下列哪项刑罚以上案件必须报刑部复核？（　　）

A. 流刑　　B. 死刑

C. 徒刑　　D. 杖刑

52.《唐律疏议·断狱》引《狱官令》云：“诸犯罪未发及已发未断决，逢格改者，若格重，听依犯时格；若格轻，听从轻法。”由此规定了（　　）。

A. 区分故意与过失的原则

B. 共同犯罪分首从的原则

C. 适用唐律从旧兼从轻原则

D. 数罪并罚从一重原则

53. 唐朝开元年间，旅居长安的突某（来自甲国）将和某（来自乙国）殴打致死。根据唐律关于“化外人”犯罪适用法律的原则，下列哪一项是正确的？（　　）（司考）

A. 适用当时甲国的法律

B. 适用当时乙国的法律

C. 当时甲国或乙国的法律任选其一

D. 适用唐朝的法律

54. 杜甫有诗云：“朝回日日典春衣，每日江头尽醉归。酒债寻常行处有，人生七十古来稀。”对诗歌涉及的典当制度，下列哪一选项可以成立？（　　）（司考）

A. 唐代的典当形成了明确的债权债务关系

B. 唐代的典当契约称为“质剂”

C. 唐代的典当称为“活卖”

D. 唐代法律规定开典当行者构成“坐赃”

55. 关于隋唐的法律制度，下列说法错误的是（　　）。

A. 隋朝的《开皇律》确立了传统五刑：笞、杖、徒、流、死

B. 张某杀人碎尸，按唐律当定“不道”之罪

C. 官员在执行公务时不慎出现差错而犯罪，是为“公罪”

D. 唐代的刑部行使中央司法审判权

视频讲题

56.《唐律疏议》“不应得为”条疏议曰：“杂犯轻罪，触类弘多，金科玉条，包罗难尽。其有在律在令无有正条，若不轻重相明，无文可以比附。临时处断，量情为罪，庶补遗阙，故立此条，情轻者笞四十，事理重者，杖八十。”对此，下列哪一理解是正确的？（　　）

A. 与“举重以明轻”“举轻以明重”功能重复

B. 判断“情轻”“情重”的标准是律文规定

C. 目的在于弥补立法漏洞

D. 主要适用于严重的违法行为

视频讲题

57. 唐代开元年间，刘某娶张氏女为妻，后张氏

女因为父亲重病、无人照顾，向刘某提出离婚归家的要求，并得到了刘某的同意。于是，二人经协商办理了离婚手续。对此，下列哪一选项是正确的？（　　）

A. 根据“三不去”的法律规定，刘某不得休妻

B. 根据“和离”的法律规定，刘某、张氏女可以离婚

C. 根据“七出”的法律规定，刘某有权休妻

D. 根据“义绝”的法律规定，政府可以强制刘某、张氏女二人离婚

视频讲题

58. 下列选项中，哪一选项不适用唐代的“八议”制度？（　　）

A. 强买民产的皇后之弟

B. 残伤家奴的开国功臣

C. 控告父母的高级官僚

D. 打伤邻居的前朝皇族

视频讲题

59. 唐高祖时期，有人诬陷李靖谋反，唐高祖安排御史台查案，御史认为是诬告，便告知诬告者其证词不慎丢失，要求其重新书写。结果诬告者重写证词与之前不符。御史向高祖上奏，高祖遂释放李靖，治了诬告者诬告之罪。关于本案，下列说法正确的是（　　）。

A. 如果控告属实，则李靖之罪可通过“八议”减免

B. 御史可引用《永徽律疏》判案

C. 唐代御史台主审判

D. 唐代仍然实行诬告反坐

视频讲题

60.《唐律疏议》规定“一准乎礼”，通过引经决狱、引礼入律的方式，将儒家道德思想贯彻到立法、司法、守法的整个过程中。从法与道德的角度来看，下列说法中错误的是哪一项？（　　）

A. 唐律的制定者认为法律必须以儒家道德为基础

B. 说明中国古代封建社会道德与法律界限模糊

C. 反映了儒家道德伦理观念对古代国家法律的重要影响

D. 是“明刑弼教”思想的表现

61. 依照唐宋时期法律的规定，殴打或谋杀祖父母、父母的行为构成“十恶”犯罪的哪一项？（　　）

A. 谋大逆　　　　B. 恶逆

C. 不孝　　　　　D. 不睦

62. 关于中国古代的法律制度，下列说法正确的是（　　）。

A. 成语“秋后算账”来源于宋代的秋冬行刑制度

B. 隋朝《开皇律》在《北齐律》“重罪十条”的基础上，创设“十恶”条款，为俗语“十恶不赦”之来源

C.《唐律疏议·名例》规定“诸化外人，同类自相犯者，各依本俗法，异类相犯者，以法律论”是属地管辖

D.《唐律疏议·名例》规定“诸断罪而无正条，其应出罪者，则举重以明轻；其应入罪者，则举轻以明重”属于类比推理

视频讲题

63. 关于中国古代的法律制度，下列哪一说法是错误的？（　　）

A. 先秦的奴隶制五刑以肉刑为中心，包括墨、劓、刖、宫、大辟

B. 唐的最低刑是杖刑

C. 大理寺在唐代属于中央审判机构

D. 明代对风俗伦理方面的犯罪处罚较轻

64. 元代人在《唐律疏议序》中说：“乘之（指唐律）则过，除之则不及，过与不及，其失均矣。”表达了对唐律的敬畏之心。下列关于唐律的哪一表述是错

误的？（　　）（2016 司考 卷一/17）

A. 促使法律统治“一准乎礼”，实现了礼律统一

B. 科条简要、宽简适中、立法技术高超，结构严谨

C. 是我国传统法典的楷模与中华法系形成的标志

D. 对古代亚洲及欧洲诸国产生了重大影响，成为其立法渊源

（二）多项选择题

1.《唐律疏议·名例》规定：“‘盗缌麻以上财物，节级减凡盗之罪。’若犯诈欺及坐赃之类，在律虽无减文，盗罪尚得减科，余犯明从减法。”其中所反映出的刑法原则有（　　）。

A. 合并论罪从重

B. 轻重相举

C. 依服制定罪

D. 老幼恤刑

视频讲题

2. 根据唐代关于“告诉”的法律规定，下列选项中，官府应当受理的案件有（　　）。

A. 张某控告其祖父谋反

B. 李某控告其主人杀人

C. 八十岁的王某控告其子孙不孝

D. 在押囚犯刘某控告狱卒虐待

3. 下列属于唐律中规定的刑法原则有（　　）。

A. 区分公罪与私罪原则

B. 自首原则

C. 化外人原则

D. 类推原则

4.《唐律疏议》又称《永徽律疏》，是唐高宗永徽年间完成的一部极为重要的法典。下列关于《唐律疏议》的表述哪些是正确的？（　　）（司考）

A.《唐律疏议》是由张斐、杜预完成的法律注释

B.《唐律疏议》引用儒家经典作为律文的理论依据

C.《唐律疏议》奠定了中华法系的传统

D.《唐律疏议》对唐代的《武德律》等法典有很深的影响

5. 关于唐律中的刑罚适用原则，下列表述正确的是（　　）。（考研）

A.“十恶”犯罪为“常赦所不原”

B. 老年人和残疾人犯罪可减免刑罚

C. 禁止以类推方法定罪量刑

D. 外国人犯罪一律依照唐律处罚

6. 唐律中区分谋杀、故杀、斗杀、误杀、戏杀、过失杀（“六杀”）的依据是（　　）。

A. 故意或过失的程度　　B. 犯罪行为

C. 犯罪主观方面　　D. 犯罪客观方面

7. 唐律中区分强盗、窃盗、受财枉法、受财不枉法、受所监临、坐赃（“六赃”）的依据是（　　）。

A. 故意或过失的程度

B. 犯罪行为

C. 犯罪主观方面

D. 犯罪客观方面

8. 唐初法制的指导思想包括（　　）。

A. 德礼为政教之本，刑罚为政教之用

B. 立法要求宽简、划一、稳定

C. 重典治国

D. 执法要求审慎、严明

9. 唐代御史台在司法方面的职权包括以下哪几项？（　　）

A. 监督大理寺和刑部的司法审判活动

B. 参与审判重大疑案

C. 负责全国的狱囚管理

D. 受理有关行政上诉案件

10.《唐令》规定：“诸得阑遗物，皆送随近县。在市得者，送市司……所得之物，皆悬于门外，有主识认者，检验记责保还之……经三十日无主识认者，收掌，仍录物色目，牓村坊门，经一周年无人认者，没官……没入之后，物犹见在，主来识认，证据分明者，还之。”这规定的是（　　）。

A. 物权问题　　B. 债权问题

C. 遗失物的归属问题　　D. 所有权问题

11. 唐律规定的有关买卖契约方面的制度有（　　）。

A. 大宗买卖必须立“市券”

B. 瑕疵责任问题

C. 亲邻先买权制度
D. 抵押借贷制度
12. 关于借贷契约，唐律的规定有（　　）。
A. 关于抵押借贷的规定
B. 关于放贷利率的规定
C. 关于“牵掣”即债权人私力救济的规定
D. 关于回赎权的规定
13. 唐朝的中央司法机关有（　　）。
A. 都察院　　B. 刑部
C. 御史台　　D. 大理寺
14. 永徽四年（公元 653 年），唐高宗李治的妹夫房遗爱谋反案发犯“十恶”罪。依《永徽律疏》的规定，对房遗爱应作何处置？（　　）（司考）
A. 可适用“八议”免于死刑
B. 应被判处死刑
C. 可以赦免
D. 不适用自首
15. 除谋反、谋叛等重罪外，唐朝法律对其他犯罪的告诉有很多限制。下列情形中，为唐律所禁止的告诉行为有（　　）。（2015 法硕 法 28）
A. 卑幼告尊长
B. 在押犯告狱官虐待
C. 八十岁以上者告子孙不孝
D. 奴婢、部曲告主人
16.《唐律疏议·贼盗》载“祖父母、父母及夫为人所杀私和”，疏曰：“若杀祖父母、父母应偿死者，虽会赦，仍移乡避仇。以其与子孙为仇，故令移配。”对此下列理解正确的是（　　）。（司考）
A. 杀害同乡人的祖父母、父母依律应处死刑者，若遇赦虽能免罪，但须移居外乡
B. 该条文规定的移乡避仇制体现了情法并列、相互避让的精神
C. 该条文将法律与社会生活相结合统一考虑，表现出唐律较为高超的立法技术
D. 该条文侧面反映了唐律“礼律合一”的特点，为法律确立了解决亲情与法律相冲突的特殊模式
17. 关于《永徽律疏》，下列选项错误的是（　　）。（司考）
A.《永徽律疏》又称《唐律疏议》，是唐太宗在位时制定的
B.《永徽律疏》首次确立了“十恶”即“重罪十条”制度
C.《永徽律疏》对主要的法律原则和制度作了精确的解释，而且尽可能以儒家经典为根据
D.《永徽律疏》是对《贞观律》的解释，在中国立法史上的地位不如《贞观律》
18. 义绝是指夫妻情义已绝，是唐代强制离婚的条件。下列选项中，构成义绝的有（　　）。（2016 法硕 非 60）
A. 夫妻不相安谐
B. 夫殴妻之祖父母、父母
C. 妻殴夫之祖父母、父母
D. 夫妻祖父母、父母自相杀
19. 唐初创建了市舶制度，制定了中国历史第一项外贸征税法令。对外商贩至中国的部分货物，官府抽取十分之一的实物税。下列属于应抽取实物税的货物有（　　）。（2017 法硕 非 61）
A. 丝绸　　B. 瓷器
C. 龙香　　D. 沉香

（三）不定项选择题

1. 关于唐朝法制的说法中正确的有（　　）。
A. 中书省承皇帝命令草拟诏书
B.《武德律》的修订完成，标志着唐代基本法典即告完成
C.《永徽律疏》是中国封建社会的代表性法典
D.《唐六典》规定了回避制度
2. 按唐律的规定，“十恶”重罪包括下列严重犯罪：（　　）。（考研）
A. 谋反　　B. 谋大逆
C. 通行饮食　　D. 大不敬
3. 唐朝婚姻法中所称的“义绝”是指（　　）。
A. 男方单方面解除婚姻，休弃妻子
B. 在“违律为婚”或“嫁娶违律”的情况下，由官府判离
C. 指夫妻一方对另一方或其一定范围内的亲属或双方一定范围内的亲属有殴打、通奸、杀等情况，经官府判决强制解除婚姻的关系
D. 男女双方自愿协议解除婚姻
4. 唐朝的监察机构御史台下设台院、殿院、察院，监察的范围包括（　　）。
A. 谏议皇帝个人生活及王朝大政

B. 对中央百官的违法行为进行纠举、弹劾、推鞫

C. 对殿廷之内的百官活动进行监察，以维护朝廷礼仪

D. 分察百僚，巡按州县

5. 唐律规定的保护官僚贵族特权的制度包括（　　）。（考研）

A. 请　　　B. 赎

C. 官当　　D. 自首减罪

简答题

1.《开皇律》对封建法制有何贡献？（考研）

2. 简述唐律十二篇及其主要内容。（考研）

3. 简要说明唐律中关于“化外人”犯罪的规定。（考研）

4. 简述唐律中的五刑。

5. 简述唐律的“十恶”制度。

分析题

1. 请对下列文字进行简要分析。

“诸化外人，同类自相犯者，各依本俗法；异类相犯者，以法律论。”

——《唐律疏议·名例》

2. 材料一：

“父子之亲，夫妇之道，天性也。虽有患祸，犹蒙死而存之。诚爱结于心，仁厚之至也，岂能违之哉！自今子首匿父母，妻匿夫，孙匿大父母，皆勿坐。其父母匿子，夫匿妻，大父母匿孙，罪殊死，皆上请廷尉以闻。”

——《汉书·宣帝纪》

材料二：

“诸同居，若大功以上亲及外祖父母、外孙，若孙之妇、夫之兄弟及兄弟妻，有罪相为隐；部曲、奴婢为主隐，皆勿论；即泄露其事及擿语消息，亦不坐。其小功以下相隐，减凡人三等。若犯谋叛以上者，不用此律。”

——《唐律疏议·名例》

请运用中国法制史的知识和理论，分析上述材料并回答下列问题：

（1）上述两则材料体现了中国古代哪一刑罚适用原则？

（2）与材料一相比较，材料二所体现的这种刑罚适用原则发生了哪些变化？（2014 法硕 非 69）

3. 唐高祖提出，立法“务在宽简，取便于时”。唐太宗指出，“国家法令，唯须简约，不可一罪作数种条”。简要分析这两句话的含义。

4.《唐律疏议·户婚》规定：“诸许嫁女，已报婚书及有私约，而辄悔者，杖六十。虽无许婚之书，但受聘财亦是。”简要分析这段话的含义。

5. “奏画已讫，应行刑者，皆三复奏讫，然始下决……不待复奏报下而决者，流二千里……若限未满三日而行刑者，徒一年。”

——《永徽律疏》

简要分析这段话的含义。

6.《旧唐书·刑法志》载：“自汉迄隋，世有增损，而罕能折衷。隋文帝参用周齐旧政，以定律令，除苛惨之法，务在宽平。”这段话指的是历史上哪一律令的制定及颁布？简要说明这一律令的主要内容和历史意义。

7.《唐律疏议》规定：“伉俪之道，义期同穴，一与之齐，终身不改。故妻无七出及义绝之状，不合出之。七出者，依令：‘一无子，二淫佚，三不事舅姑，四口舌，五盗窃，六妒忌，七恶疾。’……三不去者，谓一经持舅姑之丧，二娶时贱后贵，三有所受无所归。而出之者，杖一百。并追还合……若夫妻不相安谐，谓彼此情不相得，两愿离者，不坐。”说明这是唐律中的什么制度并作简要分析。

8. 材料一：

诸年七十以上、十五以下及废疾，犯流罪以下，收赎。八十以上、十岁以下及笃疾，犯反、逆、杀人应死者，上请；盗及伤人者，亦收赎；余皆勿论。九十以上、七岁以下，虽有死罪，不加刑；即有人教令，坐其教令者。若有赃应备（赔），受赃者备之。诸犯罪时虽未老、疾，而事发时老、疾者，依老、疾论。若在徒年限内老、疾，亦如之。犯罪时幼小，事发时长大，依幼小论。

——《唐律疏议·名例》

材料二：

德礼为政教之本，刑罚为政教之用，犹昏晓阳秋相须而成者也。

——《唐律疏议·名例》

（1）请运用中国法制史的知识和理论，分析上述材料并回答下列问题：

1）材料一体现了唐律的何种刑罚原则？该原则适用的对象有哪些？

2）材料一中允许“收赎”的情况有哪些？

（2）结合材料一，阐述材料二的内涵。（2015 法硕 法 38）

9.《唐律疏议·杂律》规定：“诸买奴婢、马牛驼骡驴已过价……立券之后，有旧病者，三日内听悔。无病欺者，市如法。违者笞四十。”

《疏议》曰：“若立券之后，有旧病，而买时不知，立券后始知者，三日内听悔。三日外无疾病，故相欺罔而欲悔者，市如法，违者笞四十；若有病欺，不受悔者，亦笞四十。”

请运用中国法制史的知识，分析上述文字并回答下列问题：

（1）上述所引唐律条文规定了买卖契约中规范反悔行为的何种制度？

（2）《疏议》是如何对律文作进一步阐释的？

（3）唐律的这一规定有何意义和作用？（2014 法学 法 38）

10. 材料一：

诸负债违契不偿，一疋以上，违二十日，笞二十，二十日加一等，罪止杖六十。三十疋，加二等；百疋，又加三等。各令备（赔）偿。

——《唐律疏议·杂律》

材料二：

诸公私以财物出举者，任依私契，官不为理。每月取利不得过六分，积日虽多，不得过一倍……又不得回利为本。

诸以粟麦出举，还为粟麦者，任依私契，官不为理。仍以一年为断，不得因旧本更令生利，又不得回利为本。

——《唐杂令》

请运用中国法制史的知识和理论，分析上述材料并回答下列问题：

（1）根据材料一，违契不偿者应承担哪些法律责任？

（2）根据材料二，为保护借贷契约债务人的权利，唐朝法律确立了哪些规则？

（3）唐朝法律如何维护和规范借贷关系？（2015 法硕 非 69）

11. 太宗以英武定天下，然其天姿仁恕。初即位，有劝以威刑肃天下者，魏徵以为不可，因为上言王政本于仁恩，所以爱民厚俗之意，太宗欣然纳之，遂以宽仁治天下，而于刑法尤慎。四年，天下断死罪二十九人。六年，亲录囚徒，闵死罪者三百九十人，纵之还家，期以明年秋即刑；及期，囚皆诣朝堂，无后者，太宗嘉其诚信，悉原之。

——《新唐书·刑法志》

根据上述材料，请运用中国法制史的知识，回答以下问题：

（1）唐初法制（立法）的基本指导思想是什么？

（2）录囚制度的主要内容是什么？

（3）试评述材料中所记载的唐太宗纵囚事件。

12.《唐律疏议·杂律》规定：“诸违令者，笞五十；谓令有禁制而律无罪名者。别式减一等。”

《疏议》曰：“‘令有禁制’，谓《仪制令》‘行路，贱避贵，去避来’之类，此是‘令有禁制，律无罪名’，违者，得笞五十。‘别式减一等’，谓《礼部式》‘五品以上服紫，六品以下服朱’之类，违式文而著服色者，笞四十，是名‘别式减一等’。物仍没官。”

请结合上述材料，运用中国法制史相关知识，回答以下问题：

（1）材料中律文的主要规定是什么？

（2）律文与疏议之间是何关系？

（3）唐代的律、令、式三者是何关系？

13. 五人盗，赃一钱以上，斩左止（趾），又黥以为城旦。不盈五人，盗过六百六十钱，黥劓以为城旦；不盈六百六十到二百廿钱，黥为城旦；不盈二百廿以下到一钱，迁之。

——《睡虎地秦墓竹简·法律答问》

诸共犯罪者，以造意为首，随从者减一等。若家人共犯，止坐尊长；侵损于人者，以凡人首从论。即共监临主守为犯，虽造意，仍以监主为首，凡人以常从论。

——《唐律疏议·名例》

请运用中国法制史的知识和理论，分析上述文字材料并回答下列问题：

（1）秦律关于盗罪共犯规定的主要特点是什么？

（2）唐律处罚共同犯罪的一般原则是什么？

（3）唐律处罚共同犯罪有哪些特殊规定？

（4）与秦朝的法律规定相比较，唐律关于共同犯罪的规定有何变化？

14.（贞观）五年，河内人李好德坐妖言下狱，大理丞张蕴古以为好德病狂瞀，法不当坐。治书侍御史权万纪劾蕴古相州人，好德兄厚德方为相州刺史，故蕴古奏不以实。太宗怒，遽斩蕴古，既而大悔，因诏“死刑虽令即决，皆三覆奏”。久之，谓群臣曰：“死者不可复生。昔王世充杀郑颋而犹能悔，近有府史取赇不多，朕杀之，是思之不审也。决囚虽三覆奏，而顷刻之间，何暇思虑？自今宜二日五覆奏……”

——《新唐书·刑法志》

请结合上述材料，运用中国法制史相关知识，回答以下问题：

（1）唐太宗实行死刑三覆奏、五覆奏的原因是什么？

（2）死刑覆奏制度的历史渊源是什么？

（3）确立死刑覆奏制度的意义何在？

论述题与深度思考题

简述唐律的主要特点和历史地位。（考研）

参考答案

名词解释

1.“六赃”指《唐律》规定的六种非法获取公私财物的犯罪，具体包括：（1）受财枉法，指官吏收受财物导致枉法裁判的行为。（2）受财不枉法，指官吏收受财物，但未枉法裁判的行为。（3）受所监临，指官吏利用职权非法收受所辖范围内百姓或下属财物的行为。（4）强盗，指以暴力获取公私财物的行为。（5）窃盗，指以隐蔽的手段将公私财物据为己有的行为。（6）坐赃，指官吏或常人非因职权之便非法收受财物的行为。

2.《唐六典》是记载唐代行政制度的一部重要文献，共三十卷，分理、教、礼、政、刑、事六部分。其主要记载了唐朝机构的设置，官员的编制、品级及职责，官员的选拔、任用、考核、监督、奖惩、俸禄、退休等制度的规定，可以被称为中国历史上第一部较系统的行政法典。《唐六典》集秦汉以来行政立法之大成，把凡具有行政性质的立法汇集在一起，经精心编纂，与律令格式相辅而行，这是封建立法史上的一个创举。从此以后，单纯行政性质的立法规范和制度开始从“律”和“礼制”中分离出来，编为“典”，使得刑律与行政法典成为基本并行的两大体系，为后世封建王朝所仿效。

3. 遇到全国性的重大疑难案件，则由大理寺卿、刑部尚书和御史台御史共同审理，这种由三法司主要长官会审重大疑难案件的制度被称作“三司推事”。

4.《永徽律疏》又称《唐律疏议》，是唐朝立法的最高成就，也是中国传统法律的典型代表。《永徽律》共十二篇、五百条。同时，鉴于当时中央和地方的审判中对法律条文理解不一，每年科举考试时也缺乏统一标准的情况，高宗又下令对《永徽律》逐条逐句地进行统一而详细的解释，阐明《永徽律》的精神实质、重要原则制度的源流演变和立法意图，并设问答，解决法律适用中的疑难问题。这些内容称为“律疏”，附于律文之下，经皇帝批准，于永徽四年（公元653年）颁行天下，律文与律疏具有同等法律效力。这部法典当时称为《永徽律疏》，元代以后称为《唐律疏议》。《永徽律疏》是我国迄今为止完整保存下来的一部最早、最完备、影响最大的传统成文法典，标志着中国古代立法技术达到最高水平。

5. 恶逆是“十恶”罪名的一种，它是指殴打或谋杀祖父母、父母等尊亲属的行为。

6. 为了防止司法官在审讯过程中因亲故仇嫌关系而妨碍公正审判，唐朝在《唐六典》中第一次规定了回避制度，当时称为“换推”，“凡鞫狱官与被鞫人有亲属仇嫌者，皆听更之”，也就是说，若承审官与当事人有某种利害关系，准许更换承审官。这一制度对于保证司法公正有一定作用。

7. 唐高祖时曾将死刑的绞减等为斩右趾，至唐太宗时定律认为，断右趾仍属残酷的肉刑，于是在《贞观律》中改为，应处绞者，直接服加役流刑，即犯人至流放地后，在流刑强制服劳役一年的基础上，增加服劳役两年，作为宽恕死罪的一种方法。这为统治阶级提供了替代死刑的比较适当的手段，其后，又成为封建后世固定不变的制度。

8. 唐律赎刑，是指唐律中关于赎刑的犯人可以用财物代替或抵消其所判刑罚的一种刑罚方法。赎刑不是一种独立的刑种，它只是为特定的当事人设计的一种刑罚转换方式。可见，赎刑是一种替代刑。《唐律疏议》对赎刑适用的具体情况作了严格的规定，指应议、请、减者以及九品以上官，及七品以上官之祖父母、父母、妻、子、孙，凡犯流罪以下，均可以以铜赎罪。但犯不孝流、反逆缘坐流和会赦犹流者不适用此规定。

9. 唐律依犯罪人主观意图区分了“六杀”。其中的“谋杀”指事前有预谋的杀人行为；“故杀”指事先虽无预谋，但情急杀人时已有杀人的意念。基于上述区别，唐律规定了不同的处罚。“六杀”理论的出现，反映了唐代刑法的完备与立法技术的发展。

10. 不义与不道是唐律中“十恶”的罪名之一，源于北齐的“重罪十条”。不义是指杀本管上司、授业师及闻夫丧匿不举哀或服丧违礼的行为。不道是指杀一家非死罪三人、肢解人及造蓄蛊毒、厌魅的行为。犯不义与不道者适用唐律中最严厉的刑罚，不得享有法律规定的“八议”等减免刑罚的优待特权。

11. “保辜”为唐律所规定的对伤害行为定罪量刑的制度。伤害行为发生后，由于被害人的伤势未定，是否会因伤势而致死亡，尚难以确定。过早地对该行为定罪量刑，有可能造成罪刑判定的不准确。因此，唐律规定：伤害行为发生后，确定一定的时间限度，以时限结束时被害人的死伤状况作为对伤害人定罪量刑的依据。在规定的期限内，伤害人可采取积极措施，挽救被害人的生命，以减轻自己的罪刑。在期限内被害人因伤死亡，对加害人以杀人罪论处；期限内未死亡，或者期限外死亡，以及虽在期限内、但非因所伤而死亡者，对加害人以伤害罪论处。

12. 六杀为唐律规定的六种杀人罪。《唐律疏议·斗讼》中区分了“六杀”，即所谓的“谋杀”“故杀”“斗杀”“误杀”“过失杀”“戏杀”等。唐律的“谋杀”指预谋杀人；“故杀”指事先虽无预谋，但情急杀人时已有杀人的意念；“斗杀”指在斗殴中出于激愤失手将人杀死；“误杀”指由于种种原因错置了杀人对象；“过失杀”指“耳目所不及，思虑所不至”，即出于过失杀人；“戏杀”指“以力共戏”而导致杀人。基于上述区别，唐律规定了不同的处罚。

13. “谋大逆”是“十恶”重罪之一，属于前三恶。具体指“谋毁宗庙、山陵及宫阙”，即图谋毁坏皇帝祖庙、皇陵和宫殿。

14. 所谓“化外人”，指“蕃夷之国”的人，即外国侨民。《唐律疏议·名例》规定：“诸化外人，同类自相犯者，各依本俗法，异类相犯者，以法律论。”即同属一国的侨民之间的犯罪，按其本国的法律处断，国别不同的侨民之间的犯罪，按照唐律处理。

选择题

（一）单项选择题

1. 答案：C

《唐律疏议·名例》“序”中说：“德礼为政教之本，刑罚为政教之用，犹昏晓阳秋相须而成者也”，体现了初唐时期法制指导思想的基本精神。在此立法思想的指导下，唐律将礼刑关系处理得极其融洽，后世评价唐律为“一准乎礼，出入得古今之平”。

2. 答案：A

唐律作为中华法系的典型代表，对亚洲特别是东亚各国产生了重大影响。朝鲜高丽王朝10世纪初颁行的《高丽律》，其篇章和内容皆取法于唐律。日本8世纪初制定的《大宝律令》和《养老律令》也以唐律为蓝本。越南李朝颁布的《刑书》和陈朝颁布的《国朝刑律》，其原则、内容也大都参用唐律。

3. 答案：C

《唐律疏议·名例》共57条，其中记载：“名者，五刑之罪名；例者，五刑之体例。”其可称为整篇唐律的总则。其中规定的五刑具体内容如下：(1) 死刑。唐律只规定绞、斩两种死刑，较前代轻缓了很多。(2) 流刑。唐律规定流刑有三等，即流二千里、二千五百里、三千里；另规定加役流刑，除流三千里外，还要居作三年，用以替代某些死刑。(3) 徒刑。唐律把徒刑分为五等，即徒一年、一年半、二年、二年半、三年。(4) 杖刑。唐律杖刑分为杖六十、七十、八十、九十、一百，共五等。(5) 笞刑。唐律笞刑分为笞十、二十、三十、四十、五十，共五等。

故选项C正确。

4. 答案：B

在家庭关系中，唐律全面确认家长的权威。确保尊长对卑幼的主婚权是其内容之一，自西周以来，卑幼的婚姻大事就完全由父母尊长做主。《唐律疏议·户婚》肯定了尊长的主婚权，规定“诸嫁娶违律，祖父母父母主婚者，独坐主婚”。

5. 答案：C

在唐代，中央一级设有大理寺、刑部和御史台三个主要司法机关，称为“三法司”，分别负责行使审判、复核和监察等司法职能。大理寺是唐代中央最高审判机关，负责审理中央百官犯罪及京师徒刑以上的犯罪案件，但所作判决中的徒、流案件需送刑部复核，死刑需奏报皇帝核准。此外，大理寺对于刑部移送的地方死刑案件拥有重审权。

6. 答案：A

唐代御史台下设台院、殿院、察院。其中察院监察御史的主要职责是监察地方官吏，御史台的职能不限于监察中央官吏。三省是指中央政府的中枢机构中书省、门下省与尚书省，不包括御史台。中书省负责传承皇帝的命令，草拟诏书。

7. 答案：B

唐末宣宗时制定的《大中刑律统类》，是一种法律汇编形式。其特征是将律分为若干门，每门之下附以内容相关的格、敕、令、式，分类编纂在一起。这种新的编纂形式便于实际使用，对于五代及两宋立法有重大影响。这些法律典集的制定有一个共同特点，就是“一准乎礼”，即所有的规范及条文解释均以官方认可的儒家经典为依归。

8. 答案：C

《户婚律》共 46 条，是有关户籍、土地、赋税、徭役及婚姻家庭方面的法律。它以保证国家财政收入、维护家庭婚姻关系为重点。

9. 答案：D

唐律十二篇为名例、卫禁、职制、户婚、厩库、擅兴、贼盗、斗讼、诈伪、杂律、捕亡、断狱。而魏律将《法经》中的“具律”改为刑名，置于律首。到北齐律将刑名与法例律合为名例律一篇，充实了刑律总则，隋唐两朝的立法和法典结构均采用了名例篇。

10. 答案：D

《永徽律》颁布后鉴于当时中央、地方在审判中对法律条文理解不一，每年科举考试中明法科考试也无统一的权威标准的情况，唐高宗在永徽三年（公元 652 年）五月，以“学未有定疏”，下令召集律学通才和一些重要臣僚对《永徽律》进行逐条逐句的解释，“条义疏奏以闻”，于是长孙无忌、李勣、于志宁、褚遂良等十九人，撰《律疏》三十卷奏上，与《永徽律》合编在一起，于永徽四年（公元 653 年）十月颁行。其计分十二篇，共三十卷，称为《永徽律疏》。其他选项的法律并没有颁布律疏。

11. 答案：C

《唐六典》是唐玄宗年间编纂的一部有关唐朝中央与地方官制的行政法规大全。唐玄宗开元十年（公元 722 年）下令，仿效《周礼》制六典，定六典为：理典、教典、礼典、政典、刑典、事典。所有篇目完全是按唐代官制来设置，详细列出了从中央到地方各级机构的组织规模、官员编制及职权范围，开中国古代行政立法法典化之先河。

12. 答案：B

隋朝《开皇律》在北齐“重罪十条”的基础上，正式确立了“十恶”制度。唐律规定了贵族官员犯罪可以减免刑罚，但“犯十恶者，不用此律”。“十恶”中的“谋大逆”是指图谋毁坏宗庙、陵寝及宫阙。

13. 答案：A

“十恶”重罪中，谋反、谋大逆、谋叛和大不敬是威胁皇权及国家统治秩序的政治性犯罪，恶逆、不孝、不睦、不义、内乱是破坏家庭伦常关系的犯罪。

14. 答案：B

唐律规定“不道”为“杀一家非死罪三人及肢解人，造畜蛊毒，厌魅”。A、C、D 项虽属“十恶”罪名，但均是破坏封建伦常关系的犯罪。

15. 答案：A

恶逆指殴打或者谋杀祖父母、父母、伯叔父母等尊长。

16. 答案：C

唐律中有类推原则。《唐律疏议・名例》规定：“诸断罪而无正条，其应出罪者，则举重以明轻；其应入罪者，则举轻以明重。”即对法无明文规定的犯罪案件，凡应减轻处罚的，则列举重罪处罚规定，比照以解决轻案；凡应加重处罚的罪案，则列举轻罪处罚规定，比照以解决重案。

17. 答案：D

式是国家机关的办事规则和公文程式，在唐朝也称为“永式”，是国家机关中长期适用的行政法律规范。唐朝重要的式有《武德式》《贞观式》《永徽式》《开元式》等。律是“正刑定罪”的普遍性规范，令是皇帝针对特定事项临时颁布的各项命令，格是皇帝发布的国家机关必须遵行的各类单行敕令与指示的汇编。

18. 答案：A

唐律刑法适用原则上规定了累犯加重原则。题干上所引规定表明唐律中的累犯以犯罪被告发和判处徒刑已被发配为要件。其采取的是累犯“各重其后犯之事”的处罚原则。正如疏议举例所说，已断定徒役三年而未到配所，再犯流罪，处流二千里，决杖一百，加上流罪应役的一年，总共劳役四年。唐律对累犯的处罚，既注重后犯之罪，又兼顾前犯之罪，从而反映了中国古代累犯加重原则的固有特点。

19. 答案：D

唐律中不是所有犯罪都可被适用自首减免的规定，“于人损伤，于物不可备尝”，“越度关及奸，并私习天文者，并不在自首之列”。也即对侵害人身（如伤害）、毁坏贵重物品（如损坏官文书、官印）、偷渡关卡、强奸、私习天文等后果无法挽回的犯罪，都不能适用“自首原罪”原则。

20. 答案：D

唐代罪名区分了“六杀”，即：谋杀、故杀、斗杀、误杀、过失杀、戏杀。“谋杀”指预谋杀人；“故杀”指事先虽无预谋，但情急杀人时已有杀人的意念；“误杀”指由于种种原因错置了杀人对象；“过失杀”指“耳目所不及，思虑所不至”，即出于过失杀人。因此答案为D。

21. 答案：C

唐代规定了保辜制度，以区分伤害罪和伤害致死的杀人罪。所谓保辜，即伤害行为发生后，确定一定的期限，以限满之日被害人的死伤状况作为对伤害人定罪量刑的依据。在期限内被害人因伤死亡，对加害人以杀人罪论处；期限内未死亡，或者期限外死亡，以及虽在期限内、但非因所伤而死亡者，对加害人以伤害罪论处。因此答案为C。

22. 答案：B

唐律“六赃”中的“受财枉法”指“受有事人财而为曲法处断”，即收受当事人贿赂而利用职权曲法枉断，为其谋取不正当利益，或为其开脱罪责。A项的“坐赃”指监临主司以外的其他官员“因事受财”而构成的犯罪。C项“受所监临财物罪”指“监临之官不因公事而受监临内财物”的行为，一般为主管官员私下接受所监管的吏民的财物。D项“爱财不枉法罪”指受财但未行曲法之事。因此答案为B。

23. 答案：B

本题考察的是八议制度。唐代刑事立法上，贵族官员犯罪减免刑罚。萧龄之为齐高帝五世孙，齐高帝为南齐国君，因此萧龄之为前朝皇室后代，因此属于“八议”中的“议宾”。答案为B。

24. 答案：B

唐律规定：“诸共犯罪者，以造意为首，随从者减一等”，因此唐律中从犯是较主犯减一等处刑，本案甲为徒两年，减一等即为徒一年半。因此答案为B。

25. 答案：C

唐律规定：“诸共犯罪者，以造意为首，随从者减一等，若家人共犯，止坐尊长。”在家人共犯的情况下，因强调家长负有制止家人犯罪的义务，如不履行，就作为主犯加以制裁，从而反映了家族主义对封建刑法的影响。因此答案为C。

26. 答案：B

不道是指杀一家非死罪三人以上和肢解人等行为。张三将李四及其家人共五口杀死，属于“不道”。

27. 答案：D

唐朝在《贞观律》中首创规定，应处绞者，直接服加役流刑，即犯人至流放地后，在流刑强制服劳役一年的基础上，增加服劳役两年，作为宽恕死罪的一种方法，为封建统治阶级提供了替代死刑的比较适当的手段，其后，又成为封建后世固定不变的制度。

28. 答案：A

唐律规定了死刑复核制度。最初由中央司法机关上奏皇帝核准，临刑前复核三次。唐太宗为慎重人命，将刑前三覆奏改为五覆奏，即处决前一日两覆奏，处决日三覆奏。地方州县死刑仍实行三覆奏。如审判官不待覆奏批复而擅自执行死刑的，要流二千里。

29. 答案：A

唐《狱官令》规定：“诸犯罪，杖罪以下县决之；徒以上县断定送州，复审讫，徒罪及流应决杖、笞若应赎者，即决配征赎。”所以州县只能决断笞杖刑案件。

30. 答案：D

唐《狱官令》规定：“诸决大辟罪，在京者，行决之司五覆奏；在外者，刑部三覆奏。在京者，决前一日二覆奏，决日三覆奏。在外者，初日一覆奏，后日再覆奏。纵临时有敕，不许覆奏，亦准此覆奏。若犯恶逆以上及部曲、奴婢杀主者，唯一覆奏。”覆奏即向皇帝报告，由皇帝最终裁定。所以，死刑的最终核准权在皇帝。

31. 答案：B

《职制》共59条，是有关官吏设置、选任、失职、渎职等职官管理与惩戒方面的法律。它以区分官吏职责，惩办官吏不法为重点。

32. 答案：A

坐赃罪是指监临主司以外的其他官员“因事受财”构成的犯罪。

33. 答案：C

自北齐律规定以名例律为首的原则后，隋唐相沿未改。《唐律疏议》解释说：“名者，五刑之罪名；例者，五刑之体例。”“命诸篇之刑名，比诸篇之法例”，“命名即刑应，比例即事表，故以名例为首篇”。即是说名例律置于律文的篇首，是因为它具体规定了各篇通用的刑名，以及刑罚适用的共同原则这就对名例律的总则含义作了清楚的表述。故A、B项表述不准确，D项是唐律除名例律外的各篇规定的内容。

34. 答案：B

《唐律》中的户婚律规定的是民事性质的法律规范，从对户、婚两个字的理解即可得出。

35. 答案：B

《唐律》中的《断狱》篇是关于审判方面的法律，它重点规定了审判程序与法官责任，构成唐代诉讼法的重要内容。

36. 答案：C

《唐律》中的《名例》篇是关于法律原则的规定，相当于近代刑法总则。《斗讼》篇是关于刑事犯罪的一些规定。《杂律》的部分内容是带有经济法性质的规范。只有《断狱》篇是关于审判、监狱管理制度的规定。

37. 答案：A

唐代中央或地方发生重大案件时，由刑部侍郎、御史中丞、大理寺卿组成临时最高法庭审理，称为“三司推事”。有时地方发生重案，不便解往中央，则派大理寺评事、刑部员外郎、监察御史为“三司使”，前往审理。此外，唐代还设立都堂集议制，每逢发生重大死刑案件，皇帝下令“中书、门下四品以上及尚书九卿议之”，以示慎刑。

38. 答案：B

本题考查唐代的监察制度，唐代在中央仍设御史台，以御史大夫为长官、御史中丞二人为副，“掌持邦国刑宪典章，以肃正朝廷”。因此答案为B。

39. 答案：D

《唐律疏议·杂律》规定：“诸负债违契不偿，一疋以上，违二十日笞二十，二十日加一等，罪止杖六十；三十疋加二等；百疋又加三等。各令备偿。”因此答案为D。

40. 答案：B

唐代律法规定自首减免刑罚的原则，对自首不彻底的行为作了严格规定：犯罪分子交代犯罪性质不彻底的，叫“自首不实”；犯罪情节交代不彻底的，叫“自首不尽”，如实交代的部分，不再追究。某甲盗布二十四匹，自首并如实供述交赃十五匹，不追究法律责任，但藏匿五匹，属于“自首不尽”情形，因此以盗五匹定罪处罚。

41. 答案：A

唐代刑事立法上，规定了外国人在中国犯罪适用律法的制度。同一国家侨民在中国犯罪，按其本国法律处断，实行属人主义原则；不同国家侨民相犯或唐代人与外国人相犯，则按照唐律处刑，实行属地主义原则。

42. 答案：B

《唐令·杂令》规定：“诸公私以财物出举者，任依私契，官不为理。每月取利不得过六分，积日虽多不得过一倍……又不得回利为本。”立法注意保护债务人的合法权益，禁止私人高利贷。唐后期的立法中，进一步降低法定利率，并对违法取利者加重处罚。因此B项错误。

43. 答案：B

在唐朝司法制度中，死刑的执行必须经过三覆奏程序，但是“若犯恶逆以上及部曲、奴婢杀主者，唯一覆奏”。本案婢女毒杀主人，因此只需一复奏。

44. 答案：C

唐律确立了自首减轻处罚的原则。《唐律疏议·名例》规定：“诸犯罪未发而自首者，原其罪。”所谓“未发”，就是未被官府察觉或未被告发。《疏议》解释道：“若有文牒言告官司……虽欲自新，不得成（自）首……假有已按推鞫，因问乃更别言余事，亦得免其余罪。”就是说，唐律中的自首，一般在两种情况下构成：一是犯罪未被发觉时，二是在交代此罪时主动带出彼罪。

45. 答案：C

《唐律·名例律》规定：“其本应重而犯时不知者，

依凡论；本应轻者，听从本。”《疏议》解释道：“假有叔侄别处生长，素不相识，侄打伤叔，官司推问始知，听依凡人斗法。”意即侄儿不识叔叔而殴伤叔叔时，依凡人之间的斗殴罪处罚，而不应按照侄儿殴伤伯叔的重罪论处。如“别处行盗，盗得大祀神御之物，如此之类，并是‘犯时不知’，得依凡论，悉同常盗断”，就是在别处盗窃得到宗庙或宫殿之宝物而仅仅以为是凡人之物时，就不能按照“大不敬”的重罪处罚，只能按照一般盗窃罪处罚。这就是“本应重而犯时不知者，依凡论”。“其‘本应轻者’，或有父不识子，主不识奴，殴打之后，然始知悉，须依打子及奴本法，不可以凡斗而论。是名‘本应轻者，听从本’。”这就是说，父打子，主打奴，如果打时不知，事后乃知，就不能依照凡人之间斗殴之罪处理，而应该“准五服以制罪”即按照尊长殴打卑幼的情形处理。因为尊长打伤卑幼处罚轻，凡人之间殴伤处罚重。这就是“本应轻者，听从本”。这些规定都贯彻了区分故意和过失的原则。

46. 答案：D

《唐律疏议·名例》规定：“诸断罪而无正条，其应出罪者，则举重以明轻；其应入罪者，则举轻以明重。”即对律文无明文规定的同类案件，凡应减轻处罚的，则列举重罪处罚规定，比照以解决轻案；凡应加重处罚的罪案，则列举轻罪处罚规定，比照以解决重案。唐律类推原则的适用前提是法律无明文规定，也就是说有明文规定时要直接适用法律。被类推定罪的行为，依照同类案件进行处罚，处罚可能会重于同类案件也可能轻于同类案件。唐代类推原则反映了当时立法技术的发达。

47. 答案：A

《唐律疏议·名例》规定：“诸断罪而无正条，其应出罪者，则举重以明轻；其应入罪者，则举轻以明重。”即对律文无明文规定的同类案件，凡应减轻处罚的，则列举重罪处罚规定，比照以解决轻案；凡应加重处罚的，则列举轻罪处罚规定，比照以解决重案。谋杀尊亲属处斩，但无致伤条文，通过类推可以得知，更应当处斩。唐律中的“十恶”包括谋反、谋大逆、谋叛、恶逆、不道、大不敬、不孝、不睦、不义和内乱，其中“不孝”是指对直系尊亲属有忤逆言行，如：控告或咒骂祖父母、父母；祖父母、父母在世时别籍异财（分居），不予供养；居父母丧时嫁娶作乐，脱去丧服，改着吉服；闻祖父母、父母丧，匿不举哀；诈称祖父母、父母死亡等行为。不包括本案中的行为。

48. 答案：B

唐律明确规定了共同犯罪分首从原则，《唐律疏议·名例》“共犯罪分首从”条规定：“诸共犯罪者，以造意为首，随从者减一等。”“若家人共犯，止坐尊长。”“即共监临主守为犯，虽造意，仍以监主为首，凡人以常从论。”这就是唐律关于共犯中重惩首犯的基本规定。《唐律》又规定“若本条言‘皆’者，罪无首从”。对首犯一般加重处罚，如谋叛（而未行）罪，“首处绞，从者流”；而对从犯则可减轻处罚。故确立的是共同犯罪分首从原则。

49. 答案：B

《唐律疏议·名例》规定：“诸二罪以上俱发，以重者论。等者，从一。”这规定的是数罪并罚的问题。其又规定：“若一罪先发，已经论决，余罪后发，其轻若等，勿论；重者更论之，通计前罪，以充后数。”这就是判决后发现新罪的数罪并罚原则。“即以赃致罪，频犯者并累科。”这是一种特殊的数罪并罚，即屡犯贪赃之类犯罪，则累计其多次赃物数额定罪。

50. 答案：A

唐律采区分公、私罪的原则，对因公致罪如“擅赋敛”而无私自获利者，处罚从轻；凡因谋私利犯罪者，处罚从重。

51. 答案：C

刑部以尚书、侍郎为正副长官，下设刑部、都官、比部和司门等四司。刑部有权参与重大案件的审理，对地方判决的徒刑以上案件具有复核权，并有权受理在押犯申诉案件。

52. 答案：C

《唐律疏议·断狱》引《狱官令》云：“诸犯罪未发及已发未断决，逢格改者，若格重，听依犯时；格轻，听从轻法。”格即唐朝法律形式之一，该条确立了“从旧兼从轻”原则。《断狱律》还规定：“诸赦前断罪不当者，若处轻为重，宜改从轻；处重为轻，即依轻法。”这是指大赦后重新复审时贯彻“从旧兼从轻”原则，即：如赦前把轻罪判成重罪，那么赦后可以改处轻刑；如果赦前把重罪判成了轻罪，那就保持原判。

53. 答案：D

《唐律疏议·名例》规定：“诸化外人，同类自相犯者，各依本俗法；异类相犯者，以法律论。”这段文字的基本含义是同一国家的外国侨民在中国犯罪，根据罪犯该国的法律或者习俗处理，不同国家的外国人在中国的犯罪，根据唐律处罚。

故选项D正确。

54. 答案：A

唐代典当业已达到普遍的程度，频繁出现在人们的生活之中。从杜甫“朝回日日典春衣”“酒债寻常行处有”的诗句中的“朝回日日典”“寻常行处有”等文字中可以看出，在唐代典当已经形成了明确的债权债务关系。故A项正确。

西周的买卖契约称为“质剂”。《周礼》载，“质”“剂”有别。详见第三章相关答案。故B项错误。

宋代典卖又称“活卖”，即通过出让物的使用权换取部分利益而保留回赎权的一种交易方式。由此可见，活卖是宋代对典当的称谓。故C项错误。

D项涉及《唐律》“六赃”。六赃包括：受财枉法、受财不枉法、受所监临、强盗、窃盗、坐赃。其中“坐赃”是指官吏或常人非因职权之便非法收受财物的行为。题干描写的是“典当”，与“坐赃”无关，故D项错误。

55. 答案：D

唐代行使中央审判权的机关为大理寺，刑部主管复核，明清时期二者职能对调。故D选项说法错误，当选。

56. 答案：C

题中“不应得为条”为唐律的兜底性条款，针对律文中未加以规定的轻微犯罪进行处罚。

57. 答案：B

本题考查的是古代的婚姻解除制度。早在西周时期就有了“七出”“三不去”制度，后世一直沿用。“七出”是夫家可以休妻的七种情形，包括不顺父母、无子、淫、妒、有恶疾、多言、窃盗，主要是女方存在过错。“三不去”是对“七出”的限制，包括：有所娶无所归，不去；与更三年丧，不去；前贫贱后富贵，不去。唐代出现了“义绝”“和离”的法律规定。“和离”指夫妻双方可以通过协商达成合意解除婚姻关系。“义绝”是一种强制离婚制度，指夫妻间或夫妻双方亲属之间或夫妻一方对他方亲属有殴、骂、杀、奸等行为，视为夫妻双方恩断义绝，无论夫妻双方是否同意，由官府主导强制离婚。题中刘某和妻子张氏女经协商办理了离婚手续，属于和离。因此，B项正确。

58. 答案：C

“八议”制度是八类特权阶层，犯罪时可以减免刑罚的制度，包括议亲、议故、议贤、议能、议功、议贵、议勤、议宾。但同时唐律规定，犯“十恶”者不适用“八议”，控告父母属于“十恶”中的“不孝”。因此，C选项不适用“八议”，当选。

59. 答案：D

故意捏造事实与罪名诬告他人，即构成诬告罪，实行反坐原则，即以被诬告人所受的处罚，制裁诬告者。因此D项正确。唐律规定凡犯“十恶”者，不适用“八议”等规定，A项错误。《永徽律疏》是唐高宗永徽年间完成的，唐高祖时期尚未制定《永徽律疏》，B项错误。唐代大理寺行使中央司法审判权，御史台为中央监察机构，C项错误。

60. 答案：D

明刑弼教是指用刑法晓喻人民，使人们都知法、畏法而守法，以达到教化所不能收到的效果，提高了礼、刑关系中刑的地位。

61. 答案：B

“恶逆”指殴打或谋杀祖父母、父母、伯叔父母等尊长的犯罪。因此B项正确。

62. 答案：B

《开皇律》在《北齐律》“重罪十条”的基础上加以删增，创设了“十恶”条款。此即俗语“十恶不赦”之来源。B选项正确。“秋后算账”来源于中国古代的租佃契约。唐律中的“诸化外人，同类自相犯者，各依本俗法”，这是属人管辖；“异类相犯者，以法律论”，是属地管辖。“举重以明轻”与“举轻以明重”属于当然解释，不属于类推。

63. 答案：B

隋朝的《开皇律》形成封建制五刑：笞、杖、徒、流、死，刑罚依次加重。直到清代，后世一直沿用封建制五刑。因此，唐代的最低刑是笞刑。B选项表述错误。

64. 答案：D

唐律承袭和发展了以往礼法并用的统治方法，使得法律统治“一准乎礼”。唐朝立法以科条简要、宽简适中为特点，同时，唐代的立法技术也达到了传统社会的最高水平。此外，唐律篇条之间逻辑严谨，联系清晰。唐律是我国传统社会发展到鼎盛阶段的产物，作为中国数千年灿烂法律文化的结晶而当之无愧地成为中华法系的典型代表。唐律不仅在中国法制史上占有重要地位，而且具有广泛的世界影响，对亚洲诸国产生了重大影响。朝鲜的《高丽律》、越南的《刑书》、日本的《大宝律令》都受到了唐律的重大影响，但唐律并未对欧洲诸国产生重大影响。D 项表述错误。

（二）多项选择题

1. 答案：BC

材料的意思是盗缌麻以上亲属的财物，按照亲等远近关系比照一般盗罪减等处罚；对亲属犯欺诈及坐赃之类罪行，律文虽无明确规定，但盗罪都可以减等处罚，则更轻的欺诈、坐赃理应减等处罚。这反映了依服制定罪和“举重以明轻”的处罚原则。AD 两项材料未涉及。

2. 答案：ACD

唐律对“告诉”有严格限制：卑幼不得控告尊长，奴不得告主，但谋反、谋大逆、谋叛等罪除外；八十岁以上、十岁以下以及笃疾者只准告子孙不孝或同居之内受人侵害事；在押人犯只准告狱官虐待事；禁止投匿名信控告。

3. 答案：ABCD

唐律中区分公罪与私罪原则：公罪从轻、私罪从重。A 选项正确。唐律规定了自首原则：“诸犯罪未发而自首者，原其罪”，B 选项正确。唐律对化外人犯罪规定：“诸化外人，同类自相犯者，各依本俗法；异类相犯者，以法律论”，C 选项正确。唐律对律无明文的事项规定：“断罪而无正条，其应出罪者，则举重以明轻；其应入罪者，则举轻以明重。”D 选项正确。

4. 答案：BC

长孙无忌等人负责主持对《唐律疏议》注律这项工作，他们继承了汉晋以来，特别是晋代张斐、杜预注释律文的已有成果，历时一年，修订成了《永徽律疏》颁行天下。所以 A 项是不正确的，张斐、杜预是晋代的律学家，他们所注释的是《晋律》。B 项涉及的是《唐律疏议》同儒家思想的关系。“一准乎礼”是唐律，也是中华法系的一大特点，唐律体现了传统伦理的基本精神，即完全以儒家的礼教纲常作为立法的指导思想和定罪量刑的理论依据。所以 B 项的论断是正确的。唐律是中国封建法典的集大成之作，在中国法制史上有深远影响，唐律的确是奠定了中华法系的传统，C 项的论述是正确的。但是 D 项对于唐律影响的论述是错误的，原因在于《武德律》颁行于《唐律疏议》之前，《唐律疏议》不可能对其产生影响。

5. 答案：AB

“十恶”是直接危害地主统治阶级的根本利益、威胁帝制统治秩序的十种性质最严重的犯罪行为，“十恶”制度就是对这十种犯罪予以严惩的一整套规定，唐律将这项重要制度规定于首篇“名例律”中，作为打击的重点，犯此十条者为“常赦所不原”。所以 A 项是正确的。唐律主张对老幼废疾者分三种情况实行减免刑罚：一是年七十以上、十五以下，及废疾者流罪以下，收赎。二是年八十以上、十岁以下，及笃疾者，犯反逆、杀人罪应判死刑的上请；盗及伤人者，收赎；它罪不论。三是年九十以上、七岁以下，虽犯死罪，不加刑。所以 B 项的论断是正确的。《名例律》规定：“诸断罪而无正条，其应出罪者，则举重以明轻；其应入罪者，则举轻以明重。”这表明了唐律中有类推原则。唐律中规定，同国籍外国侨民在中国犯罪的，按其本国法律处理，实行属人主义原则；不同国籍侨民在中国犯罪者，按唐律处罚，实行属地主义原则。所以 C 项和 D 项的论断是错误的。

6. 答案：AC

《唐律》依据主观罪过程度把人命罪从技术上区分为“六杀”，以便更好实现罪刑相适应。所谓六杀，系指：（1）谋杀，即有预谋的杀人的，一般处绞或斩刑。（2）故杀，即无预谋的故意杀人的，使人伤重者绞，使人已死者斩。（3）斗杀，即在斗殴中致人身死的，被害人因与犯罪人斗殴有一定过错，故犯罪人处罚得相应减轻，处绞刑。（4）误杀，斗殴时误杀旁人身死的，虽侵害对象错误，但侵害法益一样，故按斗杀罪处理。（5）戏杀，在游戏中造成他人死亡的，犯罪人虽无杀伤故意，但有嬉戏等致被侵害对象处于危险境地的过错，故减斗杀罪二等（徒三年）。但使用刀刃，或在悬崖、急水之地嬉戏致人死亡的，减斗杀一等（流三千里）。（6）过失杀，犯罪人虽然没有任何过错，但被害人的死亡是其行为所造成的，故一般在判处刑罚后听任赎刑。

7. 答案：BD

《唐律》根据犯罪客观方面犯罪行为的具体表现不同区分“六赃”为：（1）强盗，即“以威若力”取财，即抢劫。不得财徒二年，得财一尺徒三年，得财十疋以上及伤人者绞，杀人者斩。（2）窃盗，即“潜形隐面”取财。不得财笞五十，得财一尺杖六十，五疋徒一年，五十疋加役流。(3) 受财枉法，即官吏受贿且违法处理公事，受财一尺杖一百，一疋加一等，十五疋绞。(4) 受财不枉法，即官吏受贿但没有违法办事。受财一尺杖九十，二疋加一等，三十疋加役流。(5) 受所监临，专指不因公事而收受部下百姓钱财（若因公则入受财枉法之类）。受财一尺笞四十，一疋加一等，五十疋流二千里。(6) 坐赃，泛指五者以外的一切非法所得。如官吏非法科敛，官吏向部下百姓借贷，官吏与百姓不公平交易，借钱物过契约期限不还，擅自役使百姓，私自经营公产得利，受部下酒肉供馈者，都以坐赃论。

8. 答案：ABD

“礼法合一”的特点。唐朝承袭和发展以往礼法并用的统治方法，使法律统治“一准乎礼”，真正实现了礼与法的统一。唐朝立法以科条简要，宽简适中为特点，主张“以宽仁治天下”，所以重典治国的说法是错误的。唐朝在执法上要求严格，保证了立法、司法和执法的统一。

9. 答案：ABD

唐代的御史台虽然也参与审判活动，但与大理寺、刑部的职能不同，它不是作为司法机关而是作为法律监督机关参与案件的审理，其主要职责是纠劾官吏在司法审判中的违法行为，以保证吏治清明。同时唐代的御史台还受理有关行政上诉案件，全国的狱囚管理则由刑部负责。

10. 答案：ACD

关于拾得物的物权归属，题干所引规定意指无人认领者收归官府，官府享有遗失物的所有权，基本上不考虑拾得人可以获得或分享部分遗失物物权的可能性。所以，该条规定的是拾得物的所有权归属问题。

11. 答案：ABC

关于买卖契约，《唐令》规定了多方面的制度。一是大宗买卖必须立“市券”，即必须使用官式（税讫后盖官印的）契约文书。《唐令·关市令》中记载了这样的规定：“凡卖买奴婢、马牛，用本司本部公验以立券。”《唐律疏议·杂律》规定：“诸买奴婢、马牛驼骡驴已过价，不立市券，过三日笞三十，卖者减一等。”这就是大宗买卖必须以“要式契约”进行。二是瑕疵责任问题。《杂律》规定：“立券之后，有旧病者，三日内听悔。无病欺者，市如法。违者笞四十。”这里实际上已经包括了买卖标的物有瑕疵时可以变更或撤销合同的规定。三是亲邻先买权制度。玄宗天宝十四年（公元755年）制：“天下诸郡逃户，有田宅产业妄被人破除，并缘欠负租庸，先已亲邻买卖，及其归复，无所依投……须加安辑。”这说明此时已经有“亲邻先买权”存在。抵押借贷属于有关借贷契约的规定，故D项不应选。

12. 答案：ABC

关于借贷契约，《唐令》也规定了多方面的制度。一是关于抵押借贷的规定。《唐令·杂令》规定：“收质者，非对物主不得辄卖；若计利过本不赎，听告市司对卖，有剩还之。”这就是规定须由债权债务双方当面（相对）出卖质押物，市场管理官员监督，超过本利的价值必须归还债务人。二是关于放贷利率的规定。《唐令》规定：“诸公私以财物出举者……每月取利不得过六分。积日虽多，不得过一倍。若官物及公廨，本利停讫，每计过五十日，不送尽者，余本生利如初，不得更过一倍。”这就是后世著名的“积日虽多，不过一本一利”制度的前身。但是又特别提高公家（官府）放贷利率上限（一本两利）。三是关于“牵掣”即债权人私力救济的规定。《唐律疏议·杂律》规定：“诸负债不告官司，而强牵财物，过本契者，坐赃论。”《疏议》曰：“谓公私债负，违契不偿，应牵掣者，皆告官司听断。若不告官司而强牵掣财物，若奴婢、畜产，过本契者，坐赃论。”依此规定，若先告官而牵掣债务人财物，或牵掣财物不超过债务，都是合法的。回赎权是有关典卖契约的规定。

13. 答案：BCD

唐代沿袭隋制，皇帝以下设置大理寺、刑部、御史台三大司法机构，称为“三法司”，执行各自司法职能。

14. 答案：BD

依《永徽律疏》的规定，谋反案属“十恶”罪，不可适用“八议”，不可以赦免，不适用自首。因此，BD为正确答案。

15. 答案：AD

唐律关于告诉的限制甚多，如：除谋反、谋大逆、谋叛等罪外，卑幼不得控告尊长；卑贱不得控告尊贵；在押犯人只准告狱官虐待事；八十岁以上、十岁以下以及笃疾者只准告子孙不孝或同居之内受人侵害事等。

16. 答案：ABCD

本题属于材料分析题，A项与B项直接考查对题干的理解。从题干来看，该条文规定的是，为了避免后世的仇杀，对于杀害同乡人的祖父母、父母者，虽然被免罪但也要移居外乡，体现了“情法结合”的特点。A、B项正确。

唐律的立法技术非常完善，表现出高超的水平。例如确定了自首、化外人、类推原则，再如，为防止官吏滥用比附，用精确的语言规定在法无明文规定的条件下，官吏故意与过失出入人罪的处理办法，并结合社会现实特点，实现了法律与社会较高程度的融合，C项正确。

唐律“一准乎礼”，真正实现礼与律的统一，本题中，“移乡避仇制”的确立，就是在充分考虑“情”与“法”等因素后形成的特殊处理模式，D项正确。

17. 答案：ABD

《永徽律疏》又称《唐律疏议》，是唐高宗在位时完成的一部极为重要的法典，而非唐太宗时期完成的。唐高宗期间，完成《永徽律》，后又对《永徽律》进行逐条解释，形成《律疏》，二者合编在一起形成《永徽律疏》，元朝以后称《唐律疏议》。A项表述错误。

“十恶”源于《北齐律》的“重罪十条”。隋《开皇律》在“重罪十条”的基础上加以改编，确定“十恶”制度。唐律承袭此制，将“十恶”列入《名例律》之中。可见，“重罪十条”与“十恶”并非同一概念，同时“十恶”也并非为《永徽律疏》所首创，“十恶”首次规定在《开皇律》中。B项表述错误。

《永徽律疏》总结汉魏晋以来立法和注律的经验，全面体现了中国古代法律制度的水平、风格和基本特征，成为中华法系的代表性法典，对后世及周边国家产生了极为深远的影响。同时《永徽律疏》成为中国历史上迄今保存下来的最完整、最早、最具有社会影响的古代成文法典，在中国古代立法史上占有极为重要的地位。因此，C项表述正确，D项表述错误。

18. 答案：BCD。

所谓“义绝”是指夫妻情义已绝。据《唐律疏议·户婚》载：“（夫）殴妻之祖父母、父母及杀妻外祖父母、伯叔父母、兄弟、姑、姊妹”，“妻殴詈夫之祖父母、父母，杀伤夫外祖父母、伯叔父母、兄弟、姑、姊妹及与夫之缌麻以上亲若妻母奸及欲害夫”或者“夫妻祖父母、父母、外祖父母、伯叔父母、兄弟、姑、姊妹自相杀”者，均为“义绝”。犯“义绝”者，必须强制离婚，“违者，徒一年”。

19. 答案：CD

唐太宗贞观十七年（公元643年）诏令，对外国商船贩至中国的龙香、沉香、丁香、白豆蔻四种货物由政府抽取十分之一的实物税。这是中国历史上第一项外贸征税法令。

（三）不定项选择题

1. 答案：ACD

隋唐时期，三省六部制确立。中书省承皇帝命令草拟诏书；门下省审定诏书，如认为不可，还可重拟；诏书经门下省审核，移送尚书省发送。《贞观律》经过十一年时间修订完成，标志着唐代基本法典即告完成，B错误。唐律不仅在中国法制史上，而且在世界法制史上占有重要的地位，《永徽律疏》是中国传统社会的代表性法典。《唐六典》规定了任官回避制度。

2. 答案：ABD

唐律中的“十恶”罪名包括谋反、谋大逆、谋叛、恶逆、不道、大不敬、不孝、不睦、不义、内乱。通行饮食不在之列。

3. 答案：C

唐朝在离婚的法律规定方面，虽允许“夫妇不相安谐而和离”，但主要离婚的方式还是“七出”和“义绝”。义绝是指夫妻一方对另一方或其一定范围内的亲属或双方一定范围内的亲属有殴打、通奸、杀等情况，经官府判决强制解除婚姻的关系。

4. 答案：BCD

在唐朝中央设相对独立的监察机构御史台。其下设台院、殿院、察院，分掌中央与地方监察职能。三院之中，台院地位显赫，设侍御史若干人，负责对中央百官的违法行为进行纠举、弹劾、推鞫，参与重大案件审理。殿院设殿中侍御史若干人，负责监察殿廷之内的百官活动，纠察朝仪，巡视京都及朝会、郊祀等，以此维护皇帝尊严。察院设监察御史若干人，执掌分察百僚，巡按州县。谏议皇帝个人生活及王朝大政属于谏官的职责，唐代御史代表皇帝，临制百司，是皇帝自上而下的监督；谏官的监察是自下而上，以皇帝为监察对象。

5. 答案：ABC

唐代通过议、请、减、赎、当、免等特权规定，把贵族官僚地主的特权法定化、系统化，反映出唐律保护身份特权的鲜明性质。而作为刑罚适用原则的自首减罪原则，则是对一般人都适用的原则，不能体现对官僚贵族特权的保护。

简答题

1.《开皇律》制定于隋文帝开皇三年（公元583年），吸取历代法典体例的经验，成为中国历史上一部重要的承上启下的法典。

第一，继承了北齐律“法令明审、科条简要”的特点，《开皇律》分为十二篇，这一体例结构为唐律全部继承，影响及于以后各朝。

第二，《开皇律》正式确立了新五刑体例。在继承北魏、北齐刑罚体系的基础上，《开皇律》对前代各朝刑罚种类进行了系统的总结与整理，以笞、杖、徒、流、死作为基本的刑罚手段，并形成了完善的轻重有序的刑罚体系，自唐以后五刑一直是各朝法典中所规定的基本刑罚体系。

第三，扩大贵族官吏在法律上的特权。沿袭前代八议之制；创设“例减”的特权；将前代“官当”列为定制，分公私罪及官品详予规定；律在五刑二十等下分列赎铜的具体数量，并规定九品以上官吏犯罪，一般皆可以以铜赎刑。

第四，《开皇律》在《北齐律》“重罪十条”的基础上加以删增，创设了“十恶”条款，置于律之首篇，予以特别规定，作为刑事镇压的重点。

2.（1）《唐律疏议·名例》载：“名者，五刑之罪名；例者，五刑之体例。”这成为整篇唐律的总则。其规定了新的五刑、“十恶”、“八议”、请、减、赎、当、免等特权法制度以及刑罚适用原则。

（2）《卫禁律》规定关于警卫皇帝、保卫宫殿、维护国家边塞等方面的内容，它以维护皇权与国家主权为宗旨。

（3）《职制律》是有关官吏设置、选任、失职、渎职等职官管理与惩戒方面的法律。它以区分官吏职责、惩办官吏不法为重点。

（4）《户婚律》是有关户籍、土地、赋税、徭役及婚姻家庭方面的法律。它以保证国家财政收入、维护家庭婚姻关系为重点。

（5）《厩库律》是有关牲畜与仓库管理方面的法律，宗旨在于维护官有资财不受侵损。

（6）《擅兴律》是关于发兵与兴造国家工程的法律，它以确保皇帝控制军队为重点。

（7）《贼盗律》是关于惩治贼盗犯罪方面的法律，它以维护地主阶级政治统治和财产不受侵犯为主旨。

（8）《斗讼律》是因斗殴引起诉讼方面的法律规定，它注重区分斗杀罪与故杀等罪的界限，并依人的身份不同实行同罪异罚的方针。

（9）《诈伪律》是关于诈骗与伪造方面的法律，它以维护皇帝玉玺、兵符、官符为重点，严惩带有政治危害的诈骗伪造犯罪。

（10）《杂律》是关于弥补各篇不足，规定社会治安与市场管理等方面的法律。

（11）《捕亡律》是关于逮捕、监禁与稽送人犯方面的法律。

（12）《断狱律》是关于审判方面的法律，它重点规定了审判程序与法官责任，构成唐代诉讼法的重要内容。

3.《名例律》规定：“诸化外人，同类自相犯者，各依本俗法；异类相犯者，以法律论。”即同国籍外国侨民在中国犯罪的，按其本国法律处理，实行属人主义原则；不同国籍侨民在中国犯罪者，按唐律处罚，实行属地主义原则。

4. 唐律的五刑，指笞、杖、徒、流、死五种法定刑罚所构成的刑罚体系。

笞刑是五刑中最轻的一种，是用两股荆条拧成楚击打犯人的腿、臀部，以示对轻微犯罪的惩戒。按律文规定，笞刑分五等，从笞十到笞五十共五等，刑差为十。唐代笞刑带有耻辱刑与教育刑结合使用的含义。

杖刑仅重于笞刑，是用三尺五寸长的竹杖击打犯人的背、腿、臀部，故带有身体刑的明显性质，杖刑也分为五等，从杖六十到杖一百共五等，刑差为十。

唐代徒刑是自由刑与奴役刑的结合使用，是让犯人戴枷或束钳，剥夺其自由，强制服劳役。按律规定，徒刑按服刑期限长短分为五等，即徒一年、一年半、二年、二年半、三年。

唐代流刑是仅次于死刑的惩罚手段，是将流刑犯押送到边远地区，并强制其戴枷或束钳服苦役。流刑分三等，即流二千里、二千五百里、三千里，但服役同为一年。唐代还增设加役流刑，即流三千里，劳役加至三年。

唐代死刑法定为绞、斩两种。同以往各代残酷的死刑相比，唐代法定的绞、斩刑，还是生命刑中较为轻缓的两种。

5. “十恶”是直接危害皇权统治秩序以及严重破坏家庭伦常关系的十种重大犯罪行为的总称。在《北齐律》“重罪十条”基础上，《开皇律》正式确立“十恶”制度，唐律沿袭之。唐律“十恶”具体内容如下：一是谋反，二是谋大逆，三是谋叛，四是恶逆，五是不道，六是大不敬，七是不孝，八是不睦，九是不义，十是内乱。犯上述十种罪行，为“常赦所不原”，即不允许享受特权减免刑罚。

依据《疏议》的解释，“十恶”内容大体可分为三类：

(1) 威胁损害皇权危及封建国家统治的政治性犯罪。

它包括“谋反”“谋大逆”“谋叛”及“大不敬”。“谋反”是“谋危社稷”，即图谋推翻皇帝的统治；“谋大逆”是“谋毁宗庙、山陵及宫阙”，即图谋毁坏皇帝祖庙、皇陵和宫殿；“谋叛”是“谋背国从伪”，即背叛封建国家，投降伪政权；“大不敬”是指盗取大祀神御之物、乘舆服御物，盗取或伪造皇帝印玺，给皇帝配药不按本方，造御膳误，犯食禁，御幸舟船，误不牢固指责皇帝，诽谤朝政，对皇帝、使臣无礼等，即侵犯皇帝人身及其尊严的各类行为。

(2) 严惩威胁封建秩序的“不道”行为。

“不道”是“杀一家非死罪三人，支解人，造畜蛊毒，厌魅”，也就是使用凶暴手段致人以死，或畜养毒虫、使用邪术害人。“不道”犯罪虽未直接侵犯皇权，但严重扰乱封建统治秩序，损害专制制度的统治基础，所以列作“十恶”第五条严加打击。

(3) 破坏封建伦常关系的“恶逆”“不孝”“不睦”“不义”“内乱”。

“恶逆”指殴打、谋杀尊长亲属。“不孝”指诅骂或告发直系尊亲；或供养有缺；或别立户籍私藏钱物；或居父母丧时私自婚娶、作乐；祖父母、父母去世，匿不举哀等。“不睦”指谋杀及卖缌麻以上亲，殴告夫及大功以上尊长、小功以上尊亲。“不义”指杀本属长官与授业师等。“内乱”则指亲属间的乱伦行为。上述五条因严重违犯封建伦常关系，破坏封建社会统治基础，都被列为“十恶”的内容从严处罚。

分析题

1. (1) 这段文字的基本含义是同一国家的外国侨民在中国犯罪，根据该国的法律或者习俗处理，不同国家的外国人在中国的犯罪，根据唐律处罚。

(2) 这说明唐律对涉外诉讼，相同国籍的外国侨民实行的是属人主义原则；不同国籍的侨民则实行属地主义原则。

(3) 这一原则反映了唐朝立法者尊重外国习俗的包容的心态，同时又维护国家主权的法律思想。

2. (1) 体现了中国古代亲亲相隐（或同居相为隐、亲属相隐、亲亲得相首匿）的原则。

(2) 材料二中的该刑罚适用原则发生的变化有：第一，扩大了亲属隐匿的范围，甚至包括部曲、奴婢为主人隐匿；第二，取消了尊长隐匿卑幼的限制，无须上请；第三，对所隐匿案件的性质作了范围上的限制。对于谋叛以上危害皇权专制的重罪案件，亲属之间不允许隐匿。

3. (1) 这两句话反映了唐朝立法的指导思想。

(2) 唐代立法的指导思想是：

第一，“德本刑用”。唐初统治者为了稳固唐王朝的统治，认真地总结了隋朝迅速灭亡的历史经验，确立了“德礼为政教之本，刑罚为政教之用”的法制指导思想，即强调伦理道德为治国之根本，刑罚镇压为辅助手段。因而唐朝形成了以礼为内容，以法为形式，融礼、法为一体，相互为用的思想。它有力地巩固了唐朝统治，对后代王朝也产生了深远的影响。

第二，宽简、稳定、划一。唐初高祖李渊提出立法“务在宽简，取便于时”的思想。唐太宗即位后也明确指出，“国家法令，唯须简约，不可一罪作数种条”，以防“官人不能尽记，更生奸诈”。所谓“宽”，是指立法内容做到轻刑省罚；所谓“简”，主要指立法形式做到条文简明。唐初立法贯彻了这一指导思想，因此，贞观修律时，删除旧律中死罪92条，改重为轻的条款若干处，使《贞观律》与《开皇律》相比，大为宽简。同时，唐朝强调保持法律的稳定与划一。唐太宗要求立法者“宜令审细，毋使互文”，即立法必须划一。唐初立法还强调“法令不可数变”，即要求保持法律的相对稳定。

4. (1) 这是唐律中关于婚姻成立的规定。

(2) 唐律对婚姻的成立强调以下几个方面：

第一，确认尊长对卑幼的主婚权，即使卑幼在外地，已自行订婚，只要尚未结婚，也必须服从尊长安排，如违反尊长意志者，依律“杖一百”。

第二，婚书、聘财为婚姻成立的要件，“诸许嫁女，已报婚书及有私约，而辄悔者，杖六十”。或者“虽无许婚之书”，但女家已接受男家的聘财，亦不得悔婚，否则同样处杖刑六十。

（3）这些规定反映了家长绝对支配权，是“父为子纲”在法律上的具体体现。

5.（1）这段文字的基本含义是依唐律死刑在执行前必须进行三覆奏才能执行。不等覆奏结果下达就处决的，执行官要被流二千里；执行期限未到而行刑的，执行官要被徒一年。

（2）死刑覆奏采用“三覆奏”反映了唐代“慎刑省罚”的思想以及死刑制度的完善。这也是中华法系“德礼为政教之本，刑罚为政教之用”思想的体现之一。

6.（1）这段话评价的是隋文帝颁布的《开皇律》。

（2）《开皇律》的主要内容如下。

第一，篇章体例定型化。《开皇律》总结以往的立法成果，以《北齐律》为基础，调整了篇目内容，确定了名例、卫禁、职制、户婚、厩库、擅兴、贼盗、斗讼、诈伪、杂律、捕亡、断狱等十二篇体例，体现了“刑网简要，疏而不失”的特点。

第二，五刑法定化。《开皇律》删除了魏、晋、南北朝的残酷刑罚，把刑罚定型为笞、杖、徒、流、死五刑。其中笞刑从笞十至笞五十，杖刑从杖六十至杖一百，各分五等；徒刑从一年至三年五等，各以半年相差；流刑从一千里至二千里三等，各以五百里相差；死刑为绞、斩两种。封建五刑制度自此正式确立，并一直为后世历代王朝所沿用。

第三，区分公罪与私罪。《开皇律》规定：犯私罪者，五品以上，一官当徒二年；九品以上，一官当徒一年。犯公罪者，每官当徒多一年；当流者各加一等。

第四，明确规定“八议”制度。主要表现在使贵族官僚享有“例减”、“听赎”和“官当”等特权。“例减”是指“八议”者和七品以上官吏犯罪后，可例减一等；“听赎”是指九品以上官吏犯罪，可以以铜赎罪；“官当”是指以官品抵徒刑。其结果使身份特权系统化和法定化，用以维护贵族官僚的身份特权。

第五，确立“十恶”罪。《开皇律》在北齐“重罪十条”基础上正式形成了“十恶”制度：一曰谋反，二曰谋大逆，三曰谋叛，四曰恶逆，五曰不道，六曰大不敬，七曰不孝，八曰不睦，九曰不义，十曰内乱。

（3）历史地位：《开皇律》无论在篇章体例还是在基本内容上，较以前的传统法典有明显改进，是对秦汉律以来的法律的总结，也为唐律的制定奠定了基础。

7.（1）这是唐律中婚姻解除的规定。唐律规定以“七出”、“三不去”和“义绝”为婚姻解除要件。

（2）关于“七出”和“三不去”，唐代与汉代的规定相同，规定法定离婚理由为“七出”，有其中七个条件之一者，丈夫有权离弃妻子。“七出”为不顺父母、无子、淫、妒、恶疾、多言、盗窃。同时又规定妻子有下列三个条件（“三不去”）之一者，丈夫就不能休妻：有所受无所归、与更三年丧、前贫贱后富贵。

（3）“义绝”为强制离婚的条件，所谓“义绝”是指夫妻情义已绝，指夫或妻杀伤对方直系尊亲或旁系尊亲的行为。犯“义绝”者，必须强制离婚。

（4）这些规定反映了封建夫妻关系上的不平等，也是“夫为妻纲”这一儒家原则在法律上的体现。

（5）除此以外，唐代还有“和离”的规定，即“若夫妻不相安谐而和离者，不坐”。也就是指如果夫妻在感情上不相投合时双方愿意离婚，法律不予惩处。

8.（1）1）体现了唐律的老幼废疾犯罪减免刑罚的原则。该原则的适用对象主要包括三类：一是七十岁以上、十五岁以下以及废疾者；二是八十岁以上、十岁以下以及笃疾者；三是九十岁以上、七岁以下者。2）允许“收赎”的情况有：一是七十岁以上、十五岁以下及废疾，犯流罪以下者；二是八十岁以上、十岁以下及笃疾，犯盗及伤人罪者；三是犯罪时虽未老、疾，而事发时老、疾者，依上述老、疾收赎的规定处理；四是罪犯在服徒刑期限内老、疾者，依上述老、疾收赎的规定处理；五是犯罪时年幼，事发时长大者，依上述幼小收赎的规定处理。

（2）“德礼为政教之本，刑罚为政教之用”既强调治理国家必须兼有德礼和刑罚，如同一天之中有早晚，一年之中有四季，不可或缺；又强调德礼和刑罚在实施政教中的关系是德主刑辅。“德礼为政教之本，刑罚为政教之用”作为唐朝立法的指导思想，集中体现了礼刑并用的特征。材料一中唐律规定的老幼废疾减免刑罚原则是这一指导思想在立法上的具体体现。

9.（1）该条规定的是关于奴婢和畜产买卖中的标的物瑕疵担保责任制度。

（2）《疏议》对律文规定的适用条件作了进一步的阐释，同时对买卖双方的法律责任作出补充规定。律文规定，自买卖成交后三日内，买主可以以标的物有瑕疵为由解除契约，并一般性地规定了适用条件。《疏议》进一步补充了准予反悔、买方借他故反悔、卖方应受悔而不受悔的三种具体情形的法律处置。

(3) 有利于规范买卖行为，明确法律责任，保障交易秩序，维护契约公平、合法、合理。

10. (1) 借贷契约债务人违约，既要承担刑事责任，又要承担民事责任。刑事责任依照债务人违约的时间长短和违约债务数额多少加减刑罚；刑罚有最高刑限制，总体处罚较轻。民事责任是违约的债务人必须偿还债务。

(2) 唐朝法律为保护借贷契约债务人的权利，确立的规则如下：限制利率，一本一利，不得回利为本。

(3) 对待借贷契约关系，原则上依照当事人的约定，官方不予干预。唐朝法律既保护债权人的合法权益，追究违契不偿者的法律责任，又保护债务人的合法权益，如限制高利率，规定一本一利和不得回利为本等。

11. (1) 唐太宗听从魏徵的建议，确立了"德礼为政教之本，刑罚为政教之用"的立法指导思想。

(2) 录囚是皇帝或上级司法机关通过对囚徒的复核审录，检查和监督下级司法机关的决狱情况，以平反冤案、治理积狱。

(3) 材料介绍唐太宗将死罪人犯放还归家，一年后再执行死刑。一年期后，人犯都如期返回，太宗为表彰他们的诚信，宽赦了死罪。这一事件体现了唐太宗奉行"德礼为政教之本，刑罚为政教之用"的法制精神，强调法律的教化作用，反映了唐代君臣明法慎刑、以宽仁治天下的民本主义思想。

12. (1) 主要区分了违反"令"和"式"的法律责任，规定了违令，处笞五十；违式，减一等处罚，处笞四十。

(2) 疏议是对律文进行的解释和补充，二者具有同等的法律效力。

(3)《唐六典》记载："凡律以正刑定罪，令以设范立制……式以轨物程事。"《新唐书》载："令者，尊卑贵贱之等数，国家之制度也；格者，百官有司之所常行之事也；式者，其所常守之法也。"因此，律是唐代关于定罪量刑的基本法典；令是有关国家政权组织体制、尊卑贵贱等级制度与行政管理活动方面的法规；式是政府内部各机构关于行政管理、行政程序及具体办事规则的规定。三者各有特点，既确保了法律体系的相对稳定性，又有一定灵活性，相互配合，对社会关系起到了综合调整的作用。

13. (1) 秦律根据共犯人数和盗赃来对盗罪共犯进行处罚，根据犯盗罪人数不同，秦朝对于盗罪共犯区分为"五人盗"和"不盈五人盗"，前者的处罚比后者更重，不满五人的盗罪，计赃论罪；同时根据盗赃的多寡分别处以不同的刑罚。

(2) 唐律对共犯区分首犯与从犯。共同犯罪，以造意者为首犯，处刑为重；随从者为从犯，减一等处罚。

(3) 在家庭成员的共同犯罪中，以家长为首犯，卑幼无罪，只处罚尊长。在职官员参与的共同犯罪中，以长官为首犯，其他人即使为造意者，也为从犯。

(4) 在立法技术上，秦律对盗罪共犯在人数及赃款数量方面规定得更为具体；唐律对盗罪共犯的规定，更具概括性和抽象性，反映出唐代立法技术的成熟与发达。在立法精神上，秦律对"五人盗"的集团犯罪加重处罚，体现了重刑主义的立法精神，而唐律更侧重区分共犯中家长和卑幼、职官监临与其他人的不同法律责任，体现了礼法合一的精神。

14. (1) 唐太宗因奸臣蛊惑错杀张蕴古而后悔，认为死者不可复生，因此应谨慎对待死刑，实行三覆奏制度。后唐太宗认为即使实行三覆奏，时间依然仓促，难以充分考虑，故又实行五覆奏制度。

(2) 西汉时期死刑复奏就已出现萌芽，发展至三国两晋南北朝时期，正式确立了死刑覆奏制度，死刑必须经皇帝批准方可执行。

(3) 有利于明法慎刑，同时也有利于加强皇帝对于司法审判权的控制。

论述题与深度思考题

唐律的主要特点：

(1)"礼法合一"的特点。唐朝承袭和发展以往礼法并用的统治方法，使法律统治"一准乎礼"，真正实现了礼与法的统一。如同唐太宗所说："失礼之禁，著在刑书。"把传统伦理道德的精神力量与政权法律统治力量紧密糅合在一起，法的强制力加强了礼的束缚作用，礼的约束力增强了法的威慑力量，从而构筑了严密的统治法网，有力维护了唐朝统治。

（2）科条简要、宽简适中的特点。唐朝立法以科条简要、宽简适中为特点。以往秦汉法律，向以繁杂著称。西汉武帝以后，因一事立一法，导致律令杂乱。西晋修律对汉律令作了大幅度的缩减，北齐律定为12篇、949条，较前有所进步。唐朝沿袭隋制，实行精简、宽平的原则，定律12篇、502条，并为后世所继承。仅以太宗修《贞观律》为例，“凡削烦去蠹，变重为轻者，不可胜纪”，足见唐律的上述特点。

（3）语言精练明确，立法技术高超。唐律在立法技术上表现出高超的水平。如自首、化外人有犯、类推原则的确定都有充分表现。为防止官吏滥用比附，用精确的语言规定了在法无明文规定条件下，官吏故意与过失出入人罪的处理办法。在承袭前代成果的基础上，唐律进一步明确公、私罪，故意、过失的概念，并规定了恰当的量刑标准。如《唐律疏议·斗讼》中解释“过失杀”说：“谓耳目所不及，思虑所不到，共举重物为所不制，若乘高履危足跌，及因击禽兽以致杀伤之属，皆是。”唐律结构严谨，立法技术完善，为举世所公认。

唐律的影响表现在：

（1）唐律对中国传统法律的影响。唐律是中国传统法典的楷模，在中国法制史上具有继往开来、承前启后的重要地位。唐朝承袭秦汉的立法成果，汲取汉晋律学的成就，使唐律表现出高度的成熟性。唐律因具有传统法典的典型性、代表性，对宋、元、明、清法律产生了深刻影响。

（2）唐律对东亚各国的影响。唐律作为中华法系的典型代表，其影响力不仅作用于本国，而且超越国界，对亚洲国家，特别是东亚各国产生了重大影响。如朝鲜《高丽律》的篇章内容都是取法于唐律，日本《大宝律令》也以唐律为蓝本，越南的《刑书》也大多采用了《唐律》。可见，唐律不仅在中国法制史上，而且在世界法制史上占有重要的地位。

第九章　宋辽金元时期法律思想与制度

知识逻辑图

- 宋辽金元时期法律思想与制度
  - 宋代法律制度
    - 主要立法及法律形式
      - 《宋刑统》：中国历史上第一部刊印颁行的法典
      - 法律形式：敕、令、格、式、条法事类、例
    - 行政律法
      - 行政机构：中央“二府”与“三司”、御史台、大理寺与刑部、州、县、路
      - 职官的管理与任用：考选、考课、致仕
      - 特点：君权集中、臣僚事权分割，采用“异论相搅”的用人原则
    - 刑事法律规范
      - 刑事政策的变化
      - 《重法地法》与《盗贼重法》
      - 刑罚制度的变化：折杖法、配役、凌迟、管置
    - 民事、经济法律规范
      - 所有权方面的法律规定、债法与契约关系的发展
      - 婚姻、继承法规
      - 禁榷律法：盐法、茶法、酒法最为完备和重要
    - 司法制度
      - 司法机构的变化
      - 诉讼制度的特点：“翻异别勘”制度和“务限法”
      - 审判监督制度的特点
  - 辽代的立法概况及特点
  - 金代的立法概况及特点
  - 元代法律制度
    - 元代主要法律
    - 基本法律形式：条格、断例
    - 法律的内容及特点

名词解释

1. 编敕
2. 提点刑狱司（考研）
3. 审刑院（考研）
4. 凌迟刑（考研）
5. 户绝与继承
6. 禁榷（考研）
7. 刺配刑（考研）
8. 《宋刑统》
9. 翻异别勘
10. 鞫谳分司
11. 务限法
12. 警迹人
13. 《元典章》

选择题

（一）单项选择题

1. 中国历史上第一部刊印颁行的国朝法典《宋刑统》是（　　）。

A. 逻辑体系完整的独创性法典

B. 将以往历年散敕编纂而成的法令汇编

C. 将各种法律形式按事类编排的法律汇编

D. 以刑律为主将相关敕令格式分别编附于其后的

法律汇编

2.《宋刑统》共十二篇，其首篇的篇名是（　　）。(2015 法硕 法 18)

A. 具律　　B. 刑名
C. 名例　　D. 法例

3. 宋代的法律形式除敕令外，还新增加了（　　）。

A. 条法事类　　B. 格
C. 式　　D. 科

4. 条法事类的法典编纂方法是（　　）。

A. 逻辑体系完整的独创性法典编纂方法
B. 将以往历年散敕编纂而成的法令汇编方法
C. 将各种法律形式按事类编排的法律汇编方法
D. 以刑律为主将相关敕令格式分别编附于其后的法律汇编方法

5. 宋朝刑事审判中法律效力最高的是（　　）。

A.《宋刑统》　　B. 编例
C. 编敕　　D. 令

6. 宋神宗时期的专门编敕机构被称为（　　）。

A. 详定编修所　　B. 钦定编修所
C. 编修敕令局　　D. 编敕所

7. 发端于两宋的台谏合制是一种（　　）。

A. 行政管理制度　　B. 监督制度
C. 经济管理制度　　D. 赋役制度

8. 宋初，“凡罪罚悉从轻减，独于治赃吏最严”，反映了宋王朝（　　）。

A. 严惩盗贼等扰乱社会秩序的犯罪
B. 严惩贪腐贿赂犯罪
C. 严惩妖言、妖教等邪教犯罪
D. 严重破坏民事交易的犯罪

9. 中国古代对一种刑罚有如下的描述：“既杖其脊，又配其人，且刺其面，是一人之身，一事之犯，而兼受三刑也。”该材料所描述的刑罚是（　　）。(2016 法硕 非 39)

A. 刺配　　B. 折杖
C. 廷杖　　D. 发遣

10. 宋代法律规定，凡“夫亡而妻在”，立继从妻，称“立继”。凡“夫妻俱亡”，立继从其尊长亲属，称为“命继”。规范的是（　　）。

A. 人格权　　B. 身份权
C. 继承权　　D. 主婚权

11. 南宋时，霍某病故，留下遗产值银 9 000 两。霍某的妻子早亡，夫妻二人无子，只有一女霍甲，已嫁他乡。为了延续霍某姓氏，霍某之叔霍乙立本族霍丙为霍某继子。下列关于霍某遗产分配的哪一说法是正确的？（　　）(2016 司考 卷一/18)

A. 霍甲 9 000 两
B. 霍甲 6 000 两，霍丙 3 000 两
C. 霍甲、霍乙、霍丙各 3 000 两
D. 霍甲、霍丙各 3 000 两，余 3 000 两收归官府

12. 宋承唐律，仍实行唐制“七出”“三不去”的离婚制度，但在离婚或改嫁方面也有变通。下列选项不属于变通规定的是（　　）。(司考)

A. “夫外出三年不归，六年不通问”的，准妻改嫁或离婚
B. “妻擅走者徒三年，因而改嫁者流三千里，妾各减一等”
C. 夫亡，妻“若改适（嫁），其见在部曲、奴婢、田宅不得费用”
D. 凡“夫亡而妻在”，立继从妻

13.《宋会要辑稿·食货五之二十八》载：“地原从官地上出入者，买者不得阻碍。宅舍亦开。且新旧间架丈尺阔狭，城市乡村等紧慢去处，并量度适中，估价务要公当，不致亏损公私。”又载“居住原有出入行路，在见出卖地者，特与存留”。这规定了（　　）。

A. 共有关系问题　　B. 相邻关系问题
C. 占有关系问题　　D. 借贷关系问题

14. 宋代法律规定“(出举者）不得还利为本”，是对（　　）进行规制。

A. 买卖契约　　B. 租赁契约
C. 借贷契约　　D. 婚约

15. 南宋郑克《折狱龟鉴》载：“证以人，或容伪焉”，“证以物，必得实焉”。其意在（　　）。

A. 突出人证的重要作用
B. 强调物证的重要性
C. 排斥物证
D. 口供为证据之王

16. 典卖与买卖最严格的区别在于前者是（　　）。

A. 永卖　　B. 活卖
C. 绝卖　　D. 断卖

17. 典卖契约是一种附有回赎条件的特殊类型的买卖契约。宋代法律规定，以原价赎回标的物的最长期限为（　　）。(2017 法硕 非 39)

A. 10年　　B. 20年
C. 30年　　D. 40年

18. 宋代“假每人户赁房，免五日为修移之限，以第六日起掠（收房租），并分舍屋间椽、地段、钱数，分月掠、日掠数，立限送纳”。这规范了（　　）。
A. 买卖契约　　B. 租赁契约
C. 借贷契约　　D. 婚约

19. 中国古代经济立法最为活跃的朝代是（　　）。
A. 宋朝　　B. 唐朝
C. 秦朝　　D. 明朝

20. 宋代的中央审判机关是（　　）。
A. 刑部　　B. 大理寺
C. 审刑院　　D. 宣政院

21. 宋代中央设在各路的司法派出机构是（　　）。
A. 枢密院　　B. 监州
C. 提点刑狱司　　D. 殿前司

22. 宋代，勘验制度相当发达，世界著名的《洗冤集录》是中国乃至世界上最早的（　　）。
A. 案例集　　B. 成文法典
C. 法医学专著　　D. 勘验教材

23. 据某著名武侠小说，北宋年间，有人向官府告发称，丐帮帮主乔某杀害其师父。经官府审理，控告属实。又查明乔某系辽国人，其师傅系北宋人。根据宋朝法律，对乔某的行为应适用的法律是（　　）。（2015法硕 非37）
A. 宋刑统
B. 辽国法律
C. 宋刑统或辽国法律
D. 被告人可选择的第三国法律

24. 宋代在中央扩大御史台司法职能，太宗时曾设御史台推勘官，分赴地方审理大案，以实现（　　）。
A. 行政监督
B. 立法监督
C. 审判监督
D. 审判机构内的相互监督

25. 宋朝把犯人推翻原来的口供称为（　　）。
A. 翻供　　B. 覆供
C. 翻异　　D. 否供

26. 宋朝把改换审判官重新审理称为（　　）。
A. 别推　　B. 回避
C. 换推　　D. 复推

27. 下列关于宋代“翻异别勘”制度说法正确的是（　　）。（2014法硕 非39）
A. 实行“审”与“判”相分离
B. 农务繁忙季节停止民事诉讼审判
C. 皇帝特诏大理寺、刑部、御史台的长官会同审理
D. 犯人翻供且“实碍重罪”时，须交由另外司法官或司法机构重新审理

28. 宋代法律规定犯人推翻口供时应该重审，并改换审判官重审的诉讼制度是（　　）。
A. 理雪制度　　B. 鞫谳分司制
C. 翻异别勘制　　D. 务限法

29.《历代名臣奏议》中记载，宋高宗时“狱司推鞫，法司检断，各有司存，所以防奸也”。材料反映的司法制度是（　　）。（2016法硕 法18）
A. 翻异别勘　　B. 鞫谳分司
C. 三司会审　　D. 死刑复奏

30. 宋代法律规定“交易有争，官司定夺，止凭契约”规定的是（　　）。
A. 物证的证明效力　　B. 证言的证明效力
C. 口供的证明效力　　D. 人证的证明效力

31. 辽代最早的法典是（　　）。
A.《决狱法》　　B.《重熙新定条制》
C.《咸雍重修新制》　　D.《皇统新制》

32. 金代具有代表性的法典是（　　）。
A.《皇统新制》　　B.《泰和律义》
C.《明昌律义》　　D.《六部格式》

33. 全面反映了元朝法制基本状况的法典是（　　）。
A.《泰和律义》　　B. 条格
C.《大元通制》　　D.《至元新格》

34. 元代首部成文法典是（　　）。
A.《大札撒》　　B.《至元新格》
C.《中统条格》　　D.《大元通制》

35. 元朝在中央设立的最高行政机关为（　　）。（2014法硕 非40）
A. 尚书省　　B. 中书省
C. 门下省　　D. 行省

36. 元朝统领吏、户、礼、兵、刑、工六部的中央国家机构是（　　）。（2017法硕 非40）
A. 尚书省　　B. 中书省

C. 门下省　　D. 宣政院

37. 兼掌元代军法审判的机构是（　　）。

A. 大宗正府　　B. 中政院

C. 御史台　　D. 枢密院

38. 元代中央主审机构是（　　）。

A. 大理寺　　B. 审刑院

C. 枢密院　　D. 刑部

39. 元代法律形式中的“断例”相当于唐宋法中的（　　）。

A. 律　　B. 令、格、式

C. 编敕　　D. 编例

40.《大元通制》的组成部分有（　　）。

A. 二部分　　B. 三部分

C. 四部分　　D. 五部分

41. 元朝，僧侣犯重罪后，须上报的机构是（　　）。

A. 宣政院　　B. 理藩院

C. 僧录司　　D. 审刑院

42. 元朝把臣民分为四个等级，地位最低的是（　　）。

A. 南人　　B. 色目人

C. 蒙古人　　D. 汉人

43. 元朝的地方司法机构分为（　　）。

A. 三级　　B. 二级

C. 五级　　D. 四级

44. 下列关于《元典章》的表述，不正确的是（　　）。(2016 法硕 非 40)

A.《元典章》附载了五服图

B.《元典章》为元朝第一部成文法典

C.《元典章》开创了六部分篇的编纂体例

D.《元典章》是元朝地方官府自行汇编的法规大全

45.《元典章》采用的编排体例是（　　）。

A. 以六部职掌分列法条的体例

B. 以法律性质分类编排的体例

C. 将各种法律形式按事类编排的体例

D. 以刑律为主将相关敕令格式分别编附于其后的体例

46. 元朝中央的审判机关大宗正府相当于唐宋时期的（　　）。

A. 御史台　　B. 谏院

C. 大理寺　　D. 刑部

47. 元代法律专门规定了哪种制度？（　　）

A. 代诉　　B. 民诉

C. 刑诉　　D. 陪审

48. 关于宋代法律和法制，下列选项错误的是（　　）(司考)

A.《宋刑统》是中国历史上第一部刊印颁行的法典

B. 宋代法律因袭唐制，对借与贷作了区分

C. 宋仁宗朝敕、例地位提高，“凡律所不载者，一断于敕、例”

D. 宋建隆四年颁行“折杖法”

49. 下列关于宋代折杖法的表述正确的是（　　）。

A. 徒刑折为臀杖

B. 流刑折杖后释放

C. 折杖法不适用于死刑案件

D. 折杖法可适用于反逆犯罪

50. 宋代元丰年间，开封府民人钱某与赵某因相邻土地的田界问题发生纠纷，钱某欲告官解决。按照《宋刑统》的相关规定，官府可以受理钱某词状的时间是（　　）。

A. 四月初一　　B. 六月十八

C. 八月十八　　D. 十月初一

视频讲题

51. 南宋时期辑录的一部著名的判词汇编是（　　）。

A.《折狱龟鉴》　　B.《龙筋凤髓判》

C.《庆元条法事类》　　D.《名公书判清明集》

视频讲题

52. 成吉思汗时期公布的第一部蒙古部族的习惯法汇编是（　　）。

A.《大札撒》 B.《条画五章》

C.《至元新格》 D.《至正条格》

53. “诸强奸人幼女者处死，虽和同强，女不坐。”这条关于强奸幼女罪的法律规定最早出现于（ ）。

A. 唐朝 B. 宋代

C. 元朝 D. 明朝

54. 南宋时，甲、乙、丙一家乘马车出游，途中遭遇车祸，父母甲、乙当场死亡，其子丙重伤、次日而亡。当地知府按照户绝之法，判决此家出嫁女可分得遗产，然而府衙中司法参军提出异议：父母先亡，遗产为子继承则为子之财产，继而子伤重而亡，则该财产实为子之遗产，故此家已嫁之女不享有遗产继承权。对于本案，下列哪一选项是正确的？（ ）

A. 此家出嫁女享有遗产继承权

B. 半数财产应当收归官府所有

C. 司法参军属于地方司法机关

D. 南宋的继承立法中女性享有继承权的规定与现代法律一致

视频讲题

55. 关于宋代的契约制度，哪一个是正确的？（ ）

A. 李家兄弟拟以每亩两石粮食，租用地主吴某田地，此属租佃中按收成比例计算的合成租

B. 农妇张某与小贩王某熟识，王某将鸡仔数十只卖与张某，约定年底收取鸡款，此为“活卖”

C. 侯某外出学习，将田地典与蒋某，约定五年后原价赎回，过期不赎回，田地只能归公

D. 甄某入京做生意，经官府“店宅务”入住一处房宅，每日缴三十文钱，此为“租”或“僦”

视频讲题

56. 南宋庆元年间，某州有一妇人被杀。死者丈夫甲被当地州衙拘捕，受尽拷掠，招认了“杀妻事实”。在该案提交本路提刑司审核时，甲推翻原口供，断然否认杀妻指控。对此，提刑司的下列做法中，符合宋代翻异别推制度规定的是（ ）。

A. 发回原州衙由原审官员重审

B. 上报中央御史台审理

C. 上报中央大理寺审理

D. 指定本路另一州衙官员审理

视频讲题

（二）多项选择题

1. 宋朝为弥补律典之不足进行的立法活动有（ ）。(2016 法硕 非 61)

A. 编敕 B. 编例

C. 编修会典 D. 编纂条法事类

2. 宋代的监司包括哪些机构？（ ）

A. 帅司 B. 宪司

C. 漕司 D. 仓司

3. 中国南宋规定户绝指家无男子承继。按照南宋的继承制度，若出现户绝，立继承人的方式有（ ）。(司考)

A. “立继” B. “嗣继”

C. “祖继” D. “命继”

4. 根据宋朝的法律规定，享有继承家庭财产权利的民事主体包括（ ）。(2014 法硕 法 30)

A. 庶子 B. 命继子

C. 在室女 D. 出嫁女

5. 下列关于宋代继子和绝户之女继承权的表述正确的是（ ）。

A. 只有在室女（未嫁女）的，在室女享有一半的财产继承权，继子享有一半的财产继承权

B. 只有在室女（未嫁女）的，在室女享有四分之三的财产继承权，继子享有四分之一的财产继承权

C. 只有出嫁女（已婚女）的，出嫁女享有四分之三的财产继承权，继子享有四分之一的财产继

承权

D. 只有出嫁女（已婚女）的，出嫁女享有三分之一的财产继承权，继子享有三分之一的财产继承权，另外的三分之一收为官府所有

6. 下列哪些选项体现了宋代行政法律规范的特点？（　　）

A. 监司巡检制

B. 通判

C. “异论相搅”的用人原则

D. 官与职殊

7. 宋代恩宥之制主要包括（　　）。

A. 录囚降释　　B. 大赦

C. 曲赦　　D. 德音

8. 下列有关我国唐宋时期法制的表述哪些是正确的？（　　）（司考）

A.《永徽律疏》不仅是中华法系的代表性法典，也是中国古代法制的最高成就

B.《宋刑统》不仅是一部具有统括性和综合性的法典，也是中国历史上第一部刊印颁行的法典

C. 自首、类推、化外人、区分公罪与私罪等原则都是唐律中重要的刑罚原则

D. 唐代和宋代在中央司法机构的设置上是一致的，即在皇帝以下设置大理寺、刑部、御史台三大司法机构，分掌中央司法审判职权

9. 宋代时期刑罚的主要变化是（　　）。

A. 折杖法　　B. 重法地法

C. 刺配法　　D. 凌迟刑入律

10. 宋初为强化皇帝对司法权的控制，增设的机构包括（　　）。(2014 法硕 非 62)

A. 审刑院　　B. 制勘院

C. 都察院　　D. 推勘院

11. 宋朝的中央司法机构包括（　　）。

A. 御史台　　B. 丞相

C. 刑部　　D. 宫中审刑院

12. 以下哪些选项体现了北宋的重刑思想？（　　）

A. 折杖之制　　B.《贼盗重法》

C. “重法地”　　D. “盗剥桑柘之禁”

13. 两宋的法制指导思想包括（　　）。

A. 加强中央集权，防止割据分裂

B. 重典治“贼盗”

C. 德本刑用

D. 义利并用，重视经济立法

14. 宋代禁榷律法中最为重要和完备的法规有哪些？（　　）

A. 盐法　　B. 茶法

C. 酒法　　D. 重法地法

15. 宋代“折杖之制”的目的是（　　）。

A. 流罪得免远徙　　B. 徒罪得免役年

C. 笞杖得减决数　　D. 死罪得免杀戮

16. 《疑狱集》载：“张举，吴人也。为句章令。有妻杀夫，因放火烧舍，乃诈称火烧夫死。夫家疑之，诣官诉妻，妻拒而不认。举乃取猪二口，一杀之，一活之，乃积薪烧之，察杀者口中无灰，活者口中有灰。因验夫口中，果无灰，以此鞫之，妻乃伏罪。”下列关于这一事例的哪些表述是不成立的？（　　）（司考）

A. 作为县令的张举重视证据，一般用猪来作为证据

B. 张举之所以采取积薪烧猪的方法来查验证据，乃因当时的法律没有规定刑讯的程序

C. 该案杀人者未受刑而伏罪，因其符合当时法律规定禁止使用刑讯的一般条件

D. 张举在这个案件中对事实的判断体现了当时法律所规定的“据状断之”的要求

（三）不定项选择题

1. 宋代的法律体系是“敕令格式”，史籍中所称为“律”者，指的是（　　）。

A. “敕”　　B.《宋刑统》

C. 条法事类　　D. 编例

2. 宋代民事诉讼中，可作为证据的有（　　）。

A. 各类契书

B. 遗嘱

C. 定亲帖子、宗谱等

D. 税籍、丁籍等官府账簿

3. 宋代曾一度在中央设置审刑院，其目的是（　　）。

A. 确保司法公正

B. 加强皇帝对司法的控制

C. 确保当事人的诉讼权利

D. 解决积案问题

4. 宋代的“理雪”制度，其适用的对象是（　　）。

A. 判决已生效的案件

B. 正在诉讼中的一审案件
C. 判决已过三年的案件
D. 正在审判中的二审案件
5. 元朝的法制指导思想是（　　）。
A. 刑乱国用重典　　B. 重典治吏
C. 附会汉法　　D. 尚德缓刑
6. 元朝法律中由地方官吏自行编制的是（　　）。
A.《至元新格》　　B.《大元通制》
C.《元典章》　　D.《大札撒》

简答题

1. 简述《宋刑统》的编纂及特点。
2. 简述宋代行政机构的设置。（考研）
3. 简述宋代折杖法的主要内容。

分析题

1. 神宗变法时宣布“律不足以周事情，凡律所不载者，一断于敕”。据此分析评价宋朝敕之地位及编敕活动。

2.《文献通考》中说道，“……流罪得免远徙，徒罪得免役年，笞杖得减决数”。这是评价的宋代什么制度，请作简要分析。

3.《唐六典·尚书刑部》规定：“开元二十五年敕……自今以后，有犯死刑，除十恶死罪、造伪头首、劫杀、故杀、谋杀外，宜令中书门下与法官等详所犯轻罪，具状闻奏。”

宋太祖诏令：“自今诸州大辟，录案闻奏，付刑部覆视之。”

《隋书·刑法志》规定：“开皇十五年制：死罪者，三奏而后决。”

唐太宗时期规定：“凡决死刑，虽令即杀，仍三覆奏。”

以上材料规定的是何种制度，请分析评价该制度。

4. 通过下面两段对烧埋银的规定，分析元代对损害赔偿的规定。

“诸杀人者死，仍于家属征烧埋银五十两给苦主。”

“蒙古人因争及乘醉殴死汉人者，断罚出征，并全征烧埋银。”

5. 苏州民张朝之从兄以枪戳死朝父，逃去，朝执而杀之。审刑、大理当朝十恶不睦，罪死。案既上，参知政事王安石言：“朝父为从兄所杀，而朝报杀之，罪止加役流，会赦，应原。”帝从安石议，特释朝不问。

——《宋史·刑法志》

根据上述史料，运用中国法制史的知识，回答以下问题：

（1）案犯张朝为什么被审刑院和大理寺判处“十恶”中的不睦罪？

（2）“十恶”罪刑罚适用的特点是什么？

（3）张朝为什么最终被免除刑事责任？（2017 法硕法 38）

6.《宋会要辑稿》记载：“州狱翻异，则提刑司差官推勘；提刑司复翻异，则以次至转运、提举、安抚司。本路所差既遍，则又差邻路。”

请运用中国法制史的知识和理论，分析上述材料并回答下列问题：

（1）材料反映的是宋代司法中的何种制度？

（2）材料如何体现这一制度的运行？

（3）如何评价该制度在宋代司法活动中的意义？（2016 法硕 非 69）

论述题与深度思考题

试论宋代民事法律制度的发展。

参考答案

名词解释

1. 敕是指皇帝对特定的人或事所作的命令。编敕就是将一个个单行的敕令整理成册，上升为一般法律形式的一种立法过程。编敕是宋代一项重要的频繁的立法活动，仁宗以前基本上是“政律并行”，编敕一般依律的体例分类，但独立于《宋刑统》之外。神宗时敕的地位提高，“凡律所不载者，一断于敕”，敕已到了足以破律、代律的地步。

2. 宋代司法机构发生了重大变化。地方司法机构中，各路设提点刑狱司，是中央在各路的司法派出机构；真宗时称提点刑狱公事，仁宗后称提刑司。州设专职司法官司法参军与司理参军，分掌检法议罪和调查侦讯，州长官是主审官。县由知县负责审判。地方死刑案件一般由州一级审判，上报路一级送刑部复核。

3. 审刑院是神宗以前为加强皇帝对司法的控制而增设的中央审判机关，设知院事为长官及详议官六人。凡是上奏案件先交审刑院备案，后交大理寺复核，之后再返回审刑院详议并奏请皇帝裁决。

4. 凌迟是死刑的一种，始于五代时期，是一种碎而割之，使被刑者极端痛苦，慢慢致人死亡的酷刑。宋代时成为法定刑，仁宗时使用凌迟，神宗以后成为常刑，至南宋时，正式成为死刑的一种。

5. 宋代法律在继承关系上，有较大的灵活性。除沿袭以往遗产兄弟均分制外，允许在室女享受部分财产继承权，同时承认遗腹子与亲生子享有同样的继承权。

至南宋又规定了户绝财产继承的办法。户绝指家无男子承继。户绝立继承人有两种方式：(1)“立继”。凡“夫亡而妻在”，立继从妻，称“立继”。(2)“命继”。凡“夫妻俱亡”，立继从其尊长亲属，称为“命继”。继子与户绝之女均享有继承权，但只有在室女的(未嫁女)，在室女享有四分之三的财产继承权，继子享有四分之一的财产继承权。只有出嫁女的（已婚女)，出嫁女享有三分之一的财产继承权，继子享有三分之一，另外的三分之一收为官府所有。

6. 禁榷制度即是国家专卖制度，它在汉代已经出现。宋代财政匮乏，禁榷是其获得财政收入的重要方法之一。宋代禁榷范围有所扩大，除了传统的盐、酒、茶叶，矾、铁、煤等均列为禁榷物种。在禁榷法中以盐法、茶法、酒法最为重要和完善。盐法是有关盐的煮制、买卖和贩运方面的法律。酒法是有关酒的酿制、征税和专卖等方面的律令。宋代称酒的专卖为“榷酤”。

7. “刺”是刺字，是古代黥刑的复活；“配”指流刑的配役。刺配是对罪行严重的流刑罪犯的处罚。宋初其并非常行之法，太祖时偶一用之，到仁宗以后，渐成常制。宋代刺配刑规定详尽，主要适用于杂犯死罪减赎者和强盗、窃盗及一些累犯罪犯。依所犯罪行种类和轻重，刺面的部位和刺的字或记号都有不同，因配役地区远近，刺的深浅也不一样。刺配对后世刑罚制度影响极坏，是刑罚制度上的一种倒退，在宋代和后世都颇遭非议。

8.《宋刑统》为宋代的基本法典，为宋太祖建隆四年（公元963年）颁行，又称《建隆重详定刑统》，其承袭唐末的《大中刑律统类》和后周《显德刑统》的编纂体例，首列律条、律疏，以下附列敕、令、格、式，分12篇、30卷、213门。《宋刑统》的律文和疏议均照录《唐律疏议》，但与唐律相比，名称不再称为“律”，而改为“刑统”。在篇章结构上，篇下分门类编，将同一性质的法律条文归结为一个单元，称为“门”。

9. 翻异别勘为宋代的独特的审判制度，是指当犯人不服判决临刑称冤，或家属代为申冤时，改由另一个司法机构重审，或由监司另派官员复审的制度。由原审机关改派另一官司复审，称“移司别推”；由上级机关差派与原审机关不相干的其他机关复审，称为“差官别推”或“移推”。翻异别勘制度的实行能够在一定程度上杜绝冤假错案的产生，是统治者“慎刑”精神的体现。

10. 鞫谳分司为宋代的独特的审判制度，为防止刑狱酷滥和官吏舞弊，从州至大理寺，都实行审与判分离的司法审判制度。在州一级，司理院的司理参军“掌狱讼勘鞫之事”，另设司法参军，掌“议法判刑”。大理寺分设“断司”和“议司”。这种由专职官员分别负责审与判的制度，称作鞫谳分司制。该制度下，负责审判的官员无权过问检法断刑，检法断刑的官员无权过问审判，二者相互牵制，不易产生流弊。

11. 务限法是宋代对诉讼时间进行限制的法律规定。《宋刑统》中规定，官府受理民事案件的时间为每年的农历十月初一日至次年的正月三十日，在此期间受理的案件必须在三月底之前审结，若未能审结，需中止审理。务限法是为了防止因诉讼拖累农忙。

12. 警迹人是元代的一种刑罚执行制度。元代的法律规定，强、窃盗犯在服刑完毕后，发回原籍“充警迹人”，在其家门首立红泥粉壁，写明姓名、犯事情由，由邻右监督其行为，并且每半月亲自到官府接受督察，这是一种刑罚执行的延长。警迹人可以减免和除籍，凡强、窃盗充警迹人者，五年不犯，除其籍，其能告发及捕获强盗的，可以减少期限。

13.《元典章》全称为《大元圣政国朝典章》，是地方官员抄集的有关政治、经济、军事、法律等方面的圣旨条例的汇编，共60卷，分诏令、圣政、朝纲、台纲、吏部、户部、礼部、兵部、刑部、工部共十类。《元典章》以六部划分法规体例，是《大明律》以六部分篇之滥觞。《元典章》附载有五服图，也为《大明律》所效法。《元典章》虽非中央政府所颁法典，但它系统保存了元朝法律的内容，成为研究元朝社会及法律的珍贵材料。

选择题

（一）单项选择题

1. 答案：D

《宋刑统》的编纂体例可追溯至唐宣宗时颁行的《大中刑律统类》。北宋初曾一度沿用的《大周刑统》，便是大中刑律统类的体例在五代时发展的结果。《宋刑统》在具体编纂上，仍以传统的刑律为主，同时将有关敕、令、格、式和朝廷禁令、州县常科等条文，都分类编附于后，使其成为一部具有统括性和综合性的法典。因此，本题应选 D 项。而将以往历年散敕编纂而成的法令汇编是编敕，将律、敕、令、格、式等各种法律形式按事类编排的法律汇编是南宋创立的新的法律汇编方式。这些均属于现代法理学意义上的法律汇编，而不是完整意义上的现代法典编纂的概念。逻辑体系完整的独创性法典即现代法理学上的法典编纂，是《法国民法典》等新式法典创建的。

2. 答案：C

《宋刑统》在内容上沿袭《唐律疏议》，因此首篇也为《名例》。

3. 答案：A

宋代的法律形式有律、敕、令、格、式。南宋时在敕、令、格、式四种法律形式并行和编敕的基础上，将敕、令、格、式以“事”分类统一分门编纂，形成了“条法事类”这一新的法典编纂体例。孝宗淳熙年间曾编有《淳熙条法事类》。宁宗庆元年间也编纂了《庆元条法事类》。格、式、科这三种法律形式在宋代以前就已出现。因此本题应选 A 项。

4. 答案：C

南宋，在敕、令、格、式四种法律形式并行和编敕的基础上，将敕、令、格、式以“事类”（公事性质）分类统一分门编排，形成了“条法事类”这一新的法典编纂体例。具体是以“事类”为依据编排，每项事类收录相关敕、令、格、式。孝宗淳熙年间曾编有《淳熙条法事类》，宁宗庆元年间也编纂了《庆元条法事类》。因此本题应选 C 项。逻辑体系完整的独创性法典编纂方法是《法国民法典》等新式法典创建的方法；以刑律为主将相关敕、令、格、式分别编附于其后的法律汇编方法，是《宋刑统》采用的；将以往历年散敕编纂而成的法令汇编方法是编敕采用的方法。《宋刑统》、条法事类、编敕这些均属于现代法理学意义上的法律汇编，而不是完整意义上的现代法典编纂的概念。

5. 答案：C

宋代的法律体系比较特别。它有一部《宋刑统》，是相当于唐代《律疏》的正式刑法典。但“律所不载者”，则依编敕，后者的法律地位高于前者。敕的本意是尊长对卑幼的一种训诫。南北朝以后的敕成为皇帝诏令的一种。宋代的敕是指皇帝对特定的人或事所作的命令。编敕是将一个个单行的敕令整理成册，上升为一般法律形式的一种立法过程。编敕是宋代一项重要和频繁的立法活动。因此本题应选 C 项。

6. 答案：D

编敕，是将一个个单行的敕令整理成册，上升为一般法律形式的一种立法过程。编敕是宋代一项重要和频繁的立法活动，神宗时还设有专门编敕的机构“编敕所”。因此本题应选 D 项。

7. 答案：B

唐代御史代表皇帝，临制百司，是皇帝自上而下的监督；谏官的监察是自下而上，以皇帝为监察对象。宋沿唐制于中央设御史台，为中央最高监察机关。除御史台外，两宋尚于门下省设谏院，以分属于门下、中书的左右谏议大夫、司谏、正言为谏官。后随御史职权扩大，许其兼负规谏之责，御史台与谏院渐合二为一，成为台谏合制的历史发端。故台谏合制为一种监督制度，选 B 项。

8. 答案：B

宋代严惩贪墨之罪。宋初，“凡罪罚悉从轻减，独于治赃吏最严”。北宋太祖、太宗之世，数百赃吏或被杖杀朝堂，或被腰斩弃市，或刺配沙门，外增脊杖、籍没等附加刑。宋代不仅在刑罚上从重论处，而且限制“请”“减”“当”“赎”等的适用；一般不以赦降原减；对有赃贪劣迹者禁重入仕途。这些措施，有效地阻止了贪赃之风的恶性发展。故选 B 项。

9. 答案：A

宋太祖时期规定了“刺配”。所谓“刺配”，即“既杖其脊，又配其人，且刺其面，是一人之身，一事之犯，而兼受三刑也”。

10. 答案：C

两宋法律在继承关系上，有较大的灵活性。除沿袭以往遗产兄弟均分制外，允许在室女享受部分继承财产权，同时承认遗腹子与亲生子享有同样的继承权。至南宋又规定了绝户财产继承的办法。绝户指家无男子承继。绝户立继承人有两种方式，凡“夫亡而妻在”，立继从妻，称“立继”。凡“夫妻俱亡”，立继从其尊长亲属，称为“命继”。继子与绝户之女均享有继承权，但只有在室女（未嫁女）的，在室女享有四分之三的财产继承权，继子享有四分之一的财产继承权；只有出嫁女的（已婚女），出嫁女享有三分之一的财产继承权，继子享有三分之一，另外的三分之一收为官府所有。故选C项。

11. 答案：D

南宋规定了绝户财产继承办法。绝户指家无男子承继。绝户立继承人有两种方式：凡“夫亡而妻在”，立继从妻，称“立继”。凡“夫妻俱亡”，立继从其尊长亲属，称为“命继”。继子与绝户之女均享有继承权，但只有在室女的（未嫁女），在室女享有四分之三的财产继承权，继子享有四分之一的财产继承权。只有出嫁女的（已嫁女），出嫁女享有三分之一的财产继承权，继子享有三分之一，另外的三分之一收为官府所有。

12. 答案：D

宋承唐律，在离婚方面，仍实行唐制“七出”与“三不去”制度，但也有少许变通。《宋刑统》规定：夫外出三年不归，六年不通问，准妻改嫁或离婚；但是“妻擅走者徒三年，因而改嫁者流三千里，妾各减一等”。如果夫亡，妻“不守志”者，宋代《户令》规定：“若改适（嫁），其见在部曲、奴婢、田宅不得费用。”故A、B、C项均属于变通规定。

D项规定的是继承制度中的“户绝”制度，与婚姻制度关联不大，D项当选。

13. 答案：B

宋代有关相邻关系的问题，《宋会要辑稿·食货五之二十八》载：“地原从官地上出入者，买者不得阻碍。宅舍亦开。且新旧间架丈尺阔狭，城市乡村等紧慢去处，并量度适中，估价务要公当，不致亏损公私。”又载“居住原有出入行路，在见出卖地者，特与存留”。约七百年后的《法国民法典》第682条和第683条规定：“自己的土地被他人的土地围绕，且并无通道至公路时，土地所有人得为自己不动产的便利，要求在邻人土地上取得通行权”；“通道一般应在被围绕的土地与公路间距离最短的线上开辟”。故选B项。

14. 答案：C

宋代法律因袭唐制，对借与贷作了区分。借指使用借贷，而贷则指消费借贷。当时把不付息的使用借贷称为负债，把付息的消费借贷称为出举。并规定“（出举者）不得还利为本”，即不得超过规定实行高利贷盘剥，以防止激化社会矛盾。这规制的是借贷契约。故选C项。

15. 答案：B

宋代重视物证的效力，刑事案件中，物证作为口供的重要补充。“证以人，或容伪焉”，“证以物，必得实焉”正是体现了重视物证的观念。故选B项。

16. 答案：B

宋代商品经济的发展，推动了债法的发展，不仅内容较唐代时丰富，而且其结构的严谨与制度的完备，均达到了前所未有的程度。在宋代买卖是主要的债权债务关系，买卖分绝卖和活卖，活卖即典质、典卖。因此本题应选B项。

17. 答案：C

典卖契约是一种附有回赎条件的特殊类型的买卖契约。业主的权利包括：得到钱主给付的典价；在约定的回赎期限内，或没有约定回赎期限及约定不清的，在30年内可以原价赎回标的物。钱主的权利则包括：契约期限内标的物的使用收益权；对标的物的优先购买权；待赎期中的转典权；待赎期中业主不行使回赎权时，取得标的物的所有权。

18. 答案：B

宋时对房宅的租赁称为“租”“赁”或“僦”。对人畜车马的租赁称为庸、雇。以房屋租赁为例，宋朝法律规定很详细，即如题干中所引“假每人户赁房，免五日为修移之限，以第六日起掠（收房租），并分舍屋间椽、地段、钱数，分月掠、日掠数，立限送纳”。故选B项。

19. 答案：A

两宋时商品经济的发达推动了民事经济法律制度的发展。经济法律制度的内容不仅较唐代丰富，其结构的严谨与制度的完备，也达到了前所未有的程度。宋时所有权已经区分为不动产所有权和动产所有权。其债法也是同时期西欧中世纪债法所未能企及的。两宋时以订立契约、侵权行为、不当得利、无因管理等法律事实所生之债最为普遍。在继承制度上两宋法律有较大的灵活性。因此应选 A 项。

20. 答案：B

大理寺是宋代中央审判机关，宋代刑部负责大理寺详断的全国死刑已决案件的复核及官员叙复、昭雪等。审刑院是神宗以前为加强皇帝对司法的控制，而增设的中央审判机关。宣政院是元代的宗教管理和审判最高专门机关。故应选 B 项。

21. 答案：C

枢密院是宋代中央最高军事行政机关。宋代在各州设有一至二员通判以"事得专达"皇帝，分割知州职权，凡一州兵民财刑诸政，皆须通判签署方能生效，故有"监州"之称。地方司法机关中，各路设提点刑狱司，是为中央在各路的司法派出机构，真宗时称提点刑狱公事，仁宗后称提刑司。殿前司掌握部分兵权。故正确答案应为 C 项。

22. 答案：C

宋代官府设有专门的勘验官并制有详细的勘验格式，勘验制度相当发达，南宋时还颁布了《检验格目》，重视对犯罪现场的勘验和取证。世界著名的《洗冤集录》等法医学著作的出现，与此有直接关系。因此应选 C 项。

23. 答案：A

《宋刑统》在内容上沿袭《唐律疏议》，《唐律疏议》载："诸化外人，同类自相犯者，各依本俗法；异类相犯者，以法律论。"本题，北宋人与辽国人相犯，不属于同类相犯，实行属地原则，因而应适用《宋刑统》。

24. 答案：C

宋代除审判机构之间监督外，还设立了较完备的审判监督制度。在中央扩大御史台司法职能，太宗时曾设御史台推勘官，分赴地方审理大案。在地方，提刑司监督州县司法，这成为后世巡按制度的渊源。此外，还专门规定有平反冤案及错判案件的"理雪制度"与"推勘院"。故选 C 项。

25. 答案：C

宋代有"翻异别勘"制度。所谓"翻异别勘"是被告推翻原口供而另行安排勘问、推鞫的重审制度。因犯人翻供，所关情节重大，一般换法官审理，称"别推"；若换司法机关审理，则叫"别移"。因此应选 C 项。

26. 答案：A

解析同上题，本题应选 A 项。

27. 答案：D

实行"审"与"判"相分离是宋朝的"鞫谳分司制"。农务繁忙季节停止民事诉讼审判是宋朝"务限法"中的内容。皇帝特诏大理寺、刑部、御史台的长官会同审理是宋朝"三司推事"的内容。

28. 答案：C

宋代有"翻异别勘"制度。所谓"翻异别勘"是被告推翻原口供而另行安排勘问、推鞫的重审制度。因犯人翻供，所关情节重大，一般换法官审理，称"别推"，若换司法机关审理，则叫"别移"。因此应选 C 项。

29. 答案：B

鞫谳分司制是宋代独特的刑事司法制度。鞫谳分司就是将审与判二者分离，由不同官员分别执掌。鞫，指审理犯罪事实。谳，指检法议刑。

30. 答案：A

宋代民事诉讼证据制度方面，契据之书的证明作用受到极大重视，"交易有争，官司定夺，止凭契约"，即是规定了民事交易中契约的优势证明效力。在宋代，各类契书、遗嘱、定亲帖子、宗谱甚至官府账簿如税籍、丁籍等，都在司法实践中被用作证据，对民事诉讼的胜败起到了决定性作用。故选 A。

31. 答案：A

辽代最早的法典是辽太祖时诏令制定法律而编成的《决狱法》。《重熙新定条制》是兴宗重熙五年（公元 1036 年）参照唐律编订而成的，成为当时基本的法律。《咸雍重修新制》是契丹族较成熟的一部法典。《皇统新制》是金代的首部成文法典。

32. 答案：B

《皇统新制》是金代的首部成文法典。《明昌律义》是对《宋刑统》中的疏议加以注释修订而成的。泰和元年（公元 1201 年），金国取唐律 12 篇体例，存留律文 563 条，修成了著名的《泰和律义》，是近代具有代表性的法典，对元代法制产生了巨大的影响。

33. 答案：C

《泰和律义》是金国制定的成文法，元的"条格"相当于唐宋金以来的"令""格""式"，是一种法律形式。《至元新格》是元朝第一部成文法典，而《大元通制》是全面反映了元朝法制基本状况的法典。因此，答案是C项。

34. 答案：B

元代法律中须重点掌握的有《至元新格》《大元通制》《元典章》三部法。《至元新格》是元朝第一部成文法典。牢记该点，可排除其余选项。

35. 答案：B

元朝以中书省取代隋唐的三省制，元朝在中央设立的最高行政机关为中书省。

36. 答案：B

元朝以中书省取代隋唐的三省。中书省以中书令为长官，由皇太子兼领。皇太子一般不到职视事，由左右丞相及其他副职实际负责政务，统称宰相。中书省下仍设吏、户、礼、兵、刑、工六部，掌管国家各方面行政事务。

37. 答案：D

解析：元朝的中央司法机关很特殊，没有设置大理寺，而是以大宗正府为中央审判机关。御史台是监察机关，中政院兼理宫内案件的审理，而枢密院兼掌军法审判。答案只能是D项。

38. 答案：D

元代没有设大理寺，枢密院掌军法审判，刑部既是元朝中央的司法行政机构，又是最高审判机关，“掌天下刑名，法律之政令”及冤、疑案的复审和死刑复核、录囚等职责。审刑院是宋代的中央司法机构。

39. 答案：A

元朝的立法体例模仿唐、宋旧律的法典。断例相当于唐宋金以来的律。

40. 答案：C

元英宗至治三年（公元1323年）修订了一部较为完备的法典——《大元通制》。这部法典共二千多条，分制诏、条格、断例、别类四部分；其篇目仿唐、宋旧律，分为名例、卫禁、职制、祭令等二十篇。

41. 答案：A

佛教在元朝被奉为国教，故僧侣地位极高，并受到法律的特殊保护，在刑罚的适用上也区别对待，优礼有加。元朝设宣政院为全国最高宗教审判与管理机关，专理宗教审判。僧侣犯奸盗、诈伪重罪，有司也不得审问，须报宣政院审理。理藩院是清朝的司法机构，审刑院则是宋代的中央司法机构。

42. 答案：A

元朝根据不同民族将民众划分为四个等级：蒙古人社会政治地位最优越；色目（西夏、回回）次之；汉人再次之；南人（原南宋统治的民众）最低。

43. 答案：D

元朝地方司法机构分为路、府、州、县四级，设达鲁花赤，由蒙古人担任，直接断案。

44. 答案：B

《元典章》以六部划分法规体例，是《大明律》以六部分篇之滥觞。《大明律》附载五服图的做法，在《元典章》中也已有先例。《元典章》是元朝地方官府自行汇编的法规大全，虽非中央政府所颁法典，但它系统保存了元朝法律的内容，成为研究元朝社会及法律的珍贵材料。元朝第一部成文法典是《至元新格》，不是《元典章》。

45. 答案：A

《元典章》是元代官修的《大元圣政国朝典章》的简称，是元朝中期以前法令文书的分类汇编，由地方官吏自行编辑刻印，后由中书省批准在全国颁行。它分前、新两集。前集60卷，计诏令、圣政、朝纲、台纲、吏部、户部、礼部、兵部、刑部、工部10门，373目，每目分若干条格。新集不分卷，体例与前集不尽相同，有国典、朝纲、吏、户、礼、兵、刑、工8门，门下分目，每目分若干条格。其编排仿照《唐六典》以六部职掌分列法条的体例，对《大明律》有影响。以刑律为主将相关敕、令、格、式分别编附于其后的体例，即以法律性质分类编排的体例是《宋刑统》采用的体例；将各种法律形式按事类编排的体例是条法事类采用的体例。故选A项。

46. 答案：C

元朝设置大宗正府审理蒙古、色目人和宗室案件，不受御史台监察，成为蒙古王公垄断的中央审判机构，而唐宋时大理寺是中央审判机关。

47. 答案：A

诉讼代理制度的出现是元代诉讼制度上的一个主要变化。民事诉讼代理的范围扩展到致仕官与一般老百姓，此外，年老笃疾废疾之人，也许其同居亲属代理诉讼。

48. 答案：C

宋太祖建隆四年（公元963年）颁行《宋刑统》，其编纂体例可追溯至唐宣宗时《大中刑律统类》。在具体编纂上，仍以传统的刑律为主，同时将有关敕、令、格、式和朝廷禁令、州县常科等条文，都分类编附于后，使其成为统括性和综合性法典。它是历史上第一部刊印颁行的法典。其全称是《宋建隆重详定刑统》，简称《宋刑统》。A项表述正确。

宋代法律因袭唐制，对借与贷作了区分。借指使用借贷，而贷指消费借贷。B项表述正确。

宋仁宗时，“敕律并行”，宋神宗时，敕的地位提高，“凡律所不载者，一断于敕”，敕已到足以破律、代律的程度。C项表述错误。

建隆四年颁行“折杖法”，意在笼络人心，改变五代以来刑罚严苛的弊端，根据规定，除死刑外，其他笞、杖、徒、流四刑均折换成臀杖和脊杖。折杖法对缓和社会矛盾有一定作用，但对反逆、强盗等重罪不予适用，具体执行当中也存在流弊。D项表述正确。

49. 答案：C

宋代折杖法规定：流刑折为脊杖，配役一年，加役流折脊杖后配役三年，徒刑折成脊杖后释放，免去徒役。其中，死刑、反逆及强盗等重罪不在折杖的范围之内。因此，答案为C。

50. 答案：D

宋代规定务限法，即在农务繁忙季节中停止民事诉讼审判的法律制度。《宋刑统》规定每年农历二月初一日“入务”，即开始进入农忙季节，直到九月三十日止。在“务限”期内，州县官停止受理有关田宅、婚姻、债务、地租等民事案件，限满之日即十月初一日称“务开”，方可受理上述案件，直至次年入务日为止。因此，宋代官府受理民事案件的时间为每年的农历十月初一至次年的正月三十。答案为D。

51. 答案：D

《名公书判清明集》汇集了南宋时期朱熹、真德秀、吴毅夫、陈子华等人的判词。A项《折狱龟鉴》为宋代的一部案例汇编著作，并非判词汇编。B项《龙筋凤髓判》是唐朝的一部判词集。C项《庆元条法事类》为宋代的法律汇编。因此，答案为D。

52. 答案：A

《大札撒》为古代蒙古部族首领对部众发布的命令，是蒙古人早期的法律规范和生活习惯。1225年，成吉思汗下令编纂札撒和训令，史称《大札撒》。因此答案为A。

53. 答案：C

强奸幼女罪确立于元朝。《唐律疏议》和《宋刑统》规定的奸类罪中，未特别列出强奸幼女罪。元朝法律则规定：“诸强奸人幼女者处死，虽和同强，女不坐。”处罚比一般强奸罪要重得多。因此答案为C。

54. 答案：A

本案属于“户绝”情形，按照南宋法律规定，继子与户绝之女均有权继承户绝财产。有未嫁女的，未嫁女享有3/4的财产继承，继子享有1/4的财产继承；只有出嫁女的，出嫁女享有1/3的财产继承，继子享有1/3的财产继承，另外的1/3收为官府所有。故A选项正确，B选项错误。司法参军不属于宋代的地方司法机关。宋代地方州县行政兼理司法，其地方司法机关为州县衙门，司法参军只是地方司法机关中的官员。故C选项错误。宋代继承立法有部分规定与现代法律相近，但是，女性享有继承权的规定与现代法律并不一致。故D选项错误。

55. 答案：D

宋代的租佃契约或按收成比例收租（分成租），或实行定额租。A项中，“李家兄弟拟以每亩两石粮食”租用田地，属于定额租，故A项错误。“活卖”是在中国古代和近代买卖田宅等财产时，卖主保留赎回权利的一种交易方式。“赊卖”是采取类似商业信用或预付方式，而后收取出卖物的价金。B项中，卖方先给鸡，约定年底收取鸡款，属于赊卖，故B项错误。C项中，活卖回赎期满后，物品归蒋某，而非归公，故C项错误。宋代对房宅的租赁称为“租”、“赁”或“僦”。对人畜车马的租赁称为“雇”“佣”，故D项正确。

56. 答案：D

翻异别推，又称翻异别勘，是宋代为防止冤假错案而建立的复审制度，即在发生犯人推翻原有口供，而且案件涉及重罪时，将该案交由其他司法官或司法机关重新审理。改换法官审理称为“别推”，改换司法机关审理称为“别移”。因此，D选项正确。

（二）多项选择题

1. 答案：ABD

敕是皇帝对特定的人和事颁发的诏令，为一时之权制，不具有普遍和长久的效力。编敕，是将一个个单行的敕令整理成册，上升为一般法律形式的一种立法过程。编敕是宋代一项重要和频繁的立法活动。编例也是宋朝重要的立法活动，是对皇帝和中央司法机关发布的单行条例，或者审判的典型案例加以汇编，以弥补律典的不足。南宋在敕、令、格、式四种法律形式并行的基础上，将相关的敕、令、格、式，以“事”分类统一，分门编纂，形成了“条法事类”这一新的法典编纂体例。编敕、编例、条法事类均为宋朝为弥补律典之不足进行的立法活动。

2. 答案：BCD

宋代路一级的权力一分为四，称帅司、宪司、漕司和仓司，分别管理一路军政、司法、财赋与边防，以及监察、赈灾或专卖等政务。四司之间互不隶属，彼此监督，直接对皇帝负责。宪、漕、仓三司又称“监司”，并确立了独具特色的监司巡检制，以此来加强对地方州县的控制。

3. 答案：AD

南宋规定了绝户财产继承的办法。绝户指家无男子承继，绝户立继承人有两种方式：凡“夫亡而妻在”，立继从妻，称“立继”；凡“夫妻俱亡”，立继从其尊长亲属，称为“命继”。

4. 答案：ABCD

宋朝沿用唐朝的继承制度，由于商品经济和私有财产权的发展，财产继承也更加完善。宋朝除沿袭家产兄弟均分制外，允许在室女享受兄弟继承财产权的一半，同时承认遗腹子（父亲死后才出生的孩子）与亲生子享有同样的继承权。南宋又规定了绝户财产继承的办法。绝户指家无男子承继，继子（过继之子）与绝户之女均享有继承权，但只有在室女的，在室女享有四分之三的财产继承权，继子享有四分之一的财产继承权。只有出嫁女的，出嫁女享有三分之一的财产继承权，继子享有三分之一，另外的三分之一收为官府所有。

5. 答案：BD

宋代法律规定继子与绝户之女均享有继承权，但只有在室女（未嫁女）的，在室女享有四分之三的财产继承权，继子享有四分之一的财产继承权，只有出嫁女（已婚女）的，出嫁女享有三分之一的财产继承权，继子享有三分之一的财产继承权，另外的三分之一收为官府所有。故正确答案为BD项。

6. 答案：ABCD

两宋行政律法的特点主要体现在皇帝君权集中与臣僚事权分割以及“异论相搅”的用人原则方面，宋代历朝皇帝为使高度的中央集权不致旁落，采取了一系列分割臣僚事权的措施，在职官设置上形成了独具特色的“官与职殊”“名与实分”的“官”“职”“差遣”制度。上至宰辅重臣，下到州、县长官均受到来自不同机构的牵制，如相权的一分为三、监司巡检制、通判的设置等。故应选ABCD项。

7. 答案：ABCD

宋代恩宥之制主要有大赦、曲赦、德音三种，又统称为贷雪。此外，还有录囚降释之制。

8. 答案：ABCD

《永徽律疏》标志着中国封建立法达到了最高的水平。作为中国封建法制的最高成就，《永徽律疏》全面体现了中国封建法制的最高水平、风格和基本特色，成为中华法系法律制度的代表性法典。《宋刑统》是中国历史上第一部刊印颁行的法典，在编纂体例上，以传统的刑律为主，同时将有关敕、令、格、式和朝廷禁令、州县常科等条文，都分类编附于后，成为一部具有统括和综合性的法典。宋代中央司法机构的设置与唐代一致。

9. 答案：ACD

折杖法、刺配法、凌迟刑入律都是宋代刑罚制度的变化。宋太祖规定了折杖法，即“折杖之制”，是把笞、杖、徒、流四种刑罚减轻量刑或折抵为杖刑的制度；同时为宽贷死罪而立刺配之法，刺面、配流且杖脊，是对特予免死人犯的一种代用刑。刺配刑是对犯人施加墨刑再押送指定场所服役的刑罚。“刺”指在罪犯脸部等处刺青；“配”指押送指定场所服役。凌迟刑是用肉脔割肢解等办法使受刑人缓慢死去的酷刑。它始见于五代。宋初真宗以前，凌迟作为“非法之刑”，常被用来惩罚一些重大犯罪。仁宗天圣九年（公元1031年）颁诏用凌迟刑处死“杀人祭鬼”首犯，凌迟刑开始合法化。南宋《断过大辟人数式》中，把死刑分为凌迟、处斩、处死（绞）三等，凌迟成为法定的第一等死刑。只有重法地法是宋代的立法制度。因此不应选B项。

10. 答案：ABD

宋初为强化对中央司法机关的控制，另立审刑院。凡须奏报皇帝的各种案件，经大理寺断谳后，报审刑院复核，由知院事和详议官拟出定案文稿，经中书省奏报皇帝论决。此外，宋初还增设制勘院和推勘院等临时性机构，负责审理皇帝交办的案件。

11. 答案：ACD

宋沿唐制，于中央设置大理寺、刑部和御史台。太宗时在宫中增设审刑院。可见，A、C、D项都属于宋朝的中央司法机关。

12. 答案：BCD

宋朝重典治“贼盗”。《贼盗重法》、“重法地”“盗剥桑柘之禁”都是北宋重刑思想的主要体现。折杖之制体现的是“流罪得免远徙，徒罪得免役年，笞杖得减决数”的恤刑思想。

13. 答案：ABD

宋代的法制指导思想有：第一，加强中央集权，防止割据分裂。宋王朝起于五代更替之末，政权通过兵变拥立形式夺得，面临的又是经历长期军阀混战之后土地荒芜农业凋敝的局面，宋太祖为了巩固统治，在政权建立初期，就确立了加强中央集权、防止割据分裂的方针。“杯酒释兵权”“收诸道精兵”“诸州租课悉送京师”等措施纷纷出台，以加强中央集权，调节统治阶级内部关系。第二，重典治“贼盗”。仁宗中期以后，土地的大量兼并和频繁的对外战争，日益加重了农民的负担，出现了“天下盗贼纵横”的严重形势。为了镇压盗贼，仁宗嘉祐七年（公元 1062 年）于常法之外首立《窝藏重法》，以惩治盗贼之法惩治窝藏犯。在以盗贼之法惩治窝藏犯的同时，还将京畿诸县划为“重法地”，凡在重法地犯贼盗罪者，加重处罚，借以强化京畿地区的治安。第三，义利并用，重视经济立法。宋代的商品经济极为发达，民事经济法律不仅内容较唐代丰富，而且其结构的严谨与制度的完备，均达到了前所未有的程度。只有 C 项的德本刑用属于唐代的法制指导思想。

14. 答案：ABC

宋代禁榷范围有所扩大，在禁榷法中，以盐法、茶法、酒法最为重要和完善。盐法是有关盐的煮制、买卖和贩运方面的法律。酒法是有关酒的酿制、征税和专卖等方面的律令。因此应选 ABC 项。

15. 答案：ABC

宋太祖规定了折杖法，即“折杖之制”，是把笞、杖、徒、流四种刑罚减轻量刑或折抵为杖刑的制度。减刑方法大体为：最高笞刑五十减至十，以下递减；最高杖刑一百减至二十，以下递减；最高徒刑三年折抵为杖二十，免除劳役，以下递减；最高流刑加役流折抵杖二十，以下递减，原有劳役就地执行。笞、杖刑经减数后仍责打于臀部，称为“臀刑”；徒、流刑折抵的杖刑，责打于背脊部，称为“脊杖”。折杖法使“流罪得免远徙，徒罪得免役年，笞杖得减决数”。只有“死罪得免杀戮”不是折杖法的目的。因此不应选 D 项。

16. 答案：ABC

此案反映了传统司法中对证据以及取证的重视。依法有详细的刑讯规定，被告不具备免于刑讯的条件；此案中猪是验证的手段，并非证据。因此，ABC 项为正确答案。

（三）不定项选择题

1. 答案：B

宋代的法律体系比较特别。首先它有一部《宋刑统》，是相当于唐代《律疏》的正式刑法典。宋代史籍中所称为“律”者，多指《宋刑统》。但“律所不载者”，则依编敕，后者的法律地位高于前者，编敕与令、格、式一起，形成了宋代独特的“敕令格式”的体系。因此应选 B 项。

2. 答案：ABCD

宋代民事诉讼证据制度方面，契据之书的证明作用受到极大重视，“交易有争，官司定夺，止凭契约”，即是规定了民事交易中契约的优势证明效力。宋代，各类契书、遗嘱、定亲帖子、宗谱甚至官府账簿如税籍、丁籍等，都在司法实践中被用作证据，对民事诉讼的胜败起到了决定性作用。

3. 答案：B

宋代中央司法机关，初为大理寺与刑部，太宗时在宫中增设审刑院，加强皇帝对司法的控制。因此应选 B 项。

4. 答案：A

宋代规定判决生效后，犯人及其家属如有不服，可以依程序逐级进行申诉，称为“理雪”制度。其具体程序为：属“断遣不当者”，从所属县诉起，经本州、转运使、提刑司、尚书本部、御史台，直到登闻鼓院、登闻检院。申诉必须依次投诉，不得越诉，但所经官司不理或限满尚未与决，则可以依次向上级陈诉。受理申诉案的官司都应在期限内组织，无碍官吏审理。当事人申诉也有时效期限，即判决生效期限，即判决生效已过三年者，不许理诉。因此应选 A 项。

5. 答案：C

“刑乱国用重典”“重典治吏”是明朝的法制指导思想，“尚德缓刑”是清朝的法制指导思想。元世祖时，采纳汉族官僚提出的“遵用汉法”“附会汉法”的建议。元世祖以“附会汉法”作为其最具代表性的立法指导思想，并非偶然。

6. 答案：C

《元典章》全称为《大元圣政国朝典章》，是由地方官吏抄集的法律文书的分类汇编。《元典章》是收录当时原始法律令及判例的文献，其史料价值极高。

简答题

1. 宋初沿用前代法规，刑法方面主要沿用后周《显德刑统》。宋太祖建隆四年（公元963年），在工部尚书判大理寺窦仪等人的奏请下，开始修订宋代新的法典。该法典于同年七月完成，由太祖诏“付大理寺刻板摹印，颁行天下”，成为中国历史上第一部刊印颁行的法典，简称《宋刑统》。

《宋刑统》的编纂体例可追溯至唐宣宗时颁行的《大中刑律统类》。《宋刑统》在具体编纂上，仍以传统的刑律为主，同时将有关敕、令、格、式和朝廷禁令、州县常科等条文，都分类编附于后，使其成为一部具有统括性和综合性的法典。

《宋刑统》和《唐律疏议》相比，有如下特点：一是两者的篇目、内容大体相同。《宋刑统》也是30卷、12篇、502条。二是《宋刑统》在12篇、502条中又分为213门，将性质相同或相近的律条及有关的敕、令、格、式、起请等条文作为一门。三是《宋刑统》收录了五代时通行的部分敕、令、格、式，形成一种律令合编的法典结构。四是《宋刑统》删去《唐律疏议》每篇前的历史渊源部分，因避讳对个别字也有改动。

2. 宋初一改唐中枢三省的体制，以两府三司共治国事。所谓“两府”，是指中书门下与枢密院，中书门下是宋朝的最高行政机构，其长官中书门下平章事，实际行使宰相职权。同时，以枢密院为中央最高军事行政机关，枢密院的长官与宰相平级。中书与枢密院号称“两府”。“三司”是指盐铁司、度支司和户部司三个中央最高财政管理机关，其长官为“三司使”，总管国家政经。

地方上设“路”一级中央派出机构，长官为帅司（经略安抚使）、漕司（转运使）、宪司（提刑按察使）、仓司（提举常平使），简称“四司”。路下为州，是路以下重要的一级地方政权。州下为县，是地方行政机构中最低的一级。

3. 折杖法为宋太祖赵匡胤在建隆四年（公元963年）所定，是将“笞、杖、徒、流”的传统行刑方式折换为杖刑的一种制度。折杖法规定，流刑四等，自加役流至流三千里、流二千五百里、流二千里分别决脊杖二十，配役三年，及决脊杖二十、十八、十七，均配役一年，免去流放；徒刑五等，自徒三年至徒一年，分别决脊杖二十、十八、十七、十五、十三后释放，免去徒役；杖刑五等自杖一百至杖六十，分别决臀杖二十至十三后释放；笞刑五等自笞五十至笞十，分别决臀杖十下、八下、七下后释放。其中，死刑、反逆及强盗等重罪不在折杖的范围之内。

北宋初年之所以创制折杖法，是因为宋太祖认为五代时期刑罚过于严苛，而折杖法可以使“流罪得免远徙，徒罪得免役年，笞杖得减决数”，体现了宋代统治者“恤刑”的思想。折杖法的施行，对于纠正刑罚严酷的趋势、缓和社会矛盾起到了一定的作用；但其刑种和刑等的设置，并不完全科学合理，难免有轻重悬殊之弊。

分析题

1. （1）敕是皇帝对特定的人和事以及特定的区域所颁发的诏令，为一时之权制，不具有普遍的法律效力。所谓编敕是把众多的散敕，加以分类汇编，经皇帝批准颁行后，便具有普遍的法律效力。编敕是宋朝最重要的经常的立法活动。

（2）自太祖制定《建隆新编敕》后，规定凡新登位皇帝或每次改年号都要编敕。不仅朝廷编敕，而且地方司、路、州、县也有编敕。

（3）重要的编敕有太宗时的《太平兴国编敕》《大中祥符编敕》等。

（4）至宋仁宗时期，“律敕并行”导致法令不一、相互矛盾的局面。

（5）神宗变法后，更是提高了敕的地位。至南宋孝宗后，又把敕、令、格、式分门别类汇编，名为《淳熙条法事类》。宁宗庆元二年（公元1196年）又颁《庆元条法事类》。

2. （1）这段话是对宋代折杖法的评价。

（2）宋太祖创立折杖法，作为重刑的代用刑。即把笞刑、杖刑折为臀杖；徒刑折为脊杖，杖后释放；流刑折为脊杖，并于本地配役一年；加役流，脊杖后，就地配役三年。从而使“流罪得免远徙，徒罪得免役年，笞杖得减决数”。

（3）虽然实行笞杖徒流刑的折杖法，但是仍然存在弊端。因此，在徽宗时又对徒以下罪的折杖刑数重作调整，减少对轻刑犯的危害。

3.（1）以上材料是指唐、宋的死刑复核制度。

（2）所谓死刑复核制度，即指死刑已定判的案件，行刑前必须奏请皇帝再次核准。隋、唐时期，死刑复核制度通常须经中央有关机关审查后再奏报皇帝核准。宋朝死刑仍然须经皇帝核准。

（3）唐太宗时期规定了三覆奏制度，后为慎重对待死刑案件，改行刑前的“三覆奏”为“五覆奏”，即决前一日两覆奏，决日三覆奏。但犯恶逆以上罪，以及部曲、奴婢杀主人罪，行一覆奏即可。唐律还规定，如果审判官不待覆奏而擅自执行死刑的，处以流刑二千里。

（4）宋朝继续实行死刑覆奏制度，只是在覆奏的次数上有所不同，京师死罪实行一覆奏、地方死刑则不覆奏。

4. 在损害赔偿方面，元代以前，由犯罪行为造成的损害，被告很少获得赔偿。元代对此有所修订，除对罪犯处刑外，法律中附带的损害赔偿较多。（1）在人身伤害方面，元律规定：对造成被伤害人残疾的，加害人应受刑罚并承担赔偿责任。根据伤害性质和程度的不同，所追索的损失赔偿分别称为“养济之资”“养赡之资”“医药之资”等。（2）对于杀人罪，元代法律一般规定向罪犯家属征“烧埋银”给苦主，“烧埋银”具有一定的损害赔偿性质，但杀有罪之人免征“烧埋银”。并且，元朝法律规定损害赔偿之债的债务担保可采用“役身折酬”方式代偿。

5.（1）“十恶”中的不睦罪是指谋杀或卖缌麻以上亲，殴打或告发丈夫及大功以上尊长等。案犯张朝与被害人张朝之从兄是缌麻以上亲（五服之内），构成“十恶”中的不睦罪。不睦罪属于危害家庭伦理的重大犯罪行为，近亲之内相杀伤罪重于普通人之间的杀伤罪。

（2）“十恶”罪位列五刑之首，通常被判处死刑。犯“十恶”者，“为常赦所不原”。另犯“十恶”者不得适用议、请、减、赎、当、免等优免措施。

（3）依宋朝法律的规定，为父复仇杀人的，罪止加役流。本案中，张朝系为父复仇而杀人，经朝议认为罪止加役流，无死罪，会赦，应原。案犯张朝虽属于“十恶”犯罪，但经皇帝特赦，故免其罪责，最终被免除刑事责任。

6.（1）“翻异别勘”制。即犯人推翻原口供的，交由其他法官或司法机构重新审理。

（2）材料具体反映的是州狱案件应当如何适用翻异别勘。犯人推翻口供时，先由提刑司官员重审；犯人再翻供的，交由本路转运、提举、安抚司等机构依次重审；本路机构均参与重审后，犯人又翻供的，改由相邻路的司法机关重审。

（3）这一制度的出现，在一定程度上减少了冤假错案的发生，有利于司法公正的实现，体现了宋代司法的慎刑精神。

论述题与深度思考题

宋代民事法律制度的发展变化主要体现在以下几个方面。

（1）所有权方面的法律规定。两宋通过规定印契（红契）制度及税契制度确认土地所有权，两宋所有权又划分为动产所有权（物主权）与不动产所有权（业主权），并实行不抑兼并的土地政策。

（2）债法的发展。宋代对债的发生、履行或不履行，债的消灭，债的担保均有具体的法律规定。两宋之债，多为契约之债。宋代买卖契约分为绝卖、活卖与赊卖三种。两宋租佃土地活动十分普遍。宋代借贷契约沿袭唐制，借指使用借贷，而贷指消费借贷。

（3）婚姻法规。宋承唐制，在离婚方面，仍实行唐制“七出”与“三不去”制度。

（4）继承法规的发展。两宋法律在继承关系上有较大的灵活性。允许在室女享受部分继承财产权，同时承认遗腹子与亲生子享有同样的继承权。南宋又规定了绝户财产继承的办法。

（5）禁榷律法。宋代财政匮乏，禁榷是其获取财政收入的重要方法之一。宋代禁榷（专卖）范围有所扩大。在禁榷律法中，以盐法、茶法、酒法最为重要和完备。

第十章 明代法律思想与制度

知识逻辑图

明代法律思想与制度
- 立法思想："明刑弼教""重典治国"
- 立法概况与法律形式：《大明律》、《御制大诰》、例、《大明会典》
- 行政立法
  - 中央：废除宰相制度，设置六部机构
  - 地方：省、府、县三级制
  - 人事制度：科举、考核、致仕
- 刑事立法
  - 特点："重其重罪""严法整饬官吏"
  - 刑罚制度的变化："廷杖"制度，刑罚手段残酷
  - 文字狱
- 经济法规：《茶法》《盐法》《钞法》
- 民事法规
  - 土地所有权的形成："鱼鳞图册"与"垦荒"
  - 土地买卖形式：活契、找贴契、绝卖契
  - 租佃制：佃仆制、分成租制、定额租制
  - 土地所有权的变更
  - 婚姻家庭制度
- 司法制度
  - 中央司法机构：刑部、大理寺、都察院
  - 地方司法机构：省、府（直隶州）、县
  - "厂""卫"特务司法机关
  - 诉讼制度的特点："厂""卫"参与司法
  - 会审制度：九卿会审、会官审录、朝审、大审

名词解释

1. 通政使司（考研）
2. 奸党罪
3. 厂卫（考研）
4. 廷杖
5. 田底权和田面权
6. 圆审
7. 廷议制度
8. 朝审
9. 大审
10. 热审
11. 《大诰》
12. 鱼鳞图册
13. 申明亭

选择题

（一）单项选择题

1. 明朝重典治国的侧重点在于（　　）。

A. 治吏　　B. 治民

C. 治县　　D. 治世

2. 《大明律》编修体例上的一大变革是（　　）。

A. 名例律冠于篇首　　B. 以事为类

C. 改为七个部分　　D. 附加敕令格式

3. 明朝例正式成为法律始于（　　）。
A.《大明律》　B.《大诰》
C.《问刑条例》　D.《大明律集解附例》

4. 明朝通行不改的国家大法是（　　）。
A.《大明律》　B. 明《大诰》
C.《大明令》　D.《明会典》

5.《大明会典》规制的是（　　）。
A. 刑事法律关系　B. 民事法律关系
C. 行政法律关系　D. 经济法律关系

6. 明朝初年，朱元璋将其亲自审理的案件加以整理汇编，并加上因案而发的训导，作为训诫臣民的特别法令颁布天下，史称（　　）。(2014 法硕 非 41)
A.《明大诰》　B.《大明律》
C.《大明会典》　D.《问刑条例》

7.《明大诰》的内容是（　　）。
A. 律文　B. 刑名
C. 法例　D. 案例

8. 最早将例附于律后，律例并行的法典是（　　）。
A. 唐律　B. 宋刑律
C. 元律　D. 明律

9.《明大诰》是一部（　　）。
A. 特别民事法　B. 特别刑事法
C. 案例集　D. 特别行政法

10. 明代掌一省法律监察事务的机构是（　　）。
A. 提刑按察使司　B. 承宣布政使司
C. 都指挥使司　D. 知府

11. 明代时期被称为"风宪衙门"的中央机构是（　　）。(2014 法硕 法 18)
A. 都察院　B. 大理寺
C. 尚书省　D. 刑部

12. 明代负责全国行政监察工作、参与重大或疑难案件审理的中央机关是（　　）。(2016 法硕 非 41)
A. 御史台　B. 大理寺
C. 都察院　D. 锦衣卫

13.《明律·刑律》专设"受赃"之门，内有"官吏受财""坐赃致罪""事后受财""有事以财请求""在官求索借贷人财物""家人求索""风宪官吏犯赃""私受公侯财物""克留盗赃"等详细律条，规定的是（　　）。
A. 交结朋党犯罪　B. 贪污贿赂犯罪
C. 渎职犯罪　D. 内外官勾结犯罪

14. 明太祖朱元璋为"防臣下揽权专擅，交结党援"而增设的一项新罪名是（　　）。(2017 法硕 非 41)
A. 阿党罪　B. 左官罪
C. 腹诽罪　D. 奸党罪

15. 较之于唐律，明律中处罚有所减轻的罪名是（　　）。(2014 法硕 法 18)
A. 谋反
B. 强盗
C. 官吏受财
D. 子孙违犯教令

16. 明律规定《茶法》《盐法》《钞法》，实现了（　　）。
A. 对民事关系的法律调控
B. 对刑事关系的法律调控
C. 对经济关系的法律调控
D. 对行政关系的法律调控

17."鱼鳞图册"解决的是（　　）。
A. 官制问题　B. 刑制问题
C. 税制问题　D. 户籍问题

18. 下列不属于明代所征商税的是（　　）。
A. 在必要通道设关立卡对商人征收的通过税
B. 向市肆的门肆门摊收取的市税
C. 对各国舶货的船舶收取的舶税
D. 对土地买卖征收的赋税

19. 下列土地买卖契约中，买卖双方在所有权关系上发生了绝对移转的是（　　）。
A. 活契　B. 找贴契
C. 索贴契　D. 绝卖契

20. 明代的土地买卖契约中没有（　　）。
A. 活契　B. 赊卖
C. 找贴契　D. 绝卖契

21. 在下列哪种租佃制下，佃农的封建人身隶属关系较为严格？（　　）
A. 佃仆制　B. 分成租制
C. 定额租制　D. 预租制

22. 明律规定，拾得人可以得到遗失物的（　　）。
A. 三分之一　B. 四分之一
C. 一半　D. 全部

23.《大明律》所订《盐法》的主要内容是（　　）。
A. 禁止私人买卖食盐的规定
B. 食盐自由买卖的规定

C. 对买卖食盐征税的规定

D. 生产食盐的规定

24. 明律规定田宅买卖必须（　　）。

A. 经管给据　　B. 先问亲邻

C. 印契税契　　D. 过割赋税

25. 家长主婚权在法律上明确规定下来始自（　　）。

A. 宋朝　　B. 金朝

C. 元朝　　D. 明朝

26. 明朝的省有权判处并执行的案件是（　　）。

A. 杖刑以下　　B. 杖一百以下

C. 流刑以下　　D. 徒刑以下

27. 明朝规定一切死罪案件必须上报中央司法机构（　　）。

A. 刑部　　B. 大理寺

C. 御史台　　D. 都察院

28. 明代地方三级司法机关分为（　　）。

A. 道、府、县　　B. 省、府、县

C. 省、州、县　　D. 省、县、申明亭

29. 明朝将御史台改为（　　）。

A. 通政使司　　B. 布政使司

C. 按察使司　　D. 都察院

30. 明代的厂卫机构被赋予的司法特权不包括（　　）。

A. 侦查缉捕权　　B. 监督审判权

C. 判决权　　D. 法外施刑权

31. 明朝洪武十五年（公元1382年）太祖始令锦衣卫负责刑狱与缉查逮捕。锦衣卫下设南、北镇抚司，其北镇抚司“专理诏狱”，按旨行事，并设法庭监狱，管辖“不轨、妖言、人命、强盗重事”，使“天下重囚多收系锦衣卫断治”。这反映了（　　）。

A. 宦官干预司法

B. 厂卫特务机构干预司法

C. 外戚干预司法

D. 军事干预司法

32. 明朝法律允许（　　）。

A. 奴婢告主　　B. 雇工告主

C. 卑幼告尊长　　D. 直诉皇帝

33. 明朝省一级专管司法审判事务的机构是（　　）。

A. 布政司　　B. 指挥司

C. 提刑按察司　　D. 通政司

34. 明朝中央最高审判机构是（　　）。

A. 大理寺　　B. 刑部

C. 都察院　　D. 内阁

35. 明朝由中央刑部、大理寺和都察院组成的联合审判制度，称为（　　）。

A. 三司会审　　B. 热审

C. 朝审　　D. 大审

36. 明朝的由大理寺卿、都察院左都御史、通政使以及六部尚书会审的复审制度称为（　　）。

A. 圆审　　B. 热审

C. 三司会审　　D. 大审

37. 明朝专门会审重案囚犯的制度是（　　）。

A. 圆审　　B. 秋审

C. 会官审录　　D. 朝审

38. 明代一切死刑和重案的最后裁决权归（　　）。

A. 刑部　　B. 大理寺

C. 皇帝　　D. 都察院

39. 明朝创设六科给事中，作为独立组织，稽查六部百司之官，是一种（　　）。

A. 立法制度　　B. 司法制度

C. 监督制度　　D. 执法制度

40. 关于明代法律制度，下列选项错误的是（　　）。（司考）

A. 明朱元璋认为，“夫法度者，朝廷所以治天下也”

B. 明律确立“重其所重，轻其所轻”刑罚原则

C.《大明会典》仿《元六典》，以六部官制为纲

D. 明会审制度为九卿会审、朝审、大审

41. 清人薛允升比较唐律与明律后指出，明律相对于唐律在内容上“重其所重，轻其所轻”。下列选项中，属于明代“轻其所轻”的犯罪是（　　）。

A. 官吏贪赃受贿　　B. 谋毁宗庙山陵

C. 子孙违犯教令　　D. 监守自盗钱粮

视频讲题

42. 明代成化年间，一日本留学生与一威尼斯商人在泉州因琐事发生殴斗，日本留学生受重伤。按《大明律》的规定，审理此案应依据的法律是（　　）。

A. 明代法律　　B. 日本国法律

C. 威尼斯法律　　D. 当事人选定的法律

视频讲题

43. 有文献评价某朝的法制状况：“杀人至惨，而不丽于法。踵而行之，至末造而极。举朝野命，一听之武夫、宦竖之手，良可叹也！”这段话所评价的朝代是（　　）。

A. 宋朝　　B. 元朝

C. 明代　　D. 清朝

视频讲题

44. 下列关于大理寺和死刑复核的说法，哪一选项是正确的？（　　）

A. 北魏时期正式设置大理寺以增强中央司法机关的审判职能

B. 隋唐时期大理寺有权重审刑部移送的疑难死刑案件

C. 宋代大理寺负责刑部判决的全国死刑案件的复核

D. 明代刑部负责驳正大理寺判决的“情词不明或失出入者”的案件，并予以复核

视频讲题

45.《大明律·吏律·职制》规定：“若刑部及大小各衙门官吏，不执法律，听从上司主使，出入人罪者，罪亦如之。”该罪是指（　　）。

A. 见知故纵　　B. 不直

C. 奸党　　D. 纵囚枉法

46. 明成化年间，应天府某佃民在官地内耕种时，掘得古器一件和银锭数枚。根据《大明律·户律·钱债》“得遗失物”条的规定，掘得埋藏之物的归属是（　　）。

A. 古器与银锭均归国家所有

B. 古器与银锭均归发现人所有

C. 古器归国家所有，银锭归发现人所有

D. 古器归发现人所有，银锭归国家所有

视频讲题

47. 明代中叶以后改革赋役制度，推行“一条鞭法”，将各类赋役合并折算，统一征收（　　）。

A. 布帛　　B. 铜钱

C. 银两　　D. 粮食

（二）多项选择题

1. 下列选项中，属于明代法律形式的有（　　）。

A. 则例　　B. 大诰

C. 条法事类　　D. 问刑条例

视频讲题

2. 关于历代司法诉讼制度，下列说法正确的是（　　）。

A. “五听”是指辞听、色听、气听、耳听、目听

B. 曹魏时期正式设立大理寺

C.《唐六典》首次肯定了司法官的回避制度

D. 明末改刑部为法部，改大理寺为大理院

视频讲题

3. 明代的法律指导思想有（　　）。

A. 礼法合一　　B. 德主刑辅

C. 明刑弼教　　D. 重典治国

4. 明代的法律形式主要有（　　）。

A. 律　　B. 诰

C. 例　　D. 典

5. 下面有关《大明会典》的叙述正确的是（　　）。

A.《大明会典》仿《唐六典》体例而来

B. 其体例“以本朝官职制度为纲”，有关各职的历朝律令典籍规范和历代损益之事分载于后

C. 对调整政权机关的行政活动有重要作用

D. 具有法规大全的性质

6.《大明律》的制定颁行经历了（　　）。

A. 吴元年《大明律》

B. 洪武六年《大明律》

C. 洪武二十二年《大明律》

D. 洪武三十年《大明律》

7. 有关《明大诰》的叙述正确的有（　　）。

A. 以判例形式出现的，带有特别法性质的重刑法令，是律外之法

B. “明刑弼教”是其颁行的重要指导思想

C. 明前期《大明律》之外最重要的法律

D. 以重典整饬吏治而著称

8. 下列关于明朝官员选任制度的表述，正确的有（　　）。（2016 法硕 法 30）

A. 科举制是明朝官吏选任的基本途径，辅之以荐举制

B. 科举考试以四书五经为命题内容，且要求考生论及时事

C. 地方官任命严格执行“北人官南，南人官北”的籍贯回避

D. 明朝建立了完整的科举选官制度，只有官学的学生才可以参加科举考试

9. 明代严法整饬吏治表现在（　　）。

A. 重惩贪官污吏

B. 对官吏犯罪行“重罪加重”原则

C. 严禁臣下结党、内外官交结

D. 颁行《盐法》《茶法》

10. 明太祖朱元璋在洪武十八年（公元 1385 年）至洪武二十年（公元 1387 年）间，手订四编《大诰》，共 236 条。关于明《大诰》，下列哪些说法是正确的？（　　）（2014 司考 卷一/57）

A.《大明律》中原有的罪名，《大诰》一般都加重了刑罚

B.《大诰》的内容也列入科举考试中

C. “重典治吏”是《大诰》的特点之一

D. 朱元璋死后《大诰》被明文废除

11. 明代廷杖制度的内容有（　　）。

A. 由宦官监刑

B. 锦衣卫行杖

C. 适用对象是犯颜直谏或忤旨过犯的官员

D. 杖具为木棍，五杖一易人

12. 明代创设的税收法律制度的内容有（　　）。

A. 规定税契制度　　B. 茶盐专卖立法

C. 鱼鳞图册制度　　D. 商税法

13. 明代的租佃制包括（　　）。

A. 佃仆制　　B. 分成租制

C. 定额租制　　D. 预租制

14. 明朝的中央司法机构包括（　　）。

A. 大理寺　　B. 刑部

C. 御史台　　D. 都察院

15. 下列中国古代法律制度，哪些是直接受儒家思想的影响而形成的？（　　）（司考）

A. 汉代的《春秋》决狱

B. 明代的“九卿会审”

C.《魏律》规定的“八议”制度

D.《晋律》和《北齐律》确立的“准五服制罪”制度

16. 明朝初年在乡间创设的申明亭，具有基层司法组织的功能。通常可以由申明亭受理和调处的案件包括（　　）。（2015 法硕 非 60）

A. 贼盗　　B. 婚姻

C. 田土　　D. 斗殴

（三）不定项选择题

1. 中国古代监察机关御史台改称为“都察院”始于（　　）。

A. 宋朝　　B. 元朝

C. 明朝　　D. 清朝

2. 下列属于明代刑部职掌范围的有（　　）。

A. 审理京师地区案件和文职官员案件

B. 审核地方徒刑以上重案

C. 分管京师及各省案件的复核与平反工作

D. 代表皇帝去各地录囚，审理大狱

3. 明朝创设的耻辱刑是（ ）。

A. 廷杖 B. 充军

C. 发遣 D. 枷号

4. 明朝时下列刑罚在法律上未被定为本罪的有（ ）。

A. 充军 B. 徒刑

C. 杖刑 D. 流刑

5. 明代“厂”“卫”特务机关享有的司法特权有（ ）。

A. 侦察缉捕之权

B. 讯问权

C. 判决权

D. 法外施刑权

简答题

1. 简述明初的立法思想与原则。

2. 简述《明大诰》的主要内容及结构特点。

3. 将明律与唐律比较，何为“重其所重，轻其所轻”?（考研）

4. 简述明代的“科田法”。

分析题

1. 通过分析“大事奏裁，小事立断”（《明史·职官制》），说明明朝的御史监察制度。

2. 通过以下几段话，分析明朝的官营专卖制度。

“凡犯私茶者，同私盐法论罪。”

——《大明律》

“不拘斤数，连知情歇家牙保，俱发遣烟瘴地面充军。”

——《问刑条例》

“凡私煎矾货卖者，同私盐法治罪。”

——《大明律》

3. 分析下面的话：

“天下重罪逮至京者，收系（锦衣卫）狱中，数更大狱，多使断治。”

“（东厂）访谋逆妖言大奸恶等，与锦衣卫均权势。”

“（西厂）以太监汪直领之……所领缇骑倍东厂，势远出卫上。”

“是数者，杀人至惨，而不丽于法。踵而行之，至末造而极。举朝野命，一听之武夫、宦竖之手，良可叹也!”

4. “大抵事关典礼及风俗教化等事，唐律均较明律为重。盗贼及有关帑项钱粮等事，明律则又较唐律为重。”

——（清）薛允升：《唐明律合编·祭祀》

请运用中国法制史的知识和理论，分析上述材料并回答下列问题：

（1）如何理解薛允升的上述观点?

（2）为什么明律较唐律会发生这样的变化?（2012法硕 非69）

5. “民间户婚、田土、斗殴相争，一切小事，不许辄便告官，务要经由本管里甲、老人理断。若不经由者，不问虚实，先将告人杖断六十，仍发回里甲、老人理断。”

——（明）朱元璋：《教民榜文》

根据上述材料，请运用中国法制史的知识，回答以下问题：

（1）明初处理民间诉讼的诉前程序是什么?

（2）若违反这些程序，当如何处理?

（3）明初设定此种程序的意义何在?（2017法硕 非69）

论述题与深度思考题

1. 简论《大明律》的制定过程及影响。（考研）

2. 论述明代的立法理念、立法活动及重要的立法成果。（人大考研2017）

参考答案

名词解释

1. 通政使司是明初在削弱丞相职权时所建立的一个衙门，设通政使一人，左、右通政各一人，职掌“出纳帝命，通达下情，关防诸司出入公文”。凡内外大臣奏章，必须经由通政使司转达皇帝，从而剥夺了丞相查阅奏章的权力。明代的通政使司，实际上是朝廷负责收管内外章奏的机构。

2. 奸党罪是明律的创新，是明代刑名滥设的典型之一，是朱元璋于洪武年间创设，用以惩办官吏结党危害皇权统治的犯罪。其规定大臣专擅选官，朝官结党紊乱朝政，外官与内侍交结作弊，谗言左使杀人，均以奸党罪论处。甚至上言宰执大臣才能的，也以奸党罪论处，知情宰执大臣同罪。“奸党罪”。

3. “厂”即东厂、西厂、内行厂。明代成祖时“恐外官徇情”设“东厂”，宪宗时又为监督厂、卫而设“西厂”，至武宗为监督东、西厂，又设“内行厂”。“卫”即锦衣卫，下设镇抚司。厂卫是明朝的特务机关，厂卫干预司法是明朝司法制度的一个重要特点，又是有明一代的一大弊政。厂卫特务从事侦缉、审判等活动，涉足司法活动的各个环节。明末曾下令尽毁锦衣卫刑具，不许再用。

4. 廷杖即由皇帝下令，司礼监监刑，锦衣卫施刑，在朝堂之上杖责大臣的制度。朱元璋在位期间曾将工部尚书薛祥杖杀于朝堂之上。明太祖死后，“廷杖”之刑被愈益广泛地使用。明武宗正德初年（公元1506年），宦官刘瑾秉承皇帝旨意，“始去衣”，杖责大臣，使朝臣多有死者。嘉靖年间因群臣谏争“大礼案”，被杖责大臣多达134人，杖死16人。至明亡前崇祯皇帝也没有停止廷杖。

5. 明中叶以后，商品经济发展很快，土地买卖活动频繁，买卖关系变得更为复杂，导致地权分裂为田底权（田底又称田骨）和田面权（田面又称田皮）。田底权是土地所有权，田面权是土地使用权或耕作权。田主可以作为己业出卖或租让田底权，获有田面权的所谓“二地主”则可以出卖或转租土地的耕作权即佃权。

6. 圆审又称九卿会审，是由六部尚书及通政使司的通政使、都察院左都御史、大理寺卿九人会审皇帝交付的案件或已判决但囚犯仍翻供不服之案。

7. “廷议”即廷臣会议，是明代朝廷的议事制度。明代廷议之事均为“事关大利害”的政事，须下廷臣集议。廷议的具体方式多为按部门以商讨问题的形式进行，廷议的结果须上奏皇帝，廷议意见不一致时，应摘要奏闻皇帝作裁决。有明一代，廷议所涉及的内容主要是位号、祭祀、官制、人事、财政、军事等方面。

8. 朝审是明清时期的一种会审制度，是由朝廷高级别的官员会审已被判秋后处决的死囚人犯的制度。朝审的范围以关押在京师监狱的囚犯为限，大致包括案件发生在京畿附近和在重大疑难案件中由各省提到京师来讯问的案犯。明洪武年间令五军都督府、六部、都察院、六科给事中、通政司、詹事府以及驸马都尉等共同审理大狱，死罪及免案奏闻皇帝，其他依律判决。英宗时命每年霜降之后，三法司会同公、侯、伯，在吏部或户部尚书主持下会审重案囚犯，从此形成制度。清代秋审、朝审即渊源于此，是古代录囚制度的延续和发展。

9. 大审是明代一种定期由皇帝委派宦官会同三法司官员审录囚徒的制度，始于明英宗正统年间，至宪宗成化十七年（公元1481年）成为定例，每五年举行一次。在京师由大理寺主持，在地方则由布政使和巡按御史主持。审录范围很广，凡在押囚犯及诉冤者均在大审之列，是一次全面的狱案清理工作。此制为明代独有。

10. 热审为明代的一种会审制度，于每年暑天小满后十余天，由宦官、锦衣卫会同三法司会审囚犯，一般轻罪决罚后立即释放，徒流罪减等发落，重囚可疑及枷号者则请旨定夺。热审始于明成祖永乐二年（公元前1404年），其目的是在暑热天气来临前，决遣和清理在押未决犯及对现监囚犯减等发落，以疏通监狱，防止囚犯在监狱内瘐毙，是一种恤刑制度。

11. 为贯彻“刑乱国用重典”的方针，防止“法外遗奸”，朱元璋御制《大诰》，作为明初的刑事特别法。《大诰》分为四编：《大诰一编》《大诰续编》《大诰三编》《大诰武臣》。《大诰》内容包括朱元璋对臣民的训导、新颁布的重刑法令以及亲自审理的案例。《大诰》的效力在律之上，对于律中原有的罪名，一般都加重处罚。其打击锋芒主要指向贪官污吏。《大诰》也是中国历史上空前普及的法规，若犯笞、杖、徒、流罪名时，家中存有《大诰》，可减一等处罚，反之则加一等处罚。但在朱元璋死后不久，《大诰》便被束之高阁。

12. 鱼鳞图册是中国古代的土地赋税簿册，盛行于明代，是官府为了管理土地、户籍及征收赋役所建立的制度，因其簿册内有相连的地块形状，类似鱼鳞，故名鱼鳞图册。

13. 申明亭为明代民间乡里调处有关婚姻、田土、斗殴等民事纠纷和轻微刑事案件的组织。一般推举德高望重的年长之人担任里老来调处词讼。明代法律规定，婚姻、田土、斗殴等民事纠纷和轻微刑事案件必须先经申明亭调处，调处不成，才可以到官府起诉，可见申明亭具有地方基层司法组织的性质。

选择题

（一）单项选择题

1. 答案：A

明朝重典治国包括治民和治吏两个方面，而侧重点又在治吏，这与朱元璋早年在民间曾亲睹贪官污吏横行不法导致天怒人怨有关，同时也表明朱元璋对于官吏的清廉对封建官僚政治具有重要意义这一点有较清醒的认识。

2. 答案：C

《大明律》是明代的基本法典，历经数十年修订完成，确立了七篇的格局，对传统刑律体例予以改革。

3. 答案：C

明朝例有两种：一种是作为判案依据的典型判例，另一种是单行成例。明初不尚例的单独使用，而“以类附人”律文。明成化以后，用例之风开始蔓延。明孝宗弘治年间，刑部删定《问刑条例》，使之成为正式法律，而后开始出现了律、例并行的局面。万历年间始将律、例合编为一书，律为正文，例为附注，称《大明律集解附例》，从而开律例合编的法典编纂先例。

4. 答案：A

《大诰》是明初一种特别刑事法规。《大明令》是明太祖颁布的规定国家政治及社会生活各个方面制度的法令。《明会典》是各类行政法规的汇编。作为明朝基本法典的《大明律》经过三十年的时间始告完成，其条文简于唐律，其精神严于宋律，是终明之世通行不改的大法。其体例直接为清律所承袭，在中国法制史上占有重要地位。

5. 答案：C

明英宗正统年间（公元1436年至1449年）开始编纂具有行政法大全性质的《会典》，于明孝宗弘治十五年（公元1502年）书成，共180卷，但未颁行。故《大明会典》规制的是行政法律关系。

6. 答案：A

为贯彻“刑乱国用重典”的方针，朱元璋御制《大诰》，作为明初的刑事特别法。《大诰》的内容包括朱元璋亲自审理的案例、朱元璋对臣民的训导以及新颁布的重刑法令。

7. 答案：D

明太祖在制定《大明律》的同时，为防止“法出遗奸”，又在洪武年间陆续采辑官民过犯，亲自督导编制了《大诰》四编。《明大诰》是以判例形式出现的，带有特别法性质的重刑法令，是律外之法。《明大诰》共四编，于洪武十八年至二十年之间（公元1385—1387年）颁行，共236条。“明刑弼教”是其颁行《大诰》的重要指导思想。《大诰》是明前期除《大明律》之外最重要的法律。它以案例形式出现，也起到了宣传法制的作用。

8. 答案：D

明初不尚例的单独使用，而“以类附人”律文。明成化之后，用例之风渐盛。明孝宗弘治年间，刑部删定《问刑条例》，使之成为正式法律，而后开始出现了律、例并行的局面。

9. 答案：B

《明大诰》共4编、236条，具有与《大明律》同等的法律效力，是明朝具有特别法性质的重刑法令和案例，充分体现了“重典治世”的思想。

10. 答案：A

省是明代地方最高一级行政机构，设承宣布政使司，布政使为一省行政长官。另有提刑按察使司，掌一省法律监察事务。都指挥使司的都指挥使为一省最高军事长官。知府为省辖府的长官。

11. 答案：A

明朝建立了空前庞大的监察机构。中央的监察机关都察院由唐宋以来的御史台改名而来，长官为左都御史，右都御史辅之。都察院号称“风宪衙门”，为天子之耳目，所有御史必须是科举出身，职权颇重，对任何官员都可进行监督弹劾，并可对刑部的审判和大理寺的复核及地方审判进行监督。

12. 答案：C

明朝中央的监察机关为都察院，号称“风宪衙门”。此外，明朝大理寺、刑部、都察院组成“三法司”，“刑部受天下刑名，都察院纠察，大理寺驳正”。

13. 答案：B

明初“严犯赃官吏之禁”，诏“重惩贪吏”，并敕令刑部，官吏受赃，连同行贿者一并处罚，“徙其家于边”。明律沿用唐律“六赃”罪名，除“常人盗”“窃盗”外，其余四赃（监守盗、受财枉法、受财不枉法、坐赃）均与官吏有关。《明律·刑律》专设“受赃”之门，内有“官吏受财”“坐赃致罪”“事后受财”“有事以财请求”“在官求索借贷人财物”“家人求索”“风宪官吏犯赃”“私受公侯财物”“克留盗赃”等详细律条。故其规定的是贪污贿赂犯罪。

14. 答案：D

鉴于历代臣下结党造成皇权削弱，统治集团内部矛盾导致国亡民乱的教训，明朝严禁臣下结党，在《大明律》中增设“奸党”罪。明朝对奸党罪处罚严厉，决不宽贷。

15. 答案：D

明律对一些轻微触犯礼教、典礼的罪名，比唐律的处罚有所减轻，即“轻其所轻”。

16. 答案：C

明朝为强化对经济的法律调控，颁行《茶法》《盐法》等单行特别法，严禁买卖“私盐”“私茶”，以确保官府的财政收入。严行《钞法》，禁私铸钱。故其实现的是对经济关系的法律调控，本题应选 C 项。

17. 答案：C

《明史·食货志》载：洪武二十年（公元 1387 年）命国子生武淳等分行州县，随粮定区。区设粮长四人，量度田亩方圆，次以字号，悉书主名及田之丈尺，编类为册，状如鱼鳞，号曰“鱼鳞图册”。“鱼鳞图册”是官府在丈量土地基础上制定的田亩清册。这是在宋代方田法、均税法的经验基础上，执行的一种更为完备的清查土地、确立税制的办法。土地经过量度核实，绘图登记，则田之多寡等级，税之科则数目，皆有图册可凭，买卖移转，皆须官为设籍登记。这样一来，田产户籍皆不易隐匿逃避。这一土地法律制度为明代后来历朝所奉行，且一直沿用到近代。由此亦可见明初在解决朝廷赋税问题上所采取的这一土地法律制度的重要性。故其解决的是税制问题，本题应选 C 项。

18. 答案：D

明代由于商业发达，国家由开始的法无明文规定任意征税到重视以法征税。明代的商税主要包括关税、市税和舶税。关税，又称通过税，是指在商人必经交通要道设关立卡，征收的通过税；市税，随着明代商市从门摊向市肆发展，从而课税于市肆门摊，开征市税；舶税，是对各国舶货的船舶收取的税种。

19. 答案：D

活契，是指土地没有彻底卖绝的契约，即田主在出卖田底或田面时，没有将地权绝对移转，而是保留赎回的权利，并允许卖主在若干年后，按照原价将土地赎买回来。找贴契，是卖主将田底或田面出卖后，在一定时期内因无力赎回土地，可以向买主索找、索贴、索增田价。其前提是地权未绝对移转，卖主仍保留赎回的权利，且可以继续向买主索取找贴费。绝卖契，或称死契、卖断契、休心断骨契、找断休心尽契等。即业主将地权绝对出卖而形成的契约文书。当土地卖断或卖绝以后，买卖双方在所有权关系上发生了绝对移转，卖主从此丧失赎回权或索找、索贴、索增田价的权利，这种买卖一般在契约上特别写明，如“立绝卖契”或“立找断休心尽契”等。

20. 答案：B

明代土地买卖主要有三种形式，分别是活契、找贴契和绝卖契。活契是指土地没有彻底卖绝的契约。找贴契是卖主将田底或田面出卖后，在一定时期内因无力赎回土地，可以向买主索找、索贴、索增田价。绝卖契即业主将地权绝对出卖而形成的契约文书。

21. 答案：B

分成租制在明代占有重要地位，产品分配的比例一般是“主佃各半”，也有按四六、三七、二八比例分配的。在分成租制下，佃农的封建人身隶属关系较为严格，如地主规定佃农要送租到仓，要为地主守夜或兴修水利等。

22. 答案：C

明律在有关遗失物、埋藏物、无主土地方面的规定，突出了先占原则。明律规定：遗失物在公告期内被主人领回时，拾得者仍可获得一半。

23. 答案：A

《大明律》中专门规定了《盐法》十二条，禁止私人买卖食盐，处罚较元朝时有所减轻：凡贩私盐者杖一百徒三年；若有军器者加一等，拒捕者斩。同时还规定：买食私盐者杖一百，转卖者杖一百徒三年；若有军器者加一等，拒捕者斩。

24. 答案：D

明时对元代买卖契约制度进行了改革，废除了经管给据、先问亲邻的程序规定，强调田宅买卖必须过割赋税。

25. 答案：D

在明以前的中国封建社会，家长的主婚权在事实上已经存在，但只有到了明、清之时，家长主婚权才得以在法律上明确规定下来，“嫁娶皆由祖父母、父母主婚”。

26. 答案：D

明朝地方司法机关分为省、府、县三级。省设提刑按察司，有权判处徒刑以下案件，于徒刑以上案件须报送中央刑部批准执行。

27. 答案：A

明朝法律规定，徒刑以上案件均须报送中央刑部批准。死刑案件，刑部审理，大理寺复核后，须报请皇帝批准才能执行。

28. 答案：B

明朝司法机关分为省、府、县三级。省设提刑按察司，有权判处徒刑以下案件。府、县两级实行行政司法合一体制。

29. 答案：D

明朝中央司法机关发生了较大的变化，主要体现在司法机关执掌的变化和名称的改异上，如改御史台为都察院。

30. 答案：C

明代设“厂”“卫”特务性机关参与司法，被赋予对涉及国家政权的大案要案的侦查缉捕权、监督审判之权、法外施刑之权。依明律，厂卫有讯问权，无判决权。凡厂卫所获人犯“必移镇抚再鞫”，但镇抚司只能审讯，无权判决。判决权仍归法司独有，所谓“大狱经讯，即送法司拟罪”。弘治年间还曾下诏法司：对“厂卫送囚，从公审究，有（冤）枉即与办理，勿构成案”。

31. 答案：B

解析同上题。

32. 答案：D

明朝规定了直诉皇帝的制度，凡有冤不理者，可以通过“邀车驾”或击“登闻鼓”的形式，直诉皇帝解决，但“申诉不实”或冲撞皇帝仪仗的，要受刑事处罚。法律严禁奴婢告主、雇工告主、卑幼告尊长，违者有罚。

33. 答案：C

明朝省一级设有提刑按察司，专管司法审判事务，有权处决徒刑以下案件，徒刑以上案件须报送中央刑部批准执行。

34. 答案：B

明初朱元璋废除宰相制度后，刑部成为最高审判机关，由原来的四个司扩充为十三清吏司，分别受理地方上诉案件和中央百官与京师地区的案件。

35. 答案：A

明“三司会审”是在唐代“三司推事”基础上发展形成的，始于洪武十五年（公元1382年），是由太祖下令“议狱者一归于法司”而得名的。凡发生重大疑难案件或亟须重新审理的重案时，由刑部、大理寺、都察院三法司会同审问罪犯，后将审理结果奏报皇帝，进行最后裁决。

36. 答案：A

明代会审分为九卿“圆审”与“三司会审”。圆审又称九卿会审，由大理寺卿、都察院左都御史、通政使以及六部尚书会同审理，最后报奏皇帝裁决，是明朝重要的复审制度。

37. 答案：D

天顺三年（公元1459年），英宗命每年霜降之后，三法司会同公侯、伯爵，在吏部尚书（或户部尚书）主持下会审重案囚犯，从此形成朝审制度。清代秋审、朝审皆源于此。

38. 答案：C

明代皇帝进一步控制最高司法权，握有一切死刑和重案的最后裁决权，各类会审均须由刑部“拟律以奏”，然后依旨执行。并且皇帝亲自审案，如朱元璋凡“有大狱必面讯”，“重案多亲鞫，不委法司”。

39. 答案：C

明代创设六科给事中作为独立监察组织，稽查六部百司之官，意在强化皇帝对六部官吏的监督，与都察院共同负责官吏违法案件的审理和司法监督。其在清代归属都察院。

40. 答案：C

鉴于元末法制败坏的教训，朱元璋曾说“夫法度者，朝廷所以治天下也”，并进而采纳“明刑弼教”的主张，体现重典治世。A项说法正确。

对于贼盗及有关钱粮等事，明律较唐律处刑为重。唐律一般根据情节轻重作出不同处理，牵连范围相对较狭；而明律则不分情节，一律处以重刑，且扩大株连范围，此即“重其所重”原则。对于“典礼及风俗教化”等一般犯罪，明律处罚轻于唐律，此即“轻其所轻”原则。“重其所重，轻其所轻”是明朝确定的一项重要的刑罚原则。B项说法正确。

《大明会典》基本仿照《唐六典》，以六部官制为纲，分述各行政机关职掌和事例，就其内容、性质与作用来看，该法典属行政法典，起着调整国家行政法律关系的作用。C项说法错误，历史上并无《元六典》。

明代的会审制度包括九卿会审、朝审和大审。(1)九卿会审是由六部尚书及通政使司的通政使、都察院左都御史、大理寺卿九人会审皇帝交付的案件或已判决但囚犯仍翻供不服之案；(2)朝审是指三法司会同公侯、伯爵，在吏部尚书（或户部尚书）主持下会审重案囚犯；(3)大审是指由司礼监（宦官二十四衙之首）一员在堂居中而坐，尚书各官列居左右，会同三法司在大理寺共审囚徒。D项说法正确。

41. 答案：C

清人薛允升在比较唐明法律内容基础上得出结论："大抵事关典礼及风俗教化等事，唐律均较明律为重，贼盗及有关帑项钱粮等事，明律则又较唐律为重"。明律相对于唐律，在有违伦常教化犯罪处刑上明显偏轻，对于直接危害封建统治、封建君主的犯罪处刑则普遍加重。本题中"轻其所轻"是指明律对一些轻微触犯礼教、典礼的罪名，比唐律处罚有所减轻。C项子孙违犯教令，唐律处徒刑二年，明律杖一百。因此，答案为C。

42. 答案：A

关于化外人犯罪，明律规定："凡化外人犯罪者，依律拟断。"可见，明代对于化外人犯罪的规定，与唐律有所区别，一律适用明律，不再有当事人为同一国籍，可适用本国法的规定。因此答案为A。

43. 答案：C

明代设置特务机关厂卫，司法的一大特点是厂卫机构干预司法。厂卫并非正式的司法机关，但在皇帝的纵容授意下，往往凌驾于司法机关，且由宦官操纵，常常滥施法外酷刑，造成了司法的黑暗，此乃明代的一大弊政。因此答案为C。

44. 答案：B

大理寺正式设置于北齐而非北魏，A选项错误。隋唐时期大理寺有权审理中央百官与京师徒刑以上案件，同时对刑部移送的死刑与疑难案件有重审权，B选项正确。宋代大理寺是审判机关，刑部是复核机关，C选项错误。明代大理寺掌复核驳正，刑部是审判机关，D选项错误。

45. 答案：C

《大明律·吏律·职制》中增设"奸党"罪，规定该罪的各种表现如：在朝官员交结朋党、紊乱朝政者；大小官员巧言进谏，请求宽免死罪之人，暗中邀买人心者；司法官不执行法律，而听从上级命令出入人罪者；"奸邪进谗言，左使杀人者"；甚至"上言宰执大臣美政才德者"，均构成奸党罪，一律处以斩刑。

46. 答案：C

明初强调先占原则，不仅体现在荒地、土地所有权归属上，还体现在对遗失物、埋藏物所有权归属的规定上。明律规定遗失物即使被主人在三十日公告期内领回，拾得人仍然可获得一半；公告期满遗失物仍无人认领，则由拾得人获得遗失物的所有权。在埋藏物的所有权问题上，明律规定埋藏物完全归发现人所有，但古董器具必须送交官府。

47. 答案：C

明中期朝廷向各地推行"一条鞭法"的赋役改革方案。"一条鞭法"是将各种类型的赋役并为统一的货币加以征收的赋税制度，结束了历代以征收实物为主的国家税收方式，从实物税转向货币税。

（二）多项选择题

1. 答案：BD

《大诰》为明太祖所定，是贯彻"刑乱国用重典"的方针而实施的刑事特别法，其内容包括朱元璋对臣民的训导、亲自审理的案例以及新颁布的重刑法令。《问刑条例》是明律以外的单行法规，明孝宗时命刑部删定《问刑条例》，与律并行，作为普遍适用的法律形式。A项则例为清朝的法律形式，C项条法事类为宋朝的法律形式。因此答案为BD。

2. 答案：AC

"五听"即审理案件时通过言辞、面色、气息、听力、眼神的变化判断当事人陈述真伪的五种方式，A选项正确。北齐时期正式设置大理寺，B选项错误。《唐六典》第一次肯定了司法官的回避制度，"鞫狱官与被鞫人有亲属仇嫌者，皆听更之"，C选项正确。清末改刑部为法部，掌司法行政；改大理寺为大理院，为最高审判机关。D选项错误。

3. 答案：CD

德主刑辅、礼法合一一直是中国传统的法制指导思想，但明初统治者的侧重点在于使用法律手段推行教化，教化与刑罚不分主辅，而是并列的统治手段。"明刑弼教"是明初主要的立法指导思想，而"重典治国"在以"明刑弼教"作为其理论和伦理基础的前提下，成了明初司法的具体指导思想。

4．答案：ABCD

明朝法律形式主要有律、诰、例、典，如《大明律》《明大诰》，律例合编的《律例集解附例》，以及仿《唐六典》体例编纂而成的《大明会典》。

5．答案：ABCD

《大明会典》仿《唐六典》体例，内容远比《唐六典》充实。其于英宗正统年间始编纂，于孝宗弘治十年（1497年）敕分馆编辑，至十五年（1502年）成书，共180卷；被誉为将开国百多年典制“足法万世者，荟萃无遗”，但未及颁行。以后武、世、神宗三朝对其相继重修，并分别颁行。现存有正德、万历年间《会典》，其体例“以本朝官职制度为纲”，有关各职的历朝律令典籍（所谓“祖宗旧制”）规范和历代损益之事分载于后，使“官领其事，事归于职，以备一代之制”，对调整政权机关的行政活动有重要作用。由于《大明会典》汇集了明代法令典章，故也具有法规大全的性质。

6．答案：ABCD

吴元年（公元1367年）朱元璋就命左相国李善长等草创律令，编律285条、令145条，到吴元年十二月“甲寅，律令成，命颁行之”。这是最早拟定颁行的明代法律（《大明律》）。到了洪武六年（公元1368年）冬又详定《大明律》，次年二月书成，其“篇目一准之于唐……合六百有六条，分为三十卷”，仿《唐律》12篇体例，将名例律置于最后，内容繁于唐律。经朱元璋“亲加裁酌”后颁布。以后又因条例“增损不一”和洪武十三年（公元1380年）废中书省、宰相，于二十二年（公元1389年）“更定大明律”。以名例一篇冠首，其下按六部改为吏、户、礼、兵、刑、工六律，共30卷、460条。到了洪武三十年（公元1397年）完成了《大明律诰》，“刊布中外，令天下知所遵守”。明律从初创到定型，历时三十多年，表明了统治者对立法的积极与慎重态度。

7．答案：ABCD

朱元璋以明初乱世和“民不从教”为口实，仿周公东征殷顽时训诫臣民的书面文告——“诰”，制定了所谓《大诰》。《明大诰》是以判例形式出现的，带有特别法性质的重刑法令，是律外之法。《明大诰》共四编，于洪武十八年至二十年之间（公元1385—1387年）颁行，共236条。“明刑弼教”是其颁行《大诰》的重要指导思想。《大诰》是明前期除《大明律》之外最重要的法律。它以案例形式出现，也起到了宣传法制的作用。在中国法制史上，《明大诰》以其别致的编纂体例、明刑弼教思想、严酷的律外用刑和以重典整饬吏治而著称于世。

8．答案：ACD

明朝建立了完整的科举选官制度。只有官学的学生才可参加科举考试。科举制是明朝官吏选任的基本途径，辅之以荐举制。明太祖采纳刘基的意见，规定科举考试以四书五经为命题内容，考生只能按照程朱理学的注解答题，不得言及时事、自由发挥。明朝任官基本上都是每三年轮换一次，地方官严格实行“北人官南，南人官北”的籍贯回避制度。

9．答案：ABC

为裁抑臣僚，强化君主专制集权，明律始废除自魏晋以来完备于唐律的“官当、减赎及荫法”。对官吏犯罪行“重罪加重”原则。重惩贪官污吏，明初“严犯赃官吏之禁”，诏“重惩贪吏”，并敕令刑部，官吏受赃，连同行贿者一并处罚，“徙其家于边”。明代严禁臣下结党、内外官交结。《明律·吏律》职制门中专设“奸党”条，规定“左使杀人”“巧言谏免”“交结朋党，紊乱朝政”“不执法律，听从上司官主使，出入人罪”，“上言宰执大臣美政才德”等均属“奸党”罪，尤其后三类量刑从重，本人不分首从“皆斩，妻子为奴，财产入官”。明代颁行《盐法》《茶法》是为调控国家经济。

10．答案：ABC

《明大诰》是以判例形式出现的、带有特别法性质的重刑法令，集中体现了朱元璋“重典治世”的思想。《明大诰》较之明律，对于律中原有的罪名，一般都加重处罚，同时新增了许多禁令、罪名。朱元璋在洪武三十年（公元1397年）五月下诏，“今后法司只依律与大诰议罪”，并令各级学校讲授大诰，科举考大诰。“重典治吏”是大诰的又一特点，其中大多数条文专为惩治贪官污吏而定。明太祖死后，虽然大诰被束之高阁，不具法律效力，但未被明文废除。

11．答案：ABCD

廷杖即依皇帝旨意，对犯颜直谏或忤旨过犯的官员，杖责于殿阶之下（后行杖于午门外），由宦官监刑，锦衣卫行杖。杖具为木棍，五杖一易人。廷杖隋唐已有，但仅偶一用之，至明则成常制。

12．答案：BCD

明代立法严禁买卖“私盐”“私茶”，颁行《盐法》

《茶法》，以确保官府的财税收入。《明律·户律·课程》专设《盐法》，“犯私盐者罪至死”。《茶法》也定：犯私茶者“同私盐法论罪”。规定：“私茶出境与关隘失察者，并凌迟处死。”同时由于商业发达，国家由开始的法无明文规定任意征税到重视以法征税。明代的商税主要包括关税、市税和舶税。关税，又称通过税，是指在商人必经交通要道设关立卡，征收的通过税；市税，随着明代商市从门摊向市肆发展，从而课税于市肆门摊，开征市税；舶税，是对各国舶货的船舶收取的税种。“鱼鳞图册”，是官府在丈量土地基础上制定的田亩清册。这是在宋代方田法、均税法的经验基础上，执行的一种更为完备的清查土地、确立税制的办法。土地经过量度核实，绘图登记，则田之多寡等级，税之科则数目，皆有图册可凭，买卖移转，皆须官为设籍登记。这样一来，田产户籍皆不易隐匿逃避。这进一步确保了国家赋税收入。而税契制度在明代以前即已存在。

13. 答案：ABCD

明代的租佃制分为三种：佃仆制、分成租制和定额租制。佃仆制是最落后的一种租佃制。分成租制在明代占有重要地位。定额租制在明代中叶以后的江南地区取得了主要地位。此外，在一些地区还有预租制、押租制、永佃制等。

14. 答案：ABD

明朝中央司法机构为刑部、大理寺、都察院，一改隋唐以降的大理寺、刑部、御史台体系。刑部掌审判职能；大理寺职掌由唐宋时的审判转为复核；都察院负责监察百官，并参与审理大案，辨明平反冤狱。

15. 答案：ACD

参考相关各题答案。明代的“九卿会审”主要是一种重案审理的程序制度，并非“直接”受儒家思想的影响而形成的。因此，ACD为正确答案。

16. 答案：BCD

明初创建了申明亭，对百姓实行教化，调处纠纷。申明亭受理和调处有关婚姻、田土、斗殴等民事纠纷和轻微的刑事案件。

（三）不定项选择题

1. 答案：C

明朝改御史台为都察院，以扩大监察组织和职权，负责“纠劾百司，辨明冤枉，提督各道，为天子耳目风纪之司”。

2. 答案：ABD

明初朱元璋废除丞相制度后，刑部地位提高成为中央主审机关，设尚书和左右侍郎为正副长官。其下设司务厅和十三清吏司，具体职掌中央与各省审判，即审理京师地区案件和文职官员案件，审核地方徒刑以上重案。同时，刑部代表皇帝去各地录囚，审理大狱。分管京师及各省案件的复核与平反工作的是大理寺。

3. 答案：D

明初创立枷号刑，指强制罪犯戴枷号于监狱外示众，以示耻辱，使之痛苦，是一种耻辱刑。枷号到后来不只是耻辱刑，也是一种致命的酷刑。

4. 答案：A

在明代，充军不以充军为本罪，其本罪有杖、徒、流等先制本罪，再随宜编发。至清朝，充军则作为流罪的加重刑，并以充军为本罪。

5. 答案：ABD

明代厂卫之制，是皇权高度集中的产物。厂、卫几乎凌驾于司法机关之上，被赋予种种司法特权，主要包括侦查缉捕之权、监督审判之权、法外施刑之权。依明律，厂卫有讯问权，无判决权，但实际上法司慑于厂卫的权势，对其所交案件，即使洞见冤情，也不敢过问。

简答题

1. (1)“刑乱国用重典”与“刑罚世轻世重”相结合。

明初统治者吸取元朝灭亡的经验教训，确立了“刑乱国用重典”的立法指导思想，以严刑重法来重振纲纪，表现在“重典治吏”和“重典治民”两个方面。在这一思想的指导下，明初朱元璋制定有《明大诰》，作为刑事特别法，用严刑峻法打击官吏犯罪及危害皇权的犯罪。通过“重典治国”，整治了吏治，废除了宰相制度，国家逐步平稳。朱元璋又提出“刑罚世轻世重”的思想，即治理乱世，需用重刑，治理平世，需用平刑。皇帝根据社会情势判断当前是乱世还是平世，采取相应的或严或宽的刑事政策。

(2)“明刑弼教”思想。

该词来源于《尚书·大禹谟》“明于五刑，以弼五教”一语，从字面上看，与“德主刑辅”没什么实质差别，但“德主刑辅”强调“德主”，一般与轻刑相关；“明刑弼教”重点在“明刑”，为重典治世提供依据。朱元璋将“明刑弼教”具体阐释为“明礼以导民，定律以绳顽”，一则从正面申明礼教，同时运用刑罚严惩冥顽不灵之徒，从反面来推进教化。以“明刑”达到“弼教”之目的。

（3）立法注重简、朴。“简”是条文简便、重点突出，即以律为中心；“朴”是法律条文通俗易懂，尽量避免使用普通人不易明白的专业法律术语。明太祖在颁布《大明令》时讲：“古者律令至简，后世渐以繁多，甚至有不能通其义者，何以使人知法意而不犯哉？民既难知，是启吏之奸而陷民于法，朕甚悯之。今所定律令，芟繁就简，使之归一，直言其事，庶几人人易知而难犯。”明代中晚期编辑《问刑条例》，宗旨之一也是要使条例“经久可行，明白易晓”。

2.《明大诰》作为明朝重典治国的特殊产物，首先是在内容上规定了《大明律》所没有规定的许多严酷刑罚，如族诛、凌迟、斩等。其规定的死刑的处刑手段比唐宋的更加残酷。其次，《大诰》偏重于惩治贪官与豪强，《大诰》中近十分之七的内容是关于官吏犯法的，十分之二的内容是关于豪强犯法的。

《明大诰》是以判例形式出现的，带有特别法性质的重刑法令，是律外之法。《明大诰》共四编，即《大诰一编》《大诰续编》《大诰三编》《大诰武臣》，于洪武十八年至二十年（公元 1385—1387 年）之间颁行，共 236 条，具有与《大明律》相同的法律效力。

大诰是明初的一种特别刑事法规。大诰的特点是滥用法外之刑。“重典治吏”是大诰的又一特点。大诰也是中国法制史上空前普及的法规，每户人家必须有一本大诰，科举考试中也列入大诰的内容。明太祖死后，大诰被束之高阁，不具法律效力。

3. 明律与唐律相比，体现了“重其所重，轻其所轻”的量刑特点。所谓“重其所重”就是对直接危害统治和社会秩序的“贼盗及有关帑项钱粮”等犯罪，处刑都较重，如对“十恶”等罪明律扩大了适用范围。所谓“轻其所轻”即对诸如“典礼及风俗教化”等一般性犯罪，量刑则比唐律轻。这既是社会商品经济发展的客观影响，也是统治者经验积累的结果。这种“轻其所轻”不仅突出了“重其所重”的效力，也起到了缓和社会矛盾的作用。

4. 明初的屯田条例对于屯田的扩大，起过重要的促进作用，特别是赏罚条例，刺激了军士屯田的积极性。随着屯田内部的私有土地发展，官府逐渐采取了“科田法”，即采用了民田惯例，定出科则征粮。“科田法”的内容为，招人佃种屯地或开垦荒芜屯地，按民田起科。武宗正德年间，辽东地区的这类“科田”性质的田有二万七千余顷，超过正规屯田一倍多。到崇祯时规定：“勿论军种民种，一照民田起科。”同时对新开垦的军屯土地，官府“给予执照，永为己业”。这就在法律上承认了军屯土地私有的合法性。

分析题

1. 明朝改御史台为都察院，强化中央监察机关对司法活动的监督。都察院以左右都御史为长官，下设左右副都御史；同时，将针对六部的六科给事中归入都察院。都察院的职能是负责全国行政监察和法律监察，对全国上下官吏违法犯罪，都有权纠察劾罪，权势极重，对巩固皇权发挥了重要作用。

明宣德十年（公元 1435 年），依省制划分全国为十三道，设十三道监察御史一百一十人，直属都察院，分掌地方监察工作。发现官吏违法，“大事奏裁，小事立断”。御史监察制度发挥了监督地方司法的职能，成为维护皇权统治的重要制度。

2. 明朝对茶、盐、矾等实行官营专卖制度，在《大明律》中专门规定了“茶法”“盐法”等内容。明代继承汉代以来盐业官营专卖政策，采用法律的形式严禁贩卖私盐。朱元璋称帝后，根据他起兵后制定的盐法，更定为《盐引条例》，规定贩私盐者斩。其后，《大明律》订有《盐法》十二条，处罚有所减轻：凡贩私盐者杖一百徒三年；若有军器者加一等，拒捕者斩。

朱元璋制定了茶法，建立明朝后在《大明律》中又规定：“凡犯私茶者，同私盐法论罪。”嘉靖年间《问刑条例》对在内地或边远少数民族地区贩卖私盐者，科刑更重，曾规定：“不拘斤数，连知情歇家牙保，俱发遣烟瘴地面充军。”这使茶法规定更苛于盐法。

与此同时，明律对私贩矾等重要原料的，也作出处罚规定“凡私煎矾货卖者，同私盐法治罪”。明朝的专卖制度，虽可增加国家收入，但限制了商品经济特别是资本主义萌芽经济的产生与发展。

3. 这三段话描写了明朝厂卫对司法的干预。明朝的锦衣卫和东厂、西厂、内行厂合称“厂卫”，是明朝的特务司法机关。

(1) 锦衣卫是由护卫亲军发展而来的特务组织，明太祖经常亲自审判案件，以锦衣卫的镇抚司作为法庭，锦衣卫的职权因此大为扩张。明成祖时，除派锦衣卫军士负责政治性案件、重大案件的侦缉外，又增设“北司”，负责皇帝交办的诏狱。明宪宗时，北镇抚司正式成为直属皇帝的刑事特别法庭，皇帝常常直接批准北司判决意见，而不经过三法司就执行刑罚。

(2) 东厂是宦官组织，于明成祖永乐十八年（公元 1420 年）下诏建立，由司礼监掌管。东厂拥有庞大的特务网，监视贵族官僚的日常活动和结交应酬，刺探社会各阶层的情况，并称之为“打事件”。东厂可经皇帝批准秘密捕人，送入北司关押审讯。

(3) 明宪宗、武宗时又分别建立西厂、内行厂。内行厂权力又在东、西厂之上。

到明后期，厂卫特务多达十余万人，严重地干扰了司法工作，主要表现是：(1) 奉旨行事。厂卫作出的判决，三法司无权更改，有时还得执行。(2) 非法逮捕行刑，不受法律约束。厂卫无须事实根据，仅凭街谈巷议、片纸只字，就可以随意逮捕人犯执行刑罚。(3) 刑罚残酷，屡兴大狱，造成司法黑暗。

4. (1) 明律对一些轻微触犯礼教、典礼的罪名，比唐律处罚有所减轻，即“轻其所轻”；明律对政治性犯罪、侵害财产以及官吏贪赃受贿等犯罪的处罚，比唐律明显加重，即“重其所重”。

(2) 在重典治世思想的指导下，明律突出了刑法的打击对象，加大了以刑罚手段惩治危害专制统治的犯罪的力度。商品经济成分的增长等因素使事关典礼及风俗教化犯罪的社会危害性有所降低，明律对其从轻处罚，使刑事惩罚具有更强的针对性。

5. (1) 明初处理民间诉讼的诉前程序是由里甲、老人理断，即民间诉讼需要先经由本管的里甲、老人理断，不服理断者，始可告官。

(2) 违反此程序，不管案情是否属实，一律将起诉人杖刑六十，案件仍需发回，由里甲、老人审理。

(3) 明初设置此种制度的意义在于发挥家族宗族组织的纠纷调处功能，对乡民实行教化，以达到息讼的目的，稳定社会秩序。这一程序在一定程度上限制了民众的诉权。

论述题与深度思考题

1. 明朝是中国帝制社会后期一个重要的朝代。明朝的法制在中国法制发展史上，具有承前启后的重要地位，以朱元璋为代表的统治者，十分注意总结国家统治的历史经验，特别是元末政治腐败、法纪荡然，招致农民大起义的教训，使他清楚认识到巩固专制主义国家，必须重视立法工作。早在吴元年（公元 1367 年），朱元璋平定武昌继吴王位时，便提出“建国之初，先正纲纪”，开始拟律令。此后，朱元璋建立统一的明朝后，便着手制定通行全国的大明律，制订过程中，虽然以《唐律》为楷模，但却从当时的经济、政治和社会环境出发，进行了大胆的改革。《大明律》突破了《唐律》十二篇的旧体例，创造了以名例律冠于卷首，其次为吏律、户律、礼律、兵律、刑律、工律的体例，于同年十二月颁行，为以后的《大明律》奠定了基础。洪武六年（公元 1373 年）又详定《大明律》，于次年二月书成，仿唐律十二篇体例，将名例律置于最后，内容繁于唐律，经朱元璋“亲加裁酌”后颁布。以后又因条例“增损不一”和洪武十三年（公元 1380 年）废中书省、宰相，于洪武二十二年（公元 1389 年）“更定大明律”，以名例一篇冠首。其下按六部改为吏、户、礼、兵、刑、工六律。隋唐以降（元代例外）沿袭八百年的法典结构至此一变。其基本条款仍同唐律，只是明律“轻其轻罪，重其重罪”，在立法技术上较唐更为精细，体例也更趋完备和科学。到了洪武三十年（公元 1397 年）最后完成了《大明律诰》，“刊布中外，令天下知所遵守”。

明律从初创到定型，历时三十多年，表明了统治者对立法的积极与慎重态度。《大明律》不仅吸收了唐律的基本精神，也融合了唐以后，特别是明初三十年的统治经验，是一部在新的历史条件下条例简于唐律、精神严于宋律，无论形式和内容都有发展的传统法典。《大明律》作为“历代相承”的“成法”，从洪武三十年（公元 1397 年）直到明末从未变更。

2. 明代的立法理念主要有“重典治国”“明刑弼教”“重其所重，轻其所轻”三个立法理念。“重典治国”是以明太祖朱元璋为代表的明初统治者总结历代统治的经验教训，提出了对明初法制建设影响最大的立法思想，主要表现为：加重对危害封建国家犯罪行为的惩罚，严法整饬吏治、惩办贪官，刑罚手段上除沿袭宋朝以来凌迟、刺配外，又增加了充军，创制了枭令、枷号、枷项发遣等酷刑，肉刑制度至明复活。“明刑弼教”强调刑与教的实施可“或先或后”“或缓或急”。刑与德的关系不再是德主刑辅中的“从用”和“主次”关系，德对刑不再有制约作用，而只是刑罚的目的，刑罚也不必拘泥于“先教后刑”的框框，而可以用“先教后刑行事”，由此中国封建法制指导原则沿着德主刑辅—礼法结合—明刑弼教的发展轨道，进入了一个新的阶段，并对明清两代法律实施的方法、发展方向发挥的社会作用产生了深刻影响。“明刑弼教”的思想，完全是借“弼教”之口实，为推行重典治国政策提供了思想理论依据。“重其所重，轻其所轻”是明朝对“事关典礼及风俗教化”一类非直接侵犯君主政权的犯罪，明律量刑轻于唐律；但对“贼盗”及“帑项钱粮”之类直接危及专制统治的重大犯罪，明律量刑则重于唐律，即“重其所重，轻其所轻”。

明代的重要立法成果主要有《大明律》《明大诰》《大明会典》三部法典。《大明律》是明代的基本法典，它草创于明太祖朱元璋吴元年，至洪武二十二年（公元1397年）制定完毕。《大明律》将唐律的篇目改为名例、吏、户、礼、兵、刑、工各律，30卷，460条。明神宗时期，将《问刑条例》附后，形成《大明律例》，以唐律为蓝本，创律例合编体例。《明大诰》是朱元璋亲自编纂的以判例形式出现的一部带有特别法性质的重刑法令，是律外之法，用以严惩臣民犯罪，弥补律文的不足。“明刑弼教”是颁布《明大诰》的重要指导思想，它是明前期《大明律》之外最重要的法律，以案例形式出现，也起到了宣传法制的作用。《大明会典》是具有行政法规大全性质的法典，于明英宗正统年间开始编纂，至明孝宗弘治十五年（公元1502年）初编完成，又经过明武宗正德年间的参校补正，正式颁行。《大明会典》以六部官制为纲，分述各行政机构的职掌和事例。《大明会典》是调整封建国家各机关权力职责的行政法典，对于调整行政机关的行政活动有重要作用，其汇集了明代法令典章，也具有法规大全的性质。

第十一章　清代法律思想与制度

知识逻辑图

- 清代法律思想与制度
  - 立法思想："参汉酌金""详译明律，参以国制"
  - 主要立法
    - 《大清律集解附例》《大清律例》《大清会典》
    - 少数民族法规
    - 各部、院则例
  - 清律的发展变化
    - 行政立法：强化绝对皇权，加强职官管理
    - 刑事立法
      - 反逆重罪扩大化
      - 继续沿用"奸党"罪条
      - "文字狱"
      - 刑罚制度的发展："五刑"、迁徙、充军、发遣、枭首凌迟、刺字、枷号、斩监候与绞监候
    - 民事立法
      - "开豁贱籍"、雇工人法律地位的变化
      - 财税立法："地丁合一"
      - "禁海"政策、限制私人资本发展
    - 旗人特权的法律化
  - 司法诉讼制度
    - 中央三法司：刑部主审，大理寺复核，都察院监督
    - 地方司法机关：省、道、府、县
    - "刑名幕吏"操纵司法
    - 会审制度
      - 九卿会审
      - 秋审和朝审
      - 热审

名词解释

1. 《大清会典》
2. 京察（考研）
3. 发遣
4. 刑名幕友（考研）
5. 秋审
6. 监候（人大考研 2014）

选择题

（一）单项选择题

1. 清代第一部完整的成文法典是（　　）。

A. 《大清律集解附例》

B. 《大清律例》

C. 《大清律解集》

D. 《五朝会典》

2. 清代的基本法典是（　　）。

A. 《大清律集解附例》

B. 《大清律集解》

C. 《大清律例》

D. 《大清会典》

3. 清代颁布的《大清会典》或称"五朝会典"包括（　　）。

A. 《顺治会典》　　B. 《咸丰会典》

C. 《康熙会典》　　D. 《宣统会典》

4. 为了规范国家机关的组织活动，加强行政管理，清政府仿效明朝，将各级国家机关的职掌、事例、活动规则等有关制度编撰成集，称为（　　）。(2014 法硕 非 43)

A.《大清律集解附例》　B.《大清律集解》

C.《大清会典》　D.《大清律例》

5. 清代的则例（　　）。

A. 专指刑事单行法规

B. 指某一行政部门或某项专门事务方面的单行法规汇编

C. 指皇帝就某项事务发布的“上谕”或经皇帝批准的政府部门提出的建议

D. 指经过整理编订的事例

6. 中国历史上最后一部传统综合性律典是（　　）。

A.《钦定大清会典》

B.《大清律集解附例》

C.《大清律例》

D.《西宁番子治罪条例》

7. 清代颁布的《理藩院则例》是（　　）。

A. 适用于少数民族的民族性法律法规

B. 适用于清代满族贵族的特权法

C. 适用于审判机构的机构组织法

D. 适用于某一法律部门的部门法

8. 清代的条例是（　　）。

A. 判例　B. 臣工条奏

C. 案例　D. 制定法

9. 与明代相比，清代的中央权力机构明显不同之处在于（　　）。

A. 改御史台为都察院　B. 设立“道”

C. 设立“军机处”　D. 大理寺主审

10. 下列哪一项属于清代创设的刑罚？（　　）

A. 迁徙　B. 充军

C. 发遣　D. 枷号

11. 清朝创立的发遣刑，其适用的对象是（　　）。(2017 法硕 非 42)

A. 犯强盗罪的民人

B. 犯杀伤罪的军人

C. 犯徒罪以上的文武官员

D. 犯徒罪以下的旗人

12. 立决和监候制度这种独特的死刑制度，规定于（　　）。

A. 明代　B. 元代

C. 宋代　D. 清代

13. 清律规定，凡盗窃者，初犯刺字，三犯者不论赃数处绞监候，规定的是（　　）。

A. 共同犯罪　B. 自首

C. 立功　D. 累犯

14. 清时屡兴“文字狱”，但律例中并无关于惩治思想犯罪的规定，审理此类案件，一般比附的罪名是（　　）。(2016 法硕 非 42)

A. 妖书妖言　B. 谋大逆

C. 大不敬　D. 谋判

15. 下列哪项规定体现了清代财税法律制度上的一次重大改革？（　　）

A. 租庸调制　B. 两税法

C. 一条鞭法　D. 摊丁入地

16. 清时规定土地、房屋买卖与奴婢买卖必须（　　）。

A. 经官给据　B. 立契税契

C. 过割赋税　D. 先问亲邻

17. 清代《盐法》中规定无官方盐引而贩私盐者有确货即发往附近充军，反映了（　　）。

A. 法律对政治的干预

B. 法律对军事的干预

C. 法律对经济的调控

D. 法律对思想的控制

18. “民人典当田房，契载年分，统以十年为率，限满听赎。”作出这一法律规定的朝代是（　　）。(2015 法硕 非 38)

A. 汉朝　B. 唐朝

C. 明朝　D. 清朝

19. 清代六科给事中和各道监察御史合称“科道”，是（　　）。

A. 对百姓的监督制度

B. 对各少数民族的监督制度

C. 对各级官吏的监督制度

D. 对皇帝的监督制度

20. 清代在京旗人犯刑事案件由步军统领衙门处理是（　　）。

A. 旗人的政治特权　B. 旗人的司法特权

C. 旗人的经济特权　D. 旗人的行政特权

21. 充军刑在法律上正式定为本罪始于（　　）。

A. 宋朝　　B. 明代
C. 元代　　D. 清代

22. 清代中央司法机构中职权最重、最受朝廷重视的是（　　）。
A. 大理寺　　B. 刑部
C. 宗人府　　D. 都察院

23. 清朝负责受理蒙古、西藏、新疆等少数民族地区上诉案件的中央机关是（　　）。(2016 法硕 法 19)
A. 宣政院　　B. 大宗正府
C. 理藩院　　D. 宗人府

24. 清代的三等流刑分别是：流二千里，杖一百；流二千五百里，杖一百；流三千里，杖一百。其实际上是（　　）。
A. 对某一犯罪不分轻重一律适用统一的刑罚
B. 对一种刑罚进一步划分的刑格
C. 维护官僚贵族特权的刑罚
D. 体现了恤刑思想

25. 清代地方司法机构分为（　　）。
A. 两级　　B. 三级
C. 四级　　D. 五级

26. 清代的“慎刑”机构是（　　）。
A. 刑部　　B. 巡抚
C. 都察院　　D. 大理寺

27. 清代刑部下设十七省清吏司（　　）。
A. 职掌京师审判事务
B. 专门处理皇帝交办的重案
C. 分掌各省监察事务
D. 分掌各省审判事务

28. 清代一切民刑案件的初审机构是（　　）。
A. 州县　　B. 府
C. 臬司　　D. 督抚

29. 清代地方最高一级司法机关是（　　）。
A. 府　　B. 省按察司
C. 总督　　D. 风宪衙门

30. 清代法律规定，典契可认定为卖契，典期应经过（　　）。
A. 三十年　　B. 二十年
C. 四十年　　D. 十年

31. 清代法律规定，经多长时间典主即可获得典业的所有权？（　　）。
A. 三年　　B. 五年
C. 十年　　D. 十五年

32. 在秋审制度中，案情属实、罪名恰当，但有亲老丁单情形，可申请留养。这种制度被称为（　　）。
A. 情实　　B. 缓决
C. 可矜　　D. 留养承祀

33. 清代由各省督抚有权判决并执行的案件是（　　）。
A. 笞杖刑案件　　B. 徒刑案件
C. 流刑案件　　D. 死刑案件

34. 清代案件经过秋审或朝审复审程序后，属于缓决情况的（　　）。
A. “奉旨勾决”，下令执行死刑
B. 暂时将人犯再行监禁，留待下一年秋审或朝审再行审理
C. 免予处死，改判其他刑罚
D. 经刑部提出留养申请，获得皇帝首肯后，免予死刑，在施以一定处罚后准其留养

35. 清代有一省“刑名总汇”之称的司法机构是（　　）。
A. 巡按御史　　B. 按察司
C. 督抚　　D. 通政司

36. 清代可以自行审结徒刑案件的地方司法长官是（　　）。
A. 知县　　B. 知府
C. 督抚　　D. 按察司

37. 清代的“九卿会审”是由明代的一种会审制度发展而来的，它是（　　）。
A. 大审　　B. 九卿圆审
C. 朝审　　D. 热审

38. 清代最重要的死刑复审制度是（　　）。
A. 大审　　B. 朝审
C. 秋审　　D. 热审

39. 清代秋审审理的是（　　）。
A. 斩立决、绞立决　　B. 杖以下
C. 斩监候、绞监候　　D. 流以下

40. 根据清朝的会审制度，案件经过秋审或朝审程序之后，分四种情况予以处理：情实、缓决、可矜、留养承祀。对此，下列哪一说法是正确的？（　　）(2014 司考 卷一/18)
A. 情实指案情属实、罪名恰当者，奏请执行绞监候或斩监候

B. 缓决指案情虽属实，但危害性不能确定者，可继续调查，待危害性确定后进行判决

C. 可矜指案情属实，但有可矜或可疑之处，免予死刑，一般减为徒、流刑罚

D. 留养承祀指案情属实、罪名恰当，但被害人有亲老丁单情形，奏请皇帝裁决

41. 乾隆年间，四川重庆府甲“因戏而误杀旁人”，被判处绞监候。依据清代的会审制度，对甲戏杀案的处理，适用下列哪一项程序？（　　）（司考）

A. 上报中央列入朝审复核定案

B. 上报中央列入秋审复核定案

C. 移送京师列入热审复核定案

D. 上报中央列入三司会审复核定案

42. 清乾隆律学家、名幕王又槐对谋杀和故杀的有关论述：

①“谋杀者，蓄念于未杀之先；故杀者，起意于殴杀之时。”

②“谋杀则定计而行，死者猝不及防、势不能敌，或以金刃，或以毒药，或以他物，或驱赴水火，或伺于隐蔽处所，即时致死，并无争斗情形，方为谋杀。”

③“故杀乃因斗殴、谋殴而起，或因忆及夙嫌，或因畏其报复，或虑其控官难制，或恶其无耻滋事，或恐其贻祸受害。在兄弟，或利其赀财肥己；在夫妻，或恨其妒悍不逊。临时起意，故打重伤、多伤，伤及致死处所而死者是也。”

据此，下列最可能被认定为谋杀者的选项是（　　）。（司考）

A. 张某将浦某拖倒在地，骑于身将其打伤。浦某胞弟见状，情急之下用木耙击中张某顶心，张某立时毙命

B. 洪某因父为赵某所杀，立志复仇。后，洪某趁赵某独自上山之机，将其杀死

C. 卢某欲拉林某入伙盗窃，林某不允并声称将其送官。卢某恐其败露欲杀之，当即将林某推倒在地，搭伤其咽喉并用腰带套其脖颈，林某窒息而死

D. 雇主李朱氏责骂刘某干活不勤，刘某愧忿不甘，拿起菜刀将李朱氏砍倒。刘某逃跑之际，被李朱氏四岁的外孙韩某拉住衣服并大声呼救，刘某将其推倒在地并连砍数刀，致其立时毙命

视频讲题

43. 清代被称为“天下刑名之总汇”的中央司法机关是（　　）。（2018 法硕 非 37）

A. 军机处　　B. 大理寺

C. 都察院　　D. 刑部

44. 规定总理各国事务衙门的机构及其权限的清代会典是（　　）。（2019 法硕 非 39）

A. 雍正会典

B. 乾隆会典

C. 嘉庆会典

D. 光绪会典

45. 清乾隆年间，山东省济南府人王某因与邻居赵某发生纠纷，怒而杀之。地方官府拟判王某绞监候，山东巡抚审转复核后，上报朝廷。该案经秋审查实，王某系家中独子，有年老父母需要赡养。王某可能面临的处罚结果是（　　）。（2020 法硕 非 32 / 法 20）

A. 执行死刑

B. 留待下年秋审

C. 减刑为流三千里

D. 重杖枷号示众三个月

视频讲题

46. 下列选项中，篇目名称完全相同的律典是（　　）。（2021 法硕 非 37）

A.《九章律》与《开皇律》

B.《大业律》与《宋刑统》

C.《泰和律义》与《大元通制》

D.《大明律》与《大清律例》

47. 清乾隆十八年（公元 1753 年），有雇主将其雇工人打伤，该雇主应承担的法律责任是（　　）。（2022 法硕 非 38）

A. 不论罪

B. 依凡人论罪
C. 比照凡人相犯加三等
D. 比照凡人相犯减三等

视频讲题

48. 《大清会典》规定，内外蒙古地区“刑狱不决，则报于院”。这里的“院”是指（　　）。(2022 法硕 非 39)

A. 大理院　　B. 都察院
C. 宣政院　　D. 理藩院

（二）多项选择题

1. 清代的立法思想是（　　）。
A. 详译明律　　B. 礼法结合
C. 刑用重典　　D. 参以国制
2. 清代的主要法律形式包括（　　）。
A. 敕　　B. 条例、则例
C. 会典　　D. 事例
3. 清朝中央政府除制定全国统一的基本法典之外，还制定了一系列适用于少数民族聚居地区的专门法规，其中包括（　　）。(2015 法硕 非 61)
A.《回疆则例》
B.《蒙古律例》
C.《理藩院则例》
D.《钦定西藏章程》
4. 清代的会审制度包括（　　）。
A. 九卿会审　　B. 秋审和朝审
C. 大审　　D. 热审

视频讲题

5. 清代刑部的职掌有（　　）。
A. 审理京师百官犯罪案件
B. 刑名总汇
C. 参与或主持国家立法
D. 负责全国的司法行政案件
6. 清代经秋审或朝审之后的案件处理结果，一般有几种情况：（　　）。
A. 情实　　B. 缓决
C. 可矜　　D. 留养承祀
7. 清代官吏产生的方式包括（　　）。
A. 捐纳　　B. 正途
C. 异途　　D. 世袭
8. 清代旗人享有的法律特权有（　　）。
A. 犯罪免发遣
B. 旗人犯盗窃仅刺字
C. 旗人重囚必须刺字的，可以刺面
D. 旗人犯罪，由相应的特定机构处理
9. 清代的斩、绞刑分为哪几种方式？（　　）
A. 立决　　B. 先斩后奏
C. 监候　　D. 就地正法
10. 清乾隆年间，甲在京城天安门附近打伤乙，被判笞刑。甲不服判决，要求复审。关于案件的复审，下列选项正确的是（　　）。(司考)
A. 应由九卿、詹事、科道及军机大臣、内阁大学士等重要官员会同审理
B. 应在霜降后十日举行
C. 应由大理寺官员会同各道御史及刑部承办司会同审理
D. 应在小满后十日至立秋前一日举行
11. 乾隆五十一年（公元 1786 年），四川发生一起杀人案：唐达根与宋万田本不相识，因赴集市买苞谷遂结伴同行。途中山洞避雨，宋万田提议二人赌钱。后宋万田得赢，唐达根将钱如数送上。归途，宋万田再次提议赌钱，唐达根得赢。宋万田声称唐达根要骗不肯给钱，唐达根与之争吵进而双方互殴，争斗中唐达根将宋万田打死。依据《大清律例》及《大清律辑注》，你认为唐达根有可能被官府认定犯下列哪些罪行？（　　）(司考)
A. 唐达根系没有预谋、临时起意将宋万田打死，应定“故杀”
B. 唐达根系恼羞成怒，欲夺赌钱故意将宋万田打死，应定“谋杀”
C. 唐达根系无心之下，斗殴中不期将宋万田打死，应定“斗殴杀”

D. 唐达根系无怨恨杀人动机，“以力共戏”将宋万田打死，应定“戏杀”

视频讲题

12. 清朝民事立法中，民事主体地位发生了一定变化，人身依附关系有所削弱，表现为（　　）。(2017 法硕 非 62)

A. 允许良贱通婚

B. 废除匠籍制度

C. 雇工人的地位有所改善

D. 部分贱籍豁免为良

13. 在清朝司法实践中，幕友发挥着重要作用，下列关于幕友的表述，正确的有（　　）。(2019 法硕 非 49 / 法 29)

A. 幕友须精通复杂的律例

B. 幕友由各级官府衙门任命

C. 以专办刑事审判实务的刑名幕友地位最高

D. 幕友是各级地方官及中央司法部门长官的政法顾问

视频讲题

14. 下列关于清朝民事法律制度的表述，正确的有（　　）。(2020 法硕 非 49 / 法 29)

A. 禁止乞养异姓义子

B. 改善雇工人的法律地位

C. 承认独子兼祧的合法性

D. 明确房屋出典后的风险责任

15.《大清律例・户律》“立嫡子违法”条附例规定了兼祧制度。兼祧成立的要件有（　　）。(2021 法硕 非 49 / 法 29)

A. 可继之人系独子

B. 两房为同父兄弟

C. 两相情愿

D. 取具阖族甘结

（三）不定项选择题

1. 清代具有自己特色的职官考绩制度包括（　　）。

A. “考满法”　　B. 京察

C. 大计　　D. 致仕

2. 与明代相比，清代的监察制度不同之处在于（　　）。

A. “台谏合一”制

B. 取消“巡按御史制”

C. 推行“密折”制

D. 将“六科给事中”并入都察院

3. 清代地方司法机构负责的案件中，不要求必须咨报刑部的案件包括（　　）。

A. 徒刑案　　B. 充军案

C. 流刑案　　D. 发遣案

4. 清代州县无权自理的案件是（　　）。

A. 田土案　　B. 户婚案

C. 斗殴案　　D. 盗窃案

5. 清代审判制度方面，被统治者标榜为“恤刑”制度的是（　　）。

A. 朝审　　B. 九卿会审

C. 秋审　　D. 热审

简答题

1. 简述清代主要法典的制定及特点。

2. 简述清代刑罚制度的变化。

3. 简要说明清代会审制度的发展。(考研)

4. 简述中国古代法典从《唐律疏议》到《大清律例》篇章体例的发展演变。(2015 法硕 非 66)

分析题

1. 通过分析“以典为纲，以则例为目”，说明清代的会典。

2. 通过以下几段话，分析清代的民事经济立法。

“若雇工人殴家长，即使无伤，亦应杖一百，徒三年；已伤者，不问轻重，处杖一百，流三千里。”

——《大清律例・刑律・斗殴》

“凡士工商贾，皆赖食于农，故农为天下之本务，而工商皆其末也。”

——《清世宗实录》卷五十七

“凡客商匿税不纳课程者，笞五十，货物一半入官……入门不吊印者，同匿税法。”

——《大清律例·户例·课程》

3. 通过以下几段话，分析清代的中央司法机关。

“持天下之平者（刑）部也，执法纠正者（都察）院也，办理冤枉者（大理）寺也。”

“清则外省刑案，统由刑部核复。不会法者，院、寺无由过问，应会法者，亦由刑部主稿。在京狱讼，无论奏咨，俱由刑部审理，而部权特重。”

论述题与深度思考题

1. 试论清代的律、例关系。（考研）

2. 论述清代朝审制度的主要内容和特点。（人大考研 2014）

参考答案

名词解释

1. 为规范国家机关的组织、活动，加强行政管理，提高官吏的统治效能，自康熙朝开始，清廷仿效《明会典》编订《清会典》，记述各朝主要国家机关的职掌、事例、活动规则与有关制度。计有康熙、雍正、乾隆、嘉庆、光绪五部会典，合称“五朝会典”，统称《大清会典》。自《乾隆会典》开始，编纂一直遵循“以典为纲，以则例为目”的原则，典、例分别编辑遂成固定体例。会典所载，一般为国家基本体制，少有变动，具体的变更则在增修“则例”中完成。

2. 京察是明清时期对官吏的一种考课。所谓京察，即指对京官的考绩。明代时，京察为每六年举行一次，有“一贪，二酷，三浮躁，四不及，五老，六病，七疲，八不谨”之法，“四品以上自陈以取上裁，五品以下分别致仕、降调、闲住为民者有差，具册奏请”。清代时，京察则是对京官与地方督抚进行考核，每三年举行一次，以“四格八法”为标准。

3. “发遣”是清代创设的一种刑罚方法，是指将犯罪人发往边疆地区，给驻防官兵为奴。这是一种比充军更重的刑罚，多适用于政治性案犯。

4. 清代的司法审判中，幕吏擅权是一大特点，也是严重弊政。所谓“刑名幕友”，是指在国家各政府部门、衙署中协助主管官员办理诉讼案件的幕友，是官员私人聘请的顾问，其虽然活跃在地方各级政府中，但只接受主人的束脩，而不享有国家俸禄。幕友是以通晓刑名律例、钱粮会计、文书案牍等知识服务于官府的，有时也代主官查核胥吏。因此，幕友在官场上起着“代官出治”的重要作用。刑名幕友在司法审判中主要是拟律和批答案牍。

5. 秋审是清代最重要的死刑复审制度，因在每年秋天举行而得名。秋审审理对象是全国上报的斩、绞监候案件，每年秋八月在天安门金水桥西由九卿、詹事、科道以及军机大臣、内阁大学士等重要官员会同审理。秋审被看成是“国家大典”，统治者较为重视，专门制定《秋审条款》。

6. 清朝的死刑，有绞、斩数种，绞、斩又分为“立决”与“监候”两种方式。对于那些尚有疑问或是有矜免情节的案件，则判处“监候”，根据具体情况分为“斩监候”和“绞监候”两等。被判处监候的案犯，不在当年处决，而是暂时监禁，留待来年秋审或朝审再作判决。其最终处理结果一般分为情实、缓决、可矜、留养承祀四种。

选择题

（一）单项选择题

1. 答案：A

顺治四年（公元 1647 年），颁行《大清律集解附例》。这是清代第一部完整的成文法典，其体例、条文都沿用明代旧制，无异于明律的翻版。这部法典实际上没有得到认真贯彻执行，但毕竟为《大清律例》的制定打下了基础。

2. 答案：C

《大清律例》于乾隆元年（公元 1736 年）开始制订，于乾隆五年（公元 1740 年）正式颁行天下。其结构形式、体例、篇目与《大明律》基本相同，共分七篇。自乾隆年间修订完成后，《大清律例》成为清代的基本法典，尤其是律文部分基本定型，极少修订，后世各朝只是对律文之后的“附例”予以增修。

3. 答案：C

康熙二十三年（1684 年），为将国家机关的各项活动纳入"有典有则"的规范化轨道，仿照《明会典》的形式起草清代会典。此次起草工作历时六年完成，史称《康熙会典》。在康熙朝以后，雍正、乾隆、嘉庆和光绪朝均在前朝会典的基础上，结合本朝国家机构的发展变化，分别制定出《雍正会典》《乾隆会典》《嘉庆会典》《光绪会典》。这些会典，后人统称为《大清会典》或"五朝会典"。《大清会典》循"以官举职，以职举政"的思路，详细记述了有清一代国家机构的设置、职权范围以及办事规程。会典在每一机关之下，开列该机构的建制、官员职数、品秩、职掌、权限，并考述其历史沿革，记载历年重要事例，成为行政法律的汇编。

4. 答案：C

为了规范国家机关的组织活动，加强行政管理，清政府仿效明朝，先后编制了《康熙会典》《雍正会典》《乾隆会典》《嘉庆会典》《光绪会典》，合称"五朝会典"，统称《大清会典》。

5. 答案：B

所谓则例，是清廷针对中央各部门的职责、办事规程而制定的基本规则，是各部、院机关正常运转的基本依据，可以被视为清廷的行政法规。

6. 答案：C

《大清律例》是以《大明律》为蓝本完成的，作为中国历史上最后一部传统综合性律典，完全可以说是中国传统法律的集大成者。汉、唐以来确立的律典的基本精神、主要制度在《大清律例》中都得到了充分体现；同时，《大清律例》的制定又充分考虑了清代的政治实践和政治特色，在一些具体制度上对前代法律有所发展和变化。

7. 答案：A

从立国伊始，清廷就在政治、法律上采取了一系列的措施，审慎处理民族问题，以巩固满族政权对全国的统治。清代众多的民族性法律、法规中，比较突出的有适用于蒙古、西藏等少数民族地区的《理藩院则例》，其主要内容包括：(1) 关于理藩院的机构职掌及编制。(2) 关于蒙古地区的行政区划、职官和各项社会管理制度。(3) 确立蒙古地区的刑法制度。(4) 规定首告、人誓、审断、留养、收赎、赦免、监禁、解递等适用于蒙古地区的司法诉讼制度。(5) 规定蒙古、西藏等地区的职官制度、社会管理制度。

8. 答案：D

清代的条例，承袭明代定例而来，是一种在司法实践中起着广泛作用的制定法。其既非"案例"，更非"判例"。臣僚就国家各方面问题及其如何解决所提出的"奏本""题本"（清时多为题本），即所谓"臣工条奏"，经皇帝批准而奉为法律后才可能成为条例。

9. 答案：C

明代改御史台为都察院；"道"是清代时期设立的省之下、府之上的一级地方行政机构；"军机处"，是清代政府设立的"有官无吏"的特殊衙门，是皇帝之下的重要权力中枢，与明代的中央权力机构明显不同；清代大理寺复核案件。

10. 答案：C

迁徙源于唐律中的"杀人移乡"，清代的充军制度承袭明代体制，枷号刑源于明代的"枷项游历"。发遣是清代创设的刑罚方法，是指将犯人发往边疆地区给驻防官兵为奴。

11. 答案：C

发遣是清朝特别创立的一种仅次于死刑的重刑，即将罪犯发配到边疆地区给驻防八旗官兵当差为奴的刑罚，比充军重。清代发遣的对象主要是犯徒罪以上的文武官员，一般只限本人，情节轻微的，还有机会放还。

12. 答案：D

清代针对死刑规定了一种独特的制度，即立决和监候制度。清律规定，除凌迟外，死刑有斩、绞两种，分为立决与监候两种情形。

13. 答案：D

清律规定，凡窃盗者，初犯刺字，三犯者不论赃数处绞监候。这规定了对于累犯加重处罚的原则。

14. 答案：B

清朝虽然未曾制定一条文字语言犯罪的条例，但绝大多数文字狱都比照"谋大逆"判罪，一案构成犯罪，往往全家遭诛，甚至灭族。

15. 答案：D

自秦汉以降，中国古代国家的赋役一直包括田赋和丁役两种方式。从唐朝实行的"租庸调"制、两宋实行的两税法，到明代张居正推行"一条鞭法"，都未能跳出田赋与丁役分离征收的传统格局。清代康熙年间制定了"盛世滋生人丁永不加赋"的政策，后清代政府又用法律手段进一步推行"摊丁入地"政策，将人丁应纳丁银按照土地数量平均分配到田赋之中，不再按人头征税。这是中国古代财税制度的一次重大改革。

16. 答案：B

明、清时对元代买卖契约制度进行了改革，废除了经管给据、先问亲邻的程序规定，仅强调土地、房屋买卖与奴婢买卖必须立契税契。

17. 答案：C

在《大清律例》中，还规定了“盐法”“私茶”“私矾”等专门条款，推行严厉的禁榷制度，其中，有关“盐法”的附例达二十余条。《大清律例·户律·课程》之“盐法”条律文规定，凡犯私盐（指无官方盐引而贩）者，不必赃之多少，即处杖一百，徒三年。若带有军器者，加一等。买食私盐者，亦要杖一百。这反映的是法律对经济的调控。

18. 答案：D

清《户部则例》明确规定：“民人典当田房，契载年分，统以十年为率，限满听赎。”典契有效期为十年，在十年之内（包括十年），可以回赎。出典人超过十年不能回赎的，法律允许典主处分典物，从而避免产权上的纠纷。

19. 答案：C

为保证各级官吏能够忠于朝廷、为皇帝和国家服务，清代进一步加强了对官吏的监督机制。特别是自雍正以后，将六科给事中并入都察院，与各道监察御史分别负责对中央和地方官员的监察和纠弹。六科给事中和各道监察御史合称“科道”，是皇帝的重要耳目。除皇帝以外，只有军机处不受科道的监督，其余中央、地方各衙门、各级官吏，均在六科及监察御史的稽查范围之内。在一些重大的政治斗争中，监察官员的弹劾，是皇帝打击臣僚的方便而有效的武器。

20. 答案：B

清代为维护满族的特权及其统治，一方面，通过任官上的“官缺”制度，确保满洲贵族控制要害部门，在国家政权中占有优越地位；另一方面，保护旗人的司法特权。旗人的案件，由特定机关审理：一般旗人由步军统领衙门和内务府慎刑司审理，宗室贵族由宗人府审理，民事案件由户部现审处审理。这规定的即是一种司法特权。

21. 答案：D

清代的充军刑作为流罪的加重刑，并以充军为本罪，不再如明代先定徒、流等罪，后随宜编发充军。

22. 答案：B

清代，刑部、大理寺、都察院三个主要司法机构构成中央“三法司”，三法司中，刑部主审，大理寺复核，都察院监督。但刑部的职权与明代刑部的相比更重，应该说，刑部在清代是职权最重，也最受朝廷重视的一个司法机构。

23. 答案：C

理藩院是清朝中央管辖少数民族事务的机关，也是蒙古、藏、回部地区的上诉审机关。

24. 答案：B

清代的三等流刑分别是：流二千里，杖一百；流二千五百里，杖一百；流三千里，杖一百。清代编纂的《三流道里表》还分别载明了各省、府的三等流刑应发往的地点，按计程途，限定地址，以此来防止各省随意发配、处分不均。故，其实际上是为了便于各地司法机关裁量刑罚划分的刑格。

25. 答案：C

清代地方司法机关分为州（县）、府、省提刑按察使司、督抚（总督巡抚）四级。其中州（县）为第一审级，府为第二审级，省提刑按察使司为第三审级，总督（巡抚）为第四审级。

26. 答案：D

大理寺是负责案件复核的“慎刑”机构。依清律规定，大理寺的主要职责是复核死刑案件，平反冤狱，同时参与秋审、热审等会审。大理寺如发现刑部定罪量刑有误，可提出封驳。

27. 答案：D

清代刑部下设十七省清吏司分掌各省审判事务，还设有追捕逃人的督捕司、办理秋审的秋审处等。

28. 答案：A

从司法体制的角度看，清代的地方司法，由低到高分为县、府、臬司（提刑按察使司）和督抚（总督或巡抚）四级。县及与之平行的州、厅，是清代的基层政权。一切民刑案件，均应以县级为初审机构。按照《大清律例》的规定，“州县自行审理一切户婚、田土等项”。一些轻微的治安、刑事案件，即通常所说的笞杖刑案件，也是由“州县完结，例称自理”。作为基层长官的知州、知县，以行政兼理司法，因而也是一方司法长官。

29. 答案：C

清代地方司法机关分为四级，总督（巡抚）为第四审级。督抚有权批复按察司复核无异议的徒刑案件，并决定执行；对军流、死刑案件及人犯进行复核。对死刑案件，督抚须对人犯进行复审。

30. 答案：D

清代法律关于典当契约的规定有重大变化。清初沿袭明制，典、卖不分。自乾隆年间开始，要求契约明确区分典、卖，且典契不必再纳契税，约定典契超过十年即可认定为卖契，要纳契税。

31. 答案：C

清代法律规定至十年后出典人不能回赎，典主即可获得典业的所有权。这种规定，目的在于保护典权人的利益。

32. 答案：D

清代经秋审或朝审的案件，一般分为情实、缓决、可矜、留养承祀等四种情况处理。所谓"留养承祀"就是指案件属实、罪名恰当，但有亲老丁单情形，合乎申请留养条件者，按留养案奏请皇帝裁决。

33. 答案：B

在清代的刑事审判程序中，笞杖刑案件由州县自行审结。凡应拟徒刑的案件，由州县初审，依次经府、按察司、督抚逐级审核，最后督抚作出判决。流刑、充军等案，由各省督抚审结后咨报刑部，由刑部批复。至于死刑重案，最终须经皇帝勾决，才能执行。

34. 答案：B

清代经秋审或朝审的案件，一般分为情实、缓决、可矜、留养承祀等四种情况处理。所谓"情实"，是指案情属实，适用法律并无不当。这种情况下当然是"奉旨勾决"，下令执行死刑。"缓决"是指案情尚有疑问，暂时将人犯再行监禁，留待下一年秋审或朝审再行审理。"可矜"是指案情虽属实，但有可以宽恕的情节，此种情形大多可以免予处死，改判其他刑罚。"留养承祀"则是在符合"孀妇独子"等留养条件的情形下，经刑部提出留养申请，获得皇帝首肯后，人犯免于死刑，在施以一定处罚后准其留养。

35. 答案：B

清代取消了明代施行的"巡按御史"制度。督抚是清代地方最高一级行政机关。清代的按察司是各省主要专职的司法机关，号称是"刑名总汇"，负责复核、审理省内各府、州县上报的刑名案件，核议后加署意见，呈送督抚。

36. 答案：C

清代各省督抚负责审核复拟该省按察司上报的案件，徒刑案件可自行批结，在审结后仅须报刑部备案。

37. 答案：B

依清代规定，凡全国性重大案件，由六部尚书、大理寺卿、都察院都御史、通政司通政使等九个重要官员组成会审机构会同审理，并将审理结果报请皇帝裁决。这种重要的会审制度称为"九卿会审"。"九卿会审"是从明代的"九卿圆审"发展而来的。

38. 答案：C

秋审是清代最重要的死刑复审制度，因在每年秋天举行而得名。秋审被看作是"国家大典"，清统治者较为重视，还专门制定了《秋审条款》，作为进行秋审大典的基本规范。

39. 答案：C

秋审审理的对象是全国上报的斩监候、绞监候案件。每年秋八月在天安门金水桥西由九卿、詹事、科道以及军机大臣、内阁大学士等重要官员会同审理。

40. 答案：C

案件经过秋审或朝审复审程序后，分四种情况处理：其一，情实，指罪情属实、罪名恰当者，奏请执行死刑；其二，缓决，案情虽属实，但危害性不大者，可减为流三千里，或发烟瘴极边充军，或再押监候；其三，可矜，指案情属实，但有可矜或可疑之处，可免予死刑，一般减为徒、流刑罚；其四，留养承祀，指案情属实、罪名恰当，但有亲老丁单情形，合乎申请留养条件者，按留养奏请皇帝裁决，需要注意的是，此处亲老丁单情形是针对犯罪人而言的，而不是被害人。

41. 答案：B

秋审是清代最重要的死刑复审制度，因在每年秋天举行而得名。秋审审理对象是全国上报的斩、绞监候案件，每年秋八月在天安门金水桥西由九卿、詹事、科道以及军机大臣、内阁大学士等重要官员会同审理。秋审被看成是"国家大典"，统治者较为重视，专门制定了《秋审条款》。故选项B正确。

42. 答案：B

谋杀与故杀的区别在于：(1) 谋杀是有预谋的，故杀则是临时起意；(2) 谋杀在手段上也是以事先预备好的、经过缜密布局的手段将对方杀死；故杀的杀人手段缺乏必要的准备或者因突受刺激而杀人。总之，故杀与谋杀的根本区分在于是否有杀人的预谋。

A选项中浦某胞弟是情急之下用木耙击中张某顶心，应认定为故杀。B选项中洪某因父为赵某所杀，立志复仇，应认定为谋杀。C选项中卢某因担心被告发而杀人，应认定故杀。D选项中刘某因为受到刺激而临时起意杀人，应认定为故杀。

43. 答案：D

清代设刑部、大理寺、都察院掌中央司法，号称“三法司”。其中，刑部职掌天下刑罚政令，为中央审判机关，有“天下刑名之总汇”之称。大理寺则主要负责复核驳议，都察院则为最高监察机关，军机处则为中枢权力机关。综上所述，本题正确答案是D。

44. 答案：D

清代会典总共有五部，即《康熙会典》《雍正会典》《乾隆会典》《嘉庆会典》《光绪会典》，又称“五朝会典”。总理各国事务衙门设立于咸丰十一年（公元1861年），因此，只有其后编纂的《光绪会典》增设了总理各国事务衙门的机构及其权限。综上所述，本题正确答案是D。

45. 答案：D

秋审为清朝最重要的死刑复审制度，其对象是各省上报的斩、绞监候案件，经过复审程序后，秋审的结果主要包括情实、缓决、可矜、留养四类。情实者经皇帝予勾后，执行死刑。缓决者，一般留待下年秋审。可矜者，即情有可原的，一般可以减等发落，如减刑为流三千里。留养者，是指罪犯存在亲老丁单情形，即祖父母、父母老疾需要赡养，家中无次丁的情形，经皇帝批准，可以改判重杖枷号之刑。结合本案情形，本题正确答案是D。

46. 答案：D

汉《九章律》为9篇，隋《开皇律》为12篇，故A项错误。隋《大业律》18篇，宋《宋刑统》12篇，故B项错误。金《泰和律义》12篇，元《大元通制》20篇，故C项错误。明《大明律》与清《大清律例》均为7篇，篇目名称均为吏、户、礼、兵、刑、工。综上所述，本题正确答案是D。

47. 答案：D

清朝雇工人的法律地位有所改善，清律不再将其列入贱籍，但依然对雇主有很强的人身依附关系。雇主与雇工人之间法律地位并不平等，雇工人侵犯雇主的，相较于凡人要加重处罚；反之，雇主侵犯雇工人的，相较于凡人，则减轻处罚。综上所述，本题正确答案是D。

48. 答案：D

清朝在中央设立理藩院，作为管理少数民族事务的专门机构。因此，内外蒙古地区“刑狱不决，则报于院”中的“院”指的就是理藩院。A项大理院，是北洋政府时期的中央最高审判机关。B项都察院，是清朝中央最高监察机关。C项宣政院，是元朝设立的主持全国佛教事务和统领吐蕃地区军、民之政的机关。综上所述，本题正确答案是D。

（二）多项选择题

1. 答案：ABD

清初，从皇太极到康熙皇帝，在治国理民的方针大计上都本着“清承明制”的精神。入关后，随着社会政治、经济的发展变化，清朝进一步强调“详译明律，参以国制”的立法指导思想。以后各朝统治者对此也是一脉相承，注重礼法结合。

2. 答案：BCD

从清代立法概况可以看出，清的法律形式主要有条例、则例、事例、会典等。

3. 答案：ABCD

清朝是一个统一的多民族国家，为了巩固辽阔的疆域，以理藩院作为少数民族事务的管理机构，在制定全国统一基本法典外，还制定了一系列适用于少数民族聚居地区的专门法规，如《理藩院则例》《蒙古律例》《回疆则例》《钦定西藏章程》《番例》等。

4. 答案：ABD

清代的会审制度包括：九卿会审，是指凡属全国性的重要案件，特别是每年判决的斩监候、绞监候案件，需要由九卿组成最高一级的会审机构会同审理的制度；秋审是对地方上报的斩监候和绞监候的案件会同审理的制度，因在每年秋天举行而得名；朝审所复审的案件，主要是刑部判决的案件，以及京城附近发生的斩监候、绞监候案件，举行时间略迟于秋审，于每年霜降后十日进行；热审于每年小满后十日至立秋前一日举行，由大理寺左右二寺官员，会同各道御史及刑部承办司官员审理发生在京师的笞杖刑案件，目的是加快笞杖刑案件的审理判决，疏通监狱，以防在暑热天气庾毙狱囚。大审是明代宦官会同三法司在大理寺共审囚徒的制度。

5. 答案：ABCD

清代刑部的职责包括：（1）行使审判权，即具体审理京师百官犯罪、京畿地区大小刑案，核定全国的死刑案件；（2）作为主要的机构参与或主持国家的重要立法；(3) 负责全国的司法行政工作。清代的政治体制中，司法权责的重心在于刑部。

6. 答案：ABCD

清代经秋审或朝审的案件，一般分为情实、缓决、可矜、留养承祀等四种情况处理。所谓“情实”，是指案情属实，适用法律并无不当。“缓决”是指案情尚有疑问，暂时将人犯再行监禁，留待下一年秋审或朝审再行审理。“可矜”是指案情虽属实，但有可以宽恕的情节，此种情形大多可以免予处死，改判其他刑罚。“留养承祀”则是在符合“孀妇独子”等留养条件的情形下，经刑部提出留养申请，获得皇帝首肯后，人犯免于死刑，在施以一定处罚后准其留养。

7. 答案：ABCD

清代官吏的选拔任用，大体上可以分为“正途”与“异途”两种途径。所谓“正途”包括科考、皇帝的“特简”和大臣“会推”几种方式。其中，参加科举考试是士子进入官场的主要途径。所谓的“异途”，是指通过捐纳、荫生制度获得官职。荫生制度，则是规定一定范围内的官吏可以荫庇一定数量的亲属，由朝廷提供官职，即一种有限的世袭制度。

8. 答案：AD

清代在法律领域，为旗人作出了种种特殊的规定。如满族贵族，可以享受“八议”、减等罚俸等优惠措施，普通旗人也享有“犯罪免发遣”的规定。旗人犯盗窃，可免于刺字；如重囚必须刺字，也只能刺臂，不能刺面。旗人触犯法律的，普通司法机关一般无权审理，均有相应的特定机构来处理。

9. 答案：AC

清代斩、绞刑分为“立决”和“监候”。所谓“立决”，是对于那些性质比较严重、案情属实、适用法律适当、并无疑义的案件，判处斩刑或绞刑，在当年秋分以后执行，称为“斩立决”或“绞立决”。对于那些尚有疑问或是有矜免情节的案件，则判处“监候”，称为“斩监候”或“绞监候”。

10. 答案：CD

清代会审制度包括秋审、朝审和热审。

秋审是最重要的死刑复审制度，因在每年秋八月举行得名，其审理的对象是全国上报的斩、绞监候案件，由九卿、詹事、科道以及军机大臣、内阁大学士等重要官员在天安门金水桥西会同审理。由此可见，秋审针对的是“京城之外的死刑案件”，A项属于“秋审”的程序，而题干中甲被判处“笞刑”，不属于死刑案件，不适用秋审，A项错误。

朝审是对刑部判决的重案及京师附近的斩、绞监候案件进行的复审，其审判组织、方式与秋审大体相同，于每年霜降后十日举行。由此可见，B项属于“朝审”程序，题干中的案件既不属于重案，也不属于死刑案件，不适用朝审，B项错误。

热审是对发生在京师的笞杖刑案件进行重审的制度，具体程序是：每年小满后十日至立秋前一日，由大理寺官员会同各道御史及刑部承办司共同进行，从而快速决放笞杖刑的案犯。题干描述的是京师内的笞刑案件的复审，符合“热审”，应由大理寺官员会同各道御史及刑部承办司共同进行，C项正确；审理时间是小满后十日至立秋前一日举行。D项正确。

11. 答案：AC

《唐律》规定了“六杀”，即“谋杀”“故杀”“斗杀”“误杀”“过失杀”“戏杀”。“谋杀”是指预谋杀人；“故杀”是指事先虽无预谋，但情急杀人时已有杀人的意念；“斗杀”指在斗殴中出于激愤失手将人杀死；“误杀”指由于种种原因错置了杀人对象；“过失杀”指“耳目所不及，思虑所不到”，即出于过失杀人；“戏杀”指“以力共戏”而导致杀人。该原则被后世法律继承，包括《大清律例》。本题虽然发生在清朝，但可根据《唐律》中“六杀”的规定判断。唐达根并无事先预谋，而是情急时杀人，可能被定为误杀，不可能被定为谋杀，A项正确，B项错误。唐达根和宋万田属于斗殴而非嬉戏导致的杀人后果，可能被认定为“斗杀”，不可能被认定为“戏杀”。C项正确，D项错误。

12. 答案：BCD

清朝的民事立法中，随着经济的发展以及农民的反抗，清朝的人身依附关系有所削弱，具体表现为：(1) 废除匠籍制度，以雇募工匠代替，手工业工人的人身权利得到了一定保障。(2) 雇工人的地位有所改善，雇工人不列入贱籍。(3) 部分贱籍豁免为良。

13. 答案：ACD

清朝司法实践中，各级官员往往依赖幕友处理各类司法案件，因此，一方面，幕友必须精通复杂的律例；另一方面，幕友也成为各级地方官及中央司法部门长官的政法顾问，A、D项正确。幕友根据处理事务的不同，分为刑名、钱谷等类型，但以办理刑事审判实务的刑名幕友地位最高，C项正确。幕友属于官员私人聘请的顾问，并非正式官员，也不是由各级官府衙门任命，B 项错误。综上所述，本题正确答案是 ACD。

14. 答案：ABCD

清朝的宗祧继承为嫡长子继承制，并且允许立继或立嗣，但即使无子孙也不许以异姓义子为嗣，A 项正确。清律规定，雇工人不再列入贱籍，雇工人的法律地位得到了改善，B 项正确。清朝开创“兼祧”制度，即“一子两祧”，C 项正确。清朝明确规定了房屋出典后的风险责任，典期内典产损坏灭失，典权人负赔偿义务，但不可抗力原因除外，D 项正确。综上所述，本题正确答案是 ABCD。

15. 答案：ABCD

《大清律例·户律》“立嫡子违法”条附例规定：“如可继之人亦系独子，而情属同父周亲，两相情愿者，取具阖族甘结，亦准其承继两房宗祧。”即具备继承条件的人也是独子，出继的两房为同父兄弟，而且双方同意，并取得全族书面见证的，才准许兼祧。综上所述，本题正确答案是 ABCD。

（三）不定项选择题

1. 答案：BC

顺治朝，清代在官吏考核上基本上是沿用明代的“考满法”。在康熙以后，形成了“京察”和“大计”这两种比较规范且有清代自己特色的职官考绩制度。

2. 答案：ABCD

为保障皇帝对百官的控制，清代实行“台谏合一”制度，将针对六部对口监察的六科并入都察院。顺治年间，清代取消了明代施行的“代天子巡狩”的巡按御史制度，雍正后又推行密折制度。

3. 答案：A

清代徒刑案件各省督抚可自行批结，在审结后仅须报刑部备案。充军、流刑及发遣之案则咨报刑部，死刑案件则须准备相关材料向皇帝题奏。

4. 答案：D

清代地方司法机关分为州（县）、府、省按察司、总督（巡抚）四级。其中州（县）为第一审级，府为第二审级，省按察司为第三审级，总督（巡抚）为第四审级。一般而言，有关田土、户婚、斗殴诸般“细故”，均由州县自理，但命盗重案，州县初审后，应将人犯并案卷一并解赴上级机关审理。

5. 答案：AC

秋审是清代最著名也是最重要的一种会审形式，因在每年秋天举行而得名。朝审是清代秋审之外的另一重要的会审形式。朝审和秋审是在明代朝审基础上发展形成的，是皇权加强控制司法的重要措施。多数案犯得以减免死刑，统治者将此夸张为“大典”和“仁政”。

简答题

1. （1）清代第一部综合性法典《大清律集解附例》于顺治三年（公元 1646 年）编纂完成，于顺治四年（公元 1647 年）正式“颁行中外”。其基本上是明律的翻版，体例、条文沿用明律，不少条文虽然与当时社会实际状况不符，但仍照录。此外，律例中对满官无规定，即该法典对满官并无约束力。故而在实际上这部法典没有得到认真贯彻执行。

（2）康熙朝从未正式颁行过法典，足见其对修律的审慎。康熙十八年（公元 1679 年）鉴于律例不尽一致，命刑部将律后附例“应去应存，详加酌定”，定名《刑部现行则例》，于次年刊刻颁行，10 年后其被并入律内。与此同时，康熙帝还下令对顺治三年律进行修订，但康熙终世未竣。

（3）雍正五年（公元 1727 年）对清律的进一步修订完成，定名《大清律集解附例》，颁行全国。该法典成为后来《大清律例》的蓝本。此后，对律文的改动不大。

（4）乾隆元年（公元 1736 年）对《大清律集解附例》“逐条考证，重加编辑，又详校定例”。乾隆五年（公元 1740 年）修订完成《大清律例》，篇目结构与大明律相同。其与以往法典的不同是条文加小注，律后附例，简称《大清律》。《大清律》是以《大明律》为蓝本而制定的中国历史上最后一部综合性的传统成文法典。经过清代几代皇帝百多年的修订完成的《大清律》，既是经验的积累，也是不断深化其立法指导思想的过程。清代结合满人汉治特点与实际，终于完成了这部集历代法典大成、体例严密周详的法典《大清律》。

（5）清代康熙、雍正、乾隆、嘉庆、光绪五朝都曾进行会典的编纂。康熙二十三年（公元 1684 年）下诏，仿《明会典》体例编《清会典》，其后又有《雍正会典》和《乾隆会典》编成，嘉庆年间的《会典事例》，是在乾隆《会典则例》的基础上编入逐年事例而成的。光绪朝，将康熙以来至光绪时的五部会典合称为“五朝会典”，又叫《大清会典》。《大清会典》从体例到内容基本仿《明会典》，不仅是清代行政法大全，也是古代行政法之集大成。

2.《大清律例》中规定的清代基本刑罚体系，仍然是隋唐以来相传的笞、杖、徒、流、死五种刑罚。但清代除“五刑”外，实际上存在多种刑罚方法。

(1) 在刑罚适用上，其对累犯处刑重于明律；扩大谋反、谋大逆、谋判等重罪处刑范围；重惩强盗、窃盗；区别公罪、私罪，处刑上私罪重于公罪。

(2) 迁徙是徒与流中间的刑罚。清代定例中，迁徙多适用于斗殴杀人之案。

(3) 清代的充军，列“正刑”之外，成独立刑种。充军刑亦分为五等：极边、烟瘴、边远、近边、附近。其与明律不同之处是充军不连带家人。

(4) 清代创设了一种新的刑罚方法，即发遣，是指将犯罪人发往边疆地区给驻防官兵为奴。这种刑罚比充军更重，多适用于政治犯。

(5) 枭首是清代使用得较为广泛的死刑方法。清律中，凌迟刑也被当作最重的刑罚。清代死刑还包括斩刑与绞刑。斩、绞刑又分立决与监候两种方式。

(6) 在清代刺字是一种常用的附加刑，初仅限于贼盗，后扩大到缘坐、出犯、逃军、逃流、发遣等。刺字分满汉文，部位各异。

(7) 清代定例中，有许多条款规定了枷号的处罚，主要适用于伦理、风化案件的附加刑罚。枷号一般是在主刑执行完毕后，将人犯戴枷立于衙门之外、城门口或集市之处，时间为一月或两月。

3. 清代在承袭明代会审制度的基础上，进一步发展出一套更为完善的会审体制。

(1) 九卿会审。“九卿会审”是在明代“九卿圆审”基础上发展而成的一种会审组织。“九卿”包括六部尚书、大理寺卿、都察院左都御史、通政司通政使等九个重要官员。凡属全国性的重要案件，特别是每年判决的斩监候、绞监候案件，需要由九卿组成最高一级的会审机构会同审理。

(2) 秋审和朝审。“秋审”是中央司法机关复审各省死刑案件的制度，因每年秋天举行而得名。“朝审”是对刑部判决的及京师附近斩、绞监候案件的复审制度，在秋审之后，于霜降后十日举行。经秋审和朝审的结果，一般分为情实、缓决、可矜、留养承祀等四种情况。秋审和朝审被统治者夸张为“大典”和“仁政”。

(3) 热审。“热审”是清代实行的一种复审形式，于每年小满后十日至立秋前一日举行，由大理寺左右二寺官员，会同各道御史及刑部承办司官员审理发生在京师的笞杖刑案件。

(4) 三法司会审。清承明制，中央设法司会审，分为“会小法”即“小法司”会审和“会大法”即“大法司”会审。

4. (1)《唐律疏议》采用12篇体例，以名例律为首篇。

(2)《宋刑统》沿袭《唐律疏议》12篇体例，但是采用“刑律统类”的形式，在篇内分门。

(3) 元代地方政府自行汇编的《元典章》以六部划分法规体例，对后世法典的编纂有直接影响。

(4)《大明律》改变了唐宋律的传统体例，按六部官制分六律，仍将名例律冠于篇首，共7篇。

(5)《大清律例》承用《大明律》的编纂方法，但采用律、例合编的体例。

分析题

1. 为了规范国家机关的组织、活动，加强行政管理，提高官吏的统治效能，康熙年间清廷开始编撰自己的会典，出现了《康熙会典》。该会典“以官统事，以事隶官”，按各机构次序，说明各机构职权和事例。继康熙朝后，又先后出现了《雍正会典》《乾隆会典》《嘉庆会典》《光绪会典》。它们与《康熙会典》一起合称“五朝会典”，统称《大清会典》。自《乾隆会典》始，在体例编纂上，附于典中各条后的事例与会典分别编辑，形成“以典为纲，以则例为目”的体例。在内容上，“会典”同样是记载主要国家机关的职掌、事例、活动规则与有关的制度。“会典”所载，一般为国家基本制度，少有变动；具体的变更，则在增修则例中完成。

2. (1) 清代雇工人和雇主之间存在着一种人身依附关系。清代的雇工人，主要是指自己失去土地、受雇于他人、从事家庭内劳动的人。因为雇工人是从事家庭劳作的，与雇主有主仆之分，地位实际上与奴婢相同。乾隆以后的定例中，雇工人对于雇主即“家长”的人身依附关系逐渐放松。

（2）“重农抑商”是清代政府的基本国策。对于一切潜在的资本主义经济因素，清代政府不惜运用各种手段进行限制、扼杀。这些限制性措施主要体现在：颁布“禁海令”，阻挠海上贸易的发展；限制民间矿业的发展；压制私人商业的发展。

3. 清代，刑部、大理寺、都察院三大司法机构，合称“三法司”，其中，刑部主审、大理寺复核、都察院监督，三者相互合作、相互制约，共同向皇帝负责。

刑部是清代的主审机关，为六部之一，执掌全国“法律刑名”事务。刑部是清代最重要的司法机构，在处理全国法律事务方面一直起主导作用，主要负责：（1）审理中央百官犯罪案件；（2）审核地方上报的重案，死刑案件应交大理寺复核；（3）审理发生在京师的笞杖刑以上案件；（4）处理地方上诉案件及秋审事宜；（5）主持司法行政与律例修订事宜。

大理寺是负责案件复核的“慎刑”机构。依清代规定，大理寺的主要职责是复核死刑案件，平反冤狱，同时参与秋审、热审等会审。如发现刑部定罪量刑有误，其可提出封驳。

都察院是清代全国最高监察机关，负责对全国各级、各部门官员监督检查，清代将针对六部监察的六科并入都察院。同时它还负有监督刑部、大理寺之责，如刑部、大理寺发生严重错误，可提出纠弹；亦可参与重大案件的会审。

论述题与深度思考题

1. 在清代主要法典《大清律集解附例》和《大清律例》中，都是采用律例合编的法典编纂形式。在清代法典中，“律”是作为法典主干的正式律文，“例”在律文之外，可分为条例、则例、事例、成例等名目。

（1）律、例都是国家的重要法律规范，二者同时规定在国家的基本法典之中，同样对现实社会关系起实际的调节作用。

（2）律是国家最根本的规范，是法律的主体。而例以辅律，是对律文的进一步充实、补充。

（3）在不违背“律”所确立的大的原则和方向的前提下，“例”可以根据实际需要作出新的规定，以补律之不足。

（4）在一些具体问题上，也存在“以例破律”，即“例”的规定与律文有出入的情况。

明清时期形成的这种律、例并举的形式，是一种比较成熟的方式。一方面，可以由比较成熟和稳定的律文来确定一些基本的法律价值和道德价值；另一方面，又可以运用条例这种灵活的、可以适应时变的规范来处理调节具体的社会关系。明清之际的律例关系，也反映出在中国传统社会后期，统治者已经越来越娴熟地运用法律手段来管理国家、调节社会。

2. （1）朝审是指由朝廷派员会审死囚案件的制度。一般于每年霜降后，三法司会同公、侯、伯会审判处监候的死罪囚犯，然后分别作出不同处理，称为“朝审”。朝审是由刑部每年秋天八月，对所管辖的京师地方监候死囚，届时派王公大臣在天安门外金水桥西朝房审理。朝审时，三法司、九卿、詹事、科道入座，当堂命吏对应死人犯朗读罪状及所定实、缓意见。朝审后的处理与“秋审”同。

（2）朝审的主要内容。

经朝审的案件，一般分为情实、缓决、可矜、留养承祀四种处理情况。

1）情实是指案情属实，适用法律并无不当，这种情况应下令执行死刑。

2）缓决是指案情尚有疑问，暂时将犯人再行监禁，留待下一年秋审或朝审再行处理。

3）可矜是指案情虽属实，但有可宽恕的情节，此种情况多免予处死，改判其他刑罚。

4）留养承祀是在符合“孀妇独子”等情况下，经刑部提出留养申请，获得皇帝首肯后，免除处死，在施以一定刑罚后准其留养。

（3）朝审的特点。

作为朝廷极为重视的国家“大典”，朝审制度的形式意义重于实质意义。这种朝审制度虽然只具有形式上的意义，因为一天之内审理上千监候案件，其实际效果未必很好。但从宏观上看，朝审仍然可以被视为清朝实行的一种重要的恤刑制度。虽然审理过程流于形式，但在审理之前的各方面准备工作是比较仔细的。而且秋审、朝审程序的存在，在客观上迫使各司法机关对死刑案件的审理、判决比较慎重。

第十二章　清末法律思想与制度的变化

知识逻辑图

- 清末法律思想与制度的变化
  - 清末法制变革
    - 变法的社会背景
    - 法律变革概况
      - “预备立宪”
      - 初步改革旧律
      - 制定新律
    - 指导思想
    - 主要特点及影响
  - 清末变法修律
    - “预备立宪”与宪法文件
    - 官制改革
    - 清末刑律的修订：《大清现行刑律》和《大清新刑律》
    - 清末民商律的修订
  - 清末司法制度
    - 领事裁判权制度：观审制度与“会审公廨”
    - 司法制度的改革：司法机构的调整和主要诉讼制度的改革

名词解释

1. 谘议局与资政院
2. 《钦定大清商律》
3. 《大清民律草案》
4. 领事裁判权
5. 会审公廨

选择题

（一）单项选择题

1. 清末变法修律的核心是（　　）。

A. “参考古今，博稽中外”

B. “固守传统”

C. “模范列强”

D. “务期中外通行”

2. 《谘议局章程》及《谘议局议员选举章程》是由下列哪一机构草拟的？（　　）

A. 考察政治馆　　B. 宪政编查馆

C. 刑部　　D. 修订法律馆

3. 1906 年 9 月，清廷发布《宣示预备立宪谕》，将立宪指导原则确定为（　　）。（2016 法硕 非 43）

A. “道德与法律为一体”

B. “中外通行，有裨治理”

C. “大权统于朝廷，庶政公诸舆论”

D. “折中世界各国大同之良规，兼采近世最新之学说”

4. 清末为“预备立宪”，仿照近代西方国家的议会制度设立了中央咨询机关。该机关是（　　）。（2015 法硕 非 42）

A. 参议会　　B. 参政院

C. 谘议局　　D. 资政院

5. 资政院正式设立于（　　）。

A. 1908 年　　B. 1909 年

C. 1907 年　　D. 1910 年

6. 《资政院章程》规定，资政院可以“议决”国家的（　　）。

A. 法典的修订、修改

B. 重要政治制度

C. 皇位继承制度
D. 王公大臣的弹劾案
7. 中国历史上第一部宪法性文件是（　　）。
A.《中华民国临时约法》
B.《中华民国临时政府组织大纲》
C.《钦定宪法大纲》
D.《中华民国宪法草案》
8.《十九信条》公布于（　　）。
A. 1910 年　　B. 1909 年
C. 1911 年　　D. 1908 年
9. 1911 年公布的《十九信条》的特点是（　　）。
A. 扩大了皇权　　B. 扩大了百姓的权利
C. 扩大了国会的权利　　D. 扩大了地方的权利
10. 清末“官制改革”的进步意义在于（　　）。
A. 确立三权分立原则
B. 使司法与行政分离
C. 维护私权
D. 实现政治上的民主
11. 清末官制改革中将一省刑名总汇的提刑按察使司改为提法司，成为（　　）。
A. 地方的审判机关
B. 地方的检察机关
C. 地方的司法行政机关
D. 地方的行政机关
12. 清末司法改革后，全国最高的司法行政机关是（　　）。(2015 法硕 法 19)
A. 大理院　　B. 大理寺
C. 刑部　　D. 法部
13. 清末设立了专门的修律机构（　　）。
A. 宪政编查馆　　B. 修订法律馆
C. 考察政治馆　　D. 资政院
14. 清末改大理寺为大理院，作为（　　）。
A. 全国最高司法行政机关
B. 全国最高审判机关
C. 全国最高检察机关
D. 全国最高监督机关
15. 中国历史上第一部具有近代意义的法院组织法是（　　）。(2015 法硕 非 43)
A.《裁定官制谕》
B.《大理院审判编制法》
C.《法院编制法》
D.《暂行法院编制法》
16.《大清现行刑律》制定于（　　）。
A. 1905 年　　B. 1907 年
C. 1910 年　　D. 1911 年
17. 清末的《大清现行刑律》是（　　）。
A. 传统诸法合体的综合性法典
B. 新刑律颁布以前的过渡性刑法典
C. 中国历史上第一部近代意义的专门刑法典
D. 未及颁行的法典
18. 中国历史上第一部近代意义上的专门刑法典是（　　）。
A.《大清现行刑律》　　B.《大清刑律》
C.《大清新刑律》　　D.《大清律例》
19.《大清新刑律》中主刑有（　　）。
A. 四种　　B. 六种
C. 五种　　D. 七种
20. 抛弃旧律中“诸法合体”编撰形式的法律是（　　）。
A.《大清律例》　　B.《大清现行刑律》
C.《大清会典》　　D.《大清新刑律》
21. 下列哪部法律取消了“八议”制度？（　　）
A.《大清律》　　B.《大清律例》
C.《大清现行刑律》　　D.《大清新刑律》
22. 中国历史上首部确认罪刑法定原则的刑法典是（　　）。(2014 法硕 法 20)
A.《大清律例》　　B.《暂行新刑律》
C.《大清新刑律》　　D.《大清现行刑律》
23. 鸦片战争后，清朝统治者迫于内外压力，对原有的法律制度进行了不同程度的修改与变革。关于清末法律制度的变革，下列哪一选项是正确的？（　　）(2015 司考 卷一/18)
A.《大清现行刑律》废除了一些残酷的刑罚手段，如凌迟
B.《大清新刑律》打破了旧律维护专制制度和封建伦理的传统
C. 改刑部为法部，职权未变
D. 改四级四审制为四级两审制

视频讲题

24.《大清民律草案》的结构参照了（　　）。

A. 德国民法

B. 美国民法

C. 法国民法

D. 英国民法

25.《大清民律草案》的最后一编是（　　）。

A. 债　　B. 物权

C. 亲属　　D. 继承

26. 参与撰写《大清民律草案·亲属编》的作者有（　　）。

A. 刑部　　B. 礼学馆

C. 松冈义正　　D. 志田钾太郎

27. 清末修订法律馆于1911年8月完成《大清民律草案》。下列有关该草案的表述哪一项是错误的？（　　）（司考）

A.《大清民律草案》的结构顺序是：总则、债、物权、亲属、继承

B. 日本法学家参与了《大清民律草案》的起草工作

C.《大清民律草案》的基本思路体现了“中学为体、西学为用”的精神

D.《大清民律草案》经正式公布，但未及实施，清王朝即告崩溃

28. 清末商事立法期间颁布施行的商事法规有（　　）。

A.《大清商律草案》

B.《改订大清商律草案》

C.《保险规则草案》

D.《银行注册章程》

29. 清朝第一部商律是（　　）。

A.《大清商律草案》

B.《破产律》

C.《改订大清商律草案》

D.《钦定大清商律》

30. 1903年，清廷发布上谕：“通商惠工，为古今经国之要政，急应加意讲求，着派载振、袁世凯、伍廷芳先订商律，作为则例。”下列哪一说法是正确的？（　　）（2016司考 卷一/19）

A.《钦定大清商律》为清朝第一部商律，由《商人通例》《公司律》《破产律》构成

B. 清廷制定商律，表明随着中国近代工商业发展，其传统工商政策从“重农抑商”转为“重商抑农”

C. 商事立法分为两阶段，先由新设立商部负责，后主要商事法典改由修订法律馆主持起草

D.《大清律例》《大清新刑律》《大清民律草案》《大清商律草案》同属清末修律成果

视频讲题

31. 正式确立外国在华领事裁判权的不平等条约是（　　）。

A.《中英通商章程》　　B.《中美望厦条约》

C.《中英烟台条约》　　D.《中美续约附款》

32. 清末诉讼立法中公布的法律有（　　）。

A.《大清刑事民事诉讼法》

B.《大清刑事诉讼法》

C.《大清民事诉讼法》

D.《法院编制法》

33. 警察机构最早出现于（　　）。

A. 清朝中期

B. 中华民国南京临时政府时期

C. 清末

D. 中华民国南京国民政府时期

34.“凡涉及外国人的案件，必须有领事官员参加会审”的规定出自（　　）。

A.《上海租地章程》

B.《中美五口贸易章程》

C.《中英烟台条约》

D.《上海洋泾浜设官会审章程》

35. 下列有关清末变法修律和司法体制变革的表述哪一项是错误的？（　　）（司考）

A. 清末修律在法典编纂形式上改变了传统的“诸法合体”形式，明确了实体法之间、实体法与程序法之间的差别

B. 清末修律使延续了几千年的中华法系开始解体，同时也为中国法律的近代化奠定了初步基础

C. 在司法机关改革方面，清末将大理寺改为大理院，作为全国最高审判机关；改刑部为法部，

掌管全国检察和司法行政事务，实行审检分立

D. 清末初步规定了法官及检察官考试任用制度

36. 关于清末“预备立宪”，下列哪一选项可以成立？（　　）（司考）

A. 1908年颁布的《钦定宪法大纲》作为中国近代史上第一部宪法性文件，确立了资产阶级民主共和国的国家制度

B. 《十九信条》取消了皇权至上，大大缩小了皇帝的权力，扩大了国会与内阁总理的权力

C. 清末成立的资政院是中国近代第一届国家议会

D. 清末各省成立了谘议局作为地方督抚的咨询机关，权限包括讨论本省兴革事宜、预决算等

37. 武昌起义爆发后，清王朝于1911年11月3日公布了《宪法重大信条十九条》。关于该宪法性文件，下列哪一说法是错误的？（　　）（2014 司考 卷一/19）

A. 缩小了皇帝的权力　　B. 扩大了人民的权利

C. 扩大了议会的权力　　D. 扩大了总理的权力

38. 中国法制近代化经历了曲折的渐进过程，贯穿着西方法律精神与中国法律传统的交汇与碰撞。关于中国法制近代化在修律中的特点，下列选项不正确的是（　　）。（司考）

A. 1910年《大清民律草案》完成后，修律大臣俞廉三上陈“奏进民律前三编草案折”，认为民律修订仍然没有超出“中学为体，西学为用”的思想格局

B. 1911年《大清新刑律》作为中国第一部近代意义的专门刑法典，在吸纳近代资产阶级罪刑法定等原则的同时，仍然保留了部分不必科刑的民事条款

C. 1910年颁行的《法院编制法》规定，国家司法审判实行四级三审制

D. 1947年颁行的《中华民国宪法》所列各项民主自由权利比以往任何宪法性文件都充分

视频讲题

39. 在清末变法修律中，法理派和礼教派围绕《大清新刑律》等法典的修订原则产生了激烈争论，学界称之为“礼法之争”。下列选项中，法理派的主要代表人物是（　　）。（2017 法硕 非 43）

A. 张之洞　　B. 劳乃宣

C. 刘坤一　　D. 沈家本

40. 清末修律时，修订法律大臣俞廉三在“奏进民律前三编草案折”中表示：“此次编辑之旨，约分四端：（一）注重世界最普通之法则。（二）原本后出最精确之法理。（三）求最适于中国民情之法则。（四）期于改进上最有利益之法则。”关于清末修订民律的基本思路，下列表述最合适的是（　　）。（司考）

A. 西学为体，中学为用

B. 中学为体，西学为用

C. 坚持德治，排斥法治

D. 抛弃传统，尽采西说

41. 1903年5月1日，在上海英租界发行的《苏报》刊载邹容的《革命军》自序和章炳麟的《客帝篇》，公开倡导革命，排斥满人。5月14日，《苏报》又指出：《革命军》宗旨专在驱除满族，光复中国。清廷谕令两江总督照会租界当局严加查办，于6月底逮捕章炳麟，不久，邹容自动投案。由谳员孙建臣、上海知县汪瑶庭、英国副领事三人组成的审判庭对邹容等人进行审理，最后判处章炳麟徒刑三年，邹容徒刑两年。对这一案件的说法，下列选项正确的是（　　）。（司考）

A. 这表明清廷实行公开审判原则

B. 这表明外国人在租界内对中国司法裁判权的直接干涉

C. 这表明外国人在租界内的领事裁判权受到了限制

D. 这表明清廷变法修律得到了国际社会的承认

42. 1903年，上海英租界发生“苏报案”，革命党人邹容和章炳麟被捕入狱。清廷派遣谳员孙建臣、上海知县汪瑶庭，与英国副领事组成审判法庭，对该案进行审理并作出判决。该案的审判组织属于（　　）。（2022 法硕 非 40）

A. 会审公廨　　B. 领事法院

C. 城谳局　　D. 地方审判厅

视频讲题

43. 1913年3月20日，宋教仁先生在上海火车站遇刺身亡。该案由公共租界会审公廨审判。关于会审公廨制度，下列说法错误的是（　　）。（司考）

A. 会审公廨是清廷与英、美、法三国驻上海领事协议在租界内设立的特殊审判机关

B. 会审公廨制度是对我国司法主权的践踏

C. 中华民国成立后，会审公廨制度依然存续

D. 案件由外国领事官员审判，中国官员无权参与

（二）多项选择题

1. 清朝末年，清政府颁行的单行行政法规有哪些？（　　）

A.《大清新刑律》　　B.《违警律》

C.《大清商律草案》　　D.《结社集会律》

2.《大清现行刑律》的特点有（　　）。

A. 改律名为“刑律”

B. 取消《大清律例》中的六律总目

C. 纯属民事性质的条款不再科刑

D. 删除妨害国交罪

3.《大清新刑律》创设的罪名有（　　）。

A. 妨害国交罪　　B. 妨害选举罪

C. 盗窃罪　　D. 破坏交通罪

4. 与《大清现行刑律》相比，《大清新刑律》的主要变化包括（　　）。（2015法硕 非63）

A. 采用了罪刑法定原则

B. 删除了“十恶”重罪等内容

C. 改变了律例合编的法典编纂体例

D. 采用了西方国家通行的缓刑、假释等制度

视频讲题

5.《大清民律草案》中由日本法学家草拟的编目有（　　）。

A. 总则　　B. 亲属

C. 债　　D. 继承

6. 清末外国在华领事裁判权制度中设有一种特殊的审判机构，即“会审公廨”。下列关于这一机构的表述哪些是正确的？（　　）（司考）

A. 会审公廨是1864年清廷与欧洲列强协议建立的

B. 在会审公廨中，凡涉及外国人案件，必须有领事官员参加会审

C. 在会审公廨中，凡中国人与外国人间诉讼案，由该外国领事裁判或陪审

D. 会审公廨设在租界内

7. 清末商事立法的两个阶段分别由哪两个部门负责？（　　）

A. 商部　　B. 资政院

C. 考察政治馆　　D. 修订法律馆

8. 下列有关《大清新刑律》的表述正确的是（　　）。

A.《大清新刑律》是清政府公布的一部过渡性刑法典

B.《大清新刑律》是中国历史上第一部近代意义上的专门刑法典

C.《大清新刑律》中规定刑罚分为主刑和从刑两种

D.《大清新刑律》正式公布颁行后不久，清政府即告覆亡

9. 清末礼教派与法理派围绕新式法典的制定产生了理论争执，所涉及的主要问题有（　　）。（2016法硕 非62）

A.“干名犯义”条的存废

B.“无夫奸”和“亲属相奸”

C. 子孙违反教令是否为罪

D. 关于“存留养亲”是否应编入刑律

10. 清政府“预备立宪”活动中，包括下列选项中的（　　）。

A. 公布《钦定宪法大纲》

B. 公布《十九信条》

C. 设置谘议局

D. 设置资政院

11. 下列有关清末司法机构改革的表述何者为正确？（　　）

A. 改刑部为法部，专掌全国司法行政事务，改按察使司为提法使司

B. 改大理寺为大理院，作为全国最高审判机关

C. 实行审检合署制

D. 设立警察机构

12. 下列哪些选项属于清政府官制改革的内容？（　　）

A. 将巡警厅改为民政部

B. 将大理寺改为大理院

C. 设立外务部

D. 取消内阁

13.《大清现行刑律》的主要变化有（　　）。

A. 改律名为“现行刑律”

B. 取消名例篇

C. 增加“妨害国交罪”

D. 抛弃了以往旧律“诸法合体”的编纂形式

14. 下列哪些原则为《大清新刑律》所采用？（　　）

A. 罪刑法定原则

B. 老幼犯罪减免原则

C. 累犯从重原则

D. 法律面前人人平等原则

15. 清末立法，正式公布的法律有（　　）。

A.《钦定大清商律》　　B.《银行则例》

C.《大清民律草案》　　D.《破产律》

16. 下列关于中国古代法制思想和法律制度的说法，哪些是正确的？（　　）（司考）

A. “礼法结合”为中国古代法制的基本特征

B. 夏商时代的法律制度明显受到神权观念的影响

C. 西周的思想到汉代中期以后被儒家发挥成为“德主刑辅，礼刑并用”的策略

D. 清末修律使中华法系“依伦理而轻重其刑”的特点没有受到冲击

17. 关于清末变法修律，下列选项正确的是（　　）。（司考）

A. 在指导思想上，清末修律自始至终贯穿着“仿效外国资本主义法律形式，固守中国封建法制传统”的原则

B. 在立法内容上，清末修律一方面坚行君主专制体制和封建伦理纲常“不可率行改变”，另一方面标榜“折衷世界大同各国之良规，兼采近世最新之学说”

C. 在编纂形式上，清末修律改变了传统的“诸法合体”形式，明确了实体法之间、实体法与程序法之间的差别，形成了近代法律体系的雏形

D. 在法系承袭上，清末修律标志着延续几千年的中华法系开始解体，为中国法律的近代化奠定了初步基础

18. 清廷于1910年颁行的《法院编制法》对于中国传统司法体制和审判制度进行了重大改革。该法所确立的法律原则和制度包括（　　）。（2018 法硕 非 50 / 法 30）

A. 审判独立　　B. 合议制

C. 民刑分理　　D. 审检分立

（三）不定项选择题

1. 清末公布的宪法性文件有（　　）。

A.《资政院院章》　　B.《谘议局章程》

C.《钦定宪法大纲》　　D.《十九信条》

2. 清廷于1906年12月颁行的《大理院审判编制法》（　　）。

A. 引入了资产阶级司法独立原则

B. 确立四级三审制、审检合署、审判合议等制度

C. 是模仿资产阶级国家制定的我国第一个法院组织法规

D. 分“总纲”“大理院”“京师高等审判厅”“城内外地方审判厅”“城谳局”五节

3. 清末制定的律例中已经公布但未正式施行的法典有（　　）。

A.《大清现行刑律》　　B.《大清新刑律》

C.《大清民律草案》　　D.《钦定大清商律》

4. 下列有关清末制定的刑事法典的表述何者为正确？（　　）（司考）

A. 清末刑法典修订的成果是《大清律例》和《大清新刑律》

B.《大清新刑律》结构分总则和分则两篇，后附《暂行章程》

C.《大清新刑律》完成前的过渡性刑法典为《大清现行刑律》

D.《大清律例》是中国历史上第一部近代意义上的专门刑法典

视频讲题

5. 清末涉外诉讼中，下列哪些选项体现了西方列强有权参与中国人与外国人之间的争讼？（　　）

A. 外交特权　　　　B. “观审”权

C. “会审”权　　　　D. “领事裁判权”

简答题

1. 简述《大清新刑律》所确立的刑罚体系。（考研）

2. 简述清末司法机关的变化。（考研）

3. 简析《钦定宪法大纲》。

4. 简述清末诉讼审判制度变革的主要内容。（2014 法硕 法 33）

分析题

1. 阅读下面几段文字，分析清末《钦定宪法大纲》的实质。

“大清皇帝统治大清帝国，万世一系，永永尊戴。”“君上神圣尊严，不可侵犯。”

——《钦定宪法大纲》

“立法、行政、司法则皆总揽于统治大权，故一言以蔽之，宪法者所以巩固君权，兼以保护臣民者也。”

——《宪政编查馆会奏遵议宪法大纲暨议院选举各法并逐年筹备事宜折》

2. 分析下面一段描述地方谘议局的话：

“指陈通省利病，筹计地方治安。”

——《谘议局章程》

3. 通过下面两段话，对清末的商事立法进行分析。

“通商惠工，为古今经国之要政，急应加意讲求，着派载振、袁世凯、伍廷芳先订商律，作为则例。”

“编辑商律，门类繁多，实非克期所能告成……而目前之要图，莫如筹办各项公司，力祛向日涣散之弊，庶商务日有起色，不致坐失利权。”

论述题与深度思考题

1. 论述清末修律的特点及影响。（考研）

2. 试论清末变法修律中的“礼法之争”。（人大考研 2016）

参考答案

名词解释

1. 谘议局是清末“预备立宪”时期清政府设立的地方咨询机关，筹建始于 1907 年，1908 年 7 月颁布《谘议局章程》及《谘议局议员选举章程》，1909 年开始在各省设立，是各省督抚严格控制下的咨询机构。谘议局以“指陈通省利病、筹计地方治安”为宗旨，其权限包括讨论本省兴革事宜、决算预算、选举资政院议员、申复资政院或本省督抚的咨询等。

资政院是清末“预备立宪”时期清政府设立的咨询机构，筹建始于 1907 年，于 1908 年以后陆续完成《资政院院章》，于 1910 年正式设立，是承旨办事的御用机构，与近现代社会的国家议会有根本性的不同。资政院可以“议决”国家年度预决算、税法与公债，以及其余奉“特旨”交议事项等。但一切决议须报请皇帝定夺，皇帝还有权谕令资政院停会或解散及指定钦选议员。

2. 1903 年，清廷发布上谕先订商律，作为则例。随即成立的商部开始着手商律的拟订，“先拟商律之公司一门，并于卷首冠以商人通例”，该《商人通例》9 条、《公司律》131 条，在 1904 年 1 月（清光绪二十九年十二月）奏准颁行，定名为《钦定大清商律》，是清代第一部商律。

3. 《大清民律草案》是清末修律的重要成果，具体的编纂工作自 1907 年即正式着手。

《大清民律草案》共分总则、债权、物权、亲属、继承五编，其中，总则、债、物权三编由松冈正义等人仿照德、日民法典的体例和内容草拟而成，吸收了大量的西方资产阶级民法的理论、制度和原则。而亲属、继承两编则由修订法律馆会同保守的礼学馆起草，其制度、风格带有浓厚的传统色彩，保留了许多的传统法律的精神。

4. 领事裁判权是外国强迫中国订立的不平等条约中所规定的一种司法特权。凡在中国享有领事裁判权的国家，其在中国的侨民不受中国法律管辖，只由该国的领事或设在中国的司法机构依其本国法律裁判。其确立于 1843 年 7 月 22 日在香港公布《中英五口通商章程及税则》及随后签订的《虎门条约》中，并在其后签订的一系列不平等条约中得以扩充。

领事裁判权严重破坏了中国的司法主权，同时也是外国侵略者进行各种犯罪的护身符和镇压中国人民革命运动的工具。

5. 会审公廨是1864年清廷与英、美、法三国驻上海领事协议在租界内设立的特殊审判机关。凡涉及外国人案件，必须有领事官员参加会审；凡中国人与外国人间诉讼案，由本国领事裁判或陪审，甚至租界内纯属中国人之间的诉讼也由外国领事观审并操纵判决。它的确立，是外国在华领事裁判权的扩充和延伸。

选择题

（一）单项选择题

1. 答案：B

清政府在变法修律过程中提出以“参考古今，博稽中外”“务期中外通行”为基本目标，并以“中国法律与各国参考互证”作为修订法律的基本方法。但实际上，“模范列强”仅是形式和手段，“固守传统”才是变法修律核心。

2. 答案：B

光绪三十四年六月（公元1908年7月），宪政编查馆草拟了《谘议局章程》和《谘议局议员选举章程》，经奏准朝廷后公布。

3. 答案：C

1906年9月1日，清廷发布《宣示预备立宪先行厘定官制谕》，确定了“大权统于朝廷，庶政公诸舆论”的立宪指导原则。

4. 答案：D

资政院于1910年正式成立，可以“议决”国家年度预决算、税法与公债，以及其余奉“特旨”交议事项等。但一切决议须报请皇帝定夺，皇帝还有权谕令资政院停会或解散及指定钦选议员。

5. 答案：D

资政院是清政府在清末“预备立宪”过程中设立的中央咨询机关，于1910年正式成立。资政院在实际上完全是清朝皇室直接控制的御用机关，而根本不是资产阶级性质的议会组织。

6. 答案：A

根据《资政院章程》的规定，该院可以“议决”国家的年度预决算，税法及公债，法典的修订、修改及其他奉“特旨”交议事项。但资政院的一切决议，均须报请皇帝定夺。

7. 答案：C

《钦定宪法大纲》是清王朝于1908年公布的宪法性文件，由宪政编查馆编订，于1908年8月公布。制定“宪法大纲”是清政府“预备立宪”的一个步骤，《钦定宪法大纲》也就成为中国历史上的第一个宪法性文件。

8. 答案：C

1911年10月，武昌起义爆发，清朝的统治处于土崩瓦解之中。清政府一面进行调兵遣将，一面下“罪己诏”，宣布解除党禁，赦免过失犯，并命令资政院立即起草实施文件，资政院仅用了三天便炮制了一个《宪法重大信条十九条》（简称《十九信条》），11月3日由清政府公布。

9. 答案：C

《十九信条》与《钦定宪法大纲》比较，在体例与内容上均有不同：一是采用英国式“虚君共和”的责任内阁制。二是形式上限制了皇权，扩大了国会权力。但《十九信条》仍以“大清帝国皇统万世不易”“皇帝神圣不可侵犯”为基本精神，而对人民的权利只字不提。

10. 答案：B

清廷于1906年9月颁布“仿行预备立宪”上谕的次日，宣布仿照资产阶级国家三权分立原则“更定官制”，使司法与行政分离，一改几千年来司法行政合一的体制。确立三权分立原则、实现政治上的民主、维护私权均是西方资产阶级革命的成果，在当时的清廷，是不可能出现的。

11. 答案：C

清末官制改革中将一省刑名总汇的提刑按察使司改为提法司，作为地方司法行政机关，负责地方司法行政工作及司法监督。

12. 答案：D

清末对传统司法体制进行了较大的调整，改刑部为法部，掌管全国司法行政事务，改大理寺为大理院，作为全国最高审判机关。

13. 答案：B

1902年，清廷再次发布修律上谕，并下令设立了主持修律的专门机构——修订法律馆，并任命沈家本、伍廷芳为修律大臣。

14. 答案：B

光绪三十二年九月（1906年10月）清廷下诏将刑部改为法部，专任司法行政；同时将大理寺改为大理院，作为全国最高审判机关。随着法部和大理院的设立，清廷将最初置于法部内的总检察厅改设于大理院，作为最高检察机关。

15. 答案：B

《大理院审判编制法》是中国历史上第一部具有近代意义的法院组织法，明确了民刑分理的体制，确认司法独立的原则，并规定了不同审级的审判方式，引进西方审判监督机制。

16. 答案：C

《大清现行刑律》是在《大清律例》的基础上稍加删改而成的，是清政府于1910年（清宣统二年）5月公布的一部过渡性刑法典，共36卷、389条。

17. 答案：B

1904年5月15日，修订法律馆开馆办公，着手对《大清律例》进行删改、修并、续纂，以此作为一部在新刑律颁布以前的过渡性刑法典，其于1908年修订完成，定名《大清现行刑律》。该律虽在《大清律例》基础上修订而成，篇目、内容仍不脱旧律窠臼，但作为近代社会产物，已具有过渡性刑法典的性质。由于其进步性变化，有人称该法是"大加改良的"，"王朝颁行的最后而且是最进步的一部刑法典"。但它颁行于辛亥革命前夕，因而未实施多久。中国历史上第一部近代意义的专门刑法典是《大清新刑律》，但公布后不久，清王朝即告覆亡，故《大清新刑律》并未正式施行。

18. 答案：C

《大清新刑律》是清政府于1911年1月25日公布的一部专门刑法典，从单纯技术角度看，属于近现代意义上的新式的专门刑法典，与中国传统法典在结构、体例及表现形式上均有较大不同。但是，《大清新刑律》对于传统旧律并没有作实质性的修改，特别是附录《暂行章程》依然存在于法典之中，仍然保持着旧律维护专制制度和封建伦理的传统。

19. 答案：C

《大清新刑律》确立了新的刑罚制度，规定刑罚分为主刑和从刑两种。主刑包括死刑（仅绞刑一种）、无期徒刑、有期徒刑、拘留、罚金。从刑包括褫夺公权和没收两种。

20. 答案：D

《大清新刑律》抛弃了以往旧律中"诸法合体"编撰形式，明确地将涉及罪名与刑罚及其运用等专属刑法范畴的条文作为法典的唯一内容，与罪名、刑罚无关的其他法律条款被排除在新刑法之外。

21. 答案：D

《大清新刑律》大量地采用了西方资产阶级的刑法原则和近、现代刑法学的通用术语，如采用了近代的法律面前人人平等原则，取消了因官秩、良贱、服制而在刑律适用上形成的差别，并取消了沿用了数千年的"八议"制度。

22. 答案：C

《大清新刑律》引入了西方的刑法原则和刑法学的通用术语如罪刑法定主义，是中国历史上首部确认罪刑法定原则的刑法典。

23. 答案：A

《大清现行刑律》是清政府在《大清律例》的基础上稍加修改，作为《大清新刑律》颁布前的一部过渡性法典，与《大清律例》相比，废除了一些残酷的刑罚手段，如凌迟。《大清新刑律》虽然是中国历史上第一部近代意义上的专门刑法典，但是仍然保留了旧律维护专制制度和封建伦理的传统。在清末司法机关的变革中，刑部改为法部，掌管全国司法行政事务，与之前相比职权有重要变化。此前，刑部作为清代的中央主审机关，为六部之一，执掌全国"法律刑名"，是清代最重要的司法机构。就审级而言，清末法律改革中实行四级三审制。

24. 答案：A

《大清民律草案》于光绪三十三年（公元1907年）由修订法律馆主持起草，于宣统三年（1911年）完成。它仿照大陆法系的德国民法草拟，共分五编，即总则、债、物权、亲属、继承，是中国历史上第一部民法典。

25. 答案：D

《大清民律草案》共分总则、债、物权、亲属、继承五编。最后一编是继承。

26. 答案：B

《大清民律草案》共五编，即总则、债、物权、亲属、继承。其中，前三编委托日本法学家松冈正义等人仿照德、日民法典的体例和内容草拟而成，而后两编则由修订法律馆会同礼学馆起草。

27. 答案：D

《大清民律草案》完成后仅两个月，武昌起义就爆发了，清王朝迅速崩溃，因此，这部民律草案并未正式颁布与施行。

28. 答案：D

修订法律馆于1908年9月起草了《大清商律草案》，1911年9月农工商部起草了《改订大清商律草案》，此外还起草了《保险规则草案》《破产律草案》等，但均未正式版行。《银行注册章程》等单行商事法规已经颁布实施。

29. 答案：D

1903年，由新设立的商部负责修订的《商人通例》9条和《公司律》131条，在1904年1月奏准颁行，定名为《钦定大清商律》，是清朝的第一部商律。

30. 答案：C

1904年1月颁行的《钦定大清商律》为清朝第一部商律，包括《商人通例》和《公司律》，不包括《破产律》。《破产律》于1906年5月颁行。在立法指导思想上，清末修律自始至终贯穿"仿效外国资本主义法律形式，固守中国法制传统"的方针，清廷虽制定商律，但其传统的"重农抑商"的工商政策并未发生实质性改变，并未转化为"重商抑农"的工商政策。清末的商事立法大致可以划分为两个阶段，1903—1907年为第一阶段，商事立法主要由新设立的商部负责，1907—1911年为第二阶段，主要商事法典改由修订法律馆主持起草。《大清新刑律》《大清民律草案》《大清商律草案》属于清末修律成果，《大清律例》不属于清末修律成果。

31. 答案：A

领事裁判是指一国通过其驻外领事等对在另一国领土之内的本国国民按照本国法律行使司法管辖权。外国在中国享有领事裁判权正式确立于1843年7月22日在香港公布的《中英五口通商章程及其附则》及随后签订的《中英五口通商附粘善后条款》(《虎门条约》)。

32. 答案：D

《大清刑事民事诉讼法》《大清刑事诉讼律》《大清民事诉讼律》是沈家本等人草拟的诉讼法草案，因遭到各省督抚的反对和礼教派的攻击，均未颁行。《法院编制法》是1910年清政府公布的关于法院组织的法规，但未能真正实施。

33. 答案：C

在清末变法之前，中国并无专门警察机构之设。1903年，试办警察之议被纳入议事日程。1905年，设立巡警。在中央，先设巡警部，后改为民政部。在京师设内外城巡警总厅，在各省则设巡警道。

34. 答案：D

1868年订立的《上海洋泾浜设官会审章程》规定：凡涉及外国人的案件，必须有领事官员参加会审；凡中国人与外国人之间的诉讼，若被告系有约国人，由其本国领事裁判，若被告为无约国人，也须有其本国领事陪审。

35. 答案：C

清末在各级审判厅内设置相应的检察厅，实行审检合署制度。

36. 答案：D

《钦定宪法大纲》是清王朝于1908年颁布的宪法性文件，由宪政编查馆编订，于1908年8月公布。制定"宪法大纲"是清政府"预备立宪"的一个步骤，《钦定宪法大纲》是中国历史上的第一个君主立宪制的宪法性文件。

1908年11月3日由清政府公布《宪法重大信条十九条》。由于革命运动和全国局势的压力，《十九信条》在形式上被迫缩小了皇帝的权力，相对扩大了国会和总理的权力，但它仍然强调皇权至上："大清帝国皇统万世不易"，"皇帝神圣不可侵犯"。

资政院是清末"预备立宪"时期清政府设立的中央咨询机构，于1910年正式设立。资政院在实际上完全是清代皇室直接控制的御用机关，与资产阶级性质的议会组织完全不同。

清末各省成立了谘议局作为地方督抚的咨询机关，权限包括讨论本省兴革事宜、预决算等。故选项D正确。

37. 答案：B

《宪法重大信条十九条》在形式上被迫缩小了皇帝的权力，相对扩大了议会和总理的权力，但仍强调皇权至上，且对人民权利只字未提，故并没有扩大人民的权利。

38. 答案：B

《大清民律草案》制定完成后，修订法律大臣俞廉三上陈"奏进民律前三编草案折"，表示："此次编辑之旨，约分四端：(一) 注重世界最普通之法则。(二)

原本后出最精确之法理。（三）求最适于中国民情之法则。（四）期于改进上最有利益之法则。”很显然，其上书修订民律的基本思路，没有超出“中学为体，西学为用”的思想格局。A项表述正确。

B项考查《大清新刑律》。这是重要考点，要点如下：(1) 它是清廷于1911年1月25日公布（但没有实施）的中国历史上第一部近代意义上的专门刑法典，但仍保持着旧律维护专制制度和封建伦理的传统；(2) 分总则和分则两篇，后附《暂行章程》5条，规定传统类犯罪；(3) 抛弃了旧律诸法合体的编纂形式，以罪名和刑罚等专属刑法范畴的条文作为法典的唯一内容；(4) 在体例上将法典分为总则和分则；(5) 确立了新刑罚制度，规定刑罚分主刑、从刑，采用了一些近代西方资产阶级的刑法原则和刑法制度，如罪刑法定原则和缓刑制度等。B项表述错误：“不必科刑的民事条款”在《大清新刑律》中已经被完全删掉；保留“不必科刑的民事条款”的清末法典是《大清现行刑律》。

C项考查我国清末司法改革。这是重要考点，要点如下：(1) 改刑部为法部，掌管全国司法行政事务；改大理寺为大理院，为全国最高审判机关；实行审检合署。(2) 实行四级三审制。确立一系列近代意义上的诉讼制度，实行四级三审制，规定了刑事案件公诉制度、证据、保释制度；审判制度上实行公开、回避等制度。(3) 初步规定了法官及检察官考试任用制度；改良监狱及狱政管理制度。C项表述正确。

《中华民国宪法》内容的主要特点是：(1)“民有、民治、民享”；(2) 罗列人民各项民主自由权利，比以往任何宪法性文件都充分。D项表述正确。

39. 答案：D

礼法之争，是指在清末变法修律过程中，以张之洞、劳乃宣为代表的“礼教派”与以修订法律大臣沈家本为代表的“法理派”，围绕《大清新刑律》等新式法典的修订原则产生的理论论争。沈家本、杨度等人，主张大力引进西方近代法律理论与制度。而张之洞、劳乃宣等人，主张修订新律应“浑道德与法律于一体”，尤不应偏离中国数千年相传的“礼教民情”。

40. 答案：B

俞廉三的表述体现了修订民律的指导思想。在立法指导思想上，清末修律自始至终贯穿着“中学为体西学为用”的方针，在坚持中国法制传统的基础上，吸收、借鉴外国资本主义国家法律的有益成分。本题中，“注重世界最普通之法则”“原本后出最精确之法理”，表明看到了法律的普遍性；“求最适于中国民情之法则”“期于改进上最有利益之法则”，表明法律必须适合于中国国情，以国情为本。B项“中学为体，西学为用”表述正确。

41. 答案：B

1864年清廷与英、美、法三国在上海租界内设立了一个特殊审判机关——会审公廨。凡涉及外国人案件，必须有领事官员参加会审；凡中国人与外国人之间诉讼案，由本国领事裁判或陪审；甚至租界内纯属中国人之间的诉讼也有外国领事观审并由其操纵判决。

题干描述的事件发生在英租界内，虽然属于“清廷”与“革命者”之间的事务，但由于发生在租界内，因而要由英国领事观审，并对判决进行操纵，直接干涉了中国的司法审判权。故B项正确。A项“公开审判”、C项“领事裁判权受限”、D项“得到国际承认”等表述与题意相去甚远。

42. 答案：A

会审公廨是清廷在租界内设立的特殊审判机关，负责管辖租界内中国人之间及中国人为被告的案件。领事法院为外国在华设置的审判机构，是其在华领事裁判权的延伸。根据《大理院审判编制法》，城谳局与地方审判厅均为清末地方审判机构。综上所述，本题正确答案是A。

43. 答案：D

会审公廨是1864年清廷与英、美、法三国驻上海领事协议在租界内设立的特殊审判机关。涉及外国人的案件，由中国地方官与领事官“会同审断”，甚至纯属中国人之间的诉讼，外国领事官亦可以观审。因此，A项正确，D项错误。会审公廨的确立，是外国在华领事裁判权的延伸，也是对中国司法主权的公然践踏。因此，B项正确。中华民国成立后，继承了清廷与列强的各项条约，会审公廨直至1927年才被撤销。因此，C项正确。综上所述，本题正确答案是D。

（二）多项选择题

1. 答案：BD

在清朝政权存在的最后几年，为了加强对全社会的控制，清政府陆续颁布了《结社集会律》《违警律》等单项行政法规。《大清商律草案》属于草案，尚未颁行。《大清新刑律》属于刑法典，不属于行政法规。

2. 答案：ABC

《大清现行刑律》是清政府于1910年颁行的一部过渡性的法典。《大清现行刑律》的变化主要体现在：改律名为“刑律”；取消了《大清律例》中按吏、户、礼、兵、刑、工六部名称而分的六律总目，将法典按其性质分隶三十门；对于纯属民事性质的条款不再科刑；废除了一些残酷的刑罚手段；增加了一些新罪名，如妨害国交罪、妨害选举罪、私铸银圆罪等。

3. 答案：ABD

《大清新刑律》内容上，吸收资产阶级刑法制度，仿效资产阶级刑法，创设“妨害国交罪”“妨害选举罪”“妨害交通罪”“妨害饮料水罪”“妨害卫生罪”“妨害安全信用名誉及秘密罪”等章。盗窃罪古已有之。

4. 答案：ABCD

《大清现行刑律》是一部过渡性质的法典，而《大清新刑律》则是中国历史上第一部近代意义上的专门刑法典，在形式和内容上都具有近代刑事法典的性质，包括抛弃旧律“诸法合体”的编纂形式，大量采用近代西方资产阶级的刑法原则和制度，确立罪刑法定原则，废除“十恶”重罪等内容，引入缓刑、假释等制度等。

5. 答案：AC

《大清民律草案》共分总则、债、物权、亲属、继承等5编，共1 569条。其中，总则、债、物权三编由日本法学家松冈义正等人仿照德、日民法典的体例和内容草拟而成，而亲属和继承两编则由修订法律馆会同保守的礼学馆起草。

6. 答案：BCD

会审公廨又称会审公堂，是1864年英、美、法三国驻上海领事借小刀会起义之机，要挟清政府同意，在外国租界内设立的特殊审判机构。按照1868年订立的章程规定，凡涉及外国人案件，必须有领事官员参加会审，凡中国人与外国人间诉讼案，由该外国领事裁判或陪审。甚至租界内纯中国人争讼最终也须有外国领事观审并操纵判决。

7. 答案：AD

清末的商事立法，大致可以分为前后两个阶段：1903年至1907年为第一个阶段，1907年至1911年为第二个阶段。第一阶段的商事立法主要由新设立的商部负责，第二阶段的商事法典改由修订法律馆主持起草。

8. 答案：BC

《大清新刑律》是中国历史上第一部近代意义上的专门刑法典，清政府公布的过渡性刑法典是《大清现行刑律》。《大清新刑律》规定了一套新的刑罚体系，刑罚分为主刑和从刑两种，主刑包括死刑、无期徒刑、拘留、罚金等，从刑包括褫夺公权和没收财产两种。1911年1月，清政府正式公布《大清新刑律》，但未及正式施行，清王朝即告覆亡。故正确答案为BC项。

9. 答案：ABCD

法理派与礼教派争论的焦点主要集中在：其一，关于“干名犯义”条的存废；其二，关于“存留养亲”；其三，关于“无夫奸”及“亲属相奸”等；其四，关于“子孙违反教令”；其五，关于子孙卑幼能否对尊长行使正当防卫权。

10. 答案：ABCD

在清政府长达数年的“预备立宪”活动中，最为重要者有两个方面：一为起草并公布《钦定宪法大纲》和《十九信条》，二为设置谘议局和资政院。

11. 答案：ABCD

清末司法机构的调整，主要的变化有：改刑部为法部，专掌全国司法行政事务，改按察使司为提法使司，负责地方司法行政工作及地方司法监督；改大理寺为大理院，作为全国最高审判机关，专掌审判；在各级审判厅内设置相应的检察厅，实行审检合署制度；设立警察机构；建立新式监狱，并改良狱政管理制度。

12. 答案：AB

清政府官制改革的主要内容涉及中央一些部、院等行政机构的改名、合并或调整，以及官员称呼的改变。在机构调整方面，如：以巡警为民政之一端，着改为民政部；户部改为度支部；刑部改为法部；大理寺改为大理院；原已设立的外务部、吏部仍旧。此外诸如军机处、内阁、宗人府、翰林院、步军统领衙门等“着照旧行”。

13. 答案：AC

《大清现行刑律》是一部过渡性法律，对相承已久的《大清律例》没有作根本性的改动。从宏观上看，《大清现行刑律》的主要变化有：改律名为“现行刑律”；取消了旧律按吏、户、礼、兵、刑、工六部名称而分的六律总目，保留“名例”作为总则；废除了一些残酷的刑罚方法；增加了一些新的罪名，如“妨害国交罪”“妨害选举罪”“私铸银圆罪”“破坏交通罪”

等。而《大清新刑律》与其不同，抛弃了以往旧律“诸法合体”的编纂形式。

14. 答案：AD

《大清新刑律》大量地采用了西方资产阶级的刑法原则和近代刑法学的通用术语，如：采用罪刑法定主义原则；采用了近代的法律面前人人平等原则；采用了近代以来西方资本主义国家刑法通用的制度和术语，如缓刑、假释、正当防卫、紧急避险等，并引进了对幼年犯惩治教育等制度。老幼犯罪减免原则、累犯从重原则是中国传统律例已有的原则。

15. 答案：ABD

《钦定大清商律》《破产律》《银行则例》均公布颁行，而《大清民律草案》未及正式颁布与施行，清王朝即告崩溃。

16. 答案：ABC

参考相关各题答案。清末修律使中华法系“依伦理而轻重其刑”的特点受到了冲击。因此，ABC 项为正确答案。

17. 答案：ABCD

清末变法修律呈现出以下特点：

(1) 在立法指导思想上，清末修律自始至终贯穿着“中学为体西学为用”的方针。因此，借用西方近现代法律制度的形式，坚持中国固有的法律制度内容，成为统治者变法修律的基本宗旨。A 项正确。

(2) 在内容上，一方面，坚行君主专制体制及传统伦理纲常“不可率行改变”，在新修订的法律中继续肯定和维护帝制统治传统；另一方面，又“折衷世界大同各国之良规，兼采近世最新之学说”，大量引用西方法律理论、原则、制度和法律术语，使得保守的传统法律内容与近现代法律形式同时显现在这些新的法律法规之中。B 项正确。

(3) 在法典编纂形式上，清末修律改变了传统的“诸法合体”形式，明确了实体法之间、实体法与程序法之间的差别，分别制定、颁行或起草了宪法、刑法、民法、商法、诉讼法、法院组织等方面的法典或法规，形成了近代法律体系的雏形。C 项正确。

(4) 清末修律标志着延续几千年的中华法系开始解体。随着修律过程中一系列新的法典法规的出现，中国法律制度的传统格局开始被打破。清末变法修律为中国法律的近代化奠定了初步基础。D 项正确。

18. 答案：ABCD

1910 年的《法院编制法》，是清廷仿效日本制定的关于法院组织的法规，共 16 章，其中吸收了审判独立、公开审判、民刑分理、审检分立、合议制等法律原则和制度。故本题正确答案是 ABCD。

(三) 不定项选择题

1. 答案：ABCD

1908 年，清政府陆续公布了《资政院院章》《谘议局章程》《钦定宪法大纲》三部宪法性文件。1911 年，清政府于武昌起义爆发后又抛出了一个应付时局的宪法文件即《十九信条》。

2. 答案：ABCD

清廷配合“预备立宪”，大理寺改大理院，专任审判。为明确大理院的职权，法部随之拟定《大理院审判编制法》，于 1906 年 12 月颁行。该法分“总纲”“大理院”“京师高等审判厅”“城内外地方审判厅”“城谳局”五节，计 45 条。它引入了资产阶级司法独立原则，确立四级三审制、审检合署、审判合议等制度，是模仿资产阶级国家制定的我国第一个单行法院组织法规。

3. 答案：B

《大清现行刑律》是清政府于 1910 年 5 月公布并施行的一部过渡性刑法典。《大清新刑律》是清政府于 1911 年公布的一部专门刑法典，但在公布后不久，清王朝即告覆亡，故《大清新刑律》并未正式施行。1911 年 8 月完成的《大清民律草案》，并未正式颁布与施行。1904 年清朝的第一部商律《钦定大清商律》经奏准颁行。

4. 答案：BC

《大清律例》是乾隆朝完成的清朝基本法典，清末刑法修订的成果应该是《大清现行刑律》和《大清新刑律》。《大清新刑律》是中国历史上第一部近代意义上的专门刑法典。

5. 答案：BCD

“领事裁判权”，是指西方列强对于其本国侨民间的诉讼，由他们的司法机构予以处理，即不受中国法律的管辖。“观审”权和“会审”权是外国在华领事裁判权的扩充和延伸。“观审”权指原告是外国人，被告是中国人的案件中，原告所属国领事官员有权前往“观审”。西方列强享有的“会审”权中，甚至租界内纯中国人争讼最终也须有外国领事观审并由其操纵判决。外交特权是根据国际法和外交惯例，外国国家元首、政府首脑、外交代表等享有的，在外国境内不受所在国管辖的权利。

简答题

1.《大清新刑律》是清末修律的重要内容，是清政府于1911年公布的一部专门刑法典，也是中国历史上第一部近代意义上的专门刑法典。《大清新刑律》的重要变化之一就是采取了新的资产阶级国家刑罚体系。虽然《大清新刑律》来不及施行，但其所确立的新的刑罚体系标志着中国刑罚体系的近代化。

(1)《大清新刑律》抛弃了以往旧律诸法合体的编纂形式，以罪名和刑罚等专属刑法范畴的条文作为法典的唯一内容，因而成为一部纯粹的专门刑法典。

(2)《大清新刑律》在体例上将法典分为总则和分则两部分。

(3)《大清新刑律》确立了新刑罚制度，规定刑罚分主刑、从刑。

(4)《大清新刑律》采用了一些近代西方资产阶级的刑法原则和刑法制度。

总之，从单纯技术角度和形式上看，《大清新刑律》属于近现代意义上的新式刑法典，但对传统旧律并没有作实质性的修改，依然保持着旧律维护专制制度和伦理的传统。

2. 清末司法机关的变化在于：

(1) 自1906年开始，改刑部为法部，掌管全国司法行政事务，以使行政与司法分立，并改按察使为提法使司，负责地方司法行政工作及司法监督。

(2) 改大理寺为大理院，作为全国最高审判机关。在地方设立高级审判厅、地方审判厅和初级审判厅，形成新的司法系统。

(3) 实行审检合署，在各级审判厅内设置相应的检察厅，对刑事案件进行侦查、提起公诉、实行审判监督，并可参与民事案件的审理，充当诉讼当事人或公益代表人。

3.《钦定宪法大纲》是清王朝于1908年颁布的宪法文件。制定“宪法大纲”是清政府“预备立宪”的一个步骤，《钦定宪法大纲》也成为中国近代史上的第一个宪法性文件。《钦定宪法大纲》共23条，分为正文“君上大权”和附录“臣民权利义务”。《钦定宪法大纲》无论在结构上还是条文内容上，都体现了“大权统于朝廷”的精神。其最突出的特点就是皇帝专权，人民无权。其实质在于给封建君主专制制度披上“宪法”的外衣，以法律的形式确认君主的绝对权力，体现了清王朝企图继续维护专制统治的意志和愿望。

4. 清末诉讼审判制度变革的主要内容是：

(1) 确立了司法独立原则，建立各级审判厅，实行四级三审制。

(2) 区分刑事、民事诉讼，在诉讼和审判中终结了刑民不分的历史。

(3) 承认了律师活动的合法性。

(4) 初步规定了法官及检察官考试任用制度。

(5) 改良了监狱及狱政管理制度。

分析题

1.《钦定宪法大纲》是清王朝于1908年颁布的宪法文件，由宪政编查馆编订，于1908年8月公布。制定“宪法大纲”是清政府“预备立宪”的一个步骤，《钦定宪法大纲》也成为中国历史上的第一个宪法性文件。

《钦定宪法大纲》共23条，分为正文“君上大权”和附录“臣民权利义务”两部分。“君上大权”的内容有：(1) 皇帝行使对帝国的最高统治权，神圣不可侵犯；(2) 皇帝行使最高行政权，召集和解散议会之权，总揽司法权；(3) 皇帝拥有统帅陆海军的权利和外交权。第二部分为“附录”，规定了臣民纳税、服兵役、遵守法律诸项义务以及抄自日本宪法中的一些臣民权利。但对于每项臣民权利，均以“在法律范围内”作为限制语，并规定“皇帝得以诏令限制臣民之自由”。

《钦定宪法大纲》无论在结构形式上还是在条文内容上，都体现了“大权统于朝廷”的精神。其最突出的特点就是皇帝专权，人民无权。其实质在于给君主专制制度披上“宪法”的外衣，以法律的形式确认君主的绝对权力。因此，《钦定宪法大纲》颁布后即遭到普遍的反对和批评。

2. 谘议局是清末“预备立宪”时期清政府设立的地方咨询机关，于1909年开始在各省设立。实际上，谘议局根本不可能成为真正的民意机构，只不过是在各省督抚严格控制下的附属品。

谘议局的筹建始于1907年，其后由宪政编查馆草拟了《谘议局章程》及《谘议局议员选举章程》，经奏准，均于1908年7月颁布。依照这两个章程的规定，谘议局的权利有：(1) 议决本省应议、革事项；(2) 议决本省财政预、决算，公债；(3) 制定、修改本省单行法规、章程；(4) 接受本省民众陈情、建议；(5) 对本省行政机构实行有限的监察权。但其所议定事项，可决权全在本省督抚，督抚对于谘议局，不仅有监督、裁夺之权，而且有令其停会及奏请解散之权。谘议局议员的选举条件也极为苛刻，因此，它并不具备资本主义制度下地方议会的性质，只不过是一种“民主”的点缀品而已。

3. 清末的商事立法迫使清政府承认了“通商惠工”为“经国之要政”，给民族工商业以合法的地位。公司及工厂的创办，对民族资产阶级力量的发展起到促进作用。同时，商事立法带有极强的时代性。其为将民族工业纳入官办或半官办的轨道及发展买办经济提供了法律依据。

清末商事立法大致可以分为前期和后期两个阶段：1903年至1907年为第一阶段，1907年至1911年为第二阶段。

在第一阶段，商事立法主要由新设立的商部负责，主要成果有：1903年修订《商人通例》和《公司律》并于1904年1月颁布并定名为《钦定大清商律》，1904年6月颁行《公司注册试办章程》，1904年7月颁布《商标注册试办章程》，1906年5月颁行《破产律》以及其他有关商务和奖励实业的章程。

在第二阶段，主要商事法典改由修订法律馆主持起草，单行法规仍由各有关部门拟定，经宪政编查馆和资政院审议后请旨颁行。在此期间，修订法律馆于1908年9月起草了《大清商律草案》，1911年9月农工商部起草了《改订大清商律草案》，此外还起草了《交易行律草案》《保险规则草案》《破产律草案》等，但均未正式颁行。在此期间颁布施行的单行商事法规有《银行则例》《银行注册章程》《大小轮船公司注册给照章程》等。

论述题与深度思考题

1. 清末修律的主要特点如下：

(1) 在立法指导思想上，清末修律自始至终贯穿着“中学为体，西学为用”的方针。借用西方近现代法律制度的形式，坚持中国传统的法律制度内容，即成为清末变法修律的基本宗旨。

(2) 在内容上，清末修订的法律表现出封建专制主义传统和西方资本主义法学最新成果的奇怪混合。一方面，清末修律坚持君主专制体制及传统伦理纲常“不可率行改变”，在新修订的法律中继续保持肯定和维护专制统治的传统；另一方面，又标榜“折衷世界大同各国之良规，兼采近世最新之学说”，大量引用西方法律理论、原则、制度和法律术语，使得保守传统的法律内容与西方近现代法律形式同时显现在这些新的法律法规之中。

(3) 在法典编纂形式上，清末修律改变了中国传统的“诸法合体”的形式，明确了实体法之间、实体法与程序法之间的差别与不同，分别制定、颁行或起草了有关宪法、刑法、民法等方面的法典和法规，形成了近代法律体系的雏形。

(4) 它是清朝统治者为维护其摇摇欲坠的统治，在保持君主专制政体的前提下进行的，因而既不能反映人民群众的要求和愿望，也没有真正的民主形式。

清政府在20世纪初期所进行的大规模修律活动，虽然在主观上讲是一种被动的、被迫进行的立法活动，修律本身也存在着根本的缺陷和局限性，但在客观上也产生了显著的影响，在中国近代法制发展史上占有重要地位。其主要影响如下：

(1) 清末变法修律导致中华法系走向解体。随着修律过程中一系列新的法典法规的出现，中国传统法律制度的传统格局开始被打破。不仅传统的“诸法合体”的形式已被抛弃，而且中华法系“依伦理而轻重其刑”的特点也受到了极大的冲击。清末修律标志着延续几千年的中华法系开始解体，中国传统的法制开始转变成在形式和内容上都有显著特点的近代法制。

(2) 清末变法修律为中国法律的近代化奠定了初步的基础。通过清末大规模的立法，参照西方资产阶级法律体系和法律原则建立起来的一整套法律制度和司法体制，对后世特别是中华民国北京政府和南京国民政府法律制度的形成与发展提供了条件。

(3) 清末变法修律在一定程度上引进和传播了西方近现代的法律学说和法律制度。

(4) 清末变法修律在客观上推动了中国资本主义经济的发展和教育制度的近代化。

2. 所谓“礼法之争”，是指在清末变法修律过程中，以张之洞、劳乃宣为代表的“礼教派”与以修订法律大臣沈家本为代表的“法理派”之间两种不同立法思想的交锋。在《大清新刑律》的起草和修改过程中，清末修律的“礼法之争”达到了高潮。在当时的历史背景下，这场论争体现了在皇权专制之下清末统治集团内部保守派和革新派之间的认识差异。其焦点在于修订法律是全盘肯定传统伦理纲常，用新的形式包容旧律的本质，还是较多地吸取西方法律精神，对旧律进行较多的改造，并将法律与道德、刑事制裁和行政处分作必要的区分。

1907年，清政府将新刑律草案咨交各部院及督抚签注意见，担任军机大臣兼长学部的张之洞首先发难，指斥它有悖于“因伦制礼，准礼制刑”的原则，“败坏礼教”，要求凡属“有伤伦理之处，应全行改正”，各省疆吏随声附和。清廷遂颁发谕旨，强调“中国素重纲常，故于干名犯义之条，立法特为严重”，命令沈家本等“务本此意”，对草案进行修改。于是，修订法律馆只得“于有关伦纪各条，恪遵谕旨，加重一等”。此后，法部又在正文之后增列五条附录。上述修改和补充，反映了两派的冲突和法理派的一系列妥协。

就制定《大清新刑律》而言，法理派与礼教派争论的焦点集中在以下几个问题上：

（1）关于“干名犯义”条存废问题。“干名犯义”是传统法律中的一个重要罪名，是指子孙控告祖父母、父母的行为。清末修律过程中，沈家本等人从西方国家通行的法理出发，提出“干名犯义”属“告诉之事，不必另立专条”。而礼教派则认为“中国素重纲常，故于干名犯义之条，立法特为严重”，由此足见“干名犯义”条款大干礼教之事，是传统伦理的根本所在，因而绝不能在新刑律中没有反映。

（2）关于“存留养亲”制度。“存留养亲”亦是传统法律中的一项重要制度。一般而言，“存留养亲”多适用于独子斗殴杀人之案。沈家本等人认为“存留养亲”不编入新刑律草案，“似尚无悖于礼教”。礼教派认为，“存留养亲”是宣扬“仁政”、鼓励孝道的重要方式，不能随便就排除在新律之外。

（3）关于“无夫奸”和“子孙违反教令”是否为罪的问题。礼教派站在家族主义立场上，认为“法律不能与习惯相反”，子孙违反教令和无夫奸不加罪，“不合吾国礼俗”。法理派则从国家主义立论，强调这两种行为仅属风化及教育问题，不构成刑事犯罪，不必编入刑律。

在资政院的会议上，法理派和礼教派双方各执己见，直至闭会也未能一致。清政府虽不得不勉强公布了新刑律及暂行章程，但之后不久，在礼教派的弹劾下，沈家本被迫辞去了修订法律大臣及资政院副总裁的职务。

清末修律中的礼法之争及其结局，说明了保守势力的强大以及清政府的顽固立场，也说明了法理派常借“外人着眼之处”抨击礼教派的软弱性及在实质问题上一再退让的妥协性。但是，这场争论，客观上对传播近代法律思想和理论起到了一定的积极作用，对于此后的近代法制建设具有重要影响。

第十三章　中华民国南京临时政府时期法律思想与制度

知识逻辑图

- 中华民国南京临时政府时期法律思想与制度
  - 孙中山的主要立法思想
    - “三民主义”的立法指导思想
    - “五权宪法”和“权能分治”理论
  - 湖北军政府时期的主要立法
    - 《中华民国军政府暂行条例》
    - 《中华民国鄂州约法》
    - 《中华民国临时政府组织大纲》
  - 南京临时政府时期的主要立法活动
    - 宪法性文件：《中华民国临时约法》
    - 其他法规法令
  - 司法制度
    - 司法机关
      - 普通司法机关
      - 军事司法机关
    - 诉讼制度的改革
      - 禁止刑讯、体罚
      - 审判公开及陪审制
      - 确立司法独立原则
      - 律师与法官考试制度

名词解释

《中华民国临时政府组织大纲》

选择题

（一）单项选择题

1.《中华民国临时政府组织大纲》制定于（　　）时期。

A. 南京临时政府　　B. 南京国民政府

C. 北洋政府　　D. 工农民主政府

2. 第一次以法律的形式宣告废除帝制、确立总统制共和国的法律是（　　）。

A.《中华民国临时约法》

B.《中华民国临时政府组织大纲》

C.《中华民国宪法》

D.《宪法大纲》

3.《中华民国临时政府组织大纲》确立的政体是（　　）。

A. 责任内阁制　　B. 总统制

C. 立宪制　　D. 帝制

4.《中华民国临时约法》将哪一章紧列于“总纲”之后？（　　）。

A.“人民”

B.“临时大总统副总统”

C.“参议院”

D.“国务员”

视频讲题

5.《中华民国临时政府组织大纲》没有作规定的是（　　）。

A. 临时大总统、副总统的产生办法和职权

B. 议员的产生、参议院的组成及职权

C. 行政各部及其地位和职权

D. 中央到地方各级司法机关的组织机构及其活动原则

6. 中国近代唯一一部资产阶级民主共和国性质的宪法性文献是（　　）。

A.《中华民国国会组织法》

B.《中华民国宪法》

C.《中华民国临时约法》

D.《中华民国临时政府组织大纲》

7.《中华民国临时约法》由孙中山正式公布，它是由下列哪个机构三读通过的？（　　）

A. 资政院

B. 各省都督府代表会议

C. 临时参议院

D. 国会

视频讲题

8.《中华民国临时政府组织大纲》是一部（　　）。

A. 正式宪法　　B. 行政法

C. 政府组织法　　D. 法院编制法

9.《中华民国临时约法》规定，临时大总统、副总统的产生，通过（　　）。

A. 大选　　B. 各省推荐

C. 内阁推举　　D. 参议院选举

10. 南京临时政府根据“天赋人权”理论，制定一系列法令，其中意义最为深远的是（　　）。

A. 禁止买卖人口令　　B. 权利平等令

C. 禁烟法令　　D. 禁赌法令

11. 南京临时政府关于社会改革的法令中不包括（　　）。

A. 慎重农事令　　B. 禁赌法令

C. 剪辫法令　　D. 禁烟法令

12.《中华民国临时约法》规定临时政府的司法权由（　　）行使。

A. 法院　　B. 临时大总统

C. 参议院议长　　D. 临时中央审判所

13.《中华民国临时政府组织大纲》中规定，临时政府的最高审判机关是（　　）。

A. 大理院　　B. 司法部

C. 最高法院　　D. 临时中央审判所

14. 第一次以法律形式宣告废除帝制，规定实行三权分立原则的文件是（　　）。

A.《中华民国临时政府组织大纲》

B.《中华民国临时约法》

C.《中华民国宪法》

D.《中华苏维埃共和国宪法大纲》

15. 根据《中华民国临时约法》，临时约法的增删修改的通过人数要求是（　　）。

A. 经参议员 4/5 以上之出席，出席议员 3/4 以上之赞成

B. 经参议员 3/4 以上之出席，出席议员 4/5 以上之赞成

C. 经参议员 4/5 以上之出席，全体议员 3/4 以上之赞成

D. 经参议员 3/4 以上之出席，全体议员 4/5 以上之赞成

16. 南京临时政府在“禁烟令”中规定：对吸食鸦片不思悔改者，剥夺其（　　）。

A. 一切财产权　　B. 一切公权

C. 一切经商权　　D. 一切法定自由权

17. 中华民国南京临时政府颁布了一系列社会改革法令，旨在革除社会陋习，改进社会风尚。下列选项中，未被这些改革法令所涉及的内容是（　　）。(2016 法硕 法 20)

A. 禁烟　　B. 剪辫

C. 劝禁缠足　　D. 禁纳妾

视频讲题

18.《中华民国临时约法》规定的政体是（　　）。(2018 法硕 非 38)

A. 君主立宪制　　B. 总统制

C. 半总统制　　D. 责任内阁制

视频讲题

（二）多项选择题

1. “五权宪法”是孙中山法律思想的重要组成部分，孙中山先生认为的五权包括（　　）。

A. 行政权　　B. 考试权

C. 监察权　　D. 选举权

2.《中华民国临时约法》为了限制袁世凯独裁专制，规定（　　）。

A. 总统制

B. 进一步扩大参议院的权力

C. 规定了严格的修改程序

D. 内阁制

3. 下列关于《中华民国临时约法》内容的表述，正确的有（　　）。（2014 法硕 非 63）

A. 采用责任内阁制

B. 实行三权分立的原则

C. 规定人民享有广泛的权利

D. 确立了资产阶级民主共和国的政治体制和国家制度

4. 下列关于《中华民国临时约法》内容与特点的表述，正确的有（　　）。（2015 法硕 非 62）

A. 实行三权分立的原则

B. 确立责任内阁制的政权组织形式

C. 立法权由参议院和众议院共同行使

D. 规定中华民国之主权属于国民全体

视频讲题

5. 根据《中华民国临时约法》，参议院享有下列哪项权利？（　　）

A. 立法权

B. 对总统决定重大事件的同意权

C. 对总统、副总统的弹劾权

D. 对总统、副总统的审判权

6. 湖北军政府时期的主要立法包括（　　）。

A.《中华民国军政府暂行条例》

B.《中华民国鄂州约法》

C.《禁止买卖人口文》

D.《中华民国临时政府组织大纲》

7. 南京临时政府诉讼审判制度的改革包括（　　）。

A. 禁止刑讯、体罚

B. 审判公开及陪审制

C. 司法独立

D. 律师与法官考试制度

简答题

1. 简述南京临时政府社会改革方面法令的主要内容。（考研）

2. 简述《中华民国临时约法》对司法独立和审判公开原则的规定。

3. 简述《中华民国临时政府组织大纲》的性质及历史意义。（2017 法硕 非 66）

论述题与深度思考题

简述《中华民国临时约法》的特点及历史意义。（考研）

参考答案

名词解释

《中华民国临时政府组织大纲》是辛亥革命后各省都督府代表会议通过的关于筹建中华民国临时政府的纲领性文件，于 1911 年 12 月 3 日通过。它具有某种临时宪法的性质，第一次以法律形式宣告废除帝制，以美国的国家制度为蓝本，确立了总统制共和政体；规定实行三权分立原则。这个大纲成为以后制定《中华民国临时约法》的基础。

选择题

（一）单项选择题

1. 答案：A

《中华民国临时政府组织大纲》于 1911 年 12 月 3 日通过，在时间上应属于中华民国南京临时政府时期。

2. 答案：B

《中华民国临时政府组织大纲》第一次以法律的形式确认共和政体的诞生，宣告了专制体制的灭亡，具有进步意义。但该组织大纲对人民的民主权利没有任何反映，显示出《临时政府组织大纲》及依据该大纲产生的中华民国的资产阶级性质。此题要注意同《中华民国临时约法》相区别。

3. 答案：B

《中华民国临时政府组织大纲》是辛亥革命胜利后各省都督府代表会议通过的关于筹建中华民国临时政府的纲领性文件，于 1911 年 12 月 3 日通过，共 4 章 21 条。它第一次以法律形式宣告废除封建帝制，以美国的国家制度为蓝本，确立了总统制共和政体；规定实行三权分立原则。这个大纲成为以后制定《中华民国临时约法》的基础。

4. 答案：A

《中华民国临时约法》列有“人民”专章，排列在“总纲”之后，“参议院”“临时大总统副总统”“国务员”“法院”“附则”等章之前，在编纂体例上体现了“主权在民”的精神和对人民平等自由权利的重视。

5. 答案：D

《中华民国临时政府组织大纲》共 4 章 21 条，规定了临时大总统、副总统的产生办法和职权，议员的产生、参议院的组成及职权，行政各部及其地位和职权，临时中央审判所的设立及职权。但对于从中央到地方各级司法机关的组织机构及其活动原则，《中华民国临时政府组织大纲》没有作任何规定。

6. 答案：C

《临时约法》具有中华民国临时宪法的性质，在正式宪法实施以前，具有与宪法相等的效力。《临时约法》作为一部资产阶级民主共和国性质的宪法文件，从主流上说，它体现了资产阶级的意志，代表了资产阶级的利益，具有革命性、民主性。

7. 答案：C

《临时约法》是在辛亥革命后南北议和过程中制定的。1912 年 1 月下旬，各省都督府代表会议召开第一次起草会议。1 月 28 日，临时参议院成立，召开了第二次起草会议。这两次起草会议所定草案中关于中央政体均采用总统制。至 2 月上旬，南北议和即将告成，孙中山依前议要辞去临时大总统职位，而由袁世凯接任。为了以法律手段防止袁世凯擅权，临时参议院在 2 月 9 日审议约法草案时，决定将原来的总统制改为责任内阁制。2 月 15 日，参议院选举袁世凯为临时大总统，革命政权落入军阀之手已属必然，以孙中山为首的革命党人更希望制定一部约法来制约袁世凯，因而在孙中山主持下加快了制定约法的步伐。至 3 月 8 日，《临时约法》在参议院三读通过，并于袁世凯在北京就任临时大总统的次日——3 月 11 日，由孙中山正式公布。

8. 答案：C

《中华民国临时政府组织大纲》是辛亥革命胜利后各省都督府代表会议通过的关于筹建中华民国临时政府的纲领性文件，是一部具有临时宪法性质的政府组织法。

9. 答案：D

《临时约法》肯定了资产阶级民主共和国的政治体制和组织原则。依照资产阶级三权分立原则，《临时约法》采用责任内阁制规定临时大总统、副总统和国务员行使行政权力，参议院是立法机关，法院是司法机关；并规定了其他相应的组织与制度。参议院选举临时大总统、副总统。

10. 答案：B

根据资产阶级“天赋人权”和法律面前人人平等的原则，南京临时政府除在《临时约法》中以根本法的形式确认各族人民一律享有各种公权、私权以外，还颁布了一系列法规、法令，以切实保障人民的民主权利，其中最重要的是权利平等令。

11. 答案：A

南京临时政府成立以后，颁布了一系列社会改革法令，旨在革除社会陋习，振奋民族精神，提倡近代文明，改进社会风尚。禁烟、禁赌和剪辫都是社会改革的法令，而《慎重农事令》则是发展社会经济的法令内容。

12. 答案：A

《临时约法》规定中华民国的国家机构采取三权分立原则。总纲规定：“中华民国以参议院、临时大总统、国务员、法院行使其统治权。”参议院行使立法权，临时大总统、副总统和国务员行使行政权，法院行使司法权。

13. 答案：D

《临时政府组织大纲》规定，临时中央审判所作为行使最高司法权的机关，由临时大总统取得参议院同意后设立。

14. 答案：B

《临时约法》作为中国历史上第一部资产阶级共和国性质的宪法文件，其制定与颁布的历史意义在于，它肯定了辛亥革命的成果，彻底否定了中国数千年来的君主专制制度，肯定了资产阶级民主共和制度和资产阶级民主自由原则，第一次以法律形式宣告废除帝制，规定实行三权分立原则。

15. 答案：A

《中华民国临时约法》是南京临时政府于 1912 年 3 月 11 日公布的一部重要的宪法文件，共 7 章 56 条。它规定了中华民国为民主共和国，规定了资产阶级民主共和的政治制度和人民的权利义务。在《中华民国临时约法》的修改程序性条款上，规定须经参议员 2/3 以上或临时大总统之提议，经参议员 4/5 以上之出席，经出席议员 3/4 以上之赞成方可进行约法修改，以防止袁世凯擅自修改变更约法。

16. 答案：B

南京临时政府成立以后，颁布了一系列社会改革法令，旨在革除社会陋习，振奋民族精神，针对鸦片流毒中国的后果，颁布了《大总统令禁烟文》，指出：浸淫鸦片不止者，不可为共和国民，应剥夺其选举、被选举等一切公权。同时其责成内务部尽快制定法令、条例，切实禁绝烟毒。

17. 答案：D

社会改革法令的主要内容涉及禁烟 、禁赌、剪辫、劝禁缠足 、改革称呼等，不包括禁纳妾。

18. 答案：D

《中华民国临时约法》是中国近代第一部资产阶级共和国性质的宪法文件，建构了三权分立的政权体制。为限制袁世凯的个人独裁，《中华民国临时约法》将《中华民国临时政府组织大纲》确立的总统制改为责任内阁制，由政府总理总揽行政事务。综上所述，本题正确答案是 D。

（二）多项选择题

1. 答案：ABC

“五权宪法”是孙中山法律思想的重要组成部分，是他在研究各国宪法的基础上，结合中国的历史与国情加以集中的产物。孙中山的“五权”，就是指在行政权、立法权、司法权之外，再加上考试权和监察权。

2. 答案：BCD

《中华民国临时约法》为了限制袁世凯，进行了三个方面的努力：首先，削弱了总统的权力，将总统制改为责任内阁制；其次，进一步扩大参议院的权力，增加了制衡力量；最后，规定了严格的修改程序。

3. 答案：ABCD

《中华民国临时约法》是一部资产阶级民主共和国性质的宪法文件，具有资产阶级革命性和民主性。其内容包括：（1）明确宣示中华民国为统一的民主共和国；（2）确立了资产阶级民主共和国的政治体制和国家制度，实行三权分立的政府组织原则，采用责任内阁制等；（3）规定人民享有广泛的权利及应尽的义务；（4）确认保护私有财产的原则。

4. 答案：ABD

参议院享有立法权，而不是参议院和众议院共同行使立法权。C 项错误。

5. 答案：ABC

根据《中华民国临时约法》，参议院有权议决一切法律案，预算、决算、税法、币值、度量衡之准则，公债之募集及国库有负担之契约；对总统、副总统有弹劾的权力。

6. 答案：ABD

湖北军政府时期的主要立法包括《中华民国军政府暂行条例》《中华民国鄂州约法》《中华民国临时政府组织大纲》，所以 ABD 项正确。

7. 答案：ABCD

南京临时政府时期进行了大规模的诉讼审判制度的改革，包括：禁止刑讯、体罚，推行资产阶级的人道主义；引入审判公开及陪审制；以法律的形式对司法独立进行宣告；引入律师与法官考试制度。

简答题

1. 南京临时政府成立以后，颁布了一系列社会改革法令，旨在革除社会陋习，振奋民族精神，提倡近代文明，改进社会风尚。主要内容有：

（1）禁烟：指出浸淫鸦片不止者，不可为共和国民，应剥夺其选举、被选举等一切公权；同时责成内务部尽快制定法令、条例，切实禁绝烟毒。

（2）禁赌。规定无论何项赌博一体禁除，宴会游饮集合场合不准赌博，店铺不得出售赌具，违者按律科罪。

（3）剪辫。规定于令到之日，限20日一律剪除净尽，违反者依法论处。

（4）劝禁缠足。鉴于缠足多自幼女始，规定有故违禁令者，惩罚家长。

（5）改革称呼旧制。宣布此后官厅人员全以官职，不得再称大人、老爷，民间相称为先生、君。

2.（1）司法独立的原则。《临时约法》第51条规定："法官独立审判，不受上级官厅之干涉。"为了保证法官独立行使审判权，第52条又专门规定："法官在任中不得减俸或转职，非依法律受刑罚宣告，或应免职之惩戒处分，不得解职。"

（2）公开审判原则。《临时约法》第50条规定："法院之审判，须公开之；但有认为妨害安宁秩序者，得秘密之。"湖北军政府《临时上诉审判所暂行条例》也规定："诉令之辩论及判断之宣告，均公开法庭行之。但有特别事件，可宣示理由，停止公开。"

3.《中华民国临时政府组织大纲》是资产阶级共和国的第一个宪法性文件，其历史意义在于以法律的形式肯定了辛亥革命的成果，为以孙中山为首的中华民国南京临时政府的成立提供了法律依据。《中华民国临时政府组织大纲》虽然在形式上并不十分完备，但它第一次以法律的形式确认共和政体的诞生，宣告废除帝制，因而具有进步意义，并成为制定《中华民国临时约法》的基础。

论述题与深度思考题

《中华民国临时约法》的特点及历史意义是一个非常重要的知识点，可以根据以下的要点进行进一步的分析论述。

特点：（1）在国家政权体制问题上，改总统制为责任内阁制，以限制袁世凯的权力。

（2）在权力关系的规定上，扩大参议院的权力以抗衡袁世凯。

（3）在程序性条款上，规定特别修改程序以制约袁世凯。

历史意义：（1）它是中国历史上第一部资产阶级共和国性质的宪法文件。

（2）肯定了辛亥革命的成果，彻底否定了中国数千年来的帝制专制制度，肯定了资产阶级民主共和制度和资产阶级民主自由原则，在全国人民面前树立起"民主""共和"的形象。

（3）它所反映的资产阶级的愿望和意志，在当时条件下是符合中国社会发展趋势的，也在一定程度上反映了广大人民群众的民主要求。

第十四章 中华民国北京政府时期法律思想与制度

知识逻辑图

- 中华民国北京政府时期法律思想与制度
  - 社会背景与立法思想
    - 沿袭清末立法
    - 以宪法为军阀专制独裁粉饰正名
    - 创立“特别法优于普通法”的司法原则
  - 主要宪法文件
    - 《中华民国宪法草案》
    - 《中华民国约法》
    - 《中华民国宪法》
  - 部门法律的修订
    - 修订法律的原则和特点
    - 行政法律的修订
    - 刑事法律的修订
    - 民商事法律的修订
    - 诉讼法律的修订
    - 军人刑法与军事诉讼
  - 司法制度
    - 司法机构：普通司法组织、兼理司法法院、特别法院、平政院
    - 诉讼制度的特点
      - 运用判例和解释例
      - 四级三审制
      - 县知事兼理司法
      - 军事审判取代普通审判
    - 狱政制度

名词解释

1. 天坛宪草（考研）
2. 贿选宪法（考研）

选择题

（一）单项选择题

1.《易笞条例》是哪个时期制定的恢复笞刑的单行法规？（　　）（考研）

A. 三国两晋南北朝

B. 明朝洪武

C. 清朝雍正

D. 中华民国北京政府

2. 中国历史上第一部正式宪法是由哪个政权公布的？（　　）（考研）

A. 孙中山政权　　B. 袁世凯政权

C. 曹锟政权　　D. 蒋介石政权

3. 中国历史上第一部正式颁布的宪法《中华民国宪法》制定于（　　）。

A. 南京临时政府时期

B. 南京国民党政府时期

C. 中华民国北京政府时期

D. 工农民主政权时期

4. 中华民国北京政府时期第一部宪法草案是（　　）。

A.“袁记约法”　　B.“天坛宪草”

C. “贿选宪法”　　D. “段记宪草”

视频讲题

5. 中华民国北京政府的最高审判机关是（　　）。

A. 最高法院　　B. 高等审判厅

C. 大理院　　D. 刑部

6.《中华民国宪法（草案）》（“天坛宪草”）是由（　　）制定的。

A. “中央政治会议”

B. 民国首届国会

C. 重开的民国第一届国会

D. “约法会议”

7. “天坛宪草”在政权体制上采用（　　）。

A. 责任内阁制　　B. 委员制

C. 总统制　　D. 混合制

8. 北洋政府时期审判行政诉讼案件的机构是（　　）。（2014 法硕 法 19）

A. 大理院　　B. 参政院

C. 行政院　　D. 平政院

9. “袁记约法”规定，在立法院成立之前，代行其职权的机构是（　　）。

A. 下议院　　B. 大理院

C. 众议院　　D. 参政院

10. 1923 年《中华民国宪法》第 1 条规定的是（　　）。

A. 大总统的各项权力

B. 国会的组织及其职权

C. 中华民国永远为统一民主国

D. 国务院的组织及其职权

11. “天坛宪草”、“袁记约法”及 1923 年《中华民国宪法》的相同点是（　　）。

A. 均采用责任内阁制

B. 均赋予国会较大权力

C. 均采用国会制

D. 均设“国民”或“人民”专章并放置于国体章之后，国家各政权组织章之前

视频讲题

12. “贿选宪法”在政治体制上采用（　　）。

A. 总统制　　B. 责任内阁制

C. 混合制　　D. 独裁制

13. 中华民国北京政府始终肯定并沿用的是（　　）。

A. 清末法律

B. 湖北军政府时期的立法

C. 南京临时政府法令

D.《临时约法》

14. 中国近代首先明确规定“特别法应先于普通法”原则的是（　　）。

A. 中华民国北京政府

B. 南京临时政府

C. 南京国民政府

D. 新民主主义革命政府

15.《暂行新刑律》颁布于（　　）。

A. 中华民国北京政府时期

B. 清朝末年

C. 南京国民政府时期

D. 南京临时政府时期

16. 中华民国北京政府在《暂行新刑律》中专设的保护帝国主义侵略利益的一章是（　　）。

A. 内乱罪　　B. 外患罪

C. 妨害国交罪　　D. 公共秩序罪

17. 中华民国北京政府确认（　　）的判例和解释例具有法律效力。

A. 法院　　B. 平政院

C. 司法部　　D. 大理院

18.《易笞条例》是中华民国北京政府时期制定的（　　）。

A. 恢复封建刑罚的法规

B. 禁止私自交易的法规

C. 商业换算方面的法规

D. 禁止体罚的法规

19. 取消国会制的宪法性文件是（　　）。

A. “天坛宪草”　　B. “临时约法”

C. “贿选宪法”　　D. “袁记约法”

20. 中华民国北京政府的刑法典是（　　）。

A.《中华民国刑法》　　B.《暂行刑律》

C.《暂行新刑律》　　D.《暂行现行刑律》

21. 中华民国北京政府于 1914—1923 年间在首都设平政院（　　）。

A. 专门审理重案，监督地方

B. 作为最高审判机关掌握司法审判权

C. 作为行政诉讼机关，专门受理行政诉讼案件

D. 作为专门的军事审判机关

22. 下列关于北洋政府立法活动的表述，不正确的是（　　）。(2018 法硕 非 38 / 法 19)

A. 采用、删改清末新订之法律

B. 制定颁布了众多的单行法规

C. 判例和解释例成为重要的法律渊源

D. 拒绝采用西方资本主义国家的立法原则

视频讲题

23. 民国十四年（1924 年）秋，教育部佥事周树人提起行政诉讼，要求撤销教育部对其的免职令。依据北洋政府时期的法律，受理该案的机构是（　　）。(2019 法硕 非 31 / 法 19)

A. 大理院　　B. 平政院

C. 高等审判厅　　D. 法部

24. 北洋政府广泛运用判例与解释例，补充了成文法之未备，使之成为案件判决的重要依据。有权作出解释例的机构是（　　）。(2020 法硕 非 31 / 法 19)

A. 参议院　　B. 法部

C. 大理院　　D. 平政院

视频讲题

25 北洋政府时期的民事法律渊源中效力最高的是（　　）。(2021 法硕 非 39)

A. 判例

B. 民事习惯

C. 条理

D. 现行律民事有效部分

视频讲题

（二）多项选择题

1. 中华民国北京政府时期制定的重要宪法文件有（　　）。(考研)

A.《临时约法》　　B. "袁记约法"

C. "天坛宪草"　　D. "贿选宪法"

2. 下列属于中华民国北京政府在司法方面的特点有（　　）。

A. 县知事兼理司法

B. 普通法院实行四级三审制

C. 行政诉讼相对独立

D. 广泛引用判例与解释例

视频讲题

3. 中华民国北京政府对清末法律作了删修，制成《删修新刑律与国体抵触各章条》，其中包括（　　）。

A. 改《大清新刑律》

B. 将"侵犯皇室罪"删除

C. 将"恩赦"改为"赦免"

D. 将"臣民"改为"人民"

4. 中华民国北京政府时期所制定的民商方面的法规主要有（　　）。

A.《商人通例》　　B.《戒严法》

C.《公司条例》　　D.《证券交易法》

5. 下列有关中华民国北京政府时期的狱政制度叙述正确的有（　　）。

A. 改清法部典狱司为司法部监狱司，管理全国监狱

B. 修订《大清监狱律草案》并予公布，定名《监狱规则》，成为民国首部监狱法典

C. 依性别分男监、女监；依年龄分成年监、幼年监，开中国设立女监、幼年监之先例

D. 实行典狱长负责制

（三）不定项选择题

1. 中华民国北京政府的审判机构除了有特别法院、普通法院，还有（　　）。

A. 军事法院　　B. 兼理司法法院

C. 最高法院　　D. 平政院

2. 中华民国北京政府的立法活动包括（　　）。

A. 大量援用清末法律

B. 制定、颁布了大量单行法规

C. 恢复封建刑罚

D. 确认判例和解释例的效力

3. 实行四级三审制的政权有（　　）。

A. 清末

B. 中华民国北京政府

C. 南京国民政府

D. 抗日民主政权

4. 下列有关中国宪法发展史的表述，何者为正确？（　　）（司考）

A.《中华民国临时约法》是中国历史上唯一的一部资产阶级共和国性质的宪法性文件

B. 1949年《中国人民政治协商会议共同纲领》是中国历史上的第一部社会主义类型的宪法

C. 1982年宪法是中华人民共和国成立后制定的第三部宪法

D.《钦定宪法大纲》是中国历史上的第一部宪法性文件

简答题

1. 简述“袁记约法”的实质。

2. 简述中华民国北京政府的司法机构。

3. 简述北洋政府立法活动的特点。（2016法硕 非66）

论述题与深度思考题

试述中华民国北京政府的制宪活动及宪法文件。

参考答案

名词解释

1.《中华民国宪法（草案）》是中华民国北京政府时期的第一部宪法草案，于1913年10月31日由国会宪法起草委员会三读通过。由于宪法起草委员会主要是在北京天坛祈年殿进行起草活动的，故通称这部宪法草案为“天坛宪草”。1914年袁世凯解散国会，“天坛宪草”遂成废纸。

“天坛宪草”共11章113条。它采用资产阶级三权分立的宪法原则，确认了民主共和制度。由于屈从于袁世凯的压力，“天坛宪草”在某些问题上作了妥协和让步，所规定的总统的权力比《临时约法》有所扩大。但总的看来，“天坛宪草”体现了国民党等在野派势力企图通过制宪限制袁世凯权力的意图。首先，在政权体制上，“天坛宪草”继续肯定了《临时约法》中的责任内阁制。其次，“天坛宪草”规定了国会对总统行使诸如解散国会、任命总理等重大权力的牵制权，并规定成立国会委员会，作为国会的常设机构，对总统行使“发布紧急命令”和“财政紧急处分”两项职权实行议决，加强对总统权力的制约。最后，限制总统任期，规定总统任期5年，只能连选连任一次。

2. 中华民国北京政府于1923年10月10日公布的《中华民国宪法》，因系曹锟为掩盖“贿选总统”丑名，继续维持军阀专政而授意炮制的，故俗称“贿选宪法”，是中国近代史上公布的第一部正式的“宪法”。《中华民国宪法》企图用漂亮的辞藻和虚伪的民主形式掩盖实行军阀专制独裁的本质。如为标榜反对帝制复辟、赞成共和而规定“中华民国永远为统一民主国”，“中华民国主权属于全体国民”；在政治体制上，表面上仍肯定内阁制和议会制。但是，在这一切的背后，是军阀独裁制度的法律化。

选择题

（一）单项选择题

1. 答案：D

中华民国北京政府援用清末法律，颁布《徒刑改

遣条例》，将清末废除的遣刑重新恢复，同时公布《易笞条例》，重新恢复临时政府明令废止的笞刑。

2. 答案：C

中华民国北京政府于1923年10月1日公布的《中华民国宪法》，因系曹锟为掩盖“贿选总统”丑名，继续维持军阀独裁专制而授意炮制的，故俗称“贿选宪法”。它是中国近代史上公布的第一部正式的“宪法”。

3. 答案：C

中华民国北京政府于1923年10月10日公布的《中华民国宪法》，因系曹锟为掩盖“贿选总统”丑名，继续维持军阀专制而授意炮制的，故俗称“贿选宪法”，它是中国近代史上公布的第一部正式的“宪法”。它的特点主要表现在：（1）企图用漂亮的辞藻和虚伪的民主形式掩盖实行军阀专制的本质。表面上是肯定内阁制和议会制，但其背后是军阀独裁制度的法律化。（2）为了平衡各派军阀和大小军阀之间的关系，巩固曹、吴控制的中央大权，对“国权”和“地方制度”作了专门规定。

4. 答案：B

在中华民国北京政府期间，先后进行过五次制宪活动，产生了四个宪法文件。这五次制宪活动具体是：（1）1913年10月31日完成的《中华民国宪法（草案）》，即“天坛宪草”；（2）1914年5月1日袁世凯公布的《中华民国约法》即“袁记约法”；（3）1916年至1920年段祺瑞任国务院总理期间进行的“天坛宪草续议”；（4）1923年10月10日曹锟、吴佩孚政府公布的《中华民国宪法》，即“贿选宪法”；（5）1925年段祺瑞执政府完成的《中华民国宪法草案》，即“段记宪草”。

5. 答案：C

中华民国北京政府的审判机关分为四级。中央设大理院，是最高审判机关，设院长一人，总理全院事务。其下设民事庭和刑事庭，各设庭长一人、推事若干人。审判案件时，由推事五人组成合议庭，以庭长为审判长。

6. 答案：B

1913年4月8日，中华民国首届国会正式召开。之后按《国会组织法》的规定，由参、众两院各选出委员30名，组成“宪法起草委员会”，开始宪法起草工作。10月31日国会“宪法起草委员会”三读通过《中华民国宪法草案》。因宪法起草委员会设在北京天坛祈年殿，故该草案又称“天坛宪草”。1914年袁世凯解散国会，“天坛宪草”遂成废纸。“中央政治会议”是袁世凯在解散国会后以自己的亲信组成的，这个政治会议又议决设立了一个“约法会议”来拟定《中华民国约法》。曹锟当政时期恢复第一届国会，通过的是1923年《中华民国宪法》，即“贿选宪法”。

7. 答案：A

“天坛宪草”共10章113条。它采用资产阶级三权分立的宪法原则，确认了民主共和制度。由于屈从于袁世凯的压力，“天坛宪草”在某些问题上作了妥协和让步，所规定的总统的权力比《临时约法》中有所扩大。但总的看来，“天坛宪草”体现了国民党等在野派势力企图通过制宪限制袁世凯权力的意图。在政权体制上，“天坛宪草”继续肯定了《临时约法》中的责任内阁制。

8. 答案：D

大理院是最高审判机关，而平政院职掌行政诉讼的裁判，《平政院编制令》规定：平政院察理行政官吏之违法不正行为，就行政诉讼及纠弹事件行使审判权。

9. 答案：D

《袁记约法》规定，废除国会制，设立立法院。立法院成立之前，代行其职权的机构为参政院。

10. 答案：C

1923年《中华民国宪法》共13章，依次是国体，主权，国土，国民，国权，国会，大总统，国务院，法院，法律，会计，地方制度，宪法之修正、解释及效力；共141条。它以“天坛宪草”为基础增删而成。该法第1条规定“中华民国永远为统一民主国”，且明定“国体不得为修改之议题”。而国会、大总统、国务院的组织及职权是该法第六、七、八章的内容。

11. 答案：D

“天坛宪草”在结构上分为国体、国土、国民、国会、国会委员会、大总统、国务院、法院、法律、会计、宪法之修正及解释，共11章、113条。《中华民国约法》即“袁记约法”分10章：国家、人民、大总统、立法、行政、司法、参政院、会计、制定宪法程序、附则，共68条。1923年《中华民国宪法》共分13章：国体，主权，国土，国民，国权，国会，大总统，国务院，法院，法律，会计，地方制度，宪法之修正、解释及效力。故相同点是均设“国民”或“人民”专章并放置于国体章之后、国家各政权组织章之前。采用责任内阁制、赋予国会较大权力、规定国会制的是

“天坛宪草”和1923年《中华民国宪法》，“袁记约法”采用的是总统制，并且解散了国会。

12. 答案：B

“贿选宪法”企图用漂亮的辞藻和虚伪的民主形式掩盖实行军阀专制的本质。如为标榜反对帝制复辟、赞成共和而规定“中华民国永远为统一民主国”“中华民国主权属于全体国民”；在政治体制上，表面上仍肯定内阁制和议会制。但是，在这一切的背后，是军阀独裁制度的法律化。

13. 答案：A

中华民国北京政府是清末半封建半殖民地政权的继续和发展。北京政府的立法活动，是以沿袭清末立法为始点的。

14. 答案：A

为了镇压国内的民主运动和人民的反抗斗争，维护其反动统治，中华民国北京政府在中国近代首先明确规定“特别法应先于普通法”原则。

15. 答案：A

1912年3月，袁世凯窃据“临时大总统”职位后，曾发布命令：“所有从前施行之法律及新刑律，除与民国国体抵触各条应失效力外，余均暂行援用。”此处所指“新刑律”，即指清末修订公布之《大清新刑律》。据此命令，北洋政府法部随即拟定《删修新刑律与国体抵触各章条等并删除暂行章程文》，并附列删除各章条目，经呈袁世凯批准，并通令各司法衙门遵行，是为《暂行新刑律》。

16. 答案：C

《暂行新刑律》专立“妨害国交罪”章，设损坏、除去、污秽外国国旗、国章罪，私与外国开战罪，违背中立命令罪，严禁中国人民的反帝活动。

17. 答案：D

在中华民国北京政府时期大理院为最高审判机关，北京政府确认大理院的判例与解释例具有法律效力，在司法审判中，大量运用判例和解释例。从1912年到1927年的15年中，其单从《大清律例》中就抄袭了1 892条。到1927年止，大理院汇编的判例达3 900条，解释例达两千多条。平政院为专门受理行政诉讼案件的行政诉讼机关，司法部专司司法行政事务，法院名称太过笼统。

18. 答案：A

中华民国北京政府援用封建法律，行威吓、报复主义刑法原则，颁布《徒刑改遣条例》，将清末废除的遣刑重新恢复，同时公布《易笞条例》，重新恢复临时政府明令废止的笞刑。

19. 答案：D

“袁记约法”取消了《临时约法》规定的国会制，规定设立有名无实的立法院。在立法院成立前，由纯属总统咨询机关的参政院代行立法院职权，设立国务卿协助总统掌握行政，为袁世凯复辟帝制做准备。

20. 答案：C

袁世凯批准并通令各司法衙门遵行的刑事立法为《暂行新刑律》。1914年12月，中华民国北京政府又颁布了一个《暂行新刑律补充条例》，对《暂行新刑律》作了部分修正，以适应袁世凯帝制复辟的政治需要。

21. 答案：C

中华民国北京政府采取欧洲大陆司法制度，把行政诉讼与普通民事、刑事诉讼分开，实行普通法院系统与平政院双轨平行的诉讼体制：在普通法院之外，设立平政院，作为行政诉讼机关，专门受理行政诉讼案件。

22. 答案：D

北洋政府的主要立法活动，以《暂行援用前清法律及新刑律令》为起点：所有从前施行之法律及新刑律，除与民国国体抵触各条失效外，其余均暂行援用。随后，袁世凯还令法部对《大清新刑律》进行删改，更名为《暂行新刑律》，A项正确。北洋政府制定颁布了大量单行法规，例如行政方面的《文官高等考试法》《文官惩戒条例》，刑事方面的《戒严法》《惩治盗匪法》，民商事方面的《公司条例》《商标法》，等等，B项正确。北洋政府确认大理院的判例与解释例具有法律效力，判例和解释例被大量运用于司法审判，成为重要的法律渊源，C项正确。北洋政府立法采取了三权分立等某些西方资本主义国家的立法原则，D项错误。综上所述，本题正确答案是D。

23. 答案：B

北洋政府受理行政诉讼的机构是平政院，大理院为北洋政府的最高审判机关，高等审判厅为北洋政府省级审判机构，法部为清末最高司法行政机关，北洋政府的最高司法行政机关为司法部。综上所述，本题正确答案是B。

24. 答案：C

判例与解释例是北洋政府时期重要的法律渊源，

有权作出解释例的是最高审判机关大理院。参议院为南京临时政府的立法机关。法部为清末最高司法行政机关，由刑部演变而来。平政院为北洋政府最高行政诉讼审判机关。综上所述，本题正确答案是C。

25. 答案：D

北洋政府时期的民事法律渊源包括现行律民事有效部分、民事习惯、条理、判例和解释例。现行律民事有效部分即《大清现行刑律》中民事规范经确认有效的部分，北洋政府明确确认了其法律效力。大理院审判案件先依照法律，无法律明文者，方才依照习惯法、条理等民事法律渊源，因此，现行律民事有效部分是最高效力的民事法律渊源。综上所述，本题正确答案是D。

（二）多项选择题

1. 答案：BCD

1913年10月31日完成的《中华民国宪法（草案）》，即“天坛宪草”；1914年5月1日袁世凯公布的《中华民国约法》，即“袁记约法”；1923年10月10日曹锟、吴佩孚政府公布的《中华民国宪法》，即“贿选宪法”。

2. 答案：ABCD

中华民国北京政府的司法特点有：普通法院实行四级三审制，轻微案件由初等审判厅作为第一审，稍重的案件由地方审判厅作为第一审，高等审判厅不受理第一审案件，大理院可以作为“内乱”及“妨碍国交”、“外患”等罪的第一审及终审机关；在未设立初等审判厅的地方，就由县知事兼理司法；采取欧洲大陆司法制度，把行政诉讼与普通民事、刑事诉讼分开，实行普通法院系统与平政院双轨平行的诉讼体制；为了解决司法实践中可援引法律严重不足的局面，实践中大量引用大理院通过司法创制形式确立的判例与解释例，作为审判的依据。此外还有特别法优于普通法、军事审判专横武断等特点。

3. 答案：ABCD

袁世凯发布暂时援用前清法律命令后，又令法部对《大清新刑律》进行删改，将该律中与“民国国体”抵触的各条一并删除，如“侵犯皇室罪”等；同时适应民国以后的变化作部分文字、词语改动，如改“帝国”为“中华民国”，改“恩赦”为“赦免”，改“臣民”为“人民”之类。

4. 答案：ACD

中华民国北京政府时期在援用前清法律的同时，也制定了一些民商方面的法规，主要有《商人通例》《公司条例》《证券交易法》《矿业条例》等。而《戒严法》则属于刑事立法的内容。

5. 答案：ABCD

中华民国北京政府成立后，改清法部典狱司为司法部监狱司，管理全国监狱。1913年12月，据袁氏援用清代法律的命令，修订《大清监狱律草案》并予公布，定名《监狱规则》，成为民国首部监狱法典。其依刑罚分监狱为徒刑监、拘役监；依性别分为男监、女监；依年龄分为成年监、幼年监，开中国设立女监、幼年监之先例。监狱设典狱长1人、看守长3人、投出1人，另设男女看守、教诲师、医生、药剂师若干人，实行典狱长负责制。全国设监狱及分监八十多处。

（三）不定项选择题

1. 答案：ABD

中华民国北京政府的司法机关体系庞杂：中央设大理院，是最高审判机关。兼理司法法院是在未设普通法院各县所设的组织。军事法院审理军人犯罪的案件。平政院主管行政诉讼。

2. 答案：ABD

中华民国北京政府的立法活动包括大量援用清末法律，承认其效力，同时制定、颁布了大量单行法规，并确认判例和解释例的效力。

3. 答案：AB

清末的《大理院审判编制法》，引入了资产阶级司法独立的原则，确立四级三审制；中华民国北京政府的诉讼制度，在审判管辖上，实行四级三审制；南京国民政府实行的是三级三审制；抗日民主政权的审级制度基本是二级终审制。

4. 答案：ACD

参考相关各题及宪法部分的答案。1954年《中华人民共和国宪法》是中华人民共和国历史上第一部社会主义类型的宪法。因此，ACD项为正确答案。

简答题

1. 中华民国北京政府于1914年5月1日公布的《中华民国约法》，因系袁世凯一手操纵、炮制出来的，故又称“袁记约法”，共10章68条。它是军阀专制全面确立的标志。

《中华民国约法》与《临时约法》有着根本性的差别，它的实质主要表现在：

（1）《中华民国约法》是对《临时约法》的反动。它以根本法的形式彻底否定了《临时约法》所确立的民主共和制度，而代之以袁世凯的个人独裁。它的出笼使辛亥革命的成果丧失殆尽，成为军阀专制全面确立的标志。

（2）《中华民国约法》完全否定和取消了《临时约法》所规定的责任内阁制，实行总统独裁的政治体制，并赋予总统形同封建帝王一样的至高无上的地位和巨大权力。

（3）《中华民国约法》取消了《临时约法》规定的国会制，规定设立有名无实的立法院。在立法院成立前，由纯属总统咨询机关的参政院代行立法院职权，设立国务卿协助总统掌握行政，为袁世凯复辟帝制做准备。

（4）为限制、否定《临时约法》所规定的人民的基本权利提供宪法根据。

2. 中华民国北京政府的司法机构体系庞杂，法院有普通法院、兼理司法法院、特别法院之分。

（1）普通法院。中央设大理院，是最高审判机关。在省设高等审判厅，在城市设置地方审判厅，在县一级设初级审判厅。检察机关，设置总检察厅、高等检察厅、地方检察厅、初级检察厅，皆设于各该级审判厅官署内，由检察长、检察官组成，独立行使检察职权。

（2）兼理司法法院。兼理司法法院是在未设普通法院各县所设的组织。

（3）特别法院。分军事审判机关和地方特别审判机关两类，后者是指临时在少数民族聚居地区或特别区域设立的司法组织。

（4）平政院。平政院主管行政诉讼，察理行政官吏之违法不正行为，就行政诉讼及纠弹事件行使审判权。

3. 北洋政府立法活动的特点有：

（1）保留了清末法律改革的重要成果，其立法多以清末新订的法律为蓝本。

（2）采用西方资本主义国家的某些立法原则，继续在清末法制改革未及之领域进行新的立法。

（3）制定颁布众多单行法规，其中大部分为特别法。

（4）判例和解释例成为重要的法律渊源，以补充成文法的不足。

论述题与深度思考题

本题考核的是中华民国北京政府的制宪活动与宪法文件。

在中华民国北京政府期间，先后进行过五次制宪活动，产生了四个宪法文件。这五次制宪活动具体是：第一，1913年10月31日完成的《中华民国宪法（草案）》，即“天坛宪草”；第二，1914年5月1日袁世凯公布的《中华民国约法》，即“袁记约法”；第三，1916年至1920年段祺瑞任国务院总理期间进行的“天坛宪草续议”；第四，1923年10月10日曹锟、吴佩孚政府公布的《中华民国宪法》，即“贿选宪法”；第五，1925年段祺瑞执政府完成的《中华民国宪法草案》，即“段记宪草”。

（1）《中华民国宪法（草案）》。

《中华民国宪法（草案）》是中华民国北京政府时期的第一部宪法草案，于1913年10月31日由国会宪法起草委员会三读通过。由于宪法起草委员会主要是在北京天坛祈年殿进行起草活动的，故通称这部宪法草案为“天坛宪草”。1914年袁世凯解散国会，“天坛宪草”遂成废纸。

“天坛宪草”共11章113条。它采用资产阶级三权分立的宪法原则，确认了民主共和制度。由于屈从于袁世凯的压力，“天坛宪草”在某些问题上作了妥协和让步，所规定的总统的权力比《临时约法》中有所扩大。但总的看来，“天坛宪草”体现了国民党等在野派势力企图通过制宪限制袁世凯权力的意图。首先，在政权体制上，“天坛宪草”继续肯定了《临时约法》中的责任内阁制。其次“天坛宪草”规定了国会对总统行使诸如解散国会、任命总理等重大权力的牵制权，并规定成立国会委员会，作为国会的常设机构，对总统行使“发布紧急命令”和“财政紧急处分”两项职权实行议决，加强对总统权力的制约。最后，限制总统任期，规定总统任期5年，只能连选连任一次。这些限制使袁世凯气急败坏，竭力破坏宪法草案的制定工作，并于1914年1月解散国会，“天坛宪草”也因此未能在国会正式通过而成废纸。

(2)《中华民国约法》。

中华民国北京政府于1914年5月1日公布的《中华民国约法》，因系袁世凯一手操纵、炮制出来的，故又称“袁记约法”，共10章68条。它是军阀专制全面确立的标志。

《中华民国约法》与《临时约法》有着根本性的差别，主要表现在：《中华民国约法》是对《临时约法》的反动。它以根本法的形式彻底否定了《临时约法》所确立的民主共和制度，而代之以袁世凯的个人独裁，成为军阀专制全面确立的标志。《中华民国约法》完全否定和取消了《临时约法》所规定的责任内阁制，实行总统独裁的政治体制，并赋予总统形同帝王一样的地位和巨大权力。《中华民国约法》取消了《临时约法》规定的国会制，规定设立有名无实的立法院。在立法院成立前，由纯属总统咨询机关的参政院代行立法院职权，设立国务卿协助总统掌握行政，为袁世凯复辟帝制做准备。为限制、否定《临时约法》所规定的人民的基本权利提供宪法根据。

(3)《中华民国宪法》。

中华民国北京政府于1923年10月1日公布的《中华民国宪法》，因系曹锟为掩盖“贿选总统”丑名，继续维持军阀专政而授意炮制的，故俗称“贿选宪法”，是中国近代史上公布的第一部正式的“宪法”。

《中华民国宪法》的特点主要表现在：

第一，用虚伪的民主形式掩盖实行军阀专制的本质。如为标榜反对帝制复辟、赞成共和而规定“中华民国永远为统一民主国”“中华民国主权属于全体国民”；在政治体制上，表面上仍肯定内阁制和议会制。但是，在这一切的背后，是军阀独裁制度的法律化。

第二，为了平衡各派军阀和大小军阀之间的关系，巩固曹锟、吴佩孚控制的中央大权，对“国权”和“地方制度”作了专门规定。

第十五章　中华民国南京国民政府时期法律思想与制度

知识逻辑图

- 中华民国南京国民政府时期法律思想与制度
  - 立法概况：立法体制、立法阶段、立法体系
  - “六法全书”及体系：宪法、民法、刑法、民事诉讼法、刑事诉讼法、行政法
  - 主要法律内容
    - 宪法性文件
      - 《训政纲领》《中华民国训政时期约法》
      - 《中华民国宪法草案》《中华民国宪法》
    - 行政法律制度
    - 《中华民国民法》与商事法规
    - 经济法律规范和制度
    - 刑事法律制度
      - 《中华民国刑法》
      - 《中华民国新刑法》
      - 特别刑事法规
  - 司法机构
    - 普通法院系统：地方法院、高等法院、最高法院
    - 特种刑事法庭
    - 兼理军法司法法院
  - 普通法院诉讼制度
    - 三级三审制
    - 公开审判制
    - 陪审与辩护制
    - 审检合署制
  - 特务机构及其活动
    - 主要的特务机构
    - 特务机构活动的特点

名词解释

1. “六法全书”（考研）
2. “五五宪草”

选择题

（一）单项选择题

1. 中国近代史上确立“民商合一”的民法典编纂体例的政权是（　　）。（考研）

A. 清末政府

B. 中华民国南京临时政府

C. 中华民国北京政府

D. 中华民国南京国民政府

2. 最初确立国民党一党专制和蒋介石个人独裁的宪法性法律文件是（　　）。

A. “五五宪草”

B. 《中华民国训政时期约法》

C. 《中华民国宪法》

D. “贿选宪法”

3. 中华民国南京国民政府“六法”包括（　　）。（考研）

A. 宪法、民法、商法、刑法、民事诉讼法、刑事诉讼法

B. 宪法、民法、刑法、行政法、民事诉讼法、刑

事诉讼法

C. 宪法、民法、军法、民事诉讼法、刑事诉讼法

D. 宪法、民法、刑法、经济法、民事诉讼法、刑事诉讼法

4. 下列刑法典中，规定有“保安处分”的是（　　）。

A.《大清新刑律》

B.《暂行新刑律》

C. 中华民国南京国民政府 1928 年刑法

D. 中华民国南京国民政府 1935 年刑法

5. 中华民国南京国民政府民法的立法体系原则是（　　）。

A. 民商分立　　B. 只制定民法典

C. 民商合一　　D. 制定商法典

6. 依照《中华民国训政时期约法》的规定，训政时期中华民国最高的训政者是（　　）。（2015 法硕 非 44）

A. 国民全体　　B. 国民大会

C. 国民党　　D. 立法院

7. 中华民国南京国民政府实质的最高立法机关是（　　）。

A. 中央政治会议　　B. 行政院

C. 立法院　　D. 司法院

8. 中华民国南京国民政府时期，拥有解释宪法、法律的权力，有权作出解释例或决议的是（　　）。

A. 立法院　　B. 法院

C. 行政院　　D. 司法院

9. 中华民国南京国民政府时期，实施时间最长的宪法性文件是（　　）。

A.《中华民国宪法》

B.《中华民国宪法草案》

C.《训政纲领》

D.《训政时期约法》

10.《中华民国训政时期约法》的制定机关是（　　）。

A. “国民会议”

B. 立法院

C. 国民党中央执行委员会

D. 国民党中央政治会议

11. 我国历史上第一部以“刑法”为名称的刑法典是（　　）。

A.《大清新刑律》

B.《暂行新刑律》

C. 中华民国南京国民政府 1928 年刑法

D. 中华民国南京国民政府 1935 年刑法

12. 下列关于 1935 年《中华民国刑法》之内容与特点的表述，不正确的是（　　）。（2015 法硕 非 41）

A. 在时间效力上取“从新从重主义”

B. 采取社会防卫主义，增设保安处分

C. 继受了西方国家通行的刑事法律原则

D. 对侵害直系尊亲属的犯罪行为采取加重处罚原则

13. 将罪刑法定确定为刑法的基本原则的是（　　）。

A.《大清新刑律》

B.《暂行新刑律》

C. 中华民国南京国民政府 1928 年刑法

D. 中华民国南京国民政府 1935 年刑法

14. 中华民国南京国民政府的新刑法在时间效力上，采取（　　）。

A. 从旧从轻主义　　B. 从旧从重主义

C. 从新从轻主义　　D. 从新从重主义

15. 中华民国南京国民政府的刑事诉讼法在证据制度方面采取（　　）。

A. 自由心证原则　　B. 证据法定原则

C. 自己举证原则　　D. 口供为主原则

16. 中华民国南京国民政府刑法在空间效力上（　　）。

A. 以属地主义为原则，以属人主义为补充

B. 以属人主义为主要原则

C. 属地属人相结合的原则

D. 具体情况具体分析

17. 1935 年《中华民国刑法》第 167 条规定：“配偶、五亲等内之血亲或三亲等内之姻亲图利犯人或依法逮捕、拘禁之脱逃人，而犯第一百六十四条（藏匿犯人罪）或第一百六十五条（湮灭证据罪）之罪者，减轻或免除其刑。”对此表述不正确的是（　　）。

A. 体现了对家庭伦理道德的维护

B. 是中国古代传统法律“同居相隐”原则的再现

C. 规定了亲属间免于相互作证制度

D. 破坏了一般的立法程序和整个法制秩序

18. 中华民国南京国民政府民法典的立法原则是（　　）。

A. 国家本位

B. 社会本位

C. 个人本位

D. 社会本位为主，兼采个人本位

19. 1935 年以后，中华民国南京国民政府普通法

院的诉讼制度是（　　）。

A. 四级三审制　　B. 三级三审制

C. 四级两审制　　D. 三级两审制

20. 中华民国南京国民政府民法典的最后一编是（　　）。

A. 亲属　　B. 继承

C. 总则　　D. 债

21. 中华民国南京国民政府奉行“特别法优于普通法”的原则，沿袭的是（　　）。

A. 民国北京政府的传统

B. 清末的传统

C. 大陆法的传统

D. 英美法的传统

22. 有关中华民国南京国民政府司法院的叙述不正确的有（　　）。

A. 司法院是南京国民政府最高司法机关

B. 司法院职掌司法审判

C. 司法院职掌司法行政官吏惩戒及行政审判

D. 司法院同时也是南京国民政府最高法院

23. 下列关于《大清民律草案》与《中华民国民法》编纂体例的表述，正确的是（　　）。（2014 法硕 非 44）

A.《大清民律草案》与《中华民国民法》均采用民商合一的体例

B.《大清民律草案》与《中华民国民法》均采用民商分立的体例

C.《大清民律草案》采用民商合一的体例，《中华民国民法》采用民商分立的体例

D.《大清民律草案》采用民商分立的体例，《中华民国民法》采用民商合一的体例

24. 中国近代以来首次确认无过错责任的民事法律文件是（　　）。（2017 法硕 非 44）

A.《钦定大清商律》　　B.《大清民律草案》

C.《民律第二次草案》　　D.《中华民国民法》

25. 1932 年 10 月颁布的《中华民国法院组织法》规定，普通法院的审级是（　　）。（2016 法硕 非 44）

A. 三级三审制　　B. 四级三审制

C. 三级二审制　　D. 四级二审制

26. 依据 1947 年《中华民国宪法》的规定，负责解释宪法、统一解释法律及命令的机构是（　　）。（2019 法硕 非 40）

A. 立法院　　B. 司法院

C. 行政院　　D. 监察院

27. 根据孙中山的权能分治理论，政府治权除立法权、行政权、司法权、监察权外，还包括（　　）。（2020 法硕 非 39）

A. 考试权　　B. 质询权

C. 检察权　　D. 弹劾权

视频讲题

28. 下列关于《大清民律草案》与《中华民国民法》共同点的表述，正确的是（　　）。（2021 法硕 非 32/法 20）

A. 均采取民商分立的编纂模式

B. 均采用德国民法典的编制体例

C. 均由修订法律馆与礼学馆共同起草

D. 均采用个人本位的立法原则

视频讲题

（二）多项选择题

1. 中华民国南京国民政府于 1947 年公布和实施《中华民国宪法》。下列哪些是对这部宪法的正确表述？（　　）。（司考）

A. 该法规定了选举、罢免、创制、复决等制度

B. 该法的基本精神沿袭《训政时期约法》和“五五宪草”

C. 该法体现了《动员戡乱时期临时条款》的立法原则

D. 该法确立的政权体制既不是内阁制，也不是总统制

2. 在中华民国南京国民政府“六法”体系中，有基本法典的法律部分有（　　）。（考研）

A. 行政法　　B. 民法

C. 民事诉讼法　　　　D. 刑法

3. 南京国民政府的成文法主要由六部法律及其相关单行法律构成，人们习惯将这一法律称为“六法”体系，下列关于“六法”体系的表述，正确的是（　　）。(2016 法硕 非 63)

A. “六法”体系的构建实现了中国法律形式的近代化

B. “六法全书”的编纂标志着国民政府“六法”体系的构建完成

C. “六法”体系采取“以法典为纲，以相关法规为目”的编纂方式

D. “六法”体系是仿照大陆体系国家构建的以法典为核心的法律体系

4. 中华民国南京国民政府颁行的民法典除总则编外，还包括下列篇目（　　）。(考研)

A. 继承编　　　　B. 亲属编

C. 物权编　　　　D. 债权编

5. 关于《中华民国民法》的内容和特点的表述，正确的有（　　）。

A.《中华民国民法》采取德国民法编制体例结构，共五编

B.《中华民国民法》采用“国家本位”的立法原则，强调个人利益不违背国家利益时，始予保护

C.《中华民国民法》重在维护私有财产权及地主土地经营权，尤以物权编规定最详

D.《中华民国民法》中肯定包办婚姻等传统婚姻制度

6. 下列关于《中华民国民法》之内容与特点的表述，正确的有（　　）。(2015 法硕 法 30)

A. 采取民商分立的编纂体例

B. 采用个人本位的立法原则

C. 婚姻家庭制度体现浓厚的固有法色彩

D. 吸纳整合德、日等国民法最新学理与立法经验

7. 中华民国南京国民政府普通法院的审判机构设（　　）。

A. 特种刑事法庭　　　　B. 地方法院

C. 高等法院　　　　D. 最高法院

8. 下列关于 1935 年《中华民国刑法》的表述，正确的是（　　）。(2019 法硕 非 50/法 30)

A. 分总则和分则两编

B. 确立罪刑法定主义

C. 增设“保安处分”

D. 侵害直系尊亲属犯罪加重处罚

视频讲题

9. 南京国民政府的民事立法采用民商合一的体例，即只编纂民法典，不单独编纂商法典。这种立法体例所参酌效仿的国家包括（　　）。(2020 法硕 非 50/法 30)

A. 德国　　　　B. 瑞士

C. 日本　　　　D. 苏俄

视频讲题

10. 下列选项中，属于南京国民政府“六法全书”中法律部门的有（　　）。(2021 法硕 非 50/法 30)

A. 刑事诉讼法　　　　B. 经济法

C. 民事诉讼法　　　　D. 行政法

视频讲题

11. 1935 年南京国民政府颁布《中华民国刑法》，采取社会防卫主义，增设保安处分。保安处分的适用对象有（　　）。(2022 法硕 非 50/法 30)

A. 未成年犯罪之人

B. 已经构成犯罪之人

C. 有潜在犯罪危险之人

D. 有犯罪或妨碍社会秩序嫌疑之人

视频讲题

（三）不定项选择题

1. 中华民国南京国民政府采用“自由心证”原则的是（　　）。

A. 刑法　　B. 刑事诉讼法
C. 民事诉讼法　　D. 民法

视频讲题

2. 中华民国南京国民政府的法律体系由下列哪些部分构成？（　　）

A. “六法”基本法典　　B. 判例
C. 解释例　　D. 关系法规

3. 中华民国南京国民政府的检察体制实施（　　）。

A. 审检合署制
B. 取消中华民国北京政府所设置的各级检察厅，将各级检察机构设于法院内
C. 最高法院内设检察署，其他各级法院内置检察官若干人，以一人为首席检察官
D. 实行垂直领导

4. 中华民国南京国民政府普通法院实行三级三审制，其中第三审为（　　）

A. 法律审　　B. 事实审
C. 秘密审　　D. 证据审

5. 下列法规中，属商法的是（　　）。

A.《公司法》　　B.《票据法》
C.《保险法》　　D.《海商法》

6. 中华民国南京国民政府（　　）分批成立公证处，受理公证事件一千余件，至1947年增至十万余件。

A. 司法行政部　　B. 司法院
C. 高等法院　　D. 地方法院

简答题

1. 简述1935年《中华民国刑法》（“新刑法”）的特点。

2. 简述《中华民国民法》的特点。

3. 简述中华民国南京国民政府时期普通法院诉讼审判制度。

4. 简述《中华民国训政时期约法》的主要内容。(2014法硕 法33)

分析题

1948年的《动员戡乱时期临时条款》规定：“总统在动员戡乱时期，为避免国家或人民遭受紧急危难，或应付财政经济上重大变故，得经行政院会议之议决，为紧急处分。”其后修订规定：“动员戡乱时期，总统副总统得连选连任，不受宪法第四十七条连任一次之限制。”

根据该规定分析说明《动员戡乱时期临时条款》与1947年《中华民国宪法》之关系。

论述题与深度思考题

论民国时期的制宪活动与主要的宪法文件。（考研）

参考答案

名词解释

1. 长期以来，人们在习惯上把中华民国南京国民政府的法律制度简称为“六法全书”或“六法”。在实际上，中华民国南京国民政府的法律体系的基本框架也是由“六法”即六大类基本法典所构成的。虽然在学术界关于“六法”的具体分类组合不尽相同，但最后大体上统一到宪法、民法、民事诉讼法、刑法、刑事诉讼法、行政法等六大类。以这些大类法规中的基本法典（行政法除外）为中心，尚各有一整套的关系法规，即低位阶的法律、条例、通则、规程、规则、细则、办法、纲要、标准、准则以及判例、解释例等不同层次和性质的法规，组成一个严密的层次分明的法规系统。

2. 1936年5月5日，经国民党中央审查和蒋介石批准，由政府公布《中华民国宪法草案》，即“五五宪草”。“五五宪草”共8章147条，因时局变化未付诸议决，但成为1947年《中华民国宪法》的蓝本。它在形

式和文字上具有资产阶级民主色彩，而实质上维护国民党一党专政，维护蒋介石个人独裁，是一部反民主、反人民的宪法草案。

选择题

（一）单项选择题

1. 答案：D

1929年国民党中央政治会议通过“民商合一”制定原则，其根据是民商法间并无确定界限。除公司、票据、海商、保险、商业登记等不宜编入民法、实行单行立法外，通常属商法总则的内容及商行为等均编入民法债编。这是其与法国、日本民商法体制及清末制定商法典的显著区别。《中华民国民法》是中国历史上第一部正式颁行的民法典，在该法中正式确立了“民商合一”的原则。

2. 答案：B

《中华民国训政时期约法》于1931年5月5日由蒋介石集团包办的“国民会议”制定，于同年6月1日由南京国民政府公布施行，共8章89条。其确立国民党一党专政的国家制度，从其内容可以看出，《中华民国训政时期约法》是蒋介石集团为巩固其独裁统治的需要而制定的。用根本法的形式确立国民党一党专制和蒋介石个人独裁的政治制度，乃是该约法的突出特点。

3. 答案：B

中华民国南京国民政府统一全国以后立法活动也相对频繁，制定了民法典和刑法典，并且通过了宪法，编修了诉讼法，逐渐形成了形式上比较完备的法律体系。现在人们习惯上把中华民国南京国民政府的法律制度简称为“六法全书”，或“六法”。实际上它是指中华民国南京国民政府的法律体系的基本框架是由六大类基本法典所构成的，即宪法、民法、刑法、行政法、民事诉讼法和刑事诉讼法。当时立法者接受了民商合一的观念，所以商法没有独立，被纳入“六法”体系。在这些核心法典之下，又有一整套的关系法规，形成了严密的层次分明的法规系统。

4. 答案：D

1935年1月1日第二部《中华民国刑法》公布，通称中华民国南京国民政府新刑法。与1928年刑法即中华民国南京国民政府旧刑法相比，其不同点是：由“客观主义”改为侧重于“主观主义”，强调犯罪性质而非客观后果；由“报应主义”改为侧重于“防卫社会主义”，强调“保全与教育机能”，从而引进保安处分制度。

5. 答案：C

1927年中华民国南京国民政府成立以后，国民政府民法的立法确立民商合一体例原则。

6. 答案：C

训政时期中华民国最高的训政者是国民党。

7. 答案：A

1932年6月，国民党中央常委会议通过《立法程序纲领》。该纲领规定：国民党中央政治会议有向立法院提出法律案的优先权；立法院对政治会议所定原则不得更改；立法院通过的法律案，在公布以前，政治会议认为有修改必要时，以决议案交发立法院令其修改之。因此，立法院实质上只是国民党中央控制下执行立法程序的办事机构。

8. 答案：D

构成“六法”体系的重要层次之一的是最高法院依照法定程序作成的判例和司法院大法官会议作出的解释例和决议。中华民国南京国民政府的法律制度属于大陆法系，以成文法作为基本法律渊源。依照《宪法》《法院组织法》《司法院大法官会议法》，以及其他相关法规的规定，最高法院的判决例，经“采为判例，纳入判例要旨”，并报司法院核定者，具有法律效力。若最高法院各庭之间就某一判例有争议，则由司法院之“变更判例会议”作出决定。司法院大法官会议则拥有解释宪法、法律的权力，其作出的解释例或决议，具有与宪法或法律同等的效力。从历史上看，中华民国南京国民政府法律体系中，司法院大法官会议作出的解释例在修补法律漏洞方面所起的作用是很大的。

9. 答案：D

《中华民国训政时期约法》于1931年5月5日由蒋介石集团包办的“国民会议”制定，同年6月1日由中华民国南京国民政府公布施行，共8章89条。用根本法的形式确立国民党一党专制和蒋介石个人独裁的政治制度，乃是该约法的突出特点。1936年5月5日，经国民党中央审查和蒋介石批准，《中华民国宪法草案》公布，即“五五宪草”。“五五宪草”共8章147条，因时局变化未付诸议决，更谈不上适用了。所以

《中华民国训政时期约法》成为国民政府时期适用时间最长的宪法性文件。

10. 答案：A

《中华民国训政时期约法》于1931年5月12日由蒋介石集团包办的“国民会议”制定，同年6月1日由中华民国南京国民政府公布施行，共8章89条。

11. 答案：C

1928年3月10日，国民政府正式公布《中华民国刑法》。这是我国历史上第一部以“刑法”为名称的刑法典。《中华民国刑法》分总则和分则两编：总则有14章，分则有34章，共387条。从该刑法的内容体系来看，它虽然是资本主义法典，但仍包含不少封建性和法西斯思想的内容。1935年1月1日，国民党政府公布修正后的《中华民国刑法》，人们通常称这部刑法为新刑法，将1928年刑法称为旧刑法。

12. 答案：A

1935年《中华民国刑法》的主要特点是：其一，继受西方国家通行的刑法原则，注重采纳与传统宗法伦理原则相适应的法律制度；其二，在时间效力上取“从新从轻主义”，但于“保安处分”取“从新主义”和裁判后取“附条件从新主义”；其三，采取社会防卫主义，增设保安处分。

13. 答案：D

1935年刑法即中华民国南京国民政府新刑法第1条规定：“行为之处罚，以行为时之法律有明文规定者，为限。”由此将清末修律以来一直采用的罪刑法定主义列为该刑法的基本原则之一。

14. 答案：C

1935年1月1日第二部《中华民国刑法》公布，通称“新刑法”。其在时间效力上取“从新从轻主义”，但于保安处分取“从新主义”和裁判后取“附条件从新主义”。

15. 答案：A

中华民国南京国民政府的《刑事诉讼法》规定，在证据制度中采取“自由心证”的原则。

16. 答案：A

1935年1月1日第二部《中华民国刑法》公布，在空间效力上以属地主义为主，以属人主义为辅，兼取特定犯罪的保护主义和世界主义。

17. 答案：D

中华民国南京国民政府刑法中保留了大量传统内容，1935年《中华民国刑法》第167条的规定乃是古代传统法律“同居相隐”原则的再现。其体现了对传统家庭伦理道德的维护，也反映了亲属间免于相互作证的现代法理念：一则亲属间相互作证、相互检举犯罪行为违背人类的基本道德，严重破坏婚姻家庭秩序；二则亲属间相互作证失于客观，亲属作证的证据效力很低。所以，该规定具有进步意义，并不能破坏一般的立法程序和整个法制秩序。

18. 答案：A

中华民国南京国民政府民法典采取“国家本位主义”，强调对私人利益的保护是有条件的，即只有在不违背国家利益的情况下，法律才保护私人利益。

19. 答案：B

中华民国南京国民政府于1932年公布的《法院组织法》中改变原先的四级三审制，仿法国为三级三审制，规定从1935年7月1日起实行。三级三审即指法院被分为最高法院、高等法院、地方法院三个层次，分别执行终审、再审、初审职权，以此标榜人民有三次上诉权，可杜绝错判的发生。其实根据国民政府《民事诉讼法》与《刑事诉讼法》，三审常形同虚设，人民并不能人人获得三次上诉的权利。因此本题应选B项。

20. 答案：B

《中华民国民法》是分编草拟、分期公布的。总则编于1929年5月公布；债及物权两编于同年11月公布；亲属和继承两编于1930年12月公布。第一编“总则”分法例、人、物、法律行为、期日及期间、消灭时效、权利之行使，共7章；第二编“债”分通则、各种之债，共2章；第三编“物权”分通则、所有权、地上权、永佃权、地役权、抵押权、质权、典权、留置权、占有，共10章；第四编“亲属”分通则、婚姻、父母子女、监护、扶养、家、亲属会议，共7章；第五编“继承”分遗产继承人、遗产之继承、遗嘱，共3章。法典由5编29章1 225条组成，是中国历史上第一部正式颁行的民法典。

21. 答案：A

中华民国南京国民政府奉行“特别法优于普通法”的原则，沿袭的是北洋政府的传统。

22. 答案：D

1928年《中华民国国民政府组织法》规定：“司法院为国民政府最高司法机关，掌理司法审判，司法行政官吏惩戒及行政审判之职权。”司法院院长总理全院事务，经最高法院院长及所属各庭庭长会议议决后，统一行使解释法令及变更判例之权。1947年《中华民国宪法》规定：司法院为国家最高司法机关，有掌握民事、刑事、行政诉讼之审判及公务员之惩戒、解释宪法，并有统一解释法律及命令之权。法院是据1932年《法院组织法》建立起来的，有普通法院、特别法庭之分。前者分地方法院、高等法院、最高法院三级，行三级三审制。最高法院设于国民政府所在地，管辖不服高等法院及其分院的一审判决，不服高等法院及其分院的一审民、刑事案件判决，不服高等法院及其分院裁定而抗告的案件，非常上诉案件。

23. 答案：D

《大清民律草案》采用民商分立的体例，《中华民国民法》采用民商合一的体例。

24. 答案：D

《中华民国民法》确立无过失损害赔偿责任，是仿效西方资产阶级最新立法原则的表现。

25. 答案：A

南京国民政府在成立初期，沿用北洋政府的法院组织体系，实行四级三审制。1932年10月《法院组织法》公布（1935年施行），改为三级三审制，第三审为“法律审”。

26. 答案：B

1947年《中华民国宪法》赋予司法院解释宪法和统一解释法律及命令的权力。立法院为南京国民政府最高立法机关，行政院与监察院分别为行政机关、监察机关，均没有对宪法及法律、命令的解释权。综上所述，本题正确答案是B。

27. 答案：A

孙中山的权能分治理论，即由人民行使“政权”制衡政府，政府则行使“治权”治理国家。行使“治权”的政府由行政、立法、司法、考试、监察五院组成，分别行使相应权力。综上所述，本题正确答案是A。

28. 答案：B

《大清民律草案》采取民商分立的编纂模式，《中华民国民法》采取民商合一的编纂体例，因此，A项错误。《大清民律草案》由修订法律馆会同礼学馆共同起草，《中华民国民法》由南京国民政府立法院制定，因此，C项错误。《中华民国民法》采取的是社会本位的立法原则，因此，D项错误。《大清民律草案》与《中华民国民法》均采用了德国民法典的编制体例，因此，B项正确。

（二）多项选择题

1. 答案：ABD

《中华民国宪法》共有14章，选举、罢免、创制、复决为其中一章。孙中山曾经认为人民是政权的享有者，拥有选举、罢免、创制、复决四项权利，这是人民的“直接民权”。中华民国南京国民政府继承了这种民权的说法，所以A项是正确的。1931年国民政府颁布了《训政时期约法》，它确立的是国民党独揽国家一切大权的专政制度以及蒋介石的个人独裁。1936年5月5日，国民政府颁布了宪法草案，史称“五五宪草”。这一宪法草案的特点仍然是总统独裁、人民无权。到了《中华民国宪法》，中华民国南京国民政府依然在“三民主义”的口号下，实行一党专政、中央集权，并限制人民自由，巩固和发展地主与官僚资本阶级的统治。所以从《训政时期约法》到“五五宪草”，再到《中华民国宪法》，国民党的立宪精神都是一脉相承的。所以B项是正确的。《动员戡乱时期临时条款》制定于1948年，它实际上是一部特别法，针对当时全面内战的状况。这部特别法主要规定了加重对共产党和革命人民的迫害的内容。这部特别法在效力上是高于普通法的，这正是国民政府立法的一大特点，即特别法多于普通法，亦优于普通法，目的是强化国民党的法西斯统治。这部法条产生于《中华民国宪法》之后，所以《动员戡乱时期临时条款》是《中华民国宪法》立法原则的体现，C项在两者因果关系的叙述上正相反，所以是错误的。D项考查的是《中华民国宪法》的政权体制。《中华民国宪法》的政权体制规定得非常矛盾，它既采取国会制、内阁制的某些原则，又实行总统制的一些制度，所以不伦不类，不属于任何一种完全意义上的国会制、内阁制或总统制。蒋介石实际上是用这种混乱的形式来掩盖他个人独裁的实质。所以D项也是正确的。

2. 答案：BCD

民法、民事诉讼法和刑法分别有对应的《中华民国民法》《中华民国民事诉讼法》《中华民国刑法》，而行政法则没有相应的法典。

3. 答案：ABCD

南京国民政府在成立之初即开始仿照大陆法系国

家的法律体系建构中国的以法典为核心的法律体系。南京国民政府采取“以法典为纲，以相关法规为目”的方式，将法典及相关法规汇编成“六法全书”。“六法全书”的编纂标志着南京国民政府“六法”体系的建构完成，实现了法律形式上的近代化。

4. 答案：ABCD

《中华民国民法》第一编为“总则”，第二编为“债”，第三编为“物权”，第四编为“亲属”，第五编为“继承”。法典由5编29章1 225条组成，是中国历史上第一部正式颁行的民法典。

5. 答案：ABCD

《中华民国民法》采取德国民法编制体例结构，共5编；同时采用“国家本位”的立法原则，强调个人利益不违背国家利益时，始予保护；重在维护私有财产权及地主土地经营权，尤以物权编规定最详；肯定包办买卖婚姻，维护传统婚姻家庭制度。

6. 答案：CD

《中华民国民法》采取“国家本位”的立法原则以及民商合一的编纂体例。

7. 答案：BCD

中华民国南京国民政府的司法机构分为普通法院系统和特种刑事法庭两类。普通法院的审判机构分为地方法院、高等法院和最高法院。

8. 答案：ABCD

1935年《中华民国刑法》分总则与分则两编。在立法原则方面，采取了罪刑法定主义、社会防卫主义，并注重传统伦理观念。一方面，从社会防卫主义出发，引入保安处分制度；另一方面，刑法维护传统宗法伦理观念，亲属间犯罪根据不同情况加重、减轻或免除处罚。其中侵害直系尊亲属犯罪，因有悖伦常，所以加重处罚。综上所述，本题正确答案是ABCD。

9. 答案：BD

南京国民政府采取民商合一的立法体例，仿效的是瑞士、苏俄等国的立法例。德国、日本采取的是民商分立的立法体例。综上所述，本题正确答案是BD。

10. 答案：ACD

南京国民政府“六法全书”由宪法、行政法、刑法、刑事诉讼法、民法、民事诉讼法组成，不包括经济法。综上所述，本题正确答案是ACD。

11. 答案：ACD

保安处分是保持社会秩序、预防犯罪的一种社会防卫措施，适用对象是未成年犯罪之人或有潜在犯罪危险及妨碍社会秩序之人。综上所述，本题正确答案是ACD。

（三）不定项选择题

1. 答案：BC

中华民国南京国民政府的《民事诉讼法》和《刑事诉讼法》都规定，在证据制度中采取“自由心证”的原则。

2. 答案：ABCD

中华民国南京国民政府法律体系的基本框架也是由“六法”即六大类基本法典所构成的。虽然在学术界关于“六法”的具体分类组合不尽相同，但最后大体上统一到宪法、民法、民事诉讼法、刑法、刑事诉讼法、行政法等六大类。以这些大类法规中的基本法典（行政法除外）为中心，尚各有一整套的关系法规，即低位阶的法律、条例、通则、规程、规则、细则、办法、纲要、标准、准则以及判例、解释例等不同层次和性质的法规，组成一个严密的层次分明的法规系统。

3. 答案：ABCD

中华民国南京国民政府实行审检合署制，取消了中华民国北京政府所设置的各级检察厅，将各级检察机构设于法院内。最高法院内设检察署，其他各级法院内置检察官若干人，以一人为首席检察官。其检察官员只有一人时，不置首席检察官。检察机关实行垂直领导。

4. 答案：A

中华民国南京国民政府普通法院诉讼审判制度实行三级三审制，地方法院及其分院为审判刑民案件的一审，高级法院既为地方法院的上诉审，又是所谓的“妨害国交罪”“内乱罪”“外患罪”的第一审。最高法院名为第三审，实为法律审，即只受理审判违反法律的案件。

5. 答案：ABCD

从1929年10月起，中华民国南京国民政府陆续颁布了一系列的商事法规，单行商事法规系统基本建立。《公司法》《票据法》《保险法》《海商法》均为正确答案。

6. 答案：CD

1935年中华民国南京国民政府公布《公证暂行规则》，次年公布《公证暂行规则试行细则》，并以首都为施行区域。1939 年和 1942 年，各省高等法院、地方法院分批成立公证处。1943 年 3 月中华民国南京国民政府公布《公证法》（1944 年起施行于全国）。据不完全统计，1937 年全国法院受理公证事件一千余件，至 1947 年增至十万余件。截至 1947 年全国开办公证处的地方法院计 550 处，其中已设专职公证人员的有 104 处。中华民国南京国民政府司法行政部属于司法行政机关；司法院为最高司法机关，有掌握民事、刑事、行政诉讼之审判及公务员之惩戒、解释宪法，并有统一解释法律及命令之权。此二机构均未设公证处。

简答题

1.《中华民国刑法》的特点有：（1）原则、体例均效法西方刑法。

（2）把罪刑法定原则同封建刑法的落后性和法西斯主义刑法的恐怖性融为一体。

（3）在时间效力上取“从新从轻主义”，但于保安处分取“从新主义”和裁判后取“附条件从新主义”。

（4）在空间效力上以属地主义为主，以属人主义为辅，兼取特定犯罪的保护主义和世界主义。

（5）刑罚分主刑、从刑，另有保安处分。主刑为死刑、无期徒刑、有期徒刑，从刑为褫夺公权、没收。富有弹性的保安处分是新刑法中的专门一章，适用对象是少年犯及有犯罪或妨碍社会秩序嫌疑之人，有拘禁（拘于一定场所“感化教育”）和非拘禁（监视、限制活动自由）两种方式。作为刑罚的补充，实施保安处分无须有犯罪事实，无须经诉讼程序和判决，因此成为迫害共产党人及革命人民的主要方式之一。

（6）设定多种罪名镇压共产党及民众的反抗行为。

（7）维护封建夫权和家庭伦理关系，从定罪和处刑不同角度维护尊卑等级制度。

2.《中华民国民法》的特点有：（1）采用“国家本位”的立法原则。强调个人利益不违背国家利益时，始予保护。对民事法律行为有严格限制。反映了地主、官僚资产阶级的需要。

（2）以旧民律草案为基础作了大量修正。参照苏联、德国、日本、瑞士等国的民法，表现出新的历史条件下继受法与固有法结合的特点。

（3）重在维护私有财产所有权及地主土地经营权。尤以物权编规定最详，占法典全部 29 章中的 10 章，即 1/3 强。对所有权的取得、保护，土地所有权及经营权，均详细规定。主旨在于保护地主官僚买办资产阶级的权益。

（4）婚姻家庭制度体现出该法的浓厚封建色彩。首先是肯定包办买卖婚姻及封建习惯；其次是维护夫妻间不平等；最后是维护封建家长制，如夫妻财产由夫管理，子女从父姓，家置家长，双方合意的买卖婚姻有效等。

3. 中华民国南京国民政府时期采用以下普通法院诉讼审判制度：（1）三级三审制。中华民国南京国民政府普通法院诉讼审判制度实行三级三审制，地方法院及其分院为审判刑、民案件的一审，高级法院既为地方法院的上诉审，又是“妨害国交罪”“内乱罪”“外患罪”的第一审。最高法院名为第三审，实为法律审，即只受理审判违反法律的案件。

（2）公开审判制。但只是形式上规定的公开审判，司法实践中，秘密审判也大量存在。

（3）陪审与辩护制。陪审员必须是法院所在地的年龄 25 岁以上的国民党员，并且由该地国民党高级党部指派充任，由 6 名国民党员组成的陪审团有权评议决定被告是否有“罪”。在刑事诉讼法中规定，除有特别规定的以外，审判须经过“当事人之言词辩论为之”。律师在行使辩护权时，必须严格遵守国民政府的规定，否则要受到惩处。

（4）审检合署制。各级检察机构设于法院内。

4.《中华民国训政时期约法》于 1931 年 5 月 5 日由“国民会议”制定，同年 6 月由南京国民政府公布施行。《中华民国训政时期约法》共 8 章 89 条，其内容主要有以下几个方面：

（1）以根本法的形式确认了“党治”原则，规定国民党全国代表大会和中央执行委员会为最高权力机关，建立了国民党一党专政的体制。

（2）规定了五院制的政府组织形式。

（3）仿照资产阶级宪法形式，写进了一些民主的条文。规定了一系列公民权利与自由，同时对公民权利与自由多加限制。

（4）规定了以国家资本主义为核心的基本经济制度。利用国家的名义，发展官僚资本。

分析题

1947 年的《中华民国宪法》文本确立“民有、民治、民享”原则。而政治上实则是蒋介石个人独裁统治。《中华民国宪法》“总纲”规定：“中华民国基于三民主义，为民有、民治、民享之民主共和国。”“中华民国之主权属于国民全体。”在“国民大会”中规定，国民大会“代表全国国民行使政权”。这就是国民党所谓的“还政于民”。但是，这些规定是表面的：一方面，它明确宣布国民大会的创制、复决两权暂不行使。国民大会除举手表决使总统“合法”化外，便无所事事。另一方面，它赋予总统极大的权力。

1948 年 5 月 10 日颁布的《动员戡乱时期临时条款》使《中华民国宪法》这一特点更加具体和法律化。该条款重新肯定蒋介石的独裁权力。其后修订规定：“动员戡乱时期，总统副总统得连选连任，不受宪法第四十七条连任一次之限制。”实际上确认蒋介石的总统终身制。

论述题与深度思考题

（1）《训政纲领》。

《训政纲领》于 1928 年 10 月由国民党中央常务会议通过，是中华民国南京国民政府进入“训政”时期以后的纲领性文件，规定：在“训政时期”，由中国国民党全国代表大会代表国民大会，领导国民行使“政权”。在国民党全国代表大会闭会期间，则由国民党中央执行委员会行使政权。

《训政纲领》的特点是，确认国民党为最高“训政”者，把国民党全国代表大会及国民党中央执行委员会规定为国家最高权力机关，把国民党中央政治会议变为政府直接领导机关，从而建立了国民党一党专政、实质为蒋介石个人独裁的政治制度。

（2）《中华民国训政时期约法》。

《中华民国训政时期约法》于 1931 年 5 月 5 日由蒋介石集团包办的“国民会议”制定，同年 6 月 1 日由中华民国南京国民政府公布施行，共 8 章 89 条。其主要内容是：确立国民党一党专政的国家制度；规定“五院制”的政府组织形式；罗列一系列公民“权利”与“自由”；利用国家的名义，发展官僚资本。

从其内容可以看出，《中华民国训政时期约法》是蒋介石集团为巩固其独裁统治的需要而制定的。用根本法的形式确立国民党一党专制和蒋介石个人独裁的政治制度，乃是该约法的突出特点。

（3）“五五宪草”。

1936 年 5 月 5 日，经国民党中央审查和蒋介石批准，《中华民国宪法草案》公布，即“五五宪草”。该宪草共 8 章 148 条，因时局变化未付诸议决，却成为 1947 年《中华民国宪法》的蓝本。它在形式和文字上具有资产阶级民主色彩，而实质上维护国民党一党专政，维护蒋介石个人独裁，是一部反民主、反人民的宪法草案。

（4）《中华民国宪法》。

1946 年 11 月，蒋介石撕毁“双十协定”和政协决议，非法召开国民大会，于 12 月 25 日通过《中华民国宪法》，定于 1947 年 1 月 1 日公布，12 月 25 日施行。该法共 14 章，依次是总纲、人民之权利义务、国民大会、总统、行政、立法、司法、考试、监察、中央与地方之权限、地方制度、选举、罢免、创制、复决、基本国策和宪法之施行及修改，共 175 条。

《中华民国宪法》的主要特点如下：

第一，表面上的“民有、民治、民享”和实际上的个人独裁，即人民无权，独夫集权。1948 年 5 月 10 日颁布的《动员戡乱时期临时条款》使这一特点更加具体和法律化。

第二，政权体制不伦不类。其既非国会制、内阁制，又非总统制。实际上是用不完全责任内阁制与实质上的总统制的矛盾条文，掩盖总统即蒋介石的个人独裁统治的本质。

第三，罗列人民各项民主自由权利，比以往任何宪法文件都充分，但依据《中华民国宪法》第 23 条颁布的《维持社会秩序临时办法》《戒严法》《紧急治罪法》等，把宪法抽象的民主自由条款加以具体切实的否定。

第四，以“平均地权”“节制资本”之名，行保持封建剥削、加强官僚垄断经济之实。

第十六章　新民主主义革命时期民主政权的法律思想与制度

知识逻辑图

- 新民主主义革命时期民主政权的法律思想与制度
  - 工农民主政权的法律制度
    - 宪法性文件（《中华苏维埃共和国宪法大纲》）及政权组织
    - 土地法规
    - 刑事法规
      - 立法概况与立法原则
      - 犯罪种类
      - 刑罚制度
    - 劳动立法
    - 婚姻法规
    - 新型司法体制和审判制度
      - 司法体制
      - 审判原则
      - 四级二审终审制
      - 劳动感化院
  - 抗日民主政权法律制度
    - 宪法性文件和政权组织
    - 边区政府的立法特点
    - 主要立法：土地立法、劳动立法、婚姻继承立法、刑事立法
    - 司法制度
      - 司法机关及其职权
      - 诉讼原则的发展
      - 主要的审判制度
      - 人民调解的法律化
      - 马锡五审判方式
  - 解放区人民民主政权法律制度
    - 宪法性文件和民主政权的建设
    - “五四指示”和《中国土地法大纲》的主要内容
    - 民事和经济立法、劳动立法的特点
    - 婚姻、继承立法
    - 刑事法律规范
    - 司法制度

名词解释

1. 五四指示（考研）
2.《陕甘宁边区宪法原则》（考研）
3. 马锡五审判方式（考研）
4.《陕甘宁边区施政纲领》（人大考研 2014）
5.《中国土地法大纲》（人大考研 2015）
6. “三三制”

视频讲题

7.《华北人民政府施政方针》

视频讲题

选择题

（一）单项选择题

1. 中国共产党制定的《中国土地法大纲》颁布于（　　）。（考研）

A. 土地革命时期　　B. 抗日战争时期
C. 解放战争时期　　D. 新中国成立时期

2. 在中国历史上，共产党的第一个宪法性文件是（　　）。

A.《中华民国临时约法》
B.《华北人民政府施政方针》
C.《陕甘宁边区宪法原则》
D.《中华苏维埃共和国宪法大纲》

3. 革命根据地时期制定的宪法性文件中，规定国家的对外政策，宣布中华民族完全自主独立，废除一切不平等条约的是（　　）。（2015 法硕 法 20）

A.《陕甘宁边区宪法原则》
B.《陕甘宁边区施政纲领》
C.《华北人民政府施政方针》
D.《中华苏维埃共和国宪法大纲》

4. 工农民主政权时期最有代表性的刑事法规是（　　）。

A.《中华苏维埃共和国惩治反革命条例》
B.《政治犯自首条例》
C.《惩治贪污条例》
D.《陕甘宁边区刑法总分则草案》

5. 抗日战争时期，规定"三三制"的宪法性文件是（　　）。（2014 法硕 非 45）

A.《陕甘宁边区施政纲领》
B.《陕甘宁边区宪法原则》
C.《中华苏维埃共和国宪法大纲》
D.《华北人民政府施政方针》

6. 革命根据地时期，工农民主政权制定的最重要的土地法是（　　）。（2015 法硕 非 45）

A. 中国土地法大纲
B. 兴国土地法
C. 井冈山土地法
D. 中华苏维埃共和国土地法

7. 革命根据地时期，规定经济上采取公营、合作、私营三种方式的宪法性文件是（　　）。

A.《中华苏维埃共和国宪法大纲》
B.《抗日救国十大纲领》
C.《陕甘宁边区宪法原则》
D.《陕甘宁边区施政纲领》

8. 为新中国基本政治制度奠定初步基础的文件是（　　）。

A.《陕甘宁边区施政纲领》
B.《陕甘宁边区宪法原则》
C.《华北人民政府施政方针》
D.《中国人民解放军宣言》

9. 为保证土地改革工作的顺利进行，按《中国土地法大纲》规定的专门审判机构是（　　）。

A. 审判委员会　　B. 人民法庭
C. 政治保卫局　　D. 人民委员会

10. 根据地"管制"刑创立于（　　）。

A. 第二次国内战争时期的苏区
B. 解放战争时期的解放区
C. 抗日战争时期的边区
D. 新中国

11. 将减租减息的政策改为没收地主土地分给农民的法律文件是（　　）。

A.《井冈山土地法》
B.《中华苏维埃共和国土地法》
C.《中国土地法大纲》
D."五四指示"

12. 明确提出"首恶者必办、胁从者不问、立功者受奖"这一刑法原则是在（　　）。

A. 土地革命时期　　B. 抗日战争时期
C. 解放战争时期　　D. 新中国成立时期

13. "耕者有其田原则"确立于（　　）。

A.《陕甘宁边区施政纲领》
B.《陕甘宁边区宪法原则》
C.《华北人民政府施政方针》
D.《中华苏维埃共和国土地法》

14.《中华苏维埃共和国宪法大纲》规定苏维埃国家的政治制度是（　　）。

A. 民主集中制

B. 工农兵代表大会制

C. 人民代表大会制

D. 责任内阁制

15.《陕甘宁边区施政纲领》制定于（　　）。

A. 1939 年　　B. 1940 年

C. 1941 年　　D. 1942 年

16. 工农民主政权时期规定，无选举权者不得充当陪审员，主审与陪审员意见分歧时，以主审的意见为准，陪审员不脱产，选举产生。由此确立了（　　）。

A. 合议制度　　B. 审判公开制度

C. 人民陪审制度　　D. 巡回审判制度

17. 1933 年 12 月《关于惩治贪污浪费行为的训令》规定：工作人员玩忽职守浪费公款，使国家受到重大损失，属于（　　）。

A. 渎职罪　　B. 玩忽职守罪

C. 毁坏公司财物罪　　D. 浪费罪

18. 工农民主政权时期褫夺公权刑罚适用于被判处下列什么刑罚以上的罪犯？（　　）

A. 监禁　　B. 拘役

C. 强迫劳动　　D. 罚金

19. 马锡五审判方式产生于（　　）。

A. 晋察冀边区　　B. 山东边区

C. 陕甘宁边区　　D. 冀鲁豫边区

20. 人民调解制度普遍发展于（　　）。

A. 工农民主政权时期　　B. 抗日民主政府时期

C. 解放战争时期　　D. 新中国成立后

21. 敌后根据地特有的罪名是（　　）。

A. 汉奸罪　　B. 盗匪罪

C. 破坏边区罪　　D. 破坏坚壁财物罪

22. 马锡五审判方式是群众路线在司法实践中的具体运用，其产生于（　　）。（2016 法硕 非 45）

A. 工农民主政权时期

B. 抗日民主政权时期

C. 人民民主政权时期

D. 中华人民共和国成立初期

23. 在人民民主政权时期，在解放区的刑事立法中创设的新刑种是（　　）。（2017 法硕 非 45）

A. 管制　　B. 拘役

C. 没收　　D. 罚金

（二）多项选择题

1. 解放战争时期土地改革的原则是（　　）。（考研）

A. 依靠贫雇农　　B. 团结中农

C. 正确对待地主富农　　D. 保护工商业者

2. 在抗日根据地时期，边区政权创造性地发展了新民主主义刑法原则，包括（　　）。

A. 镇压与宽大相结合的原则

B. 贯彻保障人权原则

C. 反对威吓报复，实行感化教育的原则

D. 明确确定“首恶者必办、胁从者不问、立功者受奖”的原则

3. 解放战争时期人民民主政权所制定的带有根本法性质的文献主要有（　　）。

A.《陕甘宁边区施政纲领》

B.《陕甘宁边区宪法原则》

C.《华北人民政府施政方针》

D.《中国人民解放军宣言》

4. 在抗日战争时期，劳动立法的内容包括（　　）。

A. 关于工人权利的规定

B. 关于工时、工资的规定

C. 关于保护女工、童工的规定

D. 关于劳动合同和集体合同的规定

5. 工农民主政权初期的土地立法有（　　）。

A.《井冈山土地法》

B.《中华苏维埃共和国土地法》

C.《中国土地法大纲》

D.《兴国土地法》

6. 抗日民主政权时期确立的审判监督制度包括（　　）。

A. 审核案件，解决疑难

B. 上级对下级监督

C. 群众监督

D. 向同级参议会报告工作，听取意见，执行参议会决议案

（三）不定项选择题

1. 工农民主政权的刑罚种类有（　　）。

A. 死刑　　B. 监禁

C. 驱逐出境　　D. 褫夺公权

2. 工农民主政权时期创制的审判制度不包括（　）。

A. 公开审判制度

B. 巡回审判制度

C. 人民陪审制度

D. 四级三审制

3. 抗日民主政权刑事立法规定的主要罪名有（　）。

A. 危害国家安全罪　　B. 汉奸罪

C. 破坏坚壁财物罪　　D. 盗匪罪

4. 抗日民主政权刑罚中的从刑包括（　）。

A. 没收财产　　B. 当庭训诫

C. 教育释放　　D. 罚金

5. 以下哪项属于《中国土地法大纲》规定的内容？（　）

A. 确定减租减息政策

B. 宣布废除封建性、半封建性剥削的土地制度

C. 实行耕者有其田的制度

D. 确认保护工商业原则

6. 下列关于抗日民主政权时期劳动立法内容的表述，正确的有（　）。（2017 法硕 非 63）

A. 工人有组织工会的权利

B. 实行安全生产防护

C. 雇主可以自行开除工人

D. 雇主安排加班应征得工人同意

简答题

1. 简述《中华苏维埃共和国宪法大纲》的主要内容及意义。（考研）

2. 简述《中华苏维埃共和国土地法》的内容。（考研）

3. 简述解放战争时期刑罚制度的变化。

4. 工农民主政权时期的刑罚主要包括哪几种？

视频讲题

5. 陕甘宁边区土地法规的主要内容包括哪些？

视频讲题

6. 新民主主义的刑法原则在抗日革命根据地政权中有何发展？

视频讲题

分析题

1. 《陕甘宁边区施政纲领》规定："对于汉奸分子，除绝对坚决不愿改悔者外，不问其过去行为如何，一律实行宽大政策，争取感化转变，给以政治上与生活上之出路，不得加以杀害、侮辱、强迫自首或强迫其写悔过书。对于一切阴谋破坏边区的分子，例如叛徒分子、反共分子等，其处置办法仿此。"

试结合该规定，评价抗战时期刑事立法原则的发展变化及意义。

2. 马锡五审判的一则案例如下：

陕甘宁边区陇东分区华池县居民封彦贵，有个女儿乳名叫封捧儿。在女儿三岁时，由其父包办，与张金才次子张柏定了婚。到 1941 年封彦贵为从女儿身上多捞聘金，一面以"婚姻自主"，与张家解除婚约，一面却以法币 2 400 元暗中许给他村张某之子为妻。此事被张金才告发后，由华池县司法处撤销了后一婚约。1943 年 2 月，封捧儿偶遇张柏，表示愿意与其结婚。但其父在同年 3 月，以法币 8 000 元将其许给庆阳财主为妻。封捧儿暗中告知张家。张金才纠集二十多人，夜奔封家抢亲。封彦贵告到县司法处。裁判员以抢亲罪判处张金才徒刑 6 个月，并宣布张柏与封捧儿婚姻无效。宣判之后，原、被告双方都不满意，附近群众也不满意。适值马锡五到华池县巡视工作，封捧儿便向马专员口头上诉。

马锡五在广泛征求群众意见后，判决如下：（1）张

柏与封捧儿双方皆同意结婚，按婚姻自主原则，其婚姻准予有效。(2) 张金才等黑夜抢亲，有碍社会治安，因而判处有期徒刑，其他附和者给予严厉批评。(3) 封彦贵以女儿为财物，多次高价出卖，违反婚姻法规，处以劳役，以示警诫。

这是马锡五审理的典型案例。试结合该案例，分析评价马锡五审判方式的基本特点。

论述题与深度思考题

1. 论述抗日战争时期边区的人民调解制度的主要内容及意义。(考研)

2. 论述国共两党共同领导下广州国民政府的法律思想。

视频讲题

3. 论述抗日根据地人权保障制度的内容及意义。

视频讲题

参考答案

名词解释

1. 在抗战胜利之初，解放区仍实行减租减息政策。内战再起，地主与农民矛盾日益尖锐。为发动农民准备自卫战争，1946 年 5 月 4 日党中央发布指示，因其发布日期被称为“五四指示”。该指示决定改减租减息为没收地主土地的政策，拉开了解放区土地立法的序幕。

2.《陕甘宁边区宪法原则》于 1946 年 4 月边区第三届参议会通过。其分为“政权组织”“人民权利”“司法”“经济”“文化”五部分，分别作了许多新的规定。其主要内容包括：(1) 确立边区、县、乡人民代表会议为管理政权机关，各级权力机关开始由抗日时的参议会过渡为人民代表会议制度，为新中国基本政治制度奠定了初步基础。(2) 规定人民在政治上行使的各项自由权利。(3) 规定除司法机关、公安机关依法执行职务外，任何机关、团体不得有逮捕审讯行为。人民有权以任何方式控告失职的任何公务员。司法机关独立行使职权，不受任何干涉。(4) 经济上采取公营、合作、私营三种方式，组织一切人力、财力促进经济繁荣，为消灭贫穷而斗争。做到劳动者有职业，企业者有发展机会。普及提高人民文化水平。确立耕者有其田的原则。

3. 马锡五审判方式是在巡回审判基础上发展起来的，是把群众路线的工作方法，创造性地运用到审判工作中去的司法民主的崭新形式。它的特点为：(1) 深入农村，调查研究，实事求是地了解案情。(2) 依靠群众，教育群众，尊重群众意见。(3) 方便群众诉讼，手续简便，不拘形式。它的意义表现在：它的出现和推广，培养了大批优秀司法干部，解决了积年疑难案件，减少争讼，促进团结，利于生产，保证抗日，使新民主主义司法制度落到实处。

4. 陕甘宁边区施政纲领是抗战时期，各个边区政府为了适应抗战形势而颁布的，主要内容有关于加强团结的规定、保障抗战的规定、健全民主制度的规定，特别是“三三制”原则的确立，团结了一切可以团结的力量，为抗战胜利奠定了基础。陕甘宁边区施政纲领全面系统地反映了抗日民族统一战线的要求和抗战时期的主张，是实践经验的科学概括与总结。

5. 1947 年，党中央召开全国土地会议，制定公布了《中国土地法大纲》，规定废除封建性及半封建性土地剥削的土地制度，实行耕者有其田制度。《中国土地法大纲》总结了中国共产党二十多年来土地革命基本经验教训，体现了土地改革的总路线，调动了农民革命与生产的积极性，为保证战争的胜利发挥了决定性的作用。

6. 中国共产党在抗日战争期间，为了把根据地建设成“民主的模范”，巩固和扩大抗日民族统一战线，普遍在根据地实行了“三三制”原则。1941 年 4 月 27 日，中共中央政治局批准的《陕甘宁边区施政纲领》明确规定，“本党愿意与各党各派及一切群众团体进行选举联盟，并在候选名单中确定共产党员只占三分之一，以便各党各派及无党无派人士均能参加边区民意机关之活动与边区之行政管理。在共产党员被选为某一行政机关之主管人员时，应保证该机关之职员有三分之二为党外人士充任，共产党员应与这些党外人士实行民主合作，不得一意孤行，把持包办”。

7. 由1948年8月华北临时人民代表大会通过，规定了人民政府的基本任务及有关各项政策，是当时具有宪法性质的代表性文件。其主要内容如下。(1) 规定华北人民政府的基本任务是继续讲攻敌人，支援前线，争取全国胜利；有计划、有步骤地进行建设和恢复发展生产；继续建设为战争和生产服务的民主政治；培养干部，吸收人才，奠定新中国的基础。(2) 规定了实现基本任务的方针政策。在政治方面，健全人民代表大会制度，保障人民民主权利及自由与安全，破除迷信，保护守法的外国人及合法的文化宗教活动。在经济方面，发展农业，颁发土地证确认地权；建立农民生产合作互助组织；促进城乡经济交流；发展工商业，贯彻公私兼顾、劳资两利方针。在文化教育方面，建立正规教育制度，提高大众文化水平；建立广泛的文化统一战线，团结知识分子为建设事业服务。

选择题

（一）单项选择题

1. 答案：C

1947年10月10日，党中央召开全国土地会议，制定公布了《中国土地法大纲》，共16条，规定废除封建性及半封建性土地剥削的土地制度，实行耕者有其田制度。

2. 答案：D

《中华苏维埃共和国宪法大纲》是第一部由劳动人民制定、确保人民民主制度的根本大法，是中国共产党领导人民反帝反封建的工农民主专政的伟大纲领。

3. 答案：D

《中华苏维埃共和国宪法大纲》规定了国家的对外政策，宣布中华民族完全自主独立，废除一切不平等条约。其对作为被迫害者的世界革命者给予保护，对居住在苏区从事劳动的外国人给予法定的政治权利。

4. 答案：A

1934年4月颁行的《中华苏维埃共和国惩治反革命条例》是工农民主政权时期立法司法经验的结晶，也是代表性法规。该立法的主要原则是：分清首要与附和，区别对待；对自首、自新者实行减免刑罚；罪刑法定原则与类推原则相结合；废止肉刑，实行革命的人道主义；实行按阶级成分及功绩定罪量刑。

5. 答案：A

《陕甘宁边区施政纲领》为加强政权民主建设，规定根据地政权的人员构成实行“三三制”原则，即共产党员占1/3，非党左派进步人士占1/3，中间派占1/3。

6. 答案：D

《中华苏维埃共和国土地法》于1931年11月由中华工农兵苏维埃第一次全国代表大会通过，于12月1日公布实施。这是土地革命后期影响最大、实施地区最广、适用时间最长的土地法。

7. 答案：C

1946年4月的《陕甘宁边区宪法原则》规定经济上采取公营、合作、私营三种方式，组织一切人力、财力促进经济繁荣，为消灭贫穷而斗争。

8. 答案：C

《华北人民政府施政方针》于1948年8月由华北临时人民代表大会通过。它规定了人民政府基本任务及有关各项政策，是当时具有宪法性质的代表性文件。其主要内容有：华北人民政府基本任务是继续进攻敌人，支援前线，争取全国胜利；有计划、有步骤地进行建设和恢复发展生产；继续建设为战争和生产服务的民主政治；培养干部，吸收人才，奠定新中国的基础。

9. 答案：B

《中国土地法大纲》规定了保护“土改”的司法措施。其对一切对抗或破坏土地法大纲规定的罪犯，组织人民法庭予以审判和处分。

10. 答案：B

解放区人民民主政权时期创造了新的刑种“管制”。解放区民主政权总结经验，为适应处理、改造大批反革命分子的需要，把将某些反动或破坏分子交由群众监督改造的做法加以制度化，定名为“管制”。“管制”指反动分子向政府登记后，将其交当地政府及群众监督改造，每日或每周须向指定机关报告其行动，限制其自由。它是发动群众对敌专政、改造罪犯的好形式。

11. 答案：D

在抗战胜利之初，解放区仍实行减租减息政策。

内战再起，地主与农民矛盾日益尖锐。为发动农民准备自卫战争，1946年5月4日党中央发布指示，因其发布日期被称为“五四指示”，决定改减租减息为没收地主土地的政策，拉开了解放区土地立法的序幕。

12. 答案：C

解放区人民民主政权时期各边区、大行政区、各地军管会及人民政府先后制定了刑事法规。刑法原则的重大发展是明确规定“首恶者必办，胁从者不问，立功者受奖”的方针。这一方针极大地丰富和发展了新民主主义刑事立法原则。

13. 答案：B

《陕甘宁边区宪法原则》经济上采取公营、合作、私营三种方式，组织一切人力、财力促进经济繁荣，为消灭贫穷而斗争；做到劳动者有职业，企业者有发展机会；普及提高人民文化水平；确立了耕者有其田的原则。

14. 答案：B

《中华苏维埃共和国宪法大纲》遵循党中央提出的“制宪七大原则”，规定了苏维埃政权的性质、政治制度、公民权利义务、外交政策等内容，同时规定了苏维埃国家政治制度是工农兵代表大会。

15. 答案：C

为了最大限度地调动抗日军民的积极性，巩固各抗日阶级、各党派和各民族的团结，争取时局好转，粉碎日寇扫荡和国民党积极反共封锁边区，赢得抗日战争的胜利，各抗日根据地制定了新的《施政纲领》，主要有1941年《晋冀鲁豫边区政府施政纲领》和1941年《陕甘宁边区施政纲领》等。

16. 答案：C

工农民主政权时期确立人民陪审制度：无选举权者不得充当陪审员。主审与陪审员意见分歧时，以主审的意见为准。陪审员不脱产，由选举产生。

17. 答案：D

苏区的一般刑事犯罪中，值得一提的是浪费罪。1933年12月中央执行委员会《关于惩治贪污浪费行为第26号训令》规定，凡工作人员玩忽职守而浪费公款，致使国家受到重大损失者，即构成浪费罪。这是一项应予肯定的经验。

18. 答案：A

褫夺公权，一般指剥夺参加政权、群众组织选举和充当红军的资格、权利。该刑罚适用于被判处监禁刑以上的罪犯，多为附加刑，亦可作独立刑种适用。

19. 答案：C

马锡五审判方式是适用于陕甘宁边区的巡回审判的方式，是把群众路线的工作方法，创造性地运用到审判工作中去的司法民主的崭新形式。

20. 答案：B

抗日战争时期人民调解制度有利于解决矛盾，增强民间和睦团结，利于抗日民族解放事业；增强民众法制观念，减少纷争；利于司法机关集中精力处理重大刑事案件，提高办案质量；为解放战争时期和新中国人民调解工作提供了丰富的历史经验；是人民司法的一大特色和补充。

21. 答案：D

抗日战争时期边区刑事立法确定的主要罪名有：(1) 汉奸罪。凡以破坏抗战为目的的行为均构成汉奸罪，立法中有明确规定。(2) 盗匪罪。凡以抢劫为目的的各种法律规定的犯罪行为，均构成盗匪罪。(3) 破坏边区罪。凡以破坏边区为目的的各种法律规定的犯罪行为，均构成该罪。(4) 破坏坚壁财物罪。这是敌后根据地特有罪名。坚壁财物也叫空室清野财物。该财物指：因防止日寇汉奸破坏与掠夺而藏于地窖、山沟等隐蔽场所的一切公私财物及土石堵塞的建筑物。凡勾结敌伪挖索上述财物，或毁损、窃盗上述财物等行为，均构成该罪。打击这类犯罪对保护边区财物，防止敌伪破坏，克服物质困难，保证反“扫荡”胜利，起到重要作用。

22. 答案：B

在抗日民主政权时期，马锡五在担任陕甘宁边区陇东专署专员兼边区高等法院陇东分庭庭长期间，依靠群众纠正错案，解决疑难案件。他的审判工作经验被总结为“马锡五审判方式”。马锡五审判方式是把中国共产党群众路线的工作方法创造性地运用到审判工作中去的司法民主的崭新形式。

23. 答案：A

在解放战争时期，解放区在刑罚种类上创设了“管制刑”，即将已登记的反动分子交给当地政府及群众监督，限制其自由，责令其每隔一定时间必须向指定机关报告行踪。

（二）多项选择题

1. 答案：ABCD

1947年10月10日，党中央召开全国土地会议，制定公布了《中国土地法大纲》，共 16 条。其规定废除封建性及半封建性土地剥削的土地制度，实行耕者有其田制度；规定土地改革须遵守的原则是依靠贫雇农，团结中农，保护工商者，正确对待地主富农。

2. 答案：ABC

在抗日根据地时期，边区政权创造性地发展了新民主主义刑法原则。其主要原则有三条。(1) 镇压与宽大相结合的原则。对汉奸分子除不愿悔改者外，不问过去行为如何，一律施行宽大政策，给予政治上、生活上出路。对绝对不愿改悔者，依法严办绝不放任。在实施中区分首要与胁从，惩办主要施于首要分子，宽大主要施于胁从分子。(2) 贯彻保障人权原则。不放过一个敌探奸细，不错办冤枉一个好人。(3) 反对威吓报复，实行感化教育原则。其特点是以无产阶级思想克服和改造罪犯地主资产阶级腐朽没落思想。反对惩办主义，用说服方法帮助其认识错误；反对报复主义，减少罪犯痛苦，以利于其安心守法、彻底改造。实践证明这样做效果显著。

3. 答案：BCD

解放区人民民主政权时期制定的宪法性文件主要来自解放区各人民政权的施政纲领，中国人民解放军宣言、布告，包括 1946 年 4 月的《陕甘宁边区宪法原则》、1948 年 8 月的《华北人民政府施政方针》、1947 年 10 月的《中国人民解放军宣言》、1949 年 4 月的《中国人民解放军布告》等。《陕甘宁边区施政纲领》则是抗日战争时期公布的。

4. 答案：ABCD

在抗日战争时期，劳动立法的内容包括：关于工人权利的规定；关于工时、工资的规定；关于保护女工、童工的规定；关于劳动合同和集体合同的规定；关于奖励技术发明的规定等。

5. 答案：ABD

在工农民主政权土地立法前期，以 1928 年 12 月《井冈山土地法》为代表。在工农民主政权土地立法中期，以 1929 年 4 月《兴国土地法》为代表。其内容有一点重要的变更，就是把“没收一切土地”改为“没收一切公共土地及地主阶级的土地”，这是一个原则的改正。在工农民主政权土地立法后期，以 1931 年 11 月《中华苏维埃共和国土地法》为代表。

6. 答案：ABCD

在抗日民主政权时期确立的审判监督制度分两种：一是上级对下级监督，主要是审核案件，解决疑难；二是群众监督，指司法机关向同级参议会报告工作，听取意见，执行参议会决议案。

（三）不定项选择题

1. 答案：ABCD

工农民主政权时期的刑罚制度散见于各地和中央刑事法规中的条款，主要包括以下几类：(1) 死刑。适用较多，一般情况下须经苏区政府批准，一律枪决执行。(2) 监禁，即有期徒刑，最高十年，最低三个月。(3) 拘役及强迫劳动。拘役一般是“一月未满一日以上”；强迫劳动有三日、半年，长不过一年。(4) 褫夺公权。一般指剥夺参加政权、群众组织选举和充当红军的资格、权利，适用于被判处监禁刑以上的罪犯，多为附加刑，亦可作独立刑种施用。(5) 没收财产。一是没收犯罪所用之物，二是没收犯罪者本人财产一部分或全部。(6) 驱逐出境。将反革命分子赶出苏区。(7) 罚金。对犯罪分子课处罚金，多作为独立刑施用。

2. 答案：D

工农民主政权时期创制的审判制度有：(1) 审判公开。涉及秘密的，可用秘密方式，但宣判仍应公开。这有助于群众监督和法制教育。(2) 人民陪审。无选举权者不得充当陪审员。主审与陪审员有意见分歧时，以主审的意见为准。陪审员不脱产，由选举产生。(3) 巡回审判。这是一种崭新的审判方式。由各级裁判部在案发地点就地调查，在群众参与旁听下就地解决案件。适用案件多为具有重大意义的典型案件或群众性的刑事案件。(4) 实行四级二审终审制。在特殊地区及紧急情况下，对反革命、豪绅、地主犯罪，剥夺上诉权，一审终审。

3. 答案：BCD

在抗日战争时期，各个边区刑事立法确定的主要罪名有：(1) 汉奸罪。凡以破坏抗战为目的的行为均构成汉奸罪，立法中有明确规定。(2) 盗匪罪。凡以抢劫为目的的各种法律规定的犯罪行为，均构成盗匪罪。(3) 破坏边区罪。凡以破坏边区为目的的各种法律规定的犯罪行为，均构成该罪。(4) 破坏坚壁财物罪。这是敌后根据地特有罪名。坚壁财物也叫空室清野财物。该财物指：因防止日寇汉奸破坏与掠夺而藏于地窖、山沟等隐蔽场所的一切公私财物及土石堵塞的建筑物。凡勾结敌伪挖索上述财物，或毁损、窃盗上述财物等行为，均构成该罪。打击这类犯罪对保护边区财物，防止敌伪破坏，克服物质困难，保证反扫荡胜利，起到重要作用。

4. 答案：AD

在抗日战争时期，各个边区刑事立法趋于完善。在这一时期规定的从刑有褫夺公权、没收财产和罚金三种形式。而教育释放多被适用于轻微犯罪。罪犯经一定时间关押教育，多则1个月，少则几天，不再判劳役，即行释放。当庭训诫是对犯极轻微罪行者在法庭上予以训诫，讲明道理指明错误，使其不再犯。后两者都属于主刑的范畴。

5. 答案：BCD

《中国土地法大纲》规定废除封建性及半封建性土地剥削的土地制度，实行耕者有其田制度；规定土地改革须遵守的原则是依靠贫雇农，团结中农，保护工商者，正确对待地主富农。

6. 答案：ABD

1942年的《陕甘宁边区劳动保护条例草案》及1941年晋冀鲁豫边区的《劳工保护暂行条例》规定，工人有组织工会的权利，雇主开除工人先得工会同意；禁止女工从事繁重的、有害健康的及地下的工作，对劳动安全卫生亦有规定；规定缔结劳动合同以劳资双方自愿为原则，合同内容包括工时、工资、福利待遇等。

简答题

1. 1931年11月7日第一次全国工农兵代表大会在江西瑞金召开，通过了《中华苏维埃共和国宪法大纲》，它遵循党中央提出的“制宪七大原则”，规定了苏维埃政权的性质、政治制度、公民权利义务、外交政策等内容，共17条。其主要内容是：（1）规定了苏维埃国家性质“是工人和农民的民主专政国家”。（2）规定了苏维埃国家政治制度是工农兵代表大会。（3）规定了苏维埃国家公民的权利和义务。（4）规定了苏维埃国家的外交政策。

它的意义表现在：（1）它是第一部由劳动人民制定、确保人民民主制度的根本大法，是中国共产党领导人民反帝反封建的工农民主专政的伟大纲领。（2）它同资产阶级的约法以及旧中国反动政府制定的宪法有本质的区别。（3）它肯定了革命胜利成果，提出了斗争的方向。尽管受到“左”的影响，它仍是划时代的宪法性文件。（4）它的颁行调动了苏区人民的积极性，为以后制定民主宪法提供了宝贵经验。

2.《中华苏维埃共和国土地法》于1931年11月由中华工农兵苏维埃第一次全国代表大会通过，于1931年12月1日公布实施。这是土地革命后期影响最大、实施地区最广、适用时间最长的土地法。其主要内容包括以下几个方面。

（1）废除封建土地剥削制度，规定了没收土地财产的对象和范围，宣布废除一切高利贷债务。

（2）规定了对没收的土地财产的分配办法。

（3）规定了土地所有权问题。该土地法一方面规定在现阶段不禁止土地出租与转让，另一方面规定在条件具备的时候实行土地国有制。

由于受“左”倾思想的干扰，这部土地法的一些规定也体现了“左”倾倾向，如在土地分配上，规定实行“地主不分田、富农分坏田”的政策。这些“左”倾错误在后来陆续得到纠正。

3. 解放战争时期的刑罚制度与抗日战争时期的相比，相同点是都规定了死刑、有期徒刑、劳役、罚金及褫夺公权、没收财产。不同点是某些刑罚及执行上的变化，这主要有两点。

（1）创造了新的刑种“管制”。解放区民主政权总结经验，为适应处理、改造大批反革命分子的需要，把将某些反动或破坏分子交由群众监督改造的做法加以制度化，定名为“管制”。

“管制”指反动分子向政府登记后，将其交当地政府及群众监督改造，每日或每周须向指定机关报告其行动，限制其自由。它是发动群众对敌专政、改造罪犯的好形式。

（2）调整某些刑罚执行制度。主要是取消了抗日战争时期一度实行的交乡执行刑罚的制度。一般规定将案情较重者收监执行，对刑期不长者教育释放，不再执行。随着形势的发展，广泛应用缓刑、假释制度势在必行。

4. 主要包括：（1）死刑。适用较多，主要适用于地主豪绅中罪大恶极的反革命分子及杀人犯，一般情况下须经特区或省级政府批准，一律执行枪决。（2）监禁，即有期徒刑，最高10年，最低3个月。（3）拘役及强迫劳动。拘役一般是“一月未满一日以上”；强迫劳动有3日、半年，长不过1年。（4）褫夺公权，一般指剥夺参加政权、群众组织选举和充当红军的资格、权利，适用于监禁刑以上的罪犯，多为附加刑，亦可作独立刑种施用。（5）没收财产。一是没收犯罪所用之物，二是没收犯罪者本人财产一部分或全部。（6）驱逐出境，指将反革命分子驱逐出苏区。（7）罚金，指对犯罪分子科处罚金，多作为独立刑施用。

5. 主要内容有：（1）土地所有权。一是公有土地所有权归边区政府，二是私有土地所有权人在法定范围内可自由使用、收益、处分（买卖、典当、抵押、赠与、继承）。不论公、私土地所有权均受法律保护，强调保护农民土地所有权。（2）减租交租。不同形式的地租，减租额也不相同。收租人应依法收取法定租额，不得多收、预收、收取押租及欠租作息；承租人不得短少租额。（3）保障佃权。相关条例定有四项收回租地的条件，除这些条件外出租人不得随意收回租地。此外，部分抗日根据地还规定有农民的优先承买、承典、承租权及永佃权。（4）减租减息，低利借贷。现存债务减息。付息过本一倍，停利还本；过本两倍，本利停付，借贷关系视为消灭。

6. 边区政权创造性地发展了新民主主义刑法原则。其主要原则有三条：（1）镇压与宽大相结合的原则。对汉奸分子除不愿悔改者外，不问过去行为如何，一律实行宽大政策，给予政治上、生活上出路。对绝对不愿改悔者，依法严办绝不放任。在实施中区分首要与胁从，惩办主要施于首要分子，宽大主要施于胁从分子。（2）贯彻保障人权原则。不放过一个敌探奸细，不错办、冤枉一个好人。（3）反对威吓报复，实行感化教育原则。特点是以无产阶级思想克服和改造罪犯的地主资产阶级腐朽没落思想。反对惩办主义，用说服方法帮助其认识错误；反对报复主义，减少罪犯痛苦，以利于其安心守法、彻底改造。实践证明这样做效果显著。

分析题

1.《陕甘宁边区施政纲领》的该项规定体现了镇压与宽大相结合的原则，创造性地发展了新民主主义刑法原则。

抗日根据地刑事立法的一个突出特点就是：贯彻了镇压与宽大相结合的原则，着重镇压惩办死不悔改、罪大恶极的汉奸及反共分子，对于一般分子、愿意悔改分子则采取宽大教育的政策。这是总结了土地革命战争时期肃反工作的经验教训，并根据抗战时期社会、政治条件而制定的极为重要的刑事立法指导原则。一方面，不放过一切企图出卖民族利益、危害抗战的汉奸罪行；另一方面，坚定不移地相信绝大多数人是爱国的，是拥护共产党领导的抗日民族统一战线的。即使在当了汉奸特务的人当中，也有很大一部分人是在经过教育改造后愿意悔过自新的，真正死心塌地的铁杆汉奸只是极少数人。这样做才能争取一切中间实力和动摇分子，最大限度地孤立一小撮汉奸卖国贼及顽固反共分子。这个原则的确立，对于巩固抗日民主政权、建立新民主主义法制具有重要的历史意义。

2. 马锡五受理此案后，深入区乡干部和群众中了解真实案情和一般舆论趋向。最后他召集当地群众进行公开审判；除询问各当事人的要求和理由外，还广泛征询群众意见。群众认为张家深夜抢亲，既伤风化，也有碍治安，使乡邻惊恐，以为盗贼临门，其应受到法律惩罚；对于张柏与封捧儿的婚姻，群众一致认为不应拆散。马锡五在查清案情后，作出了该判决。

宣判之后，受罚者认为自己罪有应得，口服心服；群众认为是非分明，热烈拥护。张柏与封捧儿的婚姻受到法律的保护，更是皆大欢喜。

马锡五通过这一案例惩罚了违法者，正确宣传了政策法令，提高了干部和群众的法制观念。

由上例可看出，马锡五审判方式是把群众路线的工作方法，创造性地运用到审判工作中去的司法民主的崭新形式。

马锡五审判方式的基本特点可被概括如下：

一是深入农村，调查研究，实事求是地了解案情，反对主观主义的审判作风。

马锡五从事审判工作，本着一切从实际出发的精神，实事求是地找出是非曲直的客观根据，公正合理地处理案件。

二是依靠群众，教育群众，尊重群众意见，实行审判与调解相结合的方式。

马锡五审判方式最根本的经验，就是认真贯彻群众路线。

三是方便群众诉讼，手续简便，不拘形式。

马锡五在实行巡回审判时，没有首长和法官架子，随时随地同群众谈话，受理案件，了解案情。封捧儿就是在路边碰到马专员，拉着他到一棵树下告的状。

四是坚持原则，忠于职守，严格依法执法。

以该案为例：马锡五审理此案时不为表面现象所迷惑，正确掌握婚姻法的精神实质，善于抓住本案的症结所在，即封捧儿究竟愿与谁结婚。最后了解到封捧儿“死也要与张柏结婚”。这为二审的正确判决打下了有利基础。

马锡五审判方式是在巡回审判基础上发展起来的，是司法战线上的一面光辉旗帜。它的出现、推广，培养了大批优秀司法干部，解决了积年疑难案件，减少争讼，促进团结，有利于生产，保证抗战，使新民主主义司法制度落到实处。

论述题与深度思考题

1.（提示：调解制度现在仍被认为是现代社会一种解决社会纠纷的有效的、快捷的方式，其价值和实用性得到了当今法学界的认可，并成为法学研究的热点之一。因此，对于新民主主义时期的调解制度，有必要很好地掌握。）

（1）调解范围，在初期仅限于某些民事案件，到后来甚至对命案也调解。总结经验后确定关于民事纠纷除法律另有规定外，均可调解；对轻微刑事案件也可调解；社会危险性较大的刑事案件不属调解范围。

（2）调解主要有四种，依主持调解的个人或单位不同，分为：

第一，民间调解，是群众自己解决纠纷的好形式。它是由当事人双方各自邀请地邻、亲友、劳动英雄、有威信和公正的人士参加，评议曲直提出调解方案，劝导双方止争。它机动灵活，不拘形式，省钱省时，有利于生产团结。边区政府号召最好百分之百的争执在乡村中自己解决。有的村成为几年无人打官司的模范村。

第二，群众团体调解。有的团体专设调解委员会。

第三，政府调解。此为在基层政权组织下调解纠纷。

第四，司法调解，是司法机关处理案件的形式之一。达成的调解协议，对双方有强制效力，须无条件执行。

（3）调解处理方式，一般有赔礼道歉、认错、赔偿损失或抚慰金以及其他善良习惯。

（4）调解和解书。其内容一般包括双方争执简要事由，调解成立方式，和解的原则，以及调解人姓名、签字、盖章等。这对促成和巩固调解成果有重要作用。

（5）调解纪律，主要规定调解人须奉公守法，其不受贿舞弊，尊重当事人人权，不乱打乱罚等。其目的在于保证公正，取得民众信赖，维护调解声誉。

调解的意义特别重大。它解决矛盾，增强民间和睦团结，利于抗日民族解放事业；增强民众法制观念，减少纷争；利于司法机关集中精力处理重大刑事案件，提高办案质量；为解放战争时期和新中国人民调解工作提供了丰富的历史经验；是人民司法的一大特色和补充。

2.（1）在政治方面，两党强调政府应由集体领导，采用会议作为组织方式，突出民主集中制；强调政治清明，按章办事，官员各尽其责，行为严守纪律。（2）在军事方面，两党强调军队应贯彻革命信仰与爱国救民的理念，尤其应该注重军队的思想政治建设。军队应当严守纪律，努力训练，上下同心。（3）在经济方面，两党强调统一财政，兴办实业，税收自主，特别注重地价的核定和登记，以及弘扬国货以反对经济入侵。经济监督方面则强调审计工作的重要性。（4）在社会管理方面，两党强调教育和卫生事业对于社会意义非凡，并特别注重改善民众的生活，使其脱离愚昧和困苦。婚姻关系方面应注重男女平等，对女性弱势群体加以保护，实行婚姻自主、一夫一妻，保护妇女儿童，反对封建礼教对于人性和身体的摧残。（5）在司法领域，两党强调确保法官、检察官职务廉洁性，审判工作不受外来影响，同时也十分注重司法系统的思想政治建设。在审判中，注重保障人权和公平正义。（6）在外交方面，两党强调独立自主，废除一切不平等条约，为寻求民族独立和解放而不懈斗争。此外，中国共产党还非常重视农民工作和工人工作，在农民运动当中力求没收土地分给农民，在工人运动中则强调罢工自由和工人基本权利的保障。

3.（1）规定了人权的法律概念。即“边区一切抗日人民，不分民族、阶级、党派、性别、职业与宗教，都有言论、出版、集会、结社、居住、迁徙及思想之自由，并享有平等之民主权利”。这说明，当时人权的主要内容有两个方面：一是抗日人民各项自由权，二是抗日人民民主平等权。（2）规定保障人权的重要措施。司法、公安机关逮捕人犯应证据充分，依法执行；其他任何机关、部队、团体不得对任何人逮捕、审问、处罚，但现行犯例外；过去反对边区逃亡在外的地主、富农，返回家园遵守法令，一律不咎既往，依法保护，禁止侵犯其人权。此外，特别规定了对侵犯人权者的惩处办法。如《山东省人权保障条例》规定：凡各级政府公务人员违法侵害人民之自由或权利者，除依法惩办外，应负刑事及民事责任，被害人得就其所受损害依法请求赔偿。

这一时期的保障人权的司法实践创造了宝贵经验，如公务员违反人权条例的，从严治罪，犯罪不准株连等；同时也反映出边区政府对人民基本人权的重视和保护，并能贯彻落实到具体的案件处理中。这为加强团结一致抗日，巩固边区政权，起到了积极作用。其意义主要体现在以下几方面。（1）深刻地体现了当时边区施政纲领确立的保障人权的立法原则，促进了抗日根据地民主法制建设的深入发展。（2）有利于团结一切可以团结的力量，调动一切可以调动的积极因素，去完成民族解放的艰巨斗争任务。（3）有利于克服根据地内存在的一些侵犯人权的现象，增强各级干部的法制观念，更好地维护人民群众的合法权益，建立良好的社会秩序。

第十七章　中华人民共和国法制的发展与挫折

知识逻辑图

- 中华人民共和国法制的发展与挫折
  - 宪法
    - 《中国人民政治协商会议共同纲领》（1949 年）
    - 《中华人民共和国宪法》（1954 年）
  - 行政法律制度
  - 刑事法律制度
    - 单行刑法
    - 刑罚制度
      - 死缓
      - 管制
  - 民事法律制度
    - 《中华人民共和国婚姻法》（1950 年）
    - 《中华人民共和国土地改革法》（1950 年）
  - 司法制度
    - 司法机关
    - 诉讼制度
    - 审判制度
  - 国际法与涉外法律制度
  - “文化大革命”期间法律发展的挫折

名词解释

1. 《共同纲领》
2. “五四宪法”

选择题

（一）单项选择题

1. 以下不属于以毛泽东同志为核心的党的第一代中央领导集体的法律思想的是（　　）。

A. 关于旧司法工作人员的改造问题

B. 开创性提出建立死缓制度

C. 不能废除死刑

D. 主张民主科学制定宪法

视频讲题

2. 中共提出了“废除伪宪法”和“废除伪法统”的号召是在（　　）。

A. 1949 年 11 月 14 日

B. 1949 年 1 月 14 日

C. 1948 年 12 月 10 日

D. 1949 年 3 月 15 日

视频讲题

3. 1949 年 9 月 29 日，中国人民政治协商会议第一届全体会议通过了起临时宪法作用的（　　）。

A.《中国人民政治协商会议共同纲领》

B.《中央人民政府组织法》

C.《中华人民共和国宪法》

D.《关于时局的声明》

视频讲题

4. （　　）年 9 月 20 日第一届全国人民代表大会第一次会议全票通过了《中华人民共和国宪法》。

A. 1949　　B. 1952

C. 1954　　D. 1955

视频讲题

5. 中华人民共和国成立后签订的第一个双边条约是（　　）。

A.《中苏友好同盟互助条约》

B.《国际民用航空公约》

C.《国际复兴开发银行协定》

D.《国际海关税则》

6. 中华人民共和国成立后参加的第一个国际公约是（　　）。

A.《国际民用航空公约》

B.《日内瓦公约》

C.《国际复兴开发银行协定》

D.《联合国教育、科学及文化组织法》

7. 关于 1954 年 9 月颁布的《中华人民共和国人民法院组织法》和《中华人民共和国人民检察院组织法》，下列的表述不正确的是（　　）。

A. 人民法院的组织体系由三级改为四级，即设基层、中级、高级和最高级人民法院

B. 确立了审判公开、人民陪审、死刑复核制度

C. 与人民法院的设置相适应，省级人民检察院设分院

D. 建立律师制度，实行律师资格统一考试制度

8. 关于“五四宪法”，下列说法不正确的是（　　）。

A. 明确了国家的基本原则和政治制度

B. 明确了民族自治机关可以制定自治条例和单行条例

C. 规定了在必要时得设立特别行政区

D. 规定公民享有广泛的政治、经济、文化生活方面的权利

视频讲题

9. 中华人民共和国成立后颁布的第一部法律是（　　）。

A.《中华人民共和国婚姻法》

B.《中华人民共和国宪法》

C.《中华人民共和国土地改革法》

D.《中国人民政治协商会议共同纲领》

视频讲题

10. 下列不属于 1950 年《中华人民共和国婚姻法》规定的原则的有（　　）。

A. 男女婚姻自由

B. 一夫多妻

C. 男女权利平等

D. 保护妇女和子女合法权益

11. 下列关于《共同纲领》的说法，不正确的有（　　）。

A.《共同纲领》是一个新民主主义性质的宪法性文件

B.《共同纲领》规定了人民享有的民主权利

C.《共同纲领》对于确立共和国成立初期的大政方针起到法律保障作用

D.《共同纲领》是中华人民共和国成立后通过的第一部宪法性文件

12. 下列国际公约中，哪项不是中国于 20 世纪 70 年代加入或恢复承认的公约？（　　）

A.《联合国宪章》

B.《联合国教育、科学及文化组织法》

C.《国际民用航空公约》

D.《联合国海洋法公约》

13. 中华人民共和国成立初期，人民法院采用的

审级制度是（　　）。

A. 三级二审制　　B. 三级三审制

C. 四级二审制　　D. 四级三审制

14. 下列刑事法制中，哪项不是制定于中华人民共和国成立初期的？（　　）

A.《中华人民共和国刑法》

B.《中华人民共和国惩治反革命条例》

C.《中华人民共和国惩治贪污条例》

D.《关于开展肃清一切暗藏的反革命分子斗争的指示》

（二）多项选择题

1. 以下立法制定于中华人民共和国成立初期的有（　　）。

A.《中华人民共和国婚姻法》

B.《中华人民共和国合同契约法》

C.《中华人民共和国土地改革法》

D.《中华人民共和国公私合营企业法》

2. 中华人民共和国成立初期，设立的专门人民法院有（　　）。

A. 军事法院　　B. 铁路运输法院

C. 水上运输法院　　D. 海事法院

视频讲题

3. 正式确立于中华人民共和国成立初期的刑罚制度有（　　）。

A. 死缓　　B. 拘禁

C. 无期徒刑　　D. 管制

4. 下列关于《中华人民共和国婚姻法》的说法，正确的有（　　）。

A. 规定了男女婚姻自由、一夫一妻、男女权利平等的婚姻法原则

B. 规定废除封建主义婚姻制度

C. 是中华人民共和国成立后颁布的第一部法律

D. 对保护妇女权益、提高妇女地位起到积极作用

5. 下列说法中，表述正确的有（　　）。

A.《陕甘宁边区宪法原则》是第一部由劳动人民制定的宪法性文件

B.《中国人民解放军布告》正式提出了"打倒蒋介石，解放全中国"的政治任务

C.《共同纲领》在中华人民共和国成立初期发挥着临时宪法的作用

D. "五四宪法"是中华人民共和国成立后通过的第一部宪法

视频讲题

（三）不定项选择题

1. 下列关于《中华人民共和国土地改革法》的说法，不正确的是（　　）。

A.《土地改革法》规定废除地主阶级封建剥削的土地所有制

B.《土地改革法》规定实行农民的土地所有制

C.《土地改革法》规定了没收地主所有财产

D. "五四宪法"为《土地改革法》提供了根本保障

2. 下列关于《中华人民共和国人民法院组织法》的说法，正确的有（　　）。

A. 规定了人民法院采取三级三审制的审级制度

B. 规定了人民法院审理案件，均实行合议制

C. 规定了人民法院审理第一审案件，实行人民陪审员制度

D. 规定了简单的民事案件、轻微的刑事案件可不实行人民陪审员制度

3. 关于中华人民共和国成立初期的刑罚制度，下列说法正确的有（　　）。

A. 死缓制度创制于镇压反革命运动中

B. 死缓制度符合现代刑法的谦抑原则

C. 管制制度创制于人民民主政权时期

D. 管制制度在共和国成立后，正式成为自由刑的一种

简答题

1. 简析 1954 年《中华人民共和国宪法》的主要内容和历史意义。

2. 简述死缓制度的形成过程。

3. 简述管制刑的形成过程。

4. 何谓“废除旧法统”?

视频讲题

论述题与深度思考题

论述《中华人民共和国婚姻法》的内容与意义。

参考答案

名词解释

1.《共同纲领》，即《中国人民政治协商会议共同纲领》，是1949年9月29日由中国人民政治协商会议第一届全体会议通过的宪法性文件，它规定了共和国的政权机构、军事制度以及经济政策、文化教育政策、民族政策、外交政策的总原则。《共同纲领》是中国宪法史上第一个比较完备的新民主主义性质的宪法文件，它的制定对于确立共和国成立初期的大政方针，巩固新生的人民民主专政政权起到了非常重要的法律保障作用，是中华人民共和国宪法史的基石和出发点，在宪法颁布之前具有临时宪法的作用。

2. 1954年9月，我国在普选的基础上召开了第一届全国人民代表大会第一次会议，并通过了《中华人民共和国宪法》，即“五四宪法”。“五四宪法”是中华人民共和国第一部宪法，其制定和实施标志着中国人民民主政治走向了新的阶段，也标志着中国社会主义法制建设道路和社会主义宪法的新起点。

选择题

(一) 单项选择题

1. 答案：D

总体而言，从理论上来看，以毛泽东同志为核心的党的第一代中央领导集体的法律思想可以总结概括为十大方面：关于旧司法工作人员的改造问题；要重视司法工作；加强人民代表会议的工作；开创性提出建立死缓制度；“搞宪法是搞科学”；不能废除死刑；处理国际法律关系的和平共处五项原则；专政要继续，民主要扩大；依法办事是进一步加强法制的中心环节；正确区分两类不同性质的矛盾，做好审判工作。这形成了马克思主义法律思想中国化的第一次创新。

2. 答案：B

1949年1月14日，毛泽东同志在《关于时局的声明》中提出了“废除伪宪法”“废除伪法统”的号召，鲜明地表达了中国共产党在夺取政权后对待旧国民政府时期法律所持的否定立场。

3. 答案：A

1949年9月29日，中国人民政治协商会议第一届全体会议通过了起临时宪法作用的《共同纲领》，共7章60条，彻底摧毁了国民党政府的旧法统，为新中国的法制建设清除了障碍。同时，会议还通过了《中央人民政府组织法》。这两个宪法性法律以及其他相关法律，奠定了中国成立初期法制建设的基础。

4. 答案：C

1954年9月20日，第一届全国人民代表大会第一次会议全票通过《中华人民共和国宪法》。

5. 答案：A

1950年2月，我国同苏联签订了《中苏友好同盟互助条约》，这是我国签订的第一个双边条约。故A选项正确。

6. 答案：B

中华人民共和国成立后参加的第一个国际公约是1949年12月签订，并于1952年7月批准的四个《日内瓦公约》。故B选项正确。

7. 答案：D

《中华人民共和国人民法院组织法》确立了四级人民法院的组织体系，即基层人民法院、中级人民法院、高级人民法院和最高人民法院。《中华人民共和国人民检察院组织法》规定国家设立最高人民检察院、省级人民检察院及其分院、县级人民检察院，同时设立专门人民检察院。在刑事诉讼方面，确立了审判公开、人民陪审、死刑复核等一系列审判制度，故ABC正确，答案选D。

8. 答案：C

“五四宪法”的主要内容是：（1）明确了国家的基本原则和政治制度，规定了我国根本政治制度，确认了我国是工人阶级领导的、以工农联盟为基础的人民民主专政国家的国体和人民代表大会的政体。（2）规定我国是统一的多民族国家，确定了民族自治地方（分为自治区、自治州、自治县三级），明确了民族自治机关可以制定自治条例和单行条例。（3）规定公民享有广泛的政治、经济、文化生活方面的权利。（4）在财产权方面，它除特别强调公有财产的神圣性之外，对公民以生活资料为主的财产加以保护。（5）在经济制度方面，规定我国实行全民、集体、个体和资本家所有制，并规定有条件地逐步限制个体所有制和资本家所有制，实行社会主义计划经济。故ABD项说法正确。C选项是1982年宪法的内容，故本题答案为C。

9. 答案：A

《中华人民共和国婚姻法》于1950年3月3日由政务院第二十二次政务会议通过，于1950年4月13日由中央人民政府委员会第七次会议通过，是中华人民共和国成立后颁布的第一部法律。1950年6月，中央人民政府委员会第八次会议通过了《中华人民共和国土地改革法》。1954年9月，第一届全国人民代表大会通过了《中华人民共和国宪法》。1949年9月29日《中国人民政治协商会议共同纲领》正式通过，在中华人民共和国成立之前。故本题选A选项。

10. 答案：B

《中华人民共和国婚姻法》于1950年3月3日由政务院第二十二次政务会议通过，于1950年4月13日由中央人民政府委员会第七次会议通过，共8章27条。其主要内容包括婚姻法原则、结婚、夫妻间的权利和义务、父母子女间的关系、离婚、离婚后子女的抚养和教育、离婚后的财产和生活、附则。《婚姻法》第1条规定：“废除包办强迫、男尊女卑、漠视子女利益的封建主义婚姻制度。实行男女婚姻自由、一夫一妻、男女权利平等、保护妇女和子女合法权益的新民主主义婚姻制度。”《婚姻法》的实施对于保护妇女权益、提高妇女地位起到积极作用。故B选项错误。

11. 答案：D

《共同纲领》规定了中华人民共和国的政权机构，军事制度，经济政策、文化教育政策、民族政策、外交政策的总原则以及人民享有的民主权利。《共同纲领》是中国宪法史上第一个比较完备的新民主主义性质的宪法性文件，它的制定对于确立中华人民共和国成立初期的大政方针、巩固新生的人民民主专政政权起到了重要的法律保障作用，发挥着临时宪法的作用。故A、B、C选项正确。1949年9月29日《共同纲领》正式通过，在中华人民共和国成立之前，故D选项错误。

12. 答案：D

1972—1974年，对于一些我国原本就是缔约国的国际公约，在相应的国际组织承认中华人民共和国是中国唯一合法代表后，我国又恢复承认了这些国际公约，包括《联合国宪章》《国际民用航空公约》《国际复兴开发银行协定》《联合国教育、科学及文化组织法》《国际海关税则》等。

13. 答案：C

“五四宪法”公布后，《中华人民共和国人民法院组织法》于1954年9月通过。1954年《人民法院组织法》确定了四级人民法院的组织体系。在审级方面，人民法院审理案件实行两审终审制，亦称四级二审制。

14. 答案：A

中华人民共和国成立初期，为适应复杂的政治与经济斗争形势，在刑法典颁布前，国家制定了《中华人民共和国惩治反革命条例》（1951年）、《中华人民共和国惩治贪污条例》（1952年）等单行刑法；颁布了一系列与刑事法律相关的法规和指示，例如《关于开展肃清一切暗藏的反革命分子斗争的指示》《关于宽大处理和安置城市残余反革命分子的决定》等。中国第一部刑法典于1979年7月由第五届全国人民代表大会第二次会议通过，故A选项不选。

（二）多项选择题

1. 答案：AC

《中华人民共和国婚姻法》制定于1950年4月，是中华人民共和国成立后出台的第一部具有基本法律性质的法律。故A项正确。《中华人民共和国土地改革法》制定于1950年6月，故C项正确。

2. 答案：ABC

1954年《中华人民共和国人民法院组织法》第26条规定了军事法院、铁路运输法院和水上运输法院三种专门人民法院。故ABC正确。1984年《全国人民代表大会常务委员会关于在沿海港口城市设立海事法院的决定》和《最高人民法院关于设立海事法院几个问题的决定》发布后，海事法院才获准成立，故D选项不正确。

3. 答案：AD

A项死刑缓期执行的方法创制于镇压反革命运动中。1951年，毛泽东亲自起草了《中共中央关于对犯有死罪的反革命分子应大部采取判处死刑缓期执行政策的决定》，具体规定了判处死缓的比例。这个决定下达不久，全国公安会议在北京召开。这次会议确定了死缓刑名，并形成《第三次全国公安会议决议》。死缓制度后来被推广适用于其他刑事犯罪。死缓制度既坚持了打击严重刑事犯罪的刑罚目的，又给犯罪人改过自新的机会，符合现代刑法的谦抑原则。D项管制刑创制于人民民主政权时期，即对于罪行较轻的政治犯和其他刑事犯罪分子，不收监执行刑罚，而是由公安机关在社会中执行，由群众监督进行劳动改造。1952年4月颁布的《中华人民共和国惩治贪污条例》规定，自由刑为无期徒刑、有期徒刑、劳役（拘役）、管制，由此共和国自由刑体系的框架形成。故AD两项正确。

4. 答案：ABCD

解析同单选第10题。

5. 答案：CD

《中华苏维埃共和国宪法大纲》是第一部由劳动人民制定、确保人民民主制度的根本大法，是中国共产党领导人民反帝反封建的工农民主专政的伟大纲领，肯定了革命胜利成果，提出了斗争的方向，故A选项错误。1947年10月10日，中国人民解放军发布《中国人民解放军宣言》（又称为《双十宣言》），提出了“打倒蒋介石，解放全中国”的政治任务，并宣布实现这一任务的八项基本政策，故B选项错误。《共同纲领》规定了中华人民共和国的政权机构，军事制度，经济政策、文化教育政策、民族政策、外交政策的总原则以及人民享有的民主权利。《共同纲领》是中国宪法史上第一个比较完备的新民主主义性质的宪法性文件，它的制定对于确立中华人民共和国成立初期的大政方针、巩固新生的人民民主专政政权起到了重要的法律保障作用，发挥着临时宪法的作用，故C选项正确。1954年9月，第一届全国人民代表大会第一次会议通过了中华人民共和国的第一部宪法。“五四宪法”推进了人民民主法制建设，为中国各项建设事业的成功奠定坚实的法律基础，故D选项正确。

（三）不定项选择题

1. 答案：CD

1950年6月，中央人民政府颁布了《土地改革法》，共6章40条，内容包括总则、土地的没收和征收、土地的分配、特殊土地问题的处理、土地改革的执行机关和执行方法、附则。该法第1条规定：“废除地主阶级封建剥削的土地所有制，实行农民的土地所有制，借以解放农村生产力，发展农业生产，为新中国的工业化开辟道路。”《土地改革法》规定了没收地主阶级的土地、耕畜、农具等生产资料以及多余的粮食、房屋，分配给无地少地的贫雇农，故C选项说法不正确。《土地改革法》制定于“五四宪法”之前，D选项说法不正确。

2. 答案：CD

“五四宪法”公布后，《中华人民共和国人民法院组织法》于1954年9月通过。1954年《人民法院组织法》确定了基本的审判制度。在审级方面，人民法院审理案件实行两审终审制，亦称四级二审制，故A选项错误，不选。人民法院审理案件，除法律有特别规定外，宣告判决一律公开进行。人民法院审理案件，实行合议制，但是简单的民事案件、轻微的刑事案件和法律另有规定的案件除外，故B选项错误，不选。人民法院审理第一审案件，实行人民陪审员制度，但是简单的民事案件、轻微的刑事案件和法律另有规定的案件除外，故CD选项正确，应选。

3. 答案：ABCD

关于死刑缓期执行，见前文多项选择题第3题答案解析，AB选项正确。管制刑创制于人民民主政权时期，即对犯罪分子不予关押，但限制其一定自由，在当地政府和群众监督下进行劳动改造的刑罚手段。1952年4月颁布的《中华人民共和国惩治贪污条例》规定，自由刑为无期徒刑、有期徒刑、劳役（拘役）、管制，共和国自由刑体系的框架形成。故CD选项正确。

简答题

1. 1954年9月，第一届全国人民代表大会第一次会议通过了共和国第一部宪法——《中华人民共和国宪法》，又称“五四宪法”。“五四宪法”的主要内容是：(1) 明确了国家的基本原则和政治制度，规定了我国根本政治制度，确认了我国是工人阶级领导的、以工农联盟为基础的人民民主专政国家的国体和人民代表大会的政体。(2) 规定我国是统一的多民族国家，确定了民族自治地方（分为自治区、自治州、自治县三级），明确了民族自治机关可以制定自治条例和单行条例。(3) 规定公民享有广泛的政治、经济、文化生活方面的权利。(4) 在财产权方面，它除特别强调公有财产的神圣性之外，对公民以生活资料为主的财产加以保护。(5) 在经济制度方面，规定我国实行全民、集体、个体和资本家所有制，并规定有条件地逐步限制个体所有制和资本家所有制，实行社会主义计划经济。

“五四宪法”从实际出发，采取实事求是的态度，极大地提高了广大人民的宪法意识和国家观念，人民群众以国家主人翁的姿态积极投身于各项建设事业。“五四宪法”推进了人民民主法制建设，为中国各项建设事业的成功作出了应有的贡献。

2. 死刑缓期执行的方法创制于镇压反革命运动中。1951 年，毛泽东亲自起草了《中共中央关于对犯有死罪的反革命分子应大部采取判处死刑缓期执行政策的决定》，具体规定了判处死缓的比例。这个决定下达不久，全国公安会议在北京召开。这次会议确定了死缓刑名，并形成《第三次全国公安会议决议》。死缓制度后来被推广适用于其他刑事犯罪。死缓制度既坚持了打击严重刑事犯罪的刑罚目的，又给犯罪人改过自新的机会，符合现代刑法的谦抑原则。

3. 管制刑创制于人民民主政权时期，即对犯罪分子不予关押，但限制其一定自由，在当地政府和群众监督下进行劳动改造的刑罚手段。1952 年 4 月颁布的《中华人民共和国惩治贪污条例》将自由刑定为无期徒刑、有期徒刑、劳役（拘役）、管制，共和国自由刑体系的框架形成。

4. 新中国成立初期势必要打碎旧的法律体系，建立人民民主专政的法律体系。1949 年 1 月 14 日，毛泽东同志在《关于时局的声明》中提出了“废除伪宪法”“废除伪法统”的号召，鲜明地表达了中国共产党在夺取政权后对待旧国民政府时期法律所持的否定立场。所谓的“废除伪法统”，即是 1949 年 9 月 29 日通过的《共同纲领》第 17 条规定：“废除国民党反动政府一切压迫人民的法律、法令和司法制度，制定保护人民的法律、法令，建立人民司法制度。”新中国成立初期的法制新纪元自此开启。

论述题与深度思考题

《中华人民共和国婚姻法》于 1950 年 3 月 3 日政务院第二十二次政务会议通过，1950 年 4 月 13 日中央人民政府委员会第七次会议通过，是中华人民共和国成立后颁布的第一部法律，共 8 章 27 条。其内容包括婚姻法原则、结婚、夫妻间的权利和义务、父母子女间的关系、离婚、离婚后子女的抚养和教育、离婚后的财产和生活、附则。《婚姻法》第 1 条规定：“废除包办强迫、男尊女卑、漠视子女利益的封建主义婚姻制度。实行男女婚姻自由、一夫一妻、男女权利平等、保护妇女和子女合法权益的新民主主义婚姻制度。”《婚姻法》的颁布与实施对于保护妇女权益、提高妇女地位、提高婚姻质量等都起到积极作用。

第十八章　中国特色社会主义法律体系的形成

知识逻辑图

- 中国特色社会主义法律体系的形成（1977—2010 年）
  - 宪法
    - 1978 年宪法
    - 1982 年宪法
    - 宪法修正案与宪法性法律
    - 宪法与“依法治国”
  - 民商事法律制度
    - 物权制度
      - 《担保法》（1995 年）
      - 《物权法》（2007 年）
    - 合同制度：《合同法》（1999 年）
    - 知识产权制度
      - 《商标法》（1982 年）
      - 《专利法》（1984 年）
      - 《著作权法》（1990 年）
    - 婚姻家庭制度
      - 《婚姻法》（1980 年）
      - 《继承法》（1985 年）
    - 侵权责任制度：《侵权责任法》（2009 年）
    - 商事制度：《公司法》（1993 年）
  - 刑事法律制度
    - 1979 年《刑法》
    - 1997 年《刑法》
  - 司法制度
    - 诉讼法律
    - 审判制度
    - 非诉讼程序
  - 国际法与涉外法律制度

名词解释

1. 中国特色社会主义法律体系
2. 1982 年宪法

选择题

（一）单项选择题

1. 以下哪部宪法首次提出设置特别行政区制度？（　　）

A. 1954 年宪法

B. 1975 年宪法

C. 1978 年宪法

D. 1982 年宪法

视频讲题

2. 截至 2010 年，全国人大一共通过（　　）个宪法修正案？

A. 2 个　　B. 3 个

C. 4 个　　D. 5 个

3. 我国第一部社会主义刑法典颁布于（　　）。

A. 1954 年　　B. 1975 年
C. 1979 年　　D. 1997 年

4. 我国将 12 月 4 日设立为国家宪法日，是因为（　　）。

A. 1954 年宪法的施行日是 12 月 4 日
B. 1975 年宪法的施行日是 12 月 4 日
C. 1978 年宪法的施行日是 12 月 4 日
D. 1982 年宪法的施行日是 12 月 4 日

5. 1982 年宪法是新中国成立后的第（　　）部宪法。

A. 2　　B. 3
C. 4　　D. 5

6. 以下行政法律按颁布时间先后排序，正确的是（　　）。

(1)《国家赔偿法》(2)《行政诉讼法》(3)《行政许可法》(4)《行政复议法》

A. 1243　　B. 2143
C. 1234　　D. 4123

7. “依法治国”的方略正式入宪是在（　　）宪法修正案中。

A. 1988 年　　B. 1993 年
C. 1999 年　　D. 2004 年

8. 我国第一个宪法修正案颁布于（　　）。

A. 1985 年　　B. 1988 年
C. 1993 年　　D. 1999 年

9. 关于 1979 年刑法，下列说法正确的是（　　）。

A. 是中国第一部社会主义刑法典
B. 确立了罪刑法定原则
C. 充分体现了对基本人权的保障
D. 为适应社会情况变化，以修正案形式对刑法作了补充和修改

视频讲题

10. 改革开放以来，我国制定了一系列经济法律，为经济和社会平稳发展提供了法律保障。以下经济法律中，颁布时间最早的法律是（　　）。

A.《产品质量法》
B.《反不正当竞争法》
C.《消费者权益保护法》
D.《食品安全法》

（二）多项选择题

1. 1999 年《合同法》出台之前，我国已颁布的合同法有（　　）。

A.《经济合同法》　　B.《劳动合同法》
C.《涉外经济合同法》　　D.《技术合同法》

2. 下列关于《社会保险法》的说法，正确的是（　　）。

A. 有利于应对人口老龄化趋势
B. 有利于扩大国内消费需求
C. 有利于保民生、保稳定
D. 于 2000 年 10 月 28 日通过

3. 下列关于行政审判制度的说法，正确的有（　　）。

A. 采用公开审判制度
B. 确立了行政诉讼必须经行政复议的程序规则
C. 确定了举证责任倒置的具体规则
D. 采用合议制度

4. 下列关于 1982 年宪法，下列说法正确的是（　　）。

A. 是中华人民共和国成立后颁布的第五部宪法
B. 把建设民主文明的社会主义政治制度确立为国家的根本任务之一
C. 提出了四个现代化的发展战略
D. 提出必要时设置特别行政区制度

5. 下列关于 1979 年《刑事诉讼法》的说法，正确的有（　　）。

A. 是中华人民共和国成立后颁行的第一部《刑事诉讼法》
B. 强调对人权的保障
C. 标志着我国的司法制度正在步入民主化、法治化的轨道
D. 过于强调国家机关的权力

（三）不定项选择题

1. 下列关于 1997 年刑法的说法，正确的有（　　）。

A. 1997 年刑法的大幅修改，体现了时代特征和社会的发展变化
B. 强调对人权的保障
C. 将罪刑法定原则、法律面前人人平等原则和罪

刑相适应原则确定为刑法的基本原则

D. 过于强调国家机关的权力

2. 关于 1978 年宪法，下列说法正确的有（　　）。

A. 从宪法层面摒弃了“以阶级斗争为纲”的路线

B. 是共和国成立后颁行的第四部宪法

C. 恢复了五四宪法中关于公民权利的部分规定

D. 是一部过渡性的宪法，为 1982 年宪法奠定基础

3. 下列关于我国司法制度的说法，正确的有（　　）。

A. 共和国成立后颁布的第一部诉讼法是 1979 年《刑事诉讼法》

B. 三大诉讼法的制定与实施，标志着我国的司法制度正在步入民主化、法治化的轨道

C. 改革开放以来，我国在非诉讼程序法方面取得了较大进展，建立了仲裁、调解等制度

D. 现行《行政诉讼法》的颁行早于《民事诉讼法》

简答题

1. 为什么说 1982 年宪法是我国社会主义宪法发展史上的一座里程碑？

2. 简述 1997 年刑法的特点。

论述题与深度思考题

1. 论述中国特色社会主义法律体系的形成时期（1977—2010 年）的民商事立法成就。

2. 论述中华人民共和国成立初期两次编纂民法典的过程。

视频讲题

参考答案

名词解释

1. 改革开放以来，中国法制建设进入新阶段，也即进入了法律制度的重建和迅速发展的新时期。经过不懈努力，形成了以宪法为统率，以法律为主干，包括行政法规、地方性法规等规范性文件在内的，由七个法律部门、三个层次的法律规范构成的中国特色社会主义法律体系。

2. 1982 年 12 月 4 日，第五届全国人大第五次会议正式通过了中华人民共和国成立以来的第四部宪法，即 1982 年《中华人民共和国宪法》。1982 年宪法是中华人民共和国成立以来最完善的一部宪法。它坚持从实际出发，实事求是地反映了国家发展的实际情况，吸收了共和国成立以来我国社会主义宪法实践和宪法发展的成功经验，总结了“文化大革命”的教训，更是在全国范围内进行了广泛和充分的讨论，征求了大量的意见和建议。1982 年宪法是我国社会主义宪法发展史上的一座里程碑。

选择题

（一）单项选择题

1. 答案：D

1982 年宪法是中国社会主义宪法发展史上的一座里程碑，创造性地设置了特别行政区制度，进一步完善了民族区域自治制度，维护国家统一和民族团结。

2. 答案：C

截至 2010 年，全国人大分别于 1988 年、1993 年、1999 年、2004 年通过了 4 个宪法修正案，补充完善了制定宪法时因时代条件和客观认知的局限而没有写入的内容，以及后来实践中出现的新情况、新问题。

3. 答案：C

1979 年 7 月 1 日，第五届全国人大第二次会议通过了《中华人民共和国刑法》，自 1980 年 1 月 1 日起施行。我国第一部社会主义刑法典的诞生，标志着我国的刑事立法进入了一个新的历史时期。

4. 答案：D

2014 年 11 月 1 日第十二届全国人民代表大会常务委员会第十一次会议通过《全国人民代表大会常务委员会关于设立国家宪法日的决定》，将 1982 年宪法的施行日 12 月 4 日设立为国家宪法日。故答案为 D。

5. 答案：C

新中国成立后，一共制定了 1954 年、1975 年、1978 年、1982 年四部宪法，故 1982 年宪法是共和国

成立后制定的第四部宪法，答案选 C。

6. 答案：B

《行政诉讼法》于 1989 年 4 月 4 日公布，《国家赔偿法》于 1994 年 5 月 12 日公布，《行政复议法》于 1999 年 4 月 29 日公布，《行政许可法》于 2003 年 8 月 27 日公布。故按时间先后排序为《行政诉讼法》《国家赔偿法》《行政复议法》《行政许可法》，答案为 B。

7. 答案：C

中共十五大报告在党的历史上第一次提出了“依法治国，建设社会主义法治国家”的治国方略。1999 年 3 月 15 日，根据中共十五大的精神，第九届全国人大第二次会议通过宪法修正案，把“依法治国，建设社会主义法治国家”写入宪法，故答案选 C。

8. 答案：B

全国人大分别在 1988 年、1993 年、1999 年、2004 年、2018 年通过了 5 个宪法修正案，补充完善了宪法的内容，保持了宪法的长期稳定，维护了宪法权威。本题答案为 B 选项。

9. 答案：A

1979 年 7 月 1 日，第五届全国人大第二次会议通过了《中华人民共和国刑法》，自 1980 年 1 月 1 日起施行，标志着我国第一部社会主义刑法典的诞生。但是囿于制定时的历史环境，1979 年刑法带有较强的政治色彩。1979 年刑法颁布后，为适应政治、经济和社会情况的变化，全国人大常委会又相继制定了 24 个单行刑事法规，并在 107 个非刑事法律中规定附属刑事规范，对 1979 年刑法作了大量的补充和修改，完善了我国刑法体系，弥补了 1979 年刑法的不足。故 A 选项正确，D 选项不正确。B、C 选项是 1997 年刑法的内容。

10. 答案：A

改革开放以来，我国制定了一系列经济法律，为经济和社会平稳发展提供了法律保障。在市场规制方面，制定了《产品质量法》（1993 年 2 月 22 日通过）、《反不正当竞争法》（1993 年 9 月 2 日通过）、《消费者权益保护法》（1993 年 10 月 31 日通过）、《反垄断法》（2007 年 8 月 30 日通过）、《食品安全法》（2009 年 2 月 28 日通过）等法律。故本题选 A。

（二）多项选择题

1. 答案：ACD

在统一的合同法出台之前，我国曾出台过三部合同法，分别是《经济合同法》（1981 年 12 月 13 日通过）、《涉外经济合同法》（1985 年 3 月 21 日通过）、《技术合同法》（1987 年 6 月 23 日通过）。这三部合同法的规定在当时发挥了重要作用。故 ACD 正确。《劳动合同法》于 2007 年 6 月 29 日通过，故 B 不选。

2. 答案：ABC

在社会保险立法方面，2010 年 10 月 28 日，第十一届全国人大常委会第十七次会议通过了《社会保险法》，不仅有利于保民生、保稳定，而且有利于应对人口老龄化趋势、扩大国内消费需求。故 D 项错误，答案为 ABC。

3. 答案：ACD

《行政诉讼法》确立了公开审判制度、合议制度、举证责任倒置等制度。举证责任倒置制度是行政审判中的制度，由被告行政机关对作出的行政行为负举证责任，行政机关应当提供作出行政行为的证据和所依据的规范性文件。《行政诉讼法》并无行政诉讼必须经行政复议的规定。故本题正确答案为 ACD。

4. 答案：BCD

1982 年 12 月 4 日，第五届全国人大第五次会议正式通过了共和国成立后的第四部宪法。故 A 选项不正确。1982 年宪法是我国社会主义宪法发展史上的一座里程碑，内容和形式上均具有许多优点和进步，主要包括以下四个方面：（1）从宪法层面摒弃了“以阶级斗争为纲”的整体思路，提出“今后国家的根本任务是集中力量进行社会主义现代化建设”，并提出了四个现代化的发展战略和“把我国建设成为高度文明、高度民主的社会主义国家”的长远目标。（2）把建设民主文明的社会主义政治制度确立为国家的根本任务之一。政治体制改革开始推进，政治民主化进程开始启动，明确了国家一切权力属于人民这一重要原则，完善了人民代表大会制度。重新确立了法律面前人人平等，一切国家机关、政党、社会团体、企事业组织和公民个人都必须遵守宪法和法律等原则。（3）确认了经济体制改革全面铺开，并通过规定根本任务和基本原则，为改革开放提供了法律支撑。（4）创造性地设置了特别行政区制度，进一步完善了民族区域自治制度，维护国家统一和民族团结。

5. 答案：AD

我国第一部《刑事诉讼法》于 1979 年 7 月 1 日经第五届全国人大第二次会议通过，1980 年 1 月 1 日开始实施。这部《刑事诉讼法》是在我国法制极不完备的背景下制定的，过于强调国家机关的权力，忽视了对人权的保障。故AD选项正确。

（三）不定项选择题

1. 答案：ABC

1997年3月14日，第八届全国人大第五次会议修订了《中华人民共和国刑法》并自1997年10月1日起实施。相较于1979年刑法，1997年刑法进行了大幅度的修改，体现了时代特征和社会的发展变化。将罪刑法定原则、法律面前人人平等原则和罪刑相适应原则确定为刑法的基本原则，充分体现了对基本人权的保障。因此，本题答案为ABC。

2. 答案：CD

1978年宪法是共和国成立后颁布的第三部宪法。与1975年宪法相比，1978年宪法恢复了“五四宪法”中关于公民基本权利和国家机关的某些规定，取消了“七五宪法”中一些不合时宜甚至错误的规定，同时还补充了一些新的条款或表述，反映了时代的要求。由于指导宪法修改的方针、路线依然没有彻底摆脱“文化大革命”的影响，1978年宪法是一部过渡性的宪法，但其为1982年全面修宪奠定了基础。因此本题答案为CD。

3. 答案：ABCD

我国第一部《刑事诉讼法》于1979年7月1日经第五届全国人大第二次会议通过，1980年1月1日开始实施。这部《刑事诉讼法》是在我国法制极不完备的背景下制定的，过于强调国家机关的权力，忽视了对人权的保障。1989年4月4日，第七届全国人民代表大会第二次会议通过《行政诉讼法》，该法自1990年10月1日起施行。现行的《民事诉讼法》于1991年4月9日经第七届全国人大第四次会议审议通过，故AD选项正确。三大诉讼法的制定与实施，标志着我国的司法制度正在步入民主化、法治化的轨道，故B选项正确。改革开放以来，我国的立法活动空前活跃，在非诉讼程序法方面也取得了很大进展，建立了仲裁、调解等制度，故C选项正确。

简答题

1. 1982年12月4日，第五届全国人大第五次会议正式通过了共和国成立后的第四部宪法。1982年宪法是我国社会主义宪法发展史上的一座里程碑，内容和形式上均具有许多优点和进步，主要包括以下四个方面：（1）从宪法层面摒弃了“以阶级斗争为纲”的整体思路，提出“今后国家的根本任务是集中力量进行社会主义现代化建设”，并提出了四个现代化的发展战略和“把我国建设成为高度文明、高度民主的社会主义国家”的长远目标。（2）把建设民主文明的社会主义政治制度确立为国家的根本任务之一。政治体制改革开始推进，政治民主化进程开始启动，明确了国家一切权力属于人民这一重要原则，完善了人民代表大会制度。重新确立了法律面前人人平等，一切国家机关、政党、社会团体、企事业组织和公民个人都必须遵守宪法和法律等原则。（3）确认了经济体制改革全面铺开，改革开放有序推进，并通过规定根本任务和基本原则，为改革开放提供了法律支撑。（4）创造性地设置了特别行政区制度，进一步完善了民族区域自治制度，维护国家统一和民族团结。

2. 1997年刑法是在我国初步建立市场经济的情况下修订的，包括总则、分则、附则三部分。相较于1979年刑法，1997年刑法进行了大幅度的修改，体现了时代特征和社会的发展变化。1997年刑法将罪刑法定原则、法律面前人人平等原则和罪刑相适应原则确定为刑法的基本原则，充分体现了对基本人权的保障。1997年刑法的内容比1979年刑法更为完善，且增强了可操作性，实现了刑法的统一性和完备性，标志着我国刑事立法进入了一个新的历史发展阶段。

论述题与深度思考题

1. 为了适应社会主义现代化建设的需要，1986年4月12日，第六届全国人大第四次会议通过了《中华人民共和国民法通则》，成为改革开放后中国民事立法的重大开端。随着社会主义市场经济体制的建立和完善，我国相继颁布了一系列重要的民商事法律，为形成完整的民商事法律体系打下了牢固的基础。

第一，物权制度方面，制定了《担保法》（1995年6月30日通过，1995年10月1日起施行）、《物权法》（2007年3月16日通过，2007年10月1日起施行）等法律。

第二，合同制度方面，改革开放后，我国先后制定了三部合同法，分别是《经济合同法》（1981年12月13日通过，1982年7月1日生效，1993年9月2日修订）、《涉外经济合同法》（1985年3月21日通过）、《技术合同法》（1987年6月23日通过）。这三部合同法在当时发挥了重要作用，但也存在很多问题。自1992年以建立社会主义市场经济体制为改革目标以来，制定一部统一的、完备的、现代化的合同法就成为一项重要任务。1999年3月15日通过的《合同法》，成为调整市场经济与人们社会生活的一部重要法律。

第三，知识产权制度方面。1982年8月23日第五届全国人大常委会第二十四次会议通过了《商标法》，随着改革开放的深入和经济形势发展，又于1993年2月22日修改了《商标法》。1984年3月12日，第六届全国人大常委会第四次会议通过了《专利法》，1985年4月1日起正式实施。为了使《专利法》进一步与国际接轨，又于1992年9月4日对《专利法》作了重要修改。1985年国家版权局成立。1990年9月7日第七届全国人大常委会第十五次会议通过了《著作权法》。国家版权局于1991年5月30日颁布了《著作权法实施条例》。2000—2001年，为使我国的知识产权法律全面符合世界贸易组织《与贸易有关的知识产权协议》（简称TRIPs）的要求，为加入世界贸易组织创造条件，我国对《专利法》《商标法》再次进行修改，并对《著作权法》进行第一次修改。

第四，婚姻家庭制度方面，制定了《婚姻法》（1980年9月10日通过，1981年1月1日起施行，2001年4月28日修正）、《继承法》（1985年4月10日颁布）、《收养法》（1991年12月29日颁布，1998年11月4日修正）等法律。

第五，侵权责任法律制度方面。2009年12月26日，第十一届全国人大常委会第十二次会议通过了《侵权责任法》，自2010年7月1日起施行。

第六，商事法律制度方面，1993年12月29日第八届全国人大常委会第五次会议通过了《公司法》，自1994年7月1日起施行，该法在实施过程中，又经历了1999年、2004年和2005年三次修订。此外，国家还制定了《海商法》（1992年11月7日通过）、《票据法》（1995年5月10日通过）、《保险法》（1995年6月30日）、《证券法》（1998年12月29日通过）、《证券投资基金法》（2003年10月28日通过）、《企业破产法》（2006年8月27日）等商事法律。

2. 中华人民共和国成立后，民法典的编纂之路较为坎坷。1954年，随着共和国第一部宪法的诞生，全国人大常委会开始组织力量起草民法典，于1956年2月形成草案，包括总则、所有权、债、继承共4编525条。后来的民法草案定稿分为总则、所有权、债、继承共4编443条。由于这一时期我国几乎全盘移植了苏联单一公有制的计划经济体制，因此该草案在体例和内容方面继受了1922年的《苏俄民法典》，但在有的篇章也可略见德国民法典的影响。值得一提的是，该草案对关系到国家经济命脉、作为社会主义制度经济基础的交通、运输、供需、买卖、保险、承揽、租赁、基建等方面的合同作了细致的规定，这一次民法典的起草工作被认为是较为成功的一次民法法典化的尝试。

1962年，在试图发展商品生产和商品交换的背景下，民法典起草工作再次被提上议程。1964年7月，《民法草案（试拟稿）》出炉，共3编24章262条。当时的起草者探索了既不同于《苏俄民法典》，也不同于《德国民法典》的全新体例。

第十九章　香港澳门特别行政区法制

知识逻辑图

- 香港澳门特别行政区法制
  - “一国两制”的形成和法治化
  - 香港澳门法制形成发展的历史
  - 主要法律制度
    - 香港特别行政区主要法律制度
      - 《香港特别行政区基本法》与宪法相关法
      - 民商事法律制度
      - 刑事法律制度
    - 澳门特别行政区主要法律制度
      - 《澳门特别行政区基本法》与宪法相关法
      - 民商事法律制度
      - 刑事法律制度
  - 司法制度
    - 香港特别行政区司法制度
      - 司法机构
        - 审判机构
        - 检察机构
      - 诉讼制度
        - 诉讼程序
        - 陪审制度
        - 律师制度
        - 法律援助制度
      - 区际司法协助
    - 澳门特别行政区司法制度
      - 司法机构
      - 诉讼制度
      - 区际司法协助

名词解释

1. “一国两制”

视频讲题

2. 香港特别行政区基本法

选择题

（一）单项选择题

1. 以下不属于澳门特别行政区刑法体系组成的是（　　）。

A. 《澳门刑法典》

B. 单行刑法

C. 附属刑法

D. 《中华人民共和国刑法》

2. 2020 年 6 月 30 日《香港特别行政区维护国家

安全法》颁布后，香港特别行政区居民唐某某在湾仔地区骑摩托车高速行驶，并随身悬挂印有“港独”标语的旗帜。警察几次尝试将其拦下，均以失败告终，最终，唐某某无视警方警告，撞击警戒线附近的警务人员，对其中三人造成严重伤害。依据香港特别行政区法律，若要对唐某某提起危害国家安全犯罪的诉讼，应由香港特别行政区（　　）行使检控职能。

A. 警务处　　B. 律政司
C. 廉政公署　　D. 检察厅

3. 关于澳门民商事法律，下列说法不正确的是（　　）。

A. 澳门法律本地化工作展开后，澳门采取了民商合一的立法形式
B. 澳葡政府时期，澳门主要的民事法典是《葡萄牙民法典》
C. 澳门民法典采用总则、债、物权、亲属、继承五编制的编纂体例
D. 澳门民法典基本保留《葡萄牙民法典》的内容

4. 关于港英时期的司法机构，下列说法不正确的是（　　）。

A. 最高法院内设高等法院和上诉法院
B. 最高法院享有终审权
C. 设有劳资审裁庭等准司法性质的机构
D. 裁判司署是基层审判机构

视频讲题

5.（　　）是香港特别行政区成文法法例汇编。

A.《香港法例》
B.《香港法典》
C.《香港条例》
D.《香港条例汇编》

6. 根据《澳门特别行政区基本法》，下列表述正确的是（　　）。

A. 澳门特别行政区行政长官在任职期内可以具有外国居留权
B. 澳门特别行政区检察长由行政长官提名，报中央人民政府任命
C. 澳门特别行政区境内的土地和自然资源，全部属于国家所有
D. 澳门特别行政区永久性居民和非永久性居民都享有选举权和被选举权

7. 根据《澳门特别行政区基本法》的规定，澳门特别行政区主要行政长官的当选条件不包括（　　）。

A. 年满 40 周岁
B. 在外国无居留权
C. 在澳门通常居住连续满 20 年
D. 澳门永久性居民中的中国公民

8. 关于香港特别行政区的司法机构，下列说法不正确的是（　　）。

A. 香港特别行政区设立终审法院、高等法院、区域法院、裁判法院和其他专门法庭
B. 香港特别行政区享有独立司法权和终审权
C. 香港特别行政区设有专门行使检控职能的机构
D. 警务处和廉政公署承担部分检察职能

9. 下列关于“一国两制”的说法，不正确的是（　　）。

A. 1978 年宪法的规定为“一国两制”制度的建立提供了法律依据
B. 特别行政区依法实行高度自治，享有行政管理权、立法权、独立的司法权和终审权
C. 1997 年，中国对香港恢复行使主权后，“一国两制”首次从科学构想变为法治现实
D. “一国两制”是维护国家根本利益、保证长期繁荣稳定的制度选择

10. 下列民商事法律中，不在澳门特别行政区直接适用的是（　　）。

A. 澳门民法典
B. 澳门民事诉讼法典
C. 澳门商法典
D. 中华人民共和国民法典

（二）多项选择题

1. 下述能够成为香港特别行政区法律渊源的有（　　）。

A.《香港法例》
B.《香港特别行政区基本法》附件三中的全国性法律
C. 国际条约
D. 中国传统法律与习惯

2.《香港特别行政区基本法》附件三规定的适用于香港特别行政区的全国性法律，主要有（　　）。

A. 有关国家主权象征的法律与决定

B. 有关国家外交方面的法律与决定

C. 有关国家国防方面的法律与决定

D. 有关地方政府组织的法律与决定

3. 英国通过（　　）实现了对香港地区的统治。

A.《天津条约》

B.《南京条约》

C.《中英北京条约》

D.《展拓香港界址专条》

4. 葡萄牙通过（　　）实现了对澳门地区的统治。

A.《中葡天津条约》

B.《中葡里斯本草约》

C.《中葡汉口条约》

D.《中葡北京条约》

5. 关于澳葡时期的司法机构，下列说法正确的是（　　）。

A. 澳门作为葡萄牙的一个法区，只设有初级法院

B. 案件终审权属于葡萄牙法院

C. 澳门享有上诉案件的审理权

D. 澳门不享有抗诉案件的审理权

视频讲题

（三）不定项选择题

1. 下列选项中，属于澳门特别行政区诉讼法律渊源的有（　　）。

A.《民事诉讼法典》　B.《刑事诉讼法典》

C.《行政诉讼法典》　D.《劳动诉讼法典》

2. 根据《香港特别行政区基本法》的规定，香港特别行政区政府行政长官的当选条件包括（　　）。（2019 年法硕真题改编）

A. 年满 40 周岁

B. 在外国无居留权

C. 在香港通常居住连续满 15 年

D. 香港永久性居民中的中国公民

视频讲题

3. 根据《中华人民共和国澳门特别行政区基本法》的规定，澳门特别行政区主要行政官员的当选条件包括（　　）。

A. 年满 40 周岁

B. 在外国无居留权

C. 在澳门通常居住连续满 15 年

D. 澳门永久性居民中的中国公民

简答题

1. 简述香港特别行政区现行法律制度的特点。

2. 简述澳门特别行政区司法机构的设置。

论述题与深度思考题

论述香港特别行政区司法机构与诉讼制度。

参考答案

名词解释

1. “一国两制”是“一个国家，两种制度”的简称，指在一个中国的前提下，国家的主体坚持社会主义制度，在香港、澳门和台湾地区则保留原有的资本主义制度在较长时期内不变的方针政策。1982 年《宪法》第 31 条规定“国家在必要时得设立特别行政区”，为“一国两制”制度的建立提供了直接的宪法依据。中国于 1997 年、1999 年分别对香港、澳门恢复行使主权后，“一国两制”由科学构想变成法治现实。

2. 1990 年 4 月 4 日，全国人民代表大会根据《中华人民共和国宪法》和法定程序制定了《香港特别行政区基本法》。该法规定了在香港特别行政区实行的制度和政策，是“一国两制”方针政策的具体化。

选择题

（一）单项选择题

1. 答案：D

在澳门的刑法体系中，除了刑法典中的刑法规范，还存在由单行刑法和非刑事法律中的刑法规范（附属刑法）组成的特别刑法，特别刑法在司法实践中适用较广。单行刑法是刑法典的补充，主要涉及惩治非法移民、妨碍公共卫生、非法赌博、管制武器及弹药等方面的规定。附属刑法是非刑事法律中带有刑事责任的法律规范。故ABC项都是澳门刑法体系的组成。《中华人民共和国刑法》不在澳门特别行政区适用，故D项不选。

2. 答案：B

《香港特别行政区基本法》第63条规定："香港特别行政区律政司主管刑事检察工作，不受任何干涉。"香港律政司隶属于香港特别行政区政府，负责大多数刑事案件的检控工作。此外，警务处和廉政公署也承担部分检察职能，其中警务处负责检控刑罚较轻的案件，而廉政公署负责贪污贿赂案件的调查工作，但是否提起检控则由律政司决定。危害国家安全的犯罪案件，由律政司专设的国家安全犯罪检控部门负责检控工作，故本题选B。

3. 答案：A

随着1976年葡萄牙国会制定《澳门组织章程》，澳门地区享有了立法自治权。随着澳门法律本地化工作的展开，澳门采取了民商分立的立法形式。澳门立法会和总督开始颁布多种商业法律法令作为对葡萄牙商法的补充。故A选项中"民商合一"错误，本题选择A项。

4. 答案：B

港英时期，香港设有最高法院（内设高等法院和上诉法院）、地方法院、裁判司署以及准司法性质的机构，但香港地区不享有终审权，不服最高法院上诉法院的判决，需向英国枢密院司法委员会提出上诉，故本题选择B。裁判司署是仿照英国治安法院模式建立的基层审判机构，裁判司署内设裁判司法庭、少年儿童法庭和死因研究法庭，D选项正确。

5. 答案：A

《香港法例》是香港特别行政区的成文法法例汇编，包括《民事责任（分担）条例》《破产条例》等民商事成文法，《未成年人监护条例》《婚姻条例》《遗嘱条例》等家事成文法。此外，在知识产权、财经事务、金融机构、雇佣劳工、地政房屋、渔农矿务、环境自然、交通运输、船务港口、电讯广播等领域也有大量成文法。故A选项正确。

6. 答案：B

澳门行政长官在任职期内不得具有外国居留权，不得从事私人赢利活动，故A项错误。中央人民政府任免澳门行政长官、政府主要官员和检察长，B项正确。澳门特别行政区境内的土地和自然资源，除在澳门特别行政区成立前已依法确认的私有土地外，属于国家所有，由澳门政府负责管理、使用、开发、出租或批给个人、法人使用和开发，其收入全部归澳门政府支配，C项错误。澳门永久性居民依法享有选举权和被选举权，D项错误。本题选择B选项。

7. 答案：B

《澳门特别行政区基本法》第46条规定："澳门特别行政区行政长官由年满四十周岁，在澳门通常居住连续满二十年的澳门特别行政区永久性居民中的中国公民担任。""在外国无居留权"不在当选条件中，故本题选B选项。

8. 答案：C

中国对香港恢复行使主权后，香港特别行政区原有法律基本不变，并且享有独立司法权和终审权。香港特别行政区设立终审法院、高等法院、区域法院、裁判法院和其他专门法庭。故A、B选项正确。香港的司法体制中不专门设立行使检控职能的机构，其检控职能由多个行政部门联合行使。故C选项不正确。香港律政司隶属于香港特别行政区政府，负责大多数刑事案件的检控工作。此外，警务处和廉政公署也承担部分检察职能。故D选项正确。

9. 答案：A

1982年《宪法》第31条规定："国家在必要时得设立特别行政区"，为"一国两制"制度的建立提供了直接的宪法依据。故A选项说法不正确。

10. 答案：D

在"一国两制"思想指导下，澳门特别行政区继续保持原有的法律制度，除《澳门特别行政区基本法》附件三中列举的全国性法律之外，中央政府制定的法律并不直接在澳门适用，故本题选D选项。

（二）多项选择题

1. 答案：ABCD

1997年对香港恢复行使主权后，香港特别行政区的法律渊源主要包括全国性法律、《香港特别行政区基本法》、普通法与衡平法、成文法、中国传统法律与习惯及国际条约，故全选。

2. 答案：ABC

根据《香港特别行政区基本法》相关规定，以下宪法性法律和相关全国人大及其常委会决定适用于香港特别行政区：第一，有关国家主权象征的法律与决定，包括《关于中华人民共和国国都、纪年、国歌、国旗的决议》《关于中华人民共和国国庆日的决议》《中华人民共和国政府关于领海的声明》《中华人民共和国国籍法》《中华人民共和国国旗法》《中华人民共和国国徽法》《中华人民共和国国歌法》《中华人民共和国专属经济区和大陆架法》《中华人民共和国领海及毗连区法》等。第二，有关国家外交、国防方面的法律与决定，包括《中华人民共和国外交特权与豁免条例》《中华人民共和国领事特权与豁免条例》《中华人民共和国香港特别行政区驻军法》《中华人民共和国香港特别行政区维护国家安全法》等。第三，有关《香港特别行政区基本法》解释和司法方面的法律与决定，包括《全国人民代表大会常务委员会关于〈中华人民共和国香港特别行政区基本法〉第十三条第一款和第十九条的解释》《中华人民共和国外国中央银行财产司法强制措施豁免法》等。故 ABC 三项正确。

3. 答案：BCD

1842 年，清廷依据《南京条约》被迫将香港岛割让给英国。1860 年，清廷与英国签下《中英北京条约》，明确规定把九龙半岛界限街以南部分纳入香港。1898 年，英国政府以香港的防卫需要加强为由，迫使清廷签订《展拓香港界址专条》。英国通过上述三个不平等条约，实现了对香港地区（包括香港岛、南九龙和新界在内）的统治。故答案为 BCD。

4. 答案：BD

1845 年 11 月 20 日，葡萄牙女王玛丽亚二世擅自将澳门宣布为自由港，并且拒绝向清廷交纳地租银。至 1879 年，除青州外的整个澳门半岛及氹仔、路环两岛，全被葡方非法侵夺。1887 年中葡签订《中葡里斯本草约》《中葡北京条约》，确认中国允许葡国永驻管理澳门以及属澳之地，故 BD 选项正确。

5. 答案：ABD

澳葡时期，澳门作为葡萄牙的一个法区，只设有初级法院，没有上诉法院。直至 1976 年，葡萄牙通过《澳门组织章程》，赋予澳门行政、财政和立法自治权，但是在司法方面，澳门上诉、抗诉案件的审理权及案件的终审权仍属于葡萄牙法院。澳门不享有上诉案件的审理权，故 C 选项错误，不选。正确答案为 ABD。

（三）不定项选择题

1. 答案：ABCD

澳门特别行政区主要由《民事诉讼法典》《刑事诉讼法典》《行政诉讼法典》《劳动诉讼法典》四部诉讼法典构成诉讼法律渊源。因此正确答案为 ABCD。

2. 答案：ABCD

《香港特别行政区基本法》规定，香港特别行政区政府的主要官员由香港通常居住连续满 15 年并在外国无居留权的香港特别行政区永久性居民中的中国公民担任。故本题选 ABCD。

3. 答案：CD

A 选项是澳门特别行政区行政长官的当选条件之一，不选。《澳门特别行政区基本法》第 63 条规定："澳门特别行政区政府的主要官员由在澳门通常居住连续满十五年的澳门特别行政区永久性居民中的中国公民担任。"所以本题选 CD 选项。

简答题

1. 香港法律制度的特点表现为制定法、判例法和习惯法等多种法律形式融合。随着香港特别行政区的成立，在"一国两制"原则指导下，香港继续保持原有的法律制度，除《香港特别行政区基本法》附件三中列举的全国性法律之外，中央政府制定的法律并不直接在香港适用。香港特别行政区的法律渊源主要包括全国性法律、《香港特别行政区基本法》、普通法与衡平法、制定法、中国传统法律与习惯及国际条约。香港一方面吸收或直接适用其原有法律，另一方面根据本地实际情况制定法律，兼采中国传统法律和本地习惯。

2. 恢复行使主权后，依据《澳门特别行政区基本法》相关规定及澳门特别行政区自行制定的《司法组织纲要法》《司法官通则》等配套法律法规，澳门特别行政区设立初级法院、中级法院和终审法院，享有独立的司法权和终审权。澳门检察机构设置采用单一组织架构，即只设置一个检察院，通过在各级法院设立办事处，委派检察长、助理检察长、检察官三个不同级别的司法检察官就任于对应级别的法院中，代表检察院履行法定职责。

论述题与深度思考题

第一，司法机构。港英时期，香港设有最高法院（内设高等法院和上诉法院）、地方法院、裁判司署以及准司法性质的机构，但香港地区不享有终审权，不服最高法院的判决，需向英国枢密院司法委员会提出上诉。中华人民共和国政府对香港恢复行使主权后，香港特别行政区原有法律基本不变，并且享有独立司法权和终审权。香港特别行政区设立终审法院、高等法院、区域法院、裁判法院和其他专门法庭。香港的司法体制中不专门设立行使检控职能的机构，其检控职能由多个行政部门联合行使。香港律政司隶属于香港特别行政区政府，负责大多数刑事案件的检控工作。此外，警务处和廉政公署也承担部分检察职能。

第二，诉讼制度。香港法律依据诉讼目的，将诉讼划分为民事诉讼和刑事诉讼。在民事诉讼程序方面，香港不同级别的法院受理民事案件的程序有所不同。一般的民事诉讼可以分为入禀答辩、备审、审讯、执行判决和上诉五个阶段。在刑事诉讼程序方面，根据犯罪的类型不同，大体可以分为简易审判程序和公诉审判程序，刑事诉讼中罪行极其严重的案件，在审判过程中适用陪审团制度，即法律问题由法官决定，判案定罪由陪审团决定。

综合测试题（一）

一、名词解释（每题 5 分，共 15 分）

1. “八议”“官当”（考研）
2. “质剂”（考研）
3. “会审公廨”（考研）

二、单项选择题（下列四个备选项中只有一个选项是正确的。每小题 1 分，共 20 分）

1. “观其眸子，视不直则眊然”，即观察当事人眼睛与视觉，无理则双目失神。这就是“五听”制度中的（　　）。

A. “色听”　B. “目听”　C. “辞听”　D. “气听”

2. 在夏朝以前，王位实行（　　）。

A. 世袭制　B. 禅让制　C. 选举制　D. 轮流制

3.《吕刑》又称为（　　）。

A. 周刑　B. 甫刑　C. 九刑　D. 汤刑

4. 西周时期在定罪量刑时区分“眚”和“非眚”，二者是指（　　）。

A. 故意和过失　B. 主犯和从犯　C. 自首和告发　D. 主犯和从犯

5. 在汉代买卖契约叫（　　）。

A. 傅别　B. 质剂　C. 券书　D. 租契

6. 在爵位继承方面，汉代实行（　　）。

A. 嫡长子继承制　B. 遗嘱继承制　C. 诸子继承制　D. 幼子继承制

7. 汉代时期创立“春秋决狱”制度的特点是（　　）。

A. 论心定罪　B. 亲亲得相首匿　C. 老幼恤刑　D. 秋冬行刑

8. 在唐代中央三大法司中，刑部主掌复核，凡州县审理的哪种类型以上案件必须报刑部复核？（　　）

A. 流刑　B. 死刑　C. 徒刑　D. 杖刑

9. 两宋的法制指导思想不包括（　　）。

A. 加强中央集权，防止割据分裂　B. 重点治“贼盗”

C. 先刑后教　D. 义利并用，重视经济立法

10. 元朝时，各地僧侣的狱讼大案由地方官审理后，要上报中央的审判机关（　　）。

A. 大宗正府　B. 刑部　C. 宣政院　D. 枢密院

11. 南京国民政府“六法”包括（　　）。

A. 宪法、民法、商法、刑法、民事诉讼法、刑事诉讼法

B. 宪法、民法、刑法、行政法、民事诉讼法、刑事诉讼法

C. 宪法、民法、军法、民事诉讼法、刑事诉讼法

D. 宪法、民法、刑法、经济法、民事诉讼法、刑事诉讼法

12. 西周初年，为了更好地统治被征服的殷商人，在商人集中的地方准许适用一些不与周朝法律相冲突的商朝习惯法，称为（　　）。

A. 遗训　　B. 殷彝　　C. 先法　　D. 诰

13. 西周时期，买卖兵器、珍异等小件物品使用的较短契券称为（　　）。

A. 傅　　B. 别　　C. 质　　D. 剂

14. “十恶”中危害封建家庭秩序的是（　　）。

A. 内乱　　B. 谋叛　　C. 大不敬　　D. 谋大逆

15. 凌迟成为法定刑是在（　　）。

A. 宋代　　B. 五代　　C. 元代　　D. 明代

16. 北洋政府制定的第一部宪法草案是（　　）。

A. “五五宪草”　　B. “天坛宪草”

C.《中华民国约法》　　D.《中华民国临时政府组织大纲》

17.《训政纲领》规定：在国民党全国代表大会闭会期间，政权的行使由（　　）。

A. 国民政府执行　　B. 行政院执行

C. 国民党中央执行委员会执行　　D. 立法院执行

18. 人民调解制度发端于（　　）。

A. 中国共产党工农民主政权时期　　B. 中国共产党抗日民主政权时期

C. 解放战争时期　　D. 中华人民共和国成立后

19.《中华苏维埃共和国宪法大纲》规定对居住在苏区从事劳动的哪种人给予法律规定的一切政治权利？（　　）

A. 地主　　B. 资本家　　C. 苏联人　　D. 外国人

20. 明代地方三级司法机关分为（　　）。

A. 道、府、县　　B. 省、府、县　　C. 省、州、县　　D. 省、县、申明亭

三、多项选择题（下列四个备选项中有二至四个选项是正确的，多选或少选均不得分。每小题 2 分，共 20 分）

1. 以下属于“重罪十条”规定罪行的是（　　）。（考研）

A. “反逆”　　B. “不义”　　C. “恶逆”　　D. “叛”

2. 北齐时期正式设置大理寺，它的正副长官是（　　）。

A. 大理寺卿　　B. 廷尉　　C. 少卿　　D. 提督

3. 服制是中国封建社会以丧服为标志，区分亲属的范围和等级的制度。属于服制制度亲等的是（　　）。

A. “齐衰”　　B. “大功”　　C. “斩衰”　　D. “小功”

4. 以下哪些属于三国两晋南北朝时期司法机构发生的变化？（　　）

A. 北齐时期正式设置大理寺　　B. 尚书台地位提高

C. 御史台权力增强　　D. 建立三省六部制

5. 以下哪些属于《井冈山土地法》的原则错误？（　　）

A. “没收一切土地而不是只没收地主土地”

B. “土地所有权属政府而不是属农民，农民只有使用权”

C. “男女老幼平均分配土地”

D. “禁止土地买卖”

6.《资政新篇》包括以下部分：（　　）。

A. 用人察失　　B. 法法　　C. 风风　　D. 刑刑

7. 以下属于宋代编敕活动的有（　　）。

A. 宋太祖时《编敕》　　B.《太平兴国编敕》　　C.《天圣编敕》　　D.《大中祥符编敕》

8. 汉律规定，不准以违禁物品与匈奴互市，违者治罪主要包括（　　）。

A. 兵器　　B. 铁　　C. 马匹　　D. 铜钱

9. 1906年，清廷提出“仿行宪政”，按统治者自己的意图，认为立宪有三大利，包括（　　）。

A. 皇位永固　　B. 外患渐轻　　C. 国力增强　　D. 内乱可弭

10. 元朝把臣民分为四个等级，下列属于这四等级划分的是（　　）。

A. 南人　　B. 色目人　　C. 蒙古人　　D. 外国人

11. 中国古代关于德与刑的关系理论，经历了一个长期的演变和发展过程。下列哪些说法是正确的？（　　）

A. 西周时期确立了“以德配天，明德慎罚”的思想，以此为指导，道德教化与刑罚处罚结合，形成了当时“礼”“刑”结合的宏观法制特色

B. 秦朝推行法家主张，但并不排斥礼，也强调“德主刑辅，礼刑并用”

C. 唐律“一准乎礼，而得古今之平”，实现了礼与律的有机统一，成为中华法系的代表

D. 宋朝以后，理学强调礼和律对治理国家具有同等重要的地位，二者“不可偏废”

四、不定项选择题（下列四个备选项中有一个或多个选项是正确的，多选或少选均不得分。每小题2分，共10分）

1. 唐朝法律规定不得拷讯的疑犯是（　　）。

A. 享有八议等特权　　B. 孕妇、残废人　　C. 年七十以上　　D. 十五以下

2. 宋太祖时期“务限法”规定的大理寺断案的时限内容是（　　）。

A. 大事限三十日　　B. 中事限十五日　　C. 中事限二十日　　D. 小事限十日

3. 汉文帝没有改革的肉刑有（　　）。

A. 墨刑　　B. 黥刑　　C. 斩左趾　　D. 宫刑

4. 三国两晋南北朝时期，为了体现恤刑及加强皇帝对司法审判的控制，创立了（　　）。

A. 律博士　　B. 登闻鼓直诉制度

C. 死刑复奏制度　　D. 皇帝亲自断狱制度

5. 为管理官营手工业，秦朝制定的法规中与此有关的不包括（　　）。

A.《盗律》　　B.《均工律》　　C.《工人程》　　D.《工律》

五、简答题（每题8分，共16分）

1. 简述夏朝的法制指导思想。

2. 简述《法经》的意义。

六、分析题（本题7分）

材料一：

取妻如之何？必告父母。（《诗·齐风·南山》）

取妻如之何？匪媒不得。（《诗·豳风·伐柯》）

昏（婚）礼者，将合二姓之好，上以事宗庙，而下以继后世也，故君子重之，是以昏礼纳采、问名、纳吉、纳征、请期，皆主人筵几于庙，而拜迎于门外，入揖让而升，听命于庙，所以敬慎重正昏礼也。（《仪礼·昏义》）

取妻不取同姓，故买妾不知其姓，则卜之。（《礼记·曲礼》）

材料二：

妇有七去：不顺父母去，无子去，淫去，妒去，有恶疾去，多言去，窃盗去……妇有三不去：有所取，无所归，不去；与更三年丧，不去；前贫贱，后富贵，不去。（《大戴礼记·本命》）

请运用中国法制史的知识和理论，分析上述材料并回答下列问题（考研）：

（1）根据材料一，概括西周婚姻成立的条件。

（2）材料二中“七去三不去”的离婚原则是如何体现宗法伦理精神的？

（3）西周婚姻制度对后世婚姻立法有什么影响？

七、论述题与深度思考题（本题12分）

试论述西周时期的法制指导思想。

参考答案

一、名词解释

1. “八议”制度源于西周时期“八辟之议”的主张，曹魏时期“八议”正式入律，形成了“八议”之制。“八议”是指“议亲”“议故”“议贤”“议能”“议功”“议贵”“议勤”“议宾”。自曹魏以后，“八议”遂成为历代封建法律的重要内容。“官当”是指封建社会允许官吏以官爵折抵徒罪的一种特权制度，正式规定在《北魏律》与《陈律》中。南朝《陈律》规定：凡以官抵折徒刑，同赎刑结合使用，如官吏犯罪应判四年至五年徒刑，准许当徒两年，其余年限服劳役；若判三年徒刑，准许以官当徒两年，剩余一年可以赎罪。“官当”制度的形成，表明封建特权法的进一步发展。

2. “质剂”是适用于买卖关系中的契约形式。其中“大市以质，小市以剂”。质剂是长短不同的两种契约券书，凡人口、牲畜之类的大宗交易谓之“大市”，使用“长券”，即质；而器具、珍异之类的小宗交易则称为“小市”，使用“短券”，即剂。

3. “会审公廨”又称为会审公堂，是1864年英、美、法三国驻上海领事借小刀会起义之机，要挟清朝政府同意在外国租界内设立的特殊审判机构。“会审公廨”制度的确立，也是外国在华领事裁判权的扩充和延伸。

二、单项选择题

1. 答案：B

此题测试的是中国早期的审判制度。

“五听”是西周时期审理案件时判断当事人陈述真伪的五种方式。其中“目听”要求“观其眸子，视不直则眊然”，即观察当事人眼睛与视觉，无理则双目失神。

2. 答案：B

此题测试的是我国奴隶社会之前的王位继承制度问题。

据史书记载，在中国的原始部落时期，部落联盟的首领尧，将自己死后的首领位置传给能干的舜。舜也效法尧，将自己的首领地位传给了治水有功的禹，而没有传给自己的儿子。尧舜禹三代没有实行传子制，而是将首领位置传给大家信服的人，这就是所谓的“禅让制”。禅让的传说是原始社会里民主、平等精神的反映，随着社会的发展，权力和财富世袭的条件日益成熟，世袭制代替禅让制是历史发展的必然。因此本题应该选B。

3. 答案：B

此题测试的是西周时期的立法问题。

西周周穆王时期，为了革新政治，进行了一系列的改革，其中的一项是命令当时吕国的诸侯兼周王朝司寇的吕侯作“吕刑”。关于“吕刑”的具体内容已经无从考察，但是《尚书·吕刑》记载了这次立法活动的主要内容，它重在强调要贯彻周初的“明德慎罚”的思想，指出国家司法从选择司法官吏到具体执法的各个环节都必须慎重、崇德。后来因为吕国改称甫，吕侯改称“甫侯”，所以“吕刑”也称为“甫刑”。因此本题选择B项。

4. 答案：A

此题测试的是西周时期的刑罚适用原则问题。

在西周时期，刑罚的适用已渐趋成熟，形成了一系列刑罚适用原则。表现在对犯罪的衡量上，故意与过失、偶犯与惯犯在观念上已有所区别。在上古的书籍中，过失被称为“眚”，故意就是“非眚”。相传周公曾代表成王作《康诰》，告诫他定罪量刑时要充分考虑犯罪的主观要件，说如果人犯小罪，却不是出于过失，而是惯犯，就不可不杀；反之，罪虽大，但不是惯犯，又出于过失，就不可处死。所以在西周时期，故意犯罪和惯犯都要从重处罚，过失犯罪及偶犯则可减轻处罚。所以“眚”和“非眚”，指的就是故意和过失。所以本题应该选A项。

5. 答案：C

此题测试的是汉代的契约制度问题。

两汉时期，随着商品经济的发展，债的关系很普遍，凡买卖、借贷、租赁等关系的建立，大都订立契约，作为法律依据。在汉代，买卖契约叫作“券书”。买卖关系的建立，要订立契约，一式两份，买卖双方各执其一，日后发生纠纷就以契约为证。凡属个人所有的财物，均可自行买卖，成交之后订立契约。各种买卖契约，格式大体一致，其中包括买卖日期、标的、价钱、双方姓名、见证人等，是日后的证据。可见“券书”具有重要的法律意义。因此本题应该选C项。

6. 答案：A

此题测试的是汉代的身份继承制度问题。

汉朝受儒家“三纲”思想的影响，在继承制度上，王位、爵位等身份实行嫡长子继承制，所谓“父子相传，汉之约也”。汉律有关于“非子”和“非正”的规定，所谓“非子”是指非亲生子，所谓“非正”是指非嫡妻之子。史书上记载，汉律不能承认非亲生子、非嫡妻之子有爵位继承权。这一规定旨在保障贵族的权位传给真正的后代，不致紊乱“纪纲”。所以本题应选A项。

7. 答案：A

此题测试的是汉代“春秋决狱”的宗旨问题。

汉武帝“罢黜百家，独尊儒术”之后，汉律出现儒家化的倾向，儒家学说对立法、司法都产生了很深的影响，“春秋决狱”就是其中一个重要表现。它是指以《春秋》的“微言大义”作为司法审判的根据，特别是决断案件的重要依据。“春秋决狱”最重要的原则是“论心定罪”，即以犯罪者的主观动机是否符合儒家的忠孝精神定罪，若符合，即使其行为构成社会危害，也可以减轻刑罚；若相反，犯罪人的主观动机严重违反儒家倡导的忠孝精神，即使没有构成严重危害后果，也要认定为犯罪，并予以严惩。因此“春秋决狱”的宗旨就是“论心定罪”，本题应选A项。

8. 答案：C

此题测试的是唐代的审判制度问题。

在隋唐时期，中央设置大理寺、刑部、御史台三大司法机构。刑部是中央司法行政机关，执掌案件复核权，即负责复核大理寺判决的徒、流刑案件，以及州县判决的徒刑以上案件，并有权受理在押犯申诉案件，如有可疑可令原机关重审，死刑案件移交大理寺重审。唐代地方司法机关明确了审判分工，各县只能审理杖刑以下的案件，徒刑案件须申报州一级审理，流刑则要由大理寺审理，再移送刑部复核。各州县审理的徒刑以上的案件也要送刑部复核。这一制度体现了对司法审判的慎重。因此本题应选C项。

9. 答案：C

此题测试的是宋代的立法指导思想问题。

宋朝时，社会关系发生了很大变化，要求统治阶级必须强化封建统治权。宋初统治者总结了唐末五代“君弱臣强”导致变乱的历史教训，确立了中央集权的基本国策，大力加强法律对社会的全面控制，防止割据分裂。同时针对农民起义蜂起的形势，确立了重点治“贼盗”的立法指导思想。另外宋代统治者重视民商事和经济立法，强调“通商惠工”“政丰”“理财”。所以A、B、D三项所说都是宋代的立法指导思想。而“德本刑用”则是唐代统治者在总结隋亡教训的基础上确立的，唐统治者提出“德礼为政教之本，刑罚为政教之用”的立法指导思想，因此“德本刑用”不是宋代立法的指导思想。本题应该选C项。

10. 答案：C

此题测试的是元代司法制度问题。

佛教在元代被奉为国教，僧侣的地位是极高的，受到法律的特殊保护，在刑罚适用上也受到区别对待。在元朝，僧侣即使犯奸盗、诈伪重罪，有司也不得审问，须报宣政院审理，犯轻罪的由寺院主持自理。地方官府碰到僧侣犯大案的，审理后也要上报宣政院。宣政院是中央专门设立的宗教审判机关，负责僧侣案件的处理。这反映了在刑罚适用上的僧俗间极端不平等原则。因此本题选C项。

11. 答案：B

此题测试的是南京国民政府的“六法”体系问题。

南京国民政府统一全国以后立法活动相对频繁，制定了民法典和刑法典，并且通过了宪法，编修了诉讼法，逐渐形成了形式上比较完备的法律体系。现在人们习惯上把国民党政权的法律制度简称为“六法全书”或“六法”。实际上它是指国民党政权的法律体系的基本框架由六大类基本法典所构成，即宪法、民法、刑法、行政法、民事诉讼法和刑事诉讼法。当时立法者接受了民商合一的观念，所以商法并不独立，没有将其纳入“六法”体系。在这些核心法典之下，又有一整套的关系法规，形成了严密的层次分明的法规系统。因此本题应该选B项。

12. 答案：B

此题测试的是西周的法律形式问题。

西周时期，法律规范已经发展到比较成熟的阶段，表现形式出现多样化。除传统的“誓”“诰”“命”等王命以外，不公开的刑书和以“礼”为具体表现形式的周族习惯法也占有相当的比重。另外，由于周朝是在征服商代以后建立起来的，所以在西周初年，为了更好地统治被征服的殷商人，在商人集中的地方准许适用一些不与周朝法律相冲突的商朝习惯法，称为“殷彝”，它实际上是商代法律的沿用。因此本题应选B项。

13. 答案：D

此题测试的是西周时期的契约法律关系问题。

西周时期，中国奴隶社会出现了契约制度，其中，契约形式有两种，称为“质剂”和“傅别”，“质剂”是适用于买卖关系的契约形式，“傅别”是适用于借贷关系的契约形式。而“质”与“剂”也分别适用于不同的买卖关系。所谓“大市以质，小市以剂”，就是说凡买卖奴隶、牛马须使用较长的契券，称作“质”；凡买卖兵器、珍异等小件物品则使用较短的契券，称作“剂”。因此本题应选D项。

14. 答案：A

此题测试的是“十恶”的内容问题。

“十恶”是隋、唐、宋法律中规定的直接危及君主专制政权、封建统治秩序和严重破坏封建伦常关系的重大犯罪行为。隋朝的《开皇律》正式形成了“十恶”制度，它包括谋反、谋大逆、谋叛、恶逆、不道、大不敬、不孝、不睦、不义、内乱等十种犯罪。其中谋叛是指图谋背叛朝廷，投奔外国的犯罪；谋大逆是指图谋毁坏宗庙、陵寝及宫阙的犯罪；大不敬是指盗窃大祀神御之物，盗窃伪造御宝等无人臣之礼方面的犯罪。这三种都是侵犯统治秩序的犯罪。而内乱是指奸小功以上亲，或父、祖妾的犯罪，所以内乱是危害家庭秩序的犯罪。因此本题应选A项。

15. 答案：A

此题测试的是凌迟刑的历史沿革问题。

凌迟是指以利刃残害犯人肢体，然后缓慢致其死命的残酷刑罚。凌迟刑最早用于五代时期，但属于法外刑。宋仁宗时在法定绞、斩死刑外，增设凌迟刑，用以惩治湖北地区以妖术杀人的犯罪。南宋凌迟刑适用越来越广，宁宗颁布《庆元条法事类》的时候，凌迟刑成为法定刑，与绞、斩并用，并且这种酷刑在封建社会一直被沿用，至清末法制改革时才被废除。因此凌迟刑是在宋代时候被确立为法定刑并广泛使用的。本题应选A项。

16. 答案：B

本题考查的是北洋政府时期的宪法性文件。

“天坛宪草”是北洋政府制定的第一部宪法草案。1913 年 4 月，国会召开后，遂组织宪法起草委员会，于 10 月 31 日通过了《中华民国宪法草案》。因该委员会办公地点设在北京天坛的祈年殿，故这部宪法草案又称“天坛宪草”。“天坛宪草”共 11 章 113 条。“天坛宪草”在很大程度上体现了国民党企图以法律制袁的苦心。

17. 答案：C

本题考查的是南京国民政府时期的立法。

《训政纲领》于 1928 年 10 月由国民党中央常务会议通过，是国民党进入“训政”时期以后的纲领性文件，规定：在“训政时期”，由国民党全国代表大会代表国民大会，领导国民行使政权。在国民党全国代表大会闭会期间，则由国民党中央执行委员会行使政权。

18. 答案：A

本题考查的是工农民主政权时期的司法审判制度。

人民调解制度最早发端于第一次国内革命战争时期的工农运动中。第二次国内革命战争时期的革命根据地里，人民调解制度就以法律的形式被规定在政府组织条例中。抗日战争中，人民调解制度得到普遍的发展。

19. 答案：D

本题考查的是苏维埃共和国时期的立法。

《中华苏维埃共和国宪法大纲》规定了苏维埃国家的外交政策。宣布中华民族完全自由独立，不承认帝国主义在中国的特权及不平等条约。与世界无产阶级和被压迫民族站在一起，苏联是巩固的同盟者。对受迫害的世界革命者给予保护。对居住在苏区从事劳动的外国人给予法定的政治权利。

20. 答案：B

本题考查的是明朝时期的司法机构。

明朝司法机关分为省、府、县三级。省设提刑按察司，有权判处徒刑以下案件。府、县两级实行行政司法合一体制。

三、多项选择题

1. 答案：ABCD

此题测试的是“重罪十条”的内容问题。

“重罪十条”始于北齐律，就是后世封建法典的“十恶”。它是将危及封建国家根本利益的十条最严重的罪名，集中置于律首，以强调这十种犯罪是打击的主要对象。北齐律规定的重罪十条分别是：反逆、大逆、叛、降、恶逆、不道、不敬、不孝、不义、内乱。犯这十种罪的，不在“八议”的范围之内。隋唐直至明清封建法典所规定的“十恶”，就是在此基础上稍加损益而成的。北齐律所规定的“重罪十条”包罗了封建宗法制度的各个方面，进一步把礼法结合起来，使法律更好地维护君主至高无上的权力和封建统治的秩序。本题的四个选项均属“重罪十条”的范围，故都应选。

2. 答案：AC

此题测试的是北齐时期的司法制度问题。

秦汉以来，中央司法机关一直是九卿之一的廷尉，汉代曾一度改为大理，但不久又复为廷尉，北齐时将廷尉改为大理寺，从此，大理寺是九寺之一，为最高司法机关。大理寺长官叫卿，副长官叫少卿，下设丞、正、监、平各一人，律博士四人。北齐正式设立大理寺，扩大了中央司法机构，增强了中央司法机构的审判职能，为后世王朝健全这一机构奠定了重要的基础。因此本题应选 AC 项。

3. 答案：ABCD

此题测试的是我国古代的服制制度问题。

“服制”本是中国古代以丧服为标志，规定亲属之间亲疏远近的一种制度。封建服制把亲属分为五等：斩衰亲、齐衰亲、大功亲、小功亲和缌麻亲。服制不仅确定继承与赡养等权利和义务关系，而且确定了亲属相犯时刑罚轻重适用的原则。《晋律》首立“准五服以制罪”的制度，在刑法适用上，凡服制愈近，以尊犯卑，处罚愈轻；以卑犯尊，处罚愈重。凡服制愈远，以尊犯卑，处罚变重；以卑犯尊，处罚变轻。“准五服以制罪”制度的确立，是封建法律儒家化的重要标志之一，其影响广远，直至明清。本题四项所述均属服制制度的亲等，因此应选 ABCD 项。

4. 答案：ABC

此题测试的是三国两晋南北朝时期司法机构变化问题。

三国两晋南北朝时期，司法机构发生了较大的变化，主要表现在三个方面：(1) 北齐时正式设置大理寺，以大理寺卿和少卿为正副长官。大理寺由廷尉扩大改称而成，增强了中央司法机构的审判职能，为后世王朝健全这一机构奠定了重要基础。(2) 御史台权力增强，晋以御史中丞为御史台主，权能极广，受命于皇帝，有权纠举一切不法案件。又设黄沙狱治书侍御史，纠举审判官吏的不法行为。(3) 尚书台地位提高，其中的“三公曹”与“二千石曹”执掌司法审判，同时掌管囚账，这为隋唐时期刑部尚书执掌审判复核提供了前提。因此本题应选 ABC 项。

5. 答案：ABD

本题考查的是《井冈山土地法》的历史地位。

《井冈山土地法》是工农民主政权时期土地立法的代表。由于缺乏经验，这个土地法有几个错误：(1) 没收一切土地而不是只没收地主土地；(2) 土地所有权属政府而不是属农民，农民只有使用权；(3) 禁止土地买卖。这些都是原则性错误。

6. 答案：ABCD

本题考查的是太平天国时期的立法。

1856 年太平天国发生内讧，革命形势急剧逆转，法纪日渐松弛。为了改革时弊，挽救太平天国革命，1859 年担任军师的干王洪仁玕总理朝政不久，即向天王洪秀全提交了《资政新篇》，要求“革故鼎新”，仿照西方资产阶级国家，建立起使中国富强的政治法律制度。《资政新篇》共分为《用人察失》《风风》《法法》《刑刑》四部分。

7. 答案：ABCD

本题考查的是宋朝时期的立法。

敕是皇帝对特定的人和事以及特定的区域所颁布的诏令，为一时之权制，不具有普遍的法律效力。但众多的散敕被分类汇编，经皇帝批准颁行后便具有了普遍的法律效力，即所谓的编敕。编敕是宋朝最重要的经常的立法活动。自太祖制定《建隆新编敕》后，凡新登基的皇帝都要编敕，重要的编敕有太宗时期的《太平兴国编敕》、真宗时期的《大中祥符编敕》以及仁宗时期的《天圣编敕》等。

8. 答案：ABCD

本题考查的是西汉时期的对外贸易。

汉律规定，不准以违禁物品与匈奴互市，主要是不准内地商贾以铁、兵器、马匹、铜钱与匈奴贸易，违者治罪。因为铁是制造兵器的材料，其他各种也属战略物资。汉律也把匈奴的某些物品列为“禁物”，不准购买，违者同样治罪。

9. 答案：ABD

本题考查的是清末时期的预备立宪。

经五大臣出洋考察宪政，清末统治者认为立宪有三大利处：一曰皇位永固，二曰外患渐轻，三曰内乱可弭。1906 年 9 月，清廷颁发预备立宪上谕，以“大权统于朝廷，庶政公诸舆论”为立宪根本原则。

10. 答案：ABC

本题考查的是元朝时期的民族不平等政策。

蒙古族建立元朝之后，对辖区内的居民实行“分而治之”的政策，将全国人口分为四等：最高等级的是蒙古人，其次为色目人，再次为汉人，最低等级的为原南宋统治地区的南人。

11. 答案：ACD

西周时期形成了“以德配天，明德慎罚”的基本政治观和治国方针，在这一观念的指引下，西周统治者把道德教化即“礼治”与刑罚处罚相结合，西周时期各种具体法律制度形成了“礼”“刑”结合的宏观法制特色。秦朝采用法家的治国思想，主张重刑主义，推行严刑峻法，并不推崇“德主刑辅，礼刑并用”。唐朝承袭和发展了以往礼法并用的传统，使得法律“一准乎礼”，完成了法律儒家化进程，真正实现了礼与律的结合。宋代以降，在处理德、刑关系上始有突破，宋代理学家朱熹首先对“明刑弼教”作出新阐释，提高了礼、刑关系中刑的地位，认为礼、律二者对治国同等重要，“不可偏废”。

四、不定项选择题

1. 答案：ABCD

本题考查的是唐朝时期的司法审判制度。唐朝时期进行司法审判的时候对刑讯作了一定的限制，规定对享有八议等特权的，孕妇、残废人，年七十岁以上以及十五岁以下的不得使用刑讯。

2. 答案：ACD

本题考查的是宋朝时期的司法审判制度。“务限法”是农务繁忙季节中停止民事审判的制度。“务”指农务。每年二月初一日“入务”，即开始进入农忙季节，直到九月三十日止，属于“务限”期，在“务限”期内州县官府停止受理有关田宅、婚姻、债负、地租等民事案件。限满之日即十月一日，称“务开”，方可受理审判上述民事诉讼，直至次年入务日为止。刑事审判方面，宋太祖时规定大理寺断案，大事限三十日，中事限二十日，小事限十日；刑部大事限十五日，中事限十日，小事限五日。太宗时把大理寺的大事期限缩短为二十五日。地方审判机关大事限四十日，中事限二十日，小事限十日，过限者罚。

3. 答案：D

本题考查的是西汉时期的刑制改革。汉文帝进行的刑制改革中将墨刑、黥刑和斩左趾都作了替换，唯独宫刑没有得到废除。

4. 答案：C

本题考查的是三国两晋南北朝时期的司法审判制度。“死刑复奏制度”体现恤刑及加强皇帝对司法审判的控制。为了减少错杀无辜，在三国两晋南北朝时期开始将死刑权收归中央。三国时期魏明帝曾规定：除谋反、杀人罪外，其余死刑案件必须上奏皇帝。这是最早关于“死刑复奏制度”的规定。

5. 答案：A

本题考查的是秦朝时期的立法。秦代制定诸如《工律》《工人程》《均工律》等经济法规，对手工业，特别是官营手工业进行管理。《盗律》属于刑事法律。

五、简答题

1. 在夏、商两代，神权法思想一直是占统治地位的法制指导思想，它是原始自然宗教与阶级社会有政治目的的天神崇拜和祖先崇拜相结合的产物。夏、商统治者出于稳定奴隶制社会秩序的需要，把天上的至上神与王的祖先神合二为一，把王罚与天罚沟通起来借以增强地上的王权。

2. 第一，《法经》初步确立了传统法典的体例和基本原则，是中国古代第一部比较系统的法典，标志着中国古代的立法技术已开始走向成熟，成为后世立法的滥觞。第二，《法经》的出现有利于司法的统一，便于司法官准确适用法律和定罪量刑。第三，《法经》的出现有利于立法的系统化，使立法活动在兼顾历史沿革和横向联系的科学环境中进行，避免重复和抵牾。第四，《法经》将实体法（《盗法》《贼法》《杂法》）和程序法（《囚法》《捕法》）大致区分开来，有利于按客观规律指导法律实践活动。第五，《法经》的出现，有利于法律文献的整理、修订、解释和研究。

六、分析题

(1) 材料一反映出西周婚姻成立的条件有：父母之命，媒妁之言；符合“六礼”，即纳采、问名、纳吉、纳征、请期、亲迎；同姓不婚。

(2) 西周婚姻关系的解除遵循“七去”原则，其内容的设置和权利的行使都以男方家族利益的保护为中心，旨在保障家族的稳定和延续，也体现出明显的男尊女卑观念。“三不去”对男方单意休妻有一定的限制，但实质并非维护女子权益，出发点仍然是维护礼治和倡导宗法伦理道德。

（3）西周婚姻制度对后世的婚姻立法产生了深远影响。汉唐乃至明清，各朝法律中关于婚姻成立和解除的规定，大体没有超出西周婚姻制度的内容。后世婚姻立法均是在西周婚姻制度的基础上损益而成的。

七、论述题与深度思考题

西周建立之初，面临着艰难复杂的政治局面。商朝末年纣王倒行逆施，引起社会动荡，民怨沸腾，以至商王朝在很短的时间内即分崩离析，这种严酷的政治现实迫使刚刚夺得政权的西周统治者不得不尽心竭力谋求国家天下的长治久安。在这种历史背景下，他们一方面继承了夏、商以来的神权法思想，仍然以“天讨”“天罚”等神权政治观来证明自己推翻商朝暴政、统治天下的合法性；另一方面，基于现实的政治需要，西周统治者修正了传统的神权政治学说，并确定了周王朝新的统治策略，从而提出了“以德配天”“明德慎罚”“刑罚世轻世重”等一系列新的法制指导思想。

（1）“以德配天”。

所谓“以德配天”，其“德”的要求主要包括三个基本方面：敬天、敬宗、保民，也就是要求统治者恭行天命，尊崇天帝和祖宗的教诲，爱护天下的百姓，做有德有道之君。与夏、商相比，西周这种以德为核心的天命观高度重视“民”的重要性，即所谓“天视，自我民视；天听，自我民听”，“民之所欲，天必从之”，认为民心向背决定着王朝的盛衰、兴亡，而统治者能否行“德政”又关系到民心的向背。

（2）“明德慎罚”。

“以德配天”思想具体落实到法制领域便是“明德慎罚”。这种“明德慎罚”的法律主张要求统治者首先要用“德教”的办法来治理国家，也就是通过道德教化的手段使天下人民臣服，在制定法律、实施刑罚时应当宽缓、谨慎，而不应一味地用严刑重罚来迫使臣民服从。正是在这种“明德慎罚”思想的指导下，西周各代统治者把道德教化与刑罚镇压结合起来，形成了西周时期“礼”“刑”结合的法制特色。

“明德慎罚”的具体要求可以归纳为“实施德教，用刑宽缓”。其中“实施德教”是前提，是第一位的。对于“德教”的具体要求，周初统治者逐渐扩展为内容广博的“礼治”，即要求君臣上下父子兄弟都按既有的“礼”的秩序去生活，从而达到一种和谐安定的境界，使天下长治久安。著名的“周公制礼”便是这种“礼治”思想的具体实施。至于“用刑宽缓”则集中体现在西周的各项刑罚适用原则之中。

（3）“刑罚世轻世重”。

自夏、商以来，历代统治者不断运用刑罚手段来镇压一切反抗，维护自己的专制统治，逐渐积累了不少的法制经验。至西周初期，统治者们在政治上、法律上更加成熟，他们在总结前代立法用刑经验的基础上提出了“刑罚世轻世重”理论，并以此来指导周王朝的法律实践。“刑罚世轻世重”是指应根据时世的变化来确定用刑的宽与严、轻与重，具体内容是：“刑新国用轻典，刑平国用中典，刑乱国用重典。”也就是认为，刚夺取政权、建立国家之初，立法用刑当偏于轻缓，以稳定人心；至国家安定之时，则应用刑平和，不偏轻亦不过重，保持宽严适中；当国家动乱不安时，则应“重典治乱世”，用严刑重罚来维持社会秩序。

（4）西周法制指导思想的影响。

西周时期“以德配天”“明德慎罚”的法制指导思想是在夏、商两代“王权神授”“天讨”“天罚”神权法思想的基础上发展起来的。这种法制思想的形成，说明当时的统治者在政治上已趋于成熟。“以德配天”“明德慎罚”法制观的历史影响是极为深远的，它不仅对西周各种具体法律制度及宏观法制特色的形成与发展起了决定性的作用，而且深深扎根于中国传统政治和法律理论，被后世奉为政治法律制度的理想的原则与标本。西汉中期以后，“以德配天”“明德慎罚”的主张被儒家发挥成为“德主刑辅，礼刑并用”的基本策略，从而为以“礼法结合”为特征的中国封建法制奠定了理论基础。

“刑罚世轻世重”思想的提出，同样说明周初统治者已是谙于统治术的成熟政治家。这种理论后来也被融入中国传统的政治法律理论，对于后世各朝封建帝王的立法用刑有着深远的影响。

综合测试题（二）

一、名词解释（每题5分，共15分）

1.《九章律》（考研）
2.“八议”（考研）
3.“贿选宪法”（考研）

二、单项选择题（下列四个备选项中只有一个选项是正确的。每小题1分，共20分）

1. 西周时期的“嘉石之制”相当于后世的（　　）。
A. 拘役　B. 拘留　C. 徒刑　D. 死刑
2. 战国时期，楚国屈原奉命制定的一部法典是（　　）。
A.《国律》　B.《刑符》　C.《七法》　D.《宪令》
3. 在唐代中央三大法司中，刑部主掌复核，必须报刑部复核的州县审理的案件包括（　　）。
A. 笞　B. 杖一百　C. 徒刑　D. 杖刑
4. “加役流”作为死刑的减刑措施始于（　　）。
A.《大业律》　B.《开皇律》　C.《武德律》　D.《贞观律》
5. 元代历史上第一部诸法合体的综合性法典是（　　）。
A.《至元新格》　B.《经世大典》　C.《元典章》　D.《大元通制》
6.《大明律》中专列了钱法，规定纸币由户部进行印制，与铜钱具有同等的信用价值，其时的纸币被称为（　　）。
A. 交子　B. 交银　C. 宝钞　D. 钞币
7. 充军刑首创于（　　）。
A. 明代　B. 清代　C. 宋代　D. 唐代
8. 1935年以后，南京国民政府普通法院的诉讼审判制度是（　　）。
A. 四级三审制　B. 三级三审制　C. 四级两审制　D. 三级两审制
9. 以下哪项不属于《中国土地法大纲》规定的内容？（　　）
A. 宣布废除封建性、半封建性剥削的土地制度
B. 确定土地改革的合法执行机关为各个边区政府
C. 确定以乡村为单位、按人口平均分配土地的方法
D. 确认保护工商业原则
10. 苏区影响最大的刑事法规是（　　）。
A.《中华苏维埃共和国惩治反革命条例》　B.《川陕省苏维埃政府肃反执行条例》
C.《湘赣省苏区惩治反革命犯暂行条例》　D.《陕甘宁苏维埃政府惩治反革命犯执行条例》
11. 官吏犯罪按照是否为执行职务被划分为不同种类，并处以不同轻重刑罚是唐律中的哪类规定？（　　）
A. 区分公私罪　B. 类推　C. 上下比附　D. 举重明轻
12. “十恶”中的“大不敬”是指（　　）。
A. 谋危社稷　B. 安忍残贼，背违正道

C. 亲族相反　　D. 盗窃皇帝祭祀天地、宗庙之物

13. 唐朝婚姻法中所称的“义绝”包括（　　）。

A. 指夫妻一方对另一方或其一定范围内的亲属或双方一定范围内的亲属有殴打、通奸、杀等情况，经官府判决强制解除婚姻关系

B. 在“违律为婚”或“违律嫁娶”的情况下，由官府判离

C. 男方单方面解除婚姻，休弃妻子

D. 男女双方自愿协议解除婚姻

14. 宋代重视证据的使用，规定了下面哪项制度确保审理公正？（　　）

A. 翻异别勘　B. 再审　C. 三司推事　D. 三司会审

15. 一般被称为中国历史上第二次正式公布成文法的活动是（　　）。

A. 郑国的“铸刑书”　B. 郑国的“竹刑”　C. 晋国的“铸刑鼎”　D. 魏国的“法经”

16. 秦律在定罪量刑时有区分故意与过失的规定，故意犯罪称为（　　）。

A. 眚　B. 非眚　C. 端　D. 不端

17. 不属于“亲亲得相首匿”范围的是（　　）。

A. 父母匿子　B. 夫匿妻　C. 大父母匿孙　D. 叔匿侄

18. 在秋审制度中，“案情属实，但危害不大，可留待下年秋审再作决定”称为（　　）。

A. 情实　B. 缓决　C. 可矜　D. 可疑

19. “八议”中的“议宾”一项中的“宾”是指（　　）。

A. 本朝皇帝的亲戚　B. 前朝皇帝的故旧　C. 前朝皇帝的客人　D. 前朝国君及后代

20.《大明律》的制定经过三十多年，是一部条例简于唐律、精神严于宋律的法典，其体例为（　　）。

A. 七部分　B. 九章　C. 十二篇　D. 十八篇

三、多项选择题（下列四个备选项中有二至四个选项是正确的，多选或少选均不得分。每小题 2 分，共 20 分）

1. 宋朝刑罚方面的变化包括（　　）。

A. 创设折杖法　B. 实行“刺配之法”　C. 将凌迟变为法定刑　D.“准五服以制罪”

2. 以下哪几项属于《大清律》规定用于维护旗人特权的内容？（　　）

A. 当斩立决者，旗人可减为斩监候　B. 当刺字者，旗人只刺臂而不刺面

C. 旗人的案件，由特定机关审理　D. 旗人只能在同种族之间通婚

3. 以下只能由满族人担任官职的有（　　）。

A. 理藩院长官　B. 宗人府长官　C. 钱粮府库长官　D. 地方巡抚

4. 为维护旗人特权，清朝时期审理一般旗人案件的是（　　）。

A. 内务府慎刑司　B. 宗人府　C. 步军统领衙门　D. 地方巡抚

5. 1905 年，清廷提出“仿行宪政”，按统治者自己的意图，认为立宪有三大利，即（　　）。

A. 皇位永固　B. 外患渐轻　C. 国力增强　D. 内乱可弭

6. 唐朝的“三司推事”中的三司是指（　　）。

A. 大理寺　B. 御史台　C. 中书省　D. 刑部

7. 三国两晋南北朝时期实施“登闻鼓”上诉直诉制度的有（　　）。

A. 西晋　B. 东吴　C. 西蜀　D. 北魏

8. “八议”制度是对封建特权人物犯罪后实行减免刑罚的法律规定。它包括（　　）。

A. 议亲　B. 议故　C. 议贤　D. 议能

9. 西周时期把过失犯罪和故意犯罪分别称为（　　）。

A. 眚　　B. 惟终　　C. 非终　　D. 非眚

10. 汉朝的法律形式有（　　）。

A. 律　　B. 令　　C. 比　　D. 例

四、不定项选择题（下列四个备选项中有一个或多个选项是正确的，多选或少选均不得分。每小题 2 分，共 10 分）

1. 下面哪项属于元朝刑罚方面的变化？（　　）

A. 以七为尾数的十一等笞杖刑　　B. 杖折为笞

C. 刺字　　D. “准五服以制罪”

2. 西周时期把惯犯和偶犯分别称为（　　）。

A. 眚　　B. 惟终　　C. 非终　　D. 非眚

3. 中国历史上第一部正式颁布的宪法《中华民国宪法》制定于（　　）。

A. 南京临时政府时期　　B. 北洋政府时期　　C. 南京国民政府时期　　D. 工农民主政权时期

4. 商鞅为打击旧贵族的特权，实行奖励军功，命令废除了以下哪一项制度？（　　）

A. 恩荫制　　B. 分封制　　C. 世卿世禄制　　D. 荐举制

5. 清朝的第一部《大清会典》颁布于（　　）。

A. 顺治年间　　B. 雍正年间　　C. 乾隆年间　　D. 康熙年间

五、简答题（每题 8 分，共 16 分）

1. 简述“亲亲得相首匿”的含义。

2. 简述西周时期婚姻的“六礼”。

六、分析题（本题 7 分）

请用学过的知识分析下面两段话：

“以国朝之成法，援唐宋之故典，参辽金之遗制……缘饰以文，附会汉法。”

“《泰和律》本于唐，其宗旨平允，世祖禁之，蒙、汉之畛域甚深也。”

七、论述题与深度思考题（本题 12 分）

试论《中华民国临时约法》的制定过程、主要内容和历史地位。

参考答案

一、名词解释

1. 汉《九章律》为两汉基本法律。《九章律》在原秦律六篇《盗律》、《贼律》、《网律》（又称《囚律》）、《捕律》、《杂律》、《具律》的基础上，增加《户律》《兴律》《厩律》三篇，形成九篇体例。

2. 曹魏统治时期，“八议”入律，其以《周礼》“八辟”为依据，正式规定了“八议”制度。“八议”制度是对封建特权人物犯罪后实行减免处罚的法律规定。它包括议亲（皇帝亲戚）、议故（皇帝故旧）、议贤（有封建德行与影响的人）、议能（有大才能）、议功（有大功勋）、议贵（贵族官僚）、议勤（为封建国家勤劳服务）、议宾（前代皇室宗亲）。自此以后，“八议”成为各代刑律的重要内容。

3. “贿选宪法”的正式名称为《中华民国宪法》。在袁世凯死后，直系军阀控制了北京，曹锟用金钱贿赂收买国会议员而顺利地当上了总统。为利用“法统”作工具来达到其巩固统治的政治目的，曹锟操纵这些被收买的国会议员仅用了一周的时间就通过了这部宪法，并于1923年10月10日由曹锟公布，因此这部宪法又被称为“贿选宪法”。该宪法共13章141条，是中国近代史上第一部正式公布的宪法。

二、单项选择题

1. 答案：A

此题测试的是西周时期的刑罚制度问题。

西周时期创设出许多刑罚种类，后世常用的流刑、徒刑和赎刑等在西周都已开始出现。比较著名的是圜土之制和嘉石之制。其中嘉石之制是指西周时期把那些有过错但情节轻微的人犯束手足放在朝门之左的大石上，令其思过，然后送到司空那里做短期劳役，其时间根据情节轻重有所区别。这种处罚被称为“嘉石之制”，近似于后世的拘役。因此本题应选A项。

2. 答案：D

此题测试的是战国时期的立法状况问题。

战国时期是中国封建社会的开端，也是封建法制的初创时期，各诸侯国纷纷进行变法，进行了大量的法制建设工作。在楚国，怀王十六年（公元前313年），楚王授权屈原造《宪令》，为楚国规定了一整套变法制度。屈原在其中提出很多革新主张，也因此触犯了那些守旧贵族的利益。所以他遭到了楚国旧贵族的嫉恨，被迫含冤而死。本题应选D项。

3. 答案：C

此题测试的是唐代的司法机构问题。

唐朝的中央司法机关为大理寺、刑部和御史台。大理寺是中央最高审判机关，负责审理中央百官犯罪与京师徒以上案件，以及地方移送的死刑疑案。刑部为中央司法行政机关，负责审核大理寺判决的徒、流刑案件，以及州县审判的徒刑以上案件，发现可疑时，对于徒、流以下案件驳令原审机关重审或径行复判，对于死刑案则移交大理寺重审。御史台为中央最高监察机关，负责监督大理寺和刑部的司法活动，也参与某些案件的审判。因此凡州县审理的徒刑以上案件必须报刑部复核。本题应选C项。

4. 答案：D

此题测试的是唐代的刑罚制度问题。

唐朝的时候，中国的封建法律达到了成熟的程度。唐太宗时命长孙无忌、房玄龄等人在《武德律》基础上，参照隋《开皇律》更加厘改，制定新的法典，称为《贞观律》。《贞观律》增设了加役流制度，作为减死之刑，缩小连坐处死的范围。加役流是指除流三千里以外，还要居役三年，用来代替死刑。这一制度对后世影响很大。因此本题应选D项。

5. 答案：A

此题测试的是元代的立法状况问题。

元朝是中国历史上第一个少数民族统治全国的王朝。元政权各种制度大体取法于中原，忽必烈即位后，为了适应封建大一统的需要，制定了元代最早的一部法典。元世祖至元二十八年（公元1291年）命中书参知政事何荣祖“以公规、治民、御盗、理财等十事缉为一书”，颁行天下，称为《至元新格》，这是元朝第一部诸法合体的综合性法典，它的颁行为元代立法打下了基础。因此本题应选A项。

6. 答案：C

此题测试的是明代的经济法律制度问题。

明朝建国后，大量铸造铜币“洪武通宝”钱，民间贸易都采用铜币为价值标准。后来明代又设立宝钞提举司，开始印造纸币，名为“大明通行宝钞”，后由中书省正式发行。“宝钞”以桑树皮造纸印制，长一尺，宽六寸，质地青色。其面值分一百文、二百文、三百文、四百文、五百文和一贯六种。《大明律》中又专列了钱法，规定宝钞由户部进行印制，与铜钱具有同等的信用价值。因此本题应选C项。

7. 答案：A

此题测试的是明代的刑罚制度问题。

所谓充军就是将罪犯发配以充实军伍的刑罚。充军刑创制于明朝，明朝在全国遍设卫所，驻军防守。初期犯罪，都发配边境卫所，以充军伍的不足，并以“屯种”为主。在明初充军无远近之别，地点仅分附近、边远二类。《问刑条例》编纂后，又增加边卫、极边、沿海、口外各项，但仍未规定里数，到明末崇祯年间才作出规定。因此本题应选 A。

8. 答案：B

此题测试的是南京国民政府的诉讼制度问题。

南京国民政府于 1932 年公布的《法院组织法》中改变原先的四级三审制，仿法国为三级三审制，规定从 1935 年 7 月 1 日起实行。三级三审即指法院的设立，分为最高法院、高等法院、地方法院三个层次，分别执行终审、再审、初审职权，以此标榜人民有两次上诉权，可杜绝错判的发生。其实根据国民政府《民事诉讼法》与《刑事诉讼法》，三审常形同虚设，人民并不能人人获得两次上诉的权利。因此本题应选 B。

9. 答案：B

此题测试的是《中国土地法大纲》的内容。

1947 年 7 月，中共中央工作委员会召开全国土地会议；9 月通过了《中国土地法大纲》；10 月 10 日由中共中央正式公布施行。大纲共 16 条，主要内容有：(1) 规定彻底废除封建性及半封建性剥削的土地制度。废除一切地主的土地所有权，没收他们的牲畜、农具、房屋、粮食及其他财产，征收富农上述财产的多余部分。(2) 规定实行耕者有其田的土地制度。将没收的土地等财物，不分男女老幼，以乡村为单位，按人口统一平均分配，抽多补少，抽肥补瘦。(3) 规定保护民族工商业的发展，即“保护工商业者的财产及其合法的营业，不受侵犯”。(4) 规定设立人民法庭，以保证土地法大纲的贯彻执行，惩办一切违抗或破坏土地法大纲的罪犯。因此，B 项所说不是《中国土地法大纲》的内容，本题应选 B 项。

10. 答案：A

此题测试的是苏区根据地的刑事立法问题。

1931 年 11 月 7 日，中华工农兵苏维埃第一次全国代表大会在江西瑞金召开，成立了临时中央政府，正式宣告中华苏维埃共和国的诞生。中华苏维埃共和国重视立法工作，法制建设在刑事立法方面，于 1934 年 4 月制定了《中华苏维埃共和国惩治反革命条例》，它较具体地规定了刑罚种类：死刑，一律枪决；监禁，相当于有期徒刑；没收财产；剥夺公民权；驱逐出境。《中华苏维埃共和国惩治反革命条例》成为苏区最有影响的刑事法规，因此本题应选 A 项。

11. 答案：A

此题测试唐律对公罪和私罪的不同处理问题。

唐律上有区分公、私罪的原则。唐律规定公罪从轻，私罪从重。所谓公罪是指“缘公事致罪而无私曲者”，即在执行公务中，由于公务上的关系造成某些失误或差错，而不是为了追求私利而犯罪，如“擅赋敛”而无私人获利者，处罚从轻。所谓私罪，包括两种：一种是指“不缘公事私自犯者”，即所犯之罪与公事无关，如盗窃、强奸等。另一种是指“虽缘公事，意涉阿曲”的犯罪，即利用职权，徇私枉法，如受人嘱托，枉法裁判等，虽因公事，也以私罪论处。适用官当时，也要区分公罪和私罪，犯公罪者可以多当一年徒刑。唐律区分公罪与私罪的主要目的在于保护各级官吏执行公务、行使职权的积极性，以便提高国家的统治效能；同时，防止某些官吏假公济私，以权谋私，保证法制的统一。因此本题选 A 项。

12. 答案：D

此题考查“十恶”之中“大不敬”的含义。

“十恶”制度是我国传统刑事法律文化中很重要的一部分，其中的“大不敬”是指不敬皇帝或给皇帝安全造成危害的行为。各朝规定的“大不敬”范围很广，包括：盗大祀神御之物，即盗窃皇帝祭奠之物；乘舆服御之物；

盗及伪造皇帝的印玺；给皇帝配药有误不如方；造御膳未按食经，误犯食禁；给皇帝造船，误不牢固；指斥皇帝乘舆、情理切害及对奉皇帝出使地方的制使，有所不敬而无人臣之礼者，都为大不敬。盗窃皇帝祭祀天地、宗庙之物当属大不敬，因此本题选 D 项。

13. 答案：A

此题考查唐朝婚姻法“义绝”的含义。

在婚姻法方面，唐律关于离婚规定若有“义绝”，即夫妻或双方亲属发生斗殴、伤害或乱伦、通奸行为等情况，由官府强制离婚。从关于“义绝”的详细律条中可以清楚地看到，其标准对于夫妻双方有明显的差别：丈夫殴、杀妻之亲属为“义绝”，而妻子则是打骂、杀伤夫之亲属便为“义绝”；妻欲害夫属“义绝”，夫欲害妻则不论。因此本题选 A 项。

14. 答案：A

此题考查宋朝诉讼和证据制度。

宋代重视证据定罪，口供是定罪量刑不可缺少的证据，而往往由于刑讯，口供与其他证据材料会发生矛盾。在此情形下，宋朝实行了“翻异别勘”制度。即在诉讼中，人犯否认口供（称“翻异”），事关重大案情的，由另一法官或另一司法机关重审，如果改换法官审理，称为“别推”；改换司法机关审理，称为“别移”。法律规定“翻异”一般不过三次，如妄为诬告称冤者，罪加一等。因此本题选 A 项。

15. 答案：C

此题测试春秋时期公布成文法运动问题。

在春秋中期以后，打破旧的法律传统、公布成文法的活动便在一些诸侯国中出现，把制定和公布成文法的思想领域斗争引向法律实践领域。公元前 536 年，郑国执政子产将郑国的法律条文铸在金属鼎上，向全社会公布，史称“铸刑书”，这是中国历史上第一次公布成文法的活动。公元前 513 年，晋国赵鞅把前任执政范宣子所编刑书正式铸于鼎之上，公之于众，这是中国历史上第二次公布成文法活动。新兴地主阶级制定和公布成文法，是政治上取得的一次重大胜利。它不仅动摇了奴隶制法律制度的基础，而且开创了一个法治代替礼治的新局面。因此本题选 C 项。

16. 答案：C

此题测试秦律对故意和过失的称谓。

秦律规定：对被告人的犯罪行为，在主观上不论出于故意或过失都要追求责任，但在量刑上加以区别，即故意从重，过失从轻。故意，秦律称端，或端为。过失，秦律称失或失刑。在西周时期，故意称为非眚，过失称为眚。我国古代不同时期对刑事犯罪的故意和过失有不同的称谓，要注意将其区别开。因此本题选 C 项。

17. 答案：D

此题测试“亲亲得相首匿”原则的范围问题。

“亲亲得相首匿”是指亲属之间可以相互首谋隐匿犯罪行为，不予告发和作证。这种主张亲属间首谋隐匿犯罪可以不负刑事责任的原则，源于儒家孔子“父为子隐，子为父隐，直在其中”的思想。至汉宣帝时明确规定：“父子之亲，夫妇之道，天性也。虽有患祸，犹蒙死而存之。诚爱结于心，仁厚之至也，岂能违之哉？自今子首匿父母，妻匿夫，孙匿大父母，皆勿坐。其父母匿子，夫匿妻，大父母匿孙，罪殊死，皆上请廷尉以闻。”也就是说，亲属中的卑幼首匿尊长的犯罪行为，不追究刑事责任；对亲属中的尊长首匿卑幼的犯罪，一般犯罪不负刑事责任，死刑案件则上请廷尉，由其决定是否追究首匿者的罪责。这样规定正是对儒家所提倡的家族道德的一种维护，汉代有关亲属相隐的法律规定，意味着儒家道德观念已经被转化为法律原则。这个刑罚适用原则一直为后世封建王朝所沿用。因此本题选 D 项。

18. 答案：B

此题测试秋审的具体问题。

秋审是清朝最重要的死刑复审制度，因在每年秋天举行而得名。秋审审理对象是全国上报的斩、绞监候案件，每年秋八月在天安门金水桥西由九卿、詹事、科道以及军机大臣、内阁大学士等重要官员会同审理。秋审被看成是“国家大典”，统治者较为重视，专门制定了《秋审条款》。审理结果分情实、缓决、可矜、留养承嗣四类，除情实外，其余三类可免于死刑。对于“案情属实，但危害不大，可留待下年秋审再作决定”的情形应处缓决。因此本题选 B 项。

19. 答案：D

此题测试“八议”的内容问题。

“八议”是指封建贵族官僚中的八种人犯罪后，须“议其所犯”，对他们所犯罪行实行减免刑罚的制度，表现出封建法律特权思想的鲜明特征。自曹魏以后，“八议”成为历代封建法律的重要内容。议宾中的“宾”是指前朝的贵族。选项 D 前朝国君及后代正是这个意思，因此本题选 D 项。

20. 答案：A

此题测试《大明律》的体例问题。

作为明朝的基本法典，《大明律》从起草到最后颁布，前后历经三十多年，表明了明太祖朱元璋在立法上的慎重态度。《大明律》共 30 卷 460 条，它一改唐、宋旧律的传统体例，形成了以名例、吏、户、礼、兵、刑、工七篇为构架的格局。这一变化，是与明朝取消宰相制度、强化六部职能的体制变革相适应的，表明了法律与政治制度休戚相关的联系。其是一部条例简于唐律、精神严于宋律的法典，终明之世通行不改。其体例直接为清律所承袭，故在中国法律史上占有重要地位。因此本题选 A 项。

三、多项选择题

1. 答案：ABC

此题测试的是宋朝的刑罚制度问题。

宋朝时候创设了一些新的刑罚制度。宋太祖统一全国后，为了巩固新建立的政权，制定了旨在改变五代以来严苛刑罚的“折杖法”。新的“折杖法”规定：除死刑外，其他笞、杖、徒、流四刑均折换成臀杖和脊杖。同时，宋太祖以宥恕死罪为借口，推行“刺配之法”，即赦免死罪犯者的死刑，而处以“决杖、流配、刺面”三种合用的代用刑。到了南宋时，在《庆元条法事类》中，正式将始于五代的凌迟刑作为法定死刑的一种。因此 ABC 三项的论述是正确的。“准五服以制罪”始于《北齐律》，不是宋代首创，因此 D 项不正确，本题应选 ABC 项。

2. 答案：ABC

此题测试的是清代的旗人特权制度问题。

旗人是清代的统治基础，因此赋予旗人法律和司法上的特权是清律的必然内容。《大清律例》规定，一些刑罚不适用于旗人，比如当斩立决者，旗人可减为斩监候；当刺字者，旗人只刺臂而不刺面。旗人的案件，由特定机关审理，普通旗人的案件，由步军统领衙门审理，笞、杖以下可自行完结；内务府管辖的旗人案件，由内务府慎行司审理，徒罪以上移送刑部，也承审奉旨交办的案件；宗室案件，归宗人府审理。因此本题选 ABC 项。

3. 答案：ABC

此题测试的是清代的满族特权制度问题。

清王朝是以满族贵族为主体的封建政权，必然要在法律上表现出维护满族特权及满族统治的特性。清王朝在任官制度上推行以满族贵族为核心的“官缺制”，即把各种官职分为满官缺、蒙古官缺、汉军官缺、汉官缺四种，其中中央的理藩院长官、宗人府长官、掌握钱粮府库的长官俱为满官缺，凡属满官缺，汉人不得补任，汉官缺对满人则不加限制。因此本题 ABC 项所说的官职都必须由满族人担任。清代地方督抚也大多任用满族人，但可以兼用汉官。因此 D 项不是只能由满族人担任的官职，本题应选 ABC 项。

4. 答案：AC

此题测试的是清代的旗人特权制度的问题。

赋予旗人法律和司法上的特权是清律的一大特色，司法管辖上，清代实行旗人与非旗人分治的制度。旗人的案件，由特定机关审理。一般旗人的案件，由步军统领衙门审理，笞、杖以下可自行完结；内务府管辖的一般旗人案件，由内务府慎刑司审理，徒罪以上移送刑部。因此一般旗人案件由步军统领衙门和内务府慎刑司负责审理。皇室贵族的案件，归宗人府审理。因此本题应选 AC 项。

5. 答案：ABD

此题考查清廷对“预备立宪”三大利的认识。

清廷于 1905 年派载泽、端方等五大臣出洋考察。次年，五大臣先后回国，上书指出立宪有三大利：“一曰皇位永固，二曰外患渐轻，三曰内乱可弭”，建议进行“立宪”。经过御前会议的一番争论之后，清政府于 9 月 1 日正式宣布“预备仿行宪政”。而对于是否能够增强国力，清政府并不真正关心，更不用说通过立宪的方式削弱皇权来实现它了。“预备立宪”不仅有名无实，而且显露出满族贵族借立宪以集权的种种迹象。随着清王朝的覆灭，“预备立宪”也流产了。因此本题选 ABD 项。

6. 答案：ABD

此题测试唐朝“三司推事”的含义问题。

在唐朝的司法机关中，大理寺为中央最高审判机关，审理中央百官犯罪与京师徒以上案件，以及地方移送的死刑疑案。刑部为中央司法行政机关，负责审核大理寺及州县审判的案件。御史台为中央最高监察机关，负责监督大理寺和刑部的司法活动。唐代凡重大案件常由大理寺卿会同刑部尚书、御史中丞共同审理，叫三司推事。明朝继承唐朝“三司推事”制，凡遇有重大、疑难案件，均由三法司长官刑部尚书、大理寺卿和都御史共同审理，称“三司会审”，最后由皇帝裁决。可见，本题所称三司是指大理寺、刑部和御史台。因此本题选 ABD 项。

7. 答案：AD

此题测试三国两晋南北朝时期实施“登闻鼓”上诉直诉制度的具体朝代问题。

三国两晋南北朝时期在起诉制度上有所变化，主要是上诉直诉制度的改进. “登闻鼓”是设在朝堂外的大鼓，凡吏民有冤允许击鼓以闻，以便皇帝尽快掌握审判中的情况，反映了这时期许多皇帝都要亲自过问司法。“登闻鼓”制度最早始于晋武帝，允许有重大枉屈者击鼓鸣冤，直诉于中央甚至皇帝。后来北魏在京城外悬设“登闻鼓”。上诉直诉制度在诉讼制度中是特别程序，这一制度的实行，加强了上级司法机关对下级司法机关的检查监督。因此本题选 AD 项。

8. 答案：ABCD

此题考查“八议”制度的内容。

“八议”制度在三国曹魏入律，是对封建特权人物犯罪后实行减免处罚的法律规定。法律规定八种人犯法享受议的特权，包括：(1) 议亲，包括皇帝袒免以上亲及太皇太后、皇太后缌麻以上亲，皇后小功以上亲；(2) 议故，皇帝的故旧；(3) 议贤，朝廷认为有大德行的贤人君子；(4) 议能，在政治、军事方面有大能的人；(5) 议功，对国家有大功勋的人；(6) 议贵，达到一定级别的高级官僚；(7) 议勤，为国家工作有大勤劳的人；(8) 议宾，前朝皇帝及其后代。因此本题选 ABCD 项。

9. 答案：AD

西周时期，故意和过失、惯犯和偶犯在观念上已经有所区别。过失犯罪称为“眚”，故意犯罪称为“非眚”。“非终”是指偶犯，“惟终”是指惯犯。按照西周时期的法律规定，故意犯罪要加重处罚，过失犯罪则可以减轻处罚。这一原则说明西周时期在刑罚理论上已经达到了相当的水平。

10. 答案：ABC

汉代的主要法律形式包括律、令、比、《春秋》经及法律注释著作。“律”是一种较为稳定的法律形式，相当于后世的“法典”。“令”是皇帝的诏令，也是汉代主要的法律形式之一。它是由皇帝于“律”外发布的命令，具有最高的法律效力。它由皇帝根据具体形势的发展需要随时颁布，是一种非常灵活的法律形式。其法律效力超过“律”，可以取代“律”的相关规定。作为处理各项国家事务和解决具体纠纷的重要依据，汉代的“令”又具有多和广的特点。“比”就是判例，是用来比照判案的典型案例。

四、不定项选择题

1. 答案：ABC

本题考查的是元朝时期的刑罚制度。

元代时期在刑罚方面较之前朝有一些变化，主要表现为：以七为尾数的十一等笞杖刑，杖折为笞，对一些犯罪使用刺字。

2. 答案：BC

西周时期，故意和过失、惯犯和偶犯在观念上已经有所区别。惯犯称为“惟终”，偶犯称为“非终”。按照西周时期的法律规定，惯犯要加重处罚，偶犯则可以减轻处罚。这一原则说明西周时期在刑罚理论上已经达到了相当的水平。

3. 答案：B

此题测试中国近代宪法和宪法性文件立法史问题。

北洋政府于1923年10月10日公布的《中华民国宪法》，因系曹锟为掩盖“贿选总统”丑名，继续维持军阀专制而授意炮制的，故俗称“贿选宪法”，它是中国近代史上公布的第一部正式的宪法。它的特点主要表现在：(1) 企图用漂亮的辞藻和虚伪的民主形式掩盖实行军阀专制的本质。表面上肯定内阁制和议会制，但在背后是军阀独裁制度的法律化。(2) 为了平衡各派军阀和大小军阀之间的关系，巩固曹、吴控制的中央大权，对“国权”和“地方制度”作了专门规定。因此此题选B项。

4. 答案：C

此题测试商鞅变法的内容问题。

公元前359年（一说公元前356年），法家著名代表人物商鞅在秦国实施了变法改革，这是战国时期封建法制发展过程中又一次意义重大的法制改革，在中国封建法律发展史上写下了重要的一笔，史称“商鞅变法”。变法的主要内容有：(1) 改法为律，扩充法律内容；(2) 运用法律手段推行“富国强兵”的措施；(3) 贯彻法家的“以法治国”和“明法重刑”等主张；(4) 用法律手段剥夺旧贵族的特权，此项改革的措施有废除世卿世禄制、实行按军功授爵等。因此本题选C项。

5. 答案：D

此题测试《大清会典》的构成问题。

康熙二十三年（公元1684年），为了提高官吏的统治效能，加强行政管理，使国家机关的活动有典有则，下诏仿明会典起草清会典，历时六年完成，史称《康熙会典》。清会典的体例是以官统事、以事隶官，按宗人府，内阁，吏、户、礼、兵、刑、工六部，理藩院等机构为目，首尾相衔，内容详备。其后，雍正十年（公元1732年）编成《雍正会典》，以后历代有《乾隆会典》《嘉庆会典》《光绪会典》，合称五朝会典。清朝的第一部《大清会典》颁布于康熙年间，因此本题选D项。

五、简答题

1. “亲亲得相首匿”是指汉朝法律所规定的有血缘或姻亲关系的亲属之间，有罪应相互包庇隐瞒，不得向官府告发，对于此类容隐行为，法律也不追究其刑事责任的制度。这种主张源于儒家孔子“父为子隐，子为父隐，直在其中”的思想，在汉代被正式确立为刑罚适用原则以后，一直为后世各封建王朝所沿用。

2. 西周的婚姻成立主要有六个条件，即所谓“六礼”：(1) 纳采，即男方请媒人向女方送礼品求婚；(2) 问名，即男方请媒人问女方名字、生辰，卜于宗庙，请示吉凶；(3) 纳吉，卜得吉兆后即定婚姻；(4) 纳征，又称纳币，即男方使人送聘礼给女方；(5) 请期，即请媒人与女方商定婚期；(6) 亲迎，即男子亲去女家迎接。

六、分析题

这两段话指明了元代的法制指导思想。

(1)“附会汉法”。元朝是中国历史上第一个由少数民族建立的统一的中央集权的封建制国家。蒙古统治者面对地域广阔的汉族地区和相对先进的汉文化，采取了务实的态度，并不拒绝对汉文化的接受和吸纳，其法律总的倾向是“遵用汉法”“以国朝之成法，援唐宋之故典，参辽金之遗制……缘饰以文，附会汉法”。在沿用蒙古习惯法的同时，大量参照唐宋之制，建立了具有特色的法律体系。

(2)“分而治之”。蒙古贵族抱着强烈的民族优越感和种族偏见，为保存民族特权利益，实行民族压迫。在统治中原前后，无论在政治上，还是在法律上，都贯彻了“分而治之”的国策。按民族及地域的不同，将社会成员划分为不同的等级，适用不同法律，由不同机关处理，赋予蒙古人一系列特权。并且，给予僧侣以法律上的特殊地位。

七、论述题与深度思考题

《中华民国临时约法》(以下简称《临时约法》)是南京临时政府于1912年3月11日公布的一部重要的宪法文件，共7章56条。它规定了中华民国为民主共和国，规定了资产阶级民主共和的政治制度和人民的权利、义务。《临时约法》的制定和公布施行，是南京临时政府法制建设的重要成就，也是中国宪法史上的一件大事。

(1)《临时约法》的产生。

《临时约法》是在辛亥革命后南北议和过程中制定的。1912年1月下旬，各省都督府代表会议召开第一次起草会议。1月28日，临时参议院成立，召开了第二次起草会议。这两次起草会议所定草案中关于中央政体均采用总统制。至2月上旬，南北议和即将告成，孙中山依前议要辞去临时大总统职位，而由袁世凯接任。为了以法律手段防止袁世凯擅权，临时参议院在2月9日审议约法草案时，决定将原来的总统制改为责任内阁制。2月15日，参议院选举袁世凯为临时大总统，革命政权落入军阀之手已属必然，以孙中山为首的革命党人更希望制定一部约法来制约袁世凯，因而在孙中山主持下加快了制定约法的步伐。至3月8日，《临时约法》在参议院三读通过，并于袁世凯在北京就任临时大总统的次日——3月11日，由孙中山正式公布。

(2)《临时约法》的性质及主要内容。

《临时约法》具有中华民国临时宪法的性质，在正式宪法实施以前，具有与宪法相等的效力。《临时约法》作为一部资产阶级民主共和国性质的宪法文件，从主体上说，体现了资产阶级的意志，代表了资产阶级的利益，具有革命性、民主性。

1)《临时约法》是辛亥革命的直接产物，它以孙中山的民权主义学说为指导思想。民权主义是孙中山整个国家学说的核心，其基本内容就是推翻帝制，建立民国，实现资产阶级专政的民主共和制度。《临时约法》使民权主义所确立的政治方案和原则通过法律的形式进一步具体化。

2)《临时约法》确立了资产阶级民主共和国的国家制度。它以根本法的形式宣判了封建君主专制制度的死刑，确认了中华民国的合法性。它规定了国家的资产阶级共和国性质，肯定了辛亥革命的积极成果，更广泛地宣传了资产阶级共和国的思想。

3)《临时约法》肯定了资产阶级民主共和国的政治体制和组织原则。依照资产阶级三权分立原则，《临时约法》采用责任内阁制规定临时大总统、副总统和国务院行使行政权力，参议院是立法机关，法院是司法机关，并规定了其他相应的组织与制度。

4)《临时约法》体现了资产阶级宪法中一般民主自由原则，规定人民享有人身、财产、居住、迁徙、言论、出版、集会、结社、通信、信教等项自由和选举、被选举、考试、请愿、诉讼等权利。这些规定反映了辛亥革命的积极成果，表现了资产阶级革命派标榜的民主精神。

5)《临时约法》确认了保护私有财产的原则。它以法律的形式破除了清王朝束缚私人资本主义发展的各种桎梏，破坏了封建国家所有制，在客观上有利于资本主义的发展，但同时也清楚地表现了《临时约法》的资产阶级性质。

(3)《临时约法》的主要特点。

《临时约法》的主要特点就是从各方面设定条款，对袁世凯加以限制和防范。在《临时约法》制定过程中，各种政治势力之间围绕政权问题展开了错综复杂的斗争，因此，《临时约法》字里行间都反映了当时的斗争形势和力量对比关系，反映了资产阶级革命党人在即将交权让位之际企图利用《临时约法》制约袁世凯、保卫民国的苦心和努力。主要表现在以下几个方面。

1）在国家政权体制问题上，改总统制为责任内阁制以限制袁世凯的权力。

2）在权力关系的规定上，扩大参议院的权力以抗衡袁世凯。《临时约法》规定参议院除拥有立法权外，还有对总统决定重大事件的同意权和对总统、副总统的弹劾权；此外还规定，临时大总统对参议院议决事项复议时，如有 2/3 的参议员仍坚持原议，大总统必须公布施行。

3）在《临时约法》的程序性条款上，规定特别修改程序以制约袁世凯。《临时约法》规定，约法的增删修改，须由参议院议员 2/3 以上或临时大总统之提议，经参议员 4/5 以上之出席，出席议员 3/4 以上之赞成方可进行，以防止袁世凯擅自修改变更约法。

(4)《临时约法》的历史意义。

《临时约法》作为中国历史上第一部资产阶级共和国性质的宪法性文件，其制定与颁布的历史意义在于它肯定了辛亥革命的成果，彻底否定了中国数千年来的封建君主专制制度，肯定了资产阶级民主共和制度和资产阶级民主自由原则，在全国人民面前树立起“民主”“共和”的形象。它所反映的资产阶级的愿望和意志，在当时条件下是符合中国社会发展趋势的，也在一定程度上反映了广大人民群众的民主要求。

综合测试题（三）

一、名词解释（每题 5 分，共 15 分）

1. 西汉时期的“令”（考研）
2. “九卿圆审”（考研）
3. “充军刑”（考研）

二、单项选择题（下列四个备选项中只有一个选项是正确的。每小题 1 分，共 20 分）

1. “刑律统类”这一法典编纂体例最早出现于（　　）。
A. 隋高宗　　B. 唐玄宗　　C. 唐宣宗　　D. 宋太祖
2.《大统式》制定于（　　）。
A. 曹魏　　B. 北魏　　C. 东魏　　D. 西魏
3. 中国历史上第一部刊版印刷的封建法典是（　　）。
A.《唐律疏议》　　B.《大明律》　　C.《元典章》　　D.《宋刑统》
4. 监察机构定型于（　　）。
A. 秦代　　B. 汉代　　C. 唐代　　D. 明代
5. 明朝掌复核驳正的机关是（　　）。
A. 刑部　　B. 大理寺　　C. 都察院　　D. 六科给事中
6. 开始依据“赦死从流”原则，将流刑列为法定刑，并划分等级的时期是（　　）。
A. 秦朝　　B. 两汉　　C. 三国　　D. 南北朝
7. 根据《中华民国临时约法》，临时约法的增删修改的通过人数要求是（　　）。
A. 经参议员 4/5 以上之出席，出席议员 3/4 以上之赞成
B. 经参议员 3/4 以上之出席，出席议员 4/5 以上之赞成
C. 经参议员 4/5 以上之出席，全体议员 3/4 以上之赞成
D. 经参议员 3/4 以上之出席，全体议员 4/5 以上之赞成
8.《宪法重大信条十九条》的起草机构是（　　）。
A. 宪政编查馆　　B. 资政院　　C. 谘议局　　D. 修订法律馆
9. 在清朝，督抚可以决定地方上的（　　）。
A. 徒刑案件　　B. 充军案件　　C. 流刑案件　　D. 死刑案件
10. 宋朝把犯人推翻原来的口供称为（　　）。
A. 别推　　B. 翻供　　C. 翻异　　D. 否供
11. 取消国会制的宪法性文件是（　　）。
A. “天坛宪草”　　B. “袁记约法”　　C. “贿选宪法”　　D. “临时约法”
12. 规定关于礼仪方面内容的汉朝法典是（　　）。
A.《九章律》　　B.《傍章律》　　C.《越宫律》　　D.《朝拜律》
13. 1935 年《中华民国刑法》在时间效力上一般采取（　　）。
A. 从旧从轻主义　　B. 从新从轻主义　　C. 从旧从重主义　　D. 从新从重主义

14. 为新中国基本政治制度奠定初步基础的文件是（　　）。
A.《陕甘宁边区施政纲领》　　B.《陕甘宁边区宪法原则》
C.《华北人民政府施政方针》　　D.《中国人民解放军宣言》
15. 春秋时期成文法的公布，否定了“刑不可知，则威不可测”的（　　）。
A. 秘密法　　B. 神判法　　C. 习惯法　　D. 贵族法
16.《法律答问》是一部（　　）。
A. 法律条款汇编　　B. 私家法律著作　　C. 官方法律解释　　D. 判例
17. 强制男性犯人服修城墙的劳役，女性犯人服舂米的劳役，这种刑罚称为（　　）。
A. 司寇、作如司寇　　B. 鬼薪、白粲　　C. 城旦、舂　　D. 迁
18.“三不去”的离婚限制确立于（　　）。
A. 夏　　B. 商　　C. 西周　　D. 汉朝
19. 西周时“傅”即债券，债券一分为二称“别”，债权人一般执（　　）。
A. 左券　　B. 右券　　C. 上券　　D. 下券
20. 以下哪项不属于在商鞅变法时贯彻法家主张的措施？（　　）
A. 轻罪重刑　　B. 实行连坐　　C. 奖励告奸　　D. 明刑弼教

三、多项选择题（下列四个备选项中有二至四个选项是正确的，多选或少选均不得分。每小题 2 分，共 20 分）

1. 关于唐朝法制的说法中正确的有（　　）。
A. 中书省承皇帝命令草拟诏书
B.《武德律》的修订完成，标志着唐代基本法典即告完成
C.《永徽律疏》是中国封建社会的代表性法典
D.《唐六典》规定了回避制度
2. 下列说法中正确的有（　　）。
A.《至元新格》是元朝的第一部成文法典
B.《大元通制》中只有《通制条格》留存下来
C.《元典章》是元中央政府编辑的法令法规汇编
D.《大元通制》使元代法典定型
3. 体例为十二篇的法典有（　　）。
A. 曹魏律　　B. 北齐律　　C. 开皇律　　D. 大业律
4.《法经》中关于诉讼程序方面的篇目有（　　）。
A. 盗　　B. 贼　　C. 囚　　D. 捕
5. 汉文帝、汉景帝的刑制改革中废除的肉刑是（　　）。
A. 黥　　B. 斩左趾　　C. 笞　　D. 宫
6. 唐代的“六赃”包括（　　）。
A. 受赃枉法　　B. 窃盗　　C. 坐赃　　D. 谋杀
7. 以下哪几项属于唐朝颁布的律典？（　　）
A.《贞观律》　　B.《唐六典》　　C.《开元律》　　D.《大业律》
8.《大清现行刑律》的特点有（　　）。
A. 改律名为“刑律”　　B. 纯属民事性质的条款不再科刑
C. 取消《大清律例》中的六律总目　　D. 增加妨害国交罪
9. 下列哪些是夏朝时期的罪名？（　　）

A. “不用命”　　B. “不孝”　　C. “疑众”　　D. “失天时”

10. 下列哪些属于西周时期契约的名称？（　　）

A. 傅、别　　B. 质　　C. 剂　　D. 合同

四、不定项选择题（下列四个备选项中有一个或多个选项是正确的，多选或少选均不得分。每小题 2 分，共 10 分）

1. 西周时期的刑民诉讼称为（　　）。

A. 狱　　B. 讼　　C. 乞鞫　　D. 理雪

2. 秦律规定，共同犯罪加重处罚。按法律共同犯罪是指多少人所实行的犯罪？（　　）

A. 5 人以上　　B. 2 人或 2 人以上　　C. 3 人以上　　D. 4 人以上

3. 将《刑名》篇首次置于篇首的法典是（　　）。

A.《九章律》　　B.《北魏律》　　C.《晋律》　　D.《魏律》

4. 中国历史上第一部近代意义上的专门刑法典是（　　）。

A.《大清现行刑律》　　B.《大清刑律》　　C.《大清新刑律》　　D.《大清律例》

5. 隋唐法律的“十恶”源于下面的哪部法典？（　　）

A.《九章律》　　B.《晋律》　　C.《北齐律》　　D.《法经》

五、简答题（每题 8 分，共 16 分）

1. 简述《大清律例》的主要特点。

2. 简述“天坛宪草”的内容。

六、分析题（本题 7 分）

《唐律疏议·断狱》规定：“诸断罪皆须具引律、令、格、式正文，违者笞三十。”“诸制敕断罪，临时处分，不为永格者，不得引为后比。若辄引致罪有出入者，以故失论。”试就此予以分析。

七、论述题与深度思考题（本题 12 分）

试述清末修律的背景、内容、特点及历史意义。

参考答案

一、名词解释

1. “令”：是皇帝的诏令，是汉代主要的法律形式之一。它是由皇帝于“律”外发布的命令，具有最高的法律效力。它由皇帝根据具体形势的发展需要随时颁布，是一种非常灵活的法律形式。其法律效力超过“律”，可以取代“律”的相关规定。作为处理各项国家事务和解决具体纠纷的重要依据，汉代的“令”又具有多和广的特点。

2. 清朝的会审制度由明朝的“九卿圆审”发展而来，即所谓“会九卿鞫之，谓之圆审”，是对特别重大的案件，在三法司基础上，会同吏、户、礼、工、刑、兵各部尚书及通政史共同审理的制度，但判决仍要奏请皇帝裁决，主要审理绞、斩监候案件。

3. 充军是明代的刑罚之一，是明朝“重典治国”思想的一种体现，即强制犯人到边远地区屯种或充实军伍，是在死刑之下、流刑之上的重刑。明代为充实卫所兵制的兵员，将死罪减等的囚犯发遣充军，而后则成为常刑。明代充军分为极边、烟瘴、边远、边卫、沿海附近五等，统称“五军”，最远的四千里，最近的一千里，有终身

（即本人终身而止）和永远（即本人死后由子孙亲属接替）两种，既罪罚本人又祸及家属及有关部门。明代施用充军刑日益广泛，以至充军人数成千上万。

二、单项选择题

1. 答案：C

此题测试“刑律统类”编纂体例最早出现的时间问题。

唐宣宗大中五年（公元851年）四月，《大中刑法总要格后敕》60卷完成，把贞观二年（公元628年）六月至大中五年四月三十日的224年的杂敕都分类汇编在一起，计646门2 165条。大中七年（公元853年）五月，左卫率府仓曹参军张戣把律文按性质分成门类，然后再把性质相同的令、格、式附于相应门类的律文之后，凡12卷，名曰《大中刑律统类》，进呈皇帝批准后，下诏刑部详定颁行，开创了“刑律统类”编纂体例的先河。因此本题选C项。

2. 答案：D

此题测试《大统式》的制定时间问题。

南北朝时期，北朝的封建统治者出于对广大中原地区以汉族为主体的各民族统治的需要，都很注意借鉴汉族的典章制度，进行律令的编纂。西魏文帝大统十年（公元544年），命令尚书苏绰等将大统元年（公元535年）以来编订的新条制加以整理补充，总为五卷，颁行天下，称为《大统式》，是西魏的一部主要法典。因此本题选D项。

3. 答案：D

此题测试中国历史上第一部刊版印刷的封建法典问题。

宋太祖建隆四年（公元963年）编成《宋建隆重详定刑统》，简称《宋刑统》。它由太祖诏“付大理寺刻板摹印，颁行天下”，成为我国历史上第一部刊版印行的封建法典。其条文只是《唐律疏议》的翻版，变化之处在于：增加“折杖法”；收集自唐末至宋初150年间的敕、令、格、式中的刑事规范209条附于律文之后；篇目仍是12篇、502条，但在每篇下设有门，合计213门。因此本题选D项。

4. 答案：C

此题测试我国古代监察制度问题。

我国古代的监察制度起始于秦，经三国两晋南北朝时期不断地演进和完善。东汉以来，内廷管理文书之职由尚书台担任，其监察之职，则别立御史台专司其事，但其在组织上仍属少府节制，到三国两晋南北朝时期发展为皇帝直接掌握的监察机构。到唐朝，独立的监察机关形成。因此本题选C项。

5. 答案：B

此题测试明朝的司法机关问题。

明朝的中央司法机关有刑部、大理寺、都察院。明朝刑部与大理寺的名称、组织虽然与唐宋相同，但具体的职权管辖与唐宋不同。大理寺一般不掌管审判，而专掌复核。至于审判则归刑部，刑部受理地方上诉案件，以及审核地方上的重案和审理中央百官的案件。无论是刑部的审判或大理寺的复核，都必须接受都察院的监督。可见在明朝掌复核驳正的机关是大理寺，因此本题选B项。

6. 答案：D

此题测试南北朝时期的刑罚制度问题。

南北朝时期的刑罚在汉朝刑制改革的基础上，又出现了新的刑种，并不断调整刑等，并采用“赦死从流”原则，将流刑列为法定刑。南北朝时期封建统治者把流刑作为死刑的一种宽贷措施。北周时规定流刑为五等，每等以五百里为差，以距都城二千五百里为第一等，至四千五百里为限，同时还要施加鞭刑。因此本题选D项。

7. 答案：A

此题考查《中华民国临时约法》的修改程序。

《中华民国临时约法》是南京临时政府于1912年3月11日公布的一部重要的宪法性文件，共7章56条。它规定了中华民国为民主共和国，规定了资产阶级民主共和的政治制度和人民的权利、义务。《中华民国临时约法》的制定和公布颁行，是南京临时政府法制建设的重要成就，也是中国宪法史上的一件大事。在《中华民国临时约法》

的修改程序性条款上，规定须经参议员 2/3 以上或临时大总统之提议，经参议员 4/5 以上之出席，出席议员 3/4 以上之赞成方可进行，以防止袁世凯擅自修改变更约法。因此本题选 A 项。

8. 答案：B

此题测试《宪法重大信条十九条》的起草机构问题。

1911 年 10 月 10 日，武昌起义爆发，革命风暴很快席卷了大半个中国，南方各省纷纷宣布独立，清王朝的统治处于土崩瓦解之中。清政府一面急忙调兵，一面下“罪己诏”，并命令资政院迅速起草宪法，企图继续玩弄立宪骗局渡过危机。资政院仅用三天就拟订出了《宪法重大信条十九条》（也称《十九信条》），由清政府颁布。其在形式上缩小了皇帝的权力，但对人民的权利只字未提，更暴露出其虚伪性，成了清朝统治者立宪骗局最后破产的记录。因此本题选 B 项。

9. 答案：A

此题测试清朝督抚的权限问题。

在清朝的刑事审判程序中，笞杖刑案件由州县自行审结。凡应拟徒刑的案件，由州县初审，依次经府、按察司、督抚逐级审核，最后由督抚作出判决。流刑、充军等案件，督抚都无权审结，至于死刑更不用说了。因此本题选 A 项。

10. 答案：C

此题考查宋朝著名的“翻异别勘”制度。

宋代重视证据定罪，而口供是定罪量刑不可缺少的证据，往往由于刑讯，使口供与其他证据材料相矛盾。在此情形下，宋代实行“翻异别勘”制度，即在诉讼中，人犯否认口供（称“翻异”），事关重大案情的，由另一法官或另一司法机关重审，如果改换法官审理，称为“别推”；改换司法机关审理，称为“别移”。法律规定“翻异”一般不过三次，如妄为诬告称冤者，罪加一等。因此本题选 C 项。

11. 答案：B

此题考查“袁记约法”的实质。

“袁记约法”，即北洋政府于 1914 年 5 月 1 日公布的《中华民国约法》。因系袁世凯一手操纵、炮制而成，故被称为“袁记约法”，共 10 章 68 条。它是军阀专制全面确立的标志。“袁记约法”与《临时约法》有着根本性的差别，主要表现在：(1) 它以根本法的形式彻底否定了《临时约法》所确立的民主共和制度，而代之以袁世凯的个人独裁。它的出笼使辛亥革命的成果丧失殆尽，成为军阀专制全面确立的标志。(2)“袁记约法”完全否定和改变了《临时约法》所规定的责任内阁制趋向，实行总统独裁的政治体制，并赋予总统形同封建帝王的至高无上的地位和巨大的权力。(3)“袁记约法”取消了《临时约法》规定的国会制，规定设立有名无实的立法院。在立法院成立前，由纯属总统咨询机关的参政院代行立法院职权，设立国务卿协助总统掌握行政，为袁世凯复辟帝制做准备。(4) 为限制、否定《临时约法》所规定的人民的基本权利提供宪法根据。因此本题选 B 项。

12. 答案：B

此题测试《傍章律》的基本内容问题。

刘邦建汉后，由于深感三章之法不足以惩治犯罪，故命令丞相萧何参照秦法，“取其宜于时者，作律九章”，即所谓《九章律》。《九章律》在秦律《盗律》《贼律》《囚律》《捕律》《杂律》《具律》6 篇的基础上，增加《户律》《兴律》《厩律》3 篇而成。《九章律》是两汉的基本法律。《九章律》制定后，叔孙通在高祖和惠帝年间又制定《傍章律》18 篇。《傍章律》主要是关于礼仪制度方面的内容。关于朝贺制度的为《朝律》而非“《朝拜律》”。因此本题选 B 项。

13. 答案：B

此题考查 1935 年《中华民国刑法》的特点。

1927 年，国民党政府以北洋政府《暂行新刑律》和改定的第二次刑法草案为基础，于 1928 年公布了第一部《中华民国刑法》，通称“旧刑法”。1935 年 1 月 1 日第二部《中华民国刑法》公布，通称“新刑法”。与旧刑法相比，其不同点是：由“客观主义”改为“侧重于主观主义”，强调犯罪性质而非客观后果；由“报应主义”，改为“侧重于防卫社会主义”，强调“保全与教育机能”，从而引进保安处分制度；在时间效力上采取“从新从轻主义”。因此本题选 B 项。

14. 答案：B

此题考查《陕甘宁边区宪法原则》的历史意义。

1946 年 4 月 23 日，陕甘宁边区第三届参议会第一次会议制定并正式通过了《陕甘宁边区宪法原则》，分为“政权组织”“人民权利”“司法”“经济”“文化”五部分，规定了人民代表会议制度、人民权利、独立行使司法权力、经济政策等内容。此文件对新中国成立以后的宪法和政权建设产生了重大的影响，为新中国基本政治制度奠定了初步基础，因此本题选 B 项。

15. 答案：A

此题考查春秋时期公布成文法的历史意义。

春秋时期公布成文法活动是中国法律史上一次划时代的变革。它是对传统的法律观念、法律制度以及传统社会秩序的一种否定。在夏、商、周三代，少数上层统治者奉行“刑不可知，则威不可测”的信条，把法律的制定与施行当作自己的秘密武器，并运用这种立法和司法的特权来维护上层贵族的世袭统治和各种社会特权。成文法的公布，说明法律制度已不再是少数人的私产，而应成为全社会的一种公开的调节器，传统的社会结构也随之发生变化。成文法的公布，否定了“刑不可知，则威不可测”的秘密法时代。因此本题选 A 项。

16. 答案：C

此题测试秦朝的立法形式问题。

秦朝的主要法律形式有诏令、律、廷行事、法律答问和式。它是国家对法律条文、术语、律义作出的具有法律效力的解释，因采用答问的形式，故称为“法律答问”，类似于后世的“律疏”。在 1975 年湖北省云梦县睡虎地秦墓出土的云梦秦简中包括的《法律答问》共 187 条，它主要是对秦律的某些条文、术语与立法意图以答问形式进行具有法律效力的解释，包括对诉讼程序中的一些具体问题进行解释和说明。因此本题选 C 项。

17. 答案：C

此题测试秦朝的主要刑罚问题。

秦朝在继承奴隶制五刑的基础上又有所发展，形成了一套包括生命刑、身体刑、劳役刑、财产刑、流放刑、耻辱刑、身份刑在内的刑罚体系。秦以刑罚种类繁多，手段残酷而著称，对后世刑制产生了较大影响。具体而言，秦之刑有：（1）生命刑；（2）肉刑；（3）劳役刑；（4）财产刑；（5）身份刑；（6）迁刑；（7）耻辱刑。其中劳役刑有一种为城旦、舂。男犯为城旦，从事筑城的劳役；女犯为舂，从事舂米的劳役。这是秦朝时最重的劳役刑。《汉官旧仪》记载：“城旦者，治城也；女为舂，舂者，治米也。”因此本题选 C 项。

18. 答案：C

本题考查的是西周的婚姻制度。

关于婚姻制度的解除，西周有一套完整的制度，即所谓“七出”“三不去”的规定。“三不去”是指妻子有以下三种情况之一的，可以免遭被休弃的命运：有所娶无所归，不去；与更三年丧，不去；前贫贱后富贵，不去。

19. 答案：A

本题考查的是西周的民事法律制度。

“傅别”是适用于借贷关系中的契约形式。“傅”即债券，债券一分为二称“别”。在一债券的正面、反面都书一大字，然后一分为二，借贷双方各执其一，债权人持左券，债务人持右券。法官以债券为证，审理有关债务纠纷案件。

20. 答案：D

本题考查的是战国时期法家思想在商鞅变法中的体现。

商鞅在变法中全面贯彻“以法治国”和“明法重刑”的主张，将法家思想运用到实际政治之中，其表现有：强调“以法治国”，主张“轻罪重刑”，不赦不宥，奖励告奸，实行连坐等。D 项中的明刑弼教是明朝的法制指导思想。

三、多项选择题

1. 答案：ACD

此题测试唐朝法制的基本问题。

隋唐时期，三省六部制确立。中书省承皇帝命令草拟诏书；门下省审定诏书，如认为不可，还可重拟；诏书经门下省审核，移送尚书省发送。《贞观律》经过 11 年时间修订完成，标志着唐代基本法典即告完成，故 B 项错误。唐律不仅在中国法制史上，而且在世界法制史上都占有重要的地位，《永徽律疏》是中国封建社会的代表性法典。《唐六典》是中国历史上第一部较为系统的行政法典，规定了回避制度。因此本题选 ACD 项。

2. 答案：ABD

此题测试元朝的立法成果问题。

元朝建国后，为了适应封建大一统的需要，于公元 1291 年制定《至元新格》，这是元朝第一部成文法典。公元 1323 年，又修订了一部较为完备的法典——《大元通制》。这部法典共两千多条，分诏制、条格、断例、别类四个部分，较为全面地反映了元朝法制的基本状况。但其中只有《通制条格》留存下来。《元典章》是地方官府纂集的法令法规汇编，系统地保留了元朝法律的内容，成为研究元朝社会及法律的珍贵文字资料。因此本题选 ABD 项。

3. 答案：BC

此题测试各重要法典的结构篇章问题。

《曹魏律》是魏明帝时有鉴于汉朝律令的繁杂，于公元 229 年作新律 18 篇而成的，名为《新律》。《北齐律》的体例为 12 篇 949 条，对隋唐时期的封建礼法具有十分重大的影响。《开皇律》以《北齐律》为基础，调整了篇目内容，仍为 12 篇。《大业律》是隋炀帝继位后，认为《开皇律》刑罚过重，于大业三年（公元 607 年）修成的，体例由 12 篇增至 18 篇，删除“十恶”条款，其内容仍在各条文中减轻某些犯罪的处罚，但该法并没有被认真加以执行。因此本题选 BC 项。

4. 答案：CD

此题测试《法经》各篇的内容问题。

《法经》是我国封建社会最早的一部初具体系的法典，由战国初期魏国的李悝制定。《法经》共有盗法、贼法、囚法、捕法、杂法、具法六篇。其中盗法、贼法是关于惩罚危害国家安全、危害他人及侵犯财产的法律规定。囚法是关于囚禁和审判犯罪的法律规定，捕法是关于追捕盗、贼及其他犯罪者的法律规定，囚法和捕法这两篇多属于诉讼法的范围。杂法是关于“盗”“贼”以外的其他犯罪与刑罚的规定，具法则是关于定罪量刑中从轻从重等法律原则的规定。

5. 答案：AB

本题考查的是汉朝文帝、景帝的刑制改革。汉朝统治者认识到传统的奴隶制五刑不利于封建政权的巩固。因此汉文帝和景帝进行了一次刑制改革。汉文帝下令废除肉刑，把黥刑改为城旦舂，劓刑改为笞刑三百，斩左趾改为笞刑五百，斩右趾改为弃市。汉景帝的时候进一步减轻刑罚，将笞刑数量减少，并把加重的斩右趾改回来，这样经过汉初的刑制改革，肉刑中保留了斩右趾和宫刑。

6. 答案：ABC

本题考查的是唐朝的罪名。唐朝时候将受赃枉法、受赃不枉法、收所临财、盗窃、强盗和坐赃六种犯罪称为“六赃”。其中不包括“谋杀”，“谋杀”是“七杀”之一。

7. 答案：ABC

本题考查的是唐朝的立法概况。《贞观律》《唐六典》《开元律》都是唐代制定的法律，只有《大业律》是隋朝制定的。

8. 答案：ABCD

本题考查的是清末修律的相关知识。《大清现行刑律》是清政府于 1910 年颁行的一部过渡性的法典。其变化主要体现在：改律名为“刑律”；取消了《大清律例》中按吏、户、礼、兵、刑、工六部名称而分的六律总目，将法典按其性质分隶三十门；对于纯属民事性质的条款不再科刑；废除了一些残酷的刑罚手段；增加了一些新罪名，如妨害国交罪、妨害选举罪、私铸银圆罪等。

9. 答案：ABD

本题考查的是夏朝的罪名。除《尚书·甘誓》中的“不用命”之外，夏朝还有“不孝”“失天时”“淫朋阿比”等罪名。而“疑众”是商朝的罪名，并非夏朝的罪名。

10. 答案：ABC

本题考查的是西周的民事法律制度。西周的民事、经济法律关系已十分活跃，为调整其需要，出现了许多契约形式。“傅别”则是适用于借贷关系中的契约形式。“傅”即债券，债券一分为二称“别”。在一债券的正面、反面都书一大字，然后一分为二，借贷双方各执其一，债权人持左券，债务人持右券。法官以债券为证，审理有关债务纠纷案件。“质剂”是适用于买卖关系中的契约形式。其中“大市以质，小市以剂”。质剂是长短不同的两种契约券书，凡人口、牲畜之类的大宗交易谓之“大市”，使用“长券”即质；而器具、珍异之类的小宗交易则称为“小市”，使用“短券”即剂。

四、不定项选择题

1. 答案：AB

本题考查的是西周的诉讼制度。西周时期，人们对民事诉讼与刑事诉讼已有所划分。“狱”指针对犯罪的刑事诉讼案件，由原告持诉状向官府起诉；“讼”指关于财产纠纷的民事诉讼案件，双方当事人可直接向地方官提出诉讼请求。

2. 答案：A

本题考查的是秦朝的刑罚适用原则。共同犯罪与集团犯罪加重处罚是秦朝的刑罚适用原则之一。秦简《法律答问》记载：五人盗，赃一钱以上，斩左趾，又黥以为城旦；不盈五人，盗过六百六十钱，黥劓以为城旦。从中可知，秦朝时构成共同犯罪必须为五人以上。

3. 答案：D

本题考查的是三国两晋南北朝时期法律形式的变化。《魏律》是魏明帝于太和三年（公元229年）下诏开始制定，所作的新律18篇，也被称为《曹魏律》。《魏律》在继承汉律的基础上又进行了较大的改革，表现之一就是将“具律”改为刑名，并将其置于律首。

4. 答案：C

本题考查的是清末修律的知识。《大清新刑律》是清政府于1911年1月25日公布的一部专门刑法典，从单纯技术角度看，属于近现代意义上的新式的专门刑法典，与中国传统法典在结构、体例及表现形式上均有较大不同。但是，《大清新刑律》对于传统旧律并没有作实质性的修改，特别是附录《暂行章程》依然存在于法典之中，仍然保持着旧律维护专制制度和封建伦理的传统。

5. 答案：C

隋唐法律的“十恶”源于《北齐律》中的“重罪十条”，但有所变化。一是将“叛”和“降”合并为“叛”；二是增加了“不睦”；三是在“反”“叛”“大逆”三个罪名前增加了“谋”字，以强调对这三种犯罪在预谋阶段就要予以严惩；四是将“不敬”改为“大不敬”。

五、简答题

1. (1)《大清律例》是7篇的结构体例，即名例、吏、户、礼、兵、刑、工七篇；

(2)《大清律例》是律文和附例的合编结构；

(3)《大清律例》是中国传统封建法典的集大成者，汉唐以来确立的封建法律的基本精神、主要制度在《大清律例》中都得到充分体现；

(4)《大清律例》的制定充分考虑了清朝的政治实践和政治特色，在一些具体制度上对前代法律有所发展和变化。

2.“天坛宪草”的主要内容有：第一，沿用《临时约法》所确立的三权分立的国家组织形式。第二，继续肯定责任内阁制，对大总统的权力作了较多的限制。第三，规定了国会对总统行使诸如解散国会、任命总理等重大权力的牵制权，并规定成立国会委员会，作为国会的常设机构，对总统行使“发布紧急命令”和“财政紧急处分”两项职权实行议决，加强对大总统权力的制约。第四，严格限制总统任期，规定大总统任期5年，只能连选一次。“天坛宪草”对大总统权力的限制，使得袁世凯气急败坏，竭力破坏宪法草案的制定工作，并于1914年1月解散国会，“天坛宪草”也因此未能在国会正式通过而成废纸。

六、分析题

（1）这是《唐律疏议》关于司法审判适用法律的规定。

（2）司法审判必须严格依照律、令、格、式的正文定罪处罚；对于皇帝针对特定人、特定事项发布的敕令，没有经过立法程序上升为具有普遍效力的“永格”的，不得引用作为判案的依据；如果任意引用而致定罪量刑有出入的，属于故意的，按故出入人罪定罪处罚，属于过失的，按失出入人罪定罪处罚。

（3）《唐律疏议》的这一规定在形式上体现了罪刑法定的要求，这表明《唐律疏议》在立法技巧上表现出高超的水准。

（4）《唐律疏议》在形式上遵循罪刑法定的要求，这有利于防止官吏滥用比附而出入人罪。

（5）《唐律疏议》只是在形式上遵循罪刑法定的要求，比如承认皇帝超越法律的“临时处分”，也承认比附，只是不能出入人罪而已。

七、论述题与深度思考题

（1）背景。

1840年鸦片战争以后，中国历史进入了一个新的时期，清朝统治者在内外各种压力之下，逐渐对原有的法律制度进行了不同程度的修改与变革。特别是1900年八国联军入侵北京以后至1911年清朝败亡的10年间，清政府自上而下地进行了空前频繁的立法修律活动，对以《大清律例》为代表的固有法律制度、法律体系作了一系列的改革。延续两千余年的中华封建法系至此开始解体，中国法制的历史也由此发展到一个新的阶段。故而一般把1900年以后清朝政府的法律改革活动统称为清末修律。其基本宗旨如下：

第一，“折衷世界各国大同之良规，兼采近世最新之学说”，且“务期中外通行”，即为适应时变，要吸收引进西方近现代法律形式、法律制度。

第二，“不戾乎中国数千年相传之礼教民情”，即变法修律不能违背中国传统的封建伦理道德，不能从实质上损害中国的封建政治制度与封建社会秩序。

（2）清末修律的基本情况。

清末修律活动始于清光绪二十六年十二月初十日（1901年1月29日）清廷所颁布的变法上谕。1902年5月13日，清廷再次发布修律上谕，并下令设立了主持修律的专门机构——修订法律馆，以沈家本、伍廷芳为修订法律大臣。在修订法律馆成立以后的近十年间，是清末立法修律活动频繁、法律制度大幅度变革时期。这些变法修律活动大致可以分为如下三个基本方面。

其一是删修旧律旧例，改订刑罚制度，废除一些残酷的刑罚和一些明显不合潮流的制度。

其二是制定新法律、新法典。

其三是配合一系列新法典的制定，逐渐改革旧的司法体系和诉讼制度。

（3）清末修律的主要成果。

1）《大清现行刑律》。《大清现行刑律》是清政府于1910年5月颁行的一部过渡性刑法典。《大清现行刑律》是在《大清律例》的基础上稍加删改而成的，共30门36卷389条，另有附例1 327条，并附《禁烟条例》12条和《秋审条例》165条。清政府颁布《大清现行刑律》的目的是把它作为《大清新刑律》制定完成之前的一部过渡性的法典，因而对相传已久的《大清律例》并没有作太大的修改，其基本内容也是秉承旧律、旧例而来。

2）《大清新刑律》。《大清新刑律》是清政府于1911年1月25日公布的一部专门刑法典，也是中国历史上第一部近代意义上的专门刑法典。

3）《大清民律草案》。《大清民律草案》是清政府于 1911 年 8 月完成的中国历史上第一部专门民法典草案。由于清王朝在草案起草完成后随即崩溃，这部民律草案并未正式颁布与施行。

4）商事立法。清末商事立法大致可以分为前期和后期两个阶段：1903 年至 1907 年为第一阶段，1907 年至 1911 年为第二阶段。

在第一阶段，商事立法主要由新设立的商部负责。根据当时的需要，清政府陆续颁行了一些应急的法律和法规，主要有 1904 年 1 月颁布的《钦定大清商律》、1904 年 6 月颁行的《公司注册试办章程》、1904 年 7 月颁布的《商标注册试办章程》、1906 年 5 月颁行的《破产律》，以及其他有关商务和奖励实业的章程。

在第二阶段，主要商事法典改由修订法律馆主持起草，单行法规仍由各有关部门拟订，经宪政编查馆和资政院审议后请旨颁行。在此期间，修订法律馆于 1908 年 9 月起草了《大清商律草案》，农工商部于 1911 年 9 月起草了《改订大清商律草案》，此外还起草了《交易行律草案》《保险规则草案》《破产律草案》等，但均未正式颁行。在此期间颁布施行的单行商事法规有《银行则例》《银行注册章程》《大小轮船公司注册给照章程》等。

5）诉讼与法院组织方面的立法有《大清刑事民事诉讼法》《大清刑事诉讼律草案》《大清民事诉讼律草案》《大理院审判编制法》《各级审判厅试办章程》《法院编制法》等法律。

（4）清末修律的特点与意义。

1）清末修律的基本特点。

第一，在立法指导思想上，清末修律自始至终贯穿着“仿效外国资本主义法律形式，固守中国封建法制传统”的方针。一方面清政府迫于激变的时局，不得不“改弦更张”“参酌各国法律”进行变法修律；另一方面，在根本问题上又坚持修律应“不戾乎中国数千年相传之礼教民情”。因此，借用西方近现代法律制度的形式，坚持中国固有的封建制度的内容，即成为清朝统治者变法修律的基本宗旨。

第二，在内容上，清末修订的法律表现出封建专制主义传统和西方资本主义法学最新成果的奇怪混合。一方面，清末修律坚持君主专制体制及封建伦理纲常“不可率行改变”，在新修新订的法律中继续保持肯定和维护专制统治的传统；另一方面，又标榜“折衷世界各国大同之良规，兼采近世最新之学说”，大量引用西方法律理论、原则、制度和法律术语，使得保守落后的封建内容与先进的近现代法律形式同时显现在这些新的法律法规之中。

第三，在法典编纂形式上，清末修律改变了中国传统的“诸法合体”的形式，明确了实体法之间、实体法与程序法之间的差别与不同，分别制定、颁行或起草了有关宪法、刑法、民法、商法、诉讼制度、法院组织等方面的法典或法规，形成了近代法律体系的雏形。

第四，清末修律是清朝统治者为维护其摇摇欲坠的反动统治，在保持君主专制政体的前提下进行的，因而既不能反映人民群众的要求和愿望，也没有真正的民主形式。

2）清末修律的历史意义。

清政府在 20 世纪初期所进行的大规模修律活动，虽然从主观上讲是一种被动的、被迫进行的立法活动，修律本身也存在着根本的缺陷和局限性，但在客观上也产生了显著的影响，在中国近代法制发展史上占有重要地位：

第一，清末变法修律导致中华法系走向解体。随着修律过程中一系列新的法典、法规的出现，中国封建法律制度的传统格局开始被打破。不仅传统的“诸法合体”的形式已被抛弃，而且中华法系“依伦理而轻重其刑”的特点也受到了极大的冲击。清末修律标志着延续几千年的中华法系开始解体，中国传统的封建法制开始转变成在形式和内容上都有显著特点的半殖民地半封建法制。

第二，清末变法修律为中国法律的近代化奠定了初步的基础。通过清末大规模的立法，参照西方资产阶级法律体系和法律原则建立起来的一整套法律制度和司法体制，为后世特别是北洋政府和南京国民政府法律制度的形成与发展提供了条件。

第三，清末变法修律在一定程度上引进和传播了西方近现代的法律学说和法律制度。清末变法修律在中国历史上第一次全面而系统地向国内介绍和传播了西方法律学说和资本主义法律制度，使得近现代法律知识在中国得到一定程度的普及，从而促进了一部分中国人法治观念的形成。

第四，清末变法修律在客观上有助于推动中国资本主义经济的发展和教育制度的近代化。

《　　　　　　　》※任课教师调查问卷

为了能更好地为您提供优秀的教材及良好的服务，也为了进一步提高我社法学教材出版的质量，希望您能协助我们完成本次小问卷，完成后您可以在我社网站中选择与您教学相关的1本教材作为今后的备选教材，我们会及时为您邮寄送达！如果您不方便邮寄，也可以申请加入我社的**法学教师QQ群：436438859（申请时请注明法学教师）**，然后下载本问卷填写，并发往我们指定的邮箱（cruplaw@163.com）。

邮寄地址：北京市海淀区中关村大街59号文化大厦中国人民大学出版社1202室收

邮　　编：100872

再次感谢您在百忙中抽出时间为我们填写这份调查问卷，您的举手之劳，将使我们获益匪浅！

基本信息及联系方式：※

姓名：______________ 性别：______________ 课程：______________________________

任教学校：______________________________ 院系（所）：______________________________

邮寄地址：______________________________ 邮编：______________________________

电话（办公）：______________ 手机：______________ 电子邮件：______________________________

调查问卷：※

1. 您认为图书的哪类特性对您选用教材最有影响力？（　　）（可多选，按重要性排序）

   A. 各级规划教材、获奖教材　　B. 知名作者教材

   C. 完善的配套资源　　D. 自编教材

   E. 行政命令

2. 在教材配套资源中，您最需要哪些？（　　）（可多选，按重要性排序）

   A. 电子教案　　B. 教学案例

   C. 教学视频　　D. 配套习题、模拟试卷

3. 您对于本书的评价如何？（　　）

   A. 该书目前仍符合教学要求，表现不错将继续采用。

   B. 该书的配套资源需要改进，才会继续使用。

   C. 该书需要在内容或实例更新再版后才能满足我的教学，才会继续使用。

   D. 该书与同类教材差距很大，不准备继续采用了。

4. 从您的教学出发，谈谈对本书的改进建议：______________________________

____

____

选题征集：如果您有好的选题或出版需求，欢迎您联系我们：

联系人：黄　强　联系电话：010-62515955

索取样书：书名：______________________________

书号：______________________________

备注：※为必填项。

使用说明

学习卡使用说明：

1. 扫描封二学习卡上二维码
2. 进入序列号兑换界面，点击“确定”，激活本书
3. 进入课程学习界面，点击“确定”，激活配套课程

加群流程：

1. 进入课程学习界面，点击题目下“立即扫码”
2. 长按识别二维码
3. 扫码加入专属答疑群

题库使用说明：

1. 关注“人大社法律出版”微信公众号
2. 点击“电子书”菜单栏下“芸题库”
3. 手机注册进入芸题库，点击“添加新题库”，选择法学题库进行学习